[항

군소음보

軍騷音補

권 창

서울대학교 법학전문
법무법인(유한) 지평 변

法 文 社

[The Lecture Series on the Air and Space Law 5]

THE COMMENTARY
ON
THE MILITARY AIRFIELDS and MILITARY FIRING RANGES NOISE PREVENTION and COMPENSATION ACT

by

Dr. Kwon, Chang Young

Adjunct Professor of Seoul National University
School of Law

2022

BUBMUNSA
Paju Book City, Korea

추 천 사

김 지 형

前 대법관
법무법인(유한) 지평 대표변호사

항공우주의 개척자 하면 가장 먼저 라이트 형제를 떠올리기 마련이다. 라이트 형제에 관해 사이먼 시넥(Simon Sinek)이 그의 저서〈START WITH WHY〉에서 밝힌 숨은 이야기는 자못 흥미롭다. 다소 길더라도 그 대목을 그대로 인용해 본다.

"1900년대 초반, 성공에 필요한 조건을 두루 갖춘 새뮤얼 피어폰트 랭글리는 인류 최초로 비행기 조종사가 될 준비를 시작했다. 그는 스미소니언협회 고위관료이자 저명한 수학과 교수였고 하버드 대학교에 재직했던 인물이다. 앤드류 카네기나 알렉산더 그레이엄 벨과 같이 유명한 정재계 인사와도 친분이 있었다. 미 육군성은 랭글리의 프로젝트에 5만 달러를 지원했다. 당시로서는 굉장한 금액이었다. 랭글리는 재능과 기술이 뛰어난 당대 최고 인재들과 함께 드림팀을 결성했다. … 그가 꾸린 드림팀과 풍부한 자원으로 보아 성공은 보장된 듯했다. 하지만 세계 최초로 비행기를 띄운 주인공은 따로 있었다. 바로 랭글리와 몇 백 킬로미터 떨어진 곳에서 비행기를 발명하는 데 열중하던 윌버 라이트와 오빌 라이트 형제였다. … 랭글리와 달리 라이트 형제에게 지원금을 주는 사람은 아무도 없었다. 그들에겐 정부보조금도 고위층 인맥도 없었다. 팀원 가운데 석사나 박사 학위는커녕 대학 문턱을 밟아본 사람도 없었다. 형제 역시 마찬가지였다. 그들은 초라한 자전거 가게에 모여 비전을 실현하기 위해 힘을 모았다. 1903년 12월 17일 라이트 형제는 마침내 인류 최초로 하늘을 비행하는 데 성공했다."

모든 조건에서 앞선 랭글리가 아니라 라이트 형제가 성공한 이유는 무엇일까. 시넥은 말한다. 라이트 형제는 WHY에서 시작했기 때문에 주변에 세상을 바꿀 기술에 대한 영감을 주고 팀과 함께 열정적으로 헌신할 수 있었다고. 같은 일이라도 그냥 하는 것이 아니라 왜 무엇 때문에 하는지 확고한 신념과 의지를 갖고 하며 그 가치에 대해 광범위한 공감을 얻는 것이 중요하다는 뜻이다.

저자도 WHY에서 시작했다고 본다. 저자는 최고 명문 대학에서 물리학을 전공한 수재 중의 수재다. 그런 그가 법률가를 택한 것부터가 남다르다. 아마도 긴 안목으로 세상을 통찰하는 혜안이 있었던 듯하다. 이 지점에서 저자가 품었던 WHY는 물리학과 법학을 통섭하여 좀 더 나은 세상을 향한 길을 열어나가는 것, 그것이 법률가로서 우리 사회를 위해 가치 있는 일이라는 믿음이리라. 저자가 대형로펌인 지평에서 법률실무를 다루는 변호사이면서 한국항공대 교수를 겸임하며 항공우주 관련 법 분야의 저술과 논문을 다수 발표하는 등 법률가로서는 전인미답의 학문적 연구에 깊은 열정을 보이고 있는 것을 누구보다도 잘 알기에 자신 있게 드릴 수 있는 말씀이다.

이 책은 저자가 이런 WHY의 열정으로 시작한 <항공우주법강좌> 시리즈의 다섯 번째 저술이다. "군용비행장·군사격장 소음 방지 및 피해보상에 관한 법률"(약칭하여, 군소음보상법)에 관한 최초의 실무 해설서이다. 물리학만을 전공한 사람이나 법학만을 전공한 사람이 아니라 저자처럼 양 학문을 섭렵한 연구자이자 실무가라서 비로소 내놓을 수 있는 작품이다.

실제 군용비행장 등은 군사 활동에 필수불가결한 시설이지만, 군용비행장 등에서 군용항공기 등에 의해 발생하는 소음은 주민의 생활환경을 위협함에 따라 그 피해구조를 둘러싼 법적 분쟁이 있어왔다. 이 양자 사이의 이익을 합리적으로 조정하는 법제도로서 군소음보상법이 2019년에 제정되어 2020년부터 시행 중이다. 이런 마당에 이 법제도를 정확히 이해하고 더 나아가 좀 더 개선하거나 보완할 점은 없는지 살피는 것은 더 이상 미룰 수 없는 일이다. 이런 점에서 이 저술은 매우 반갑고 아주 값진 의미를 가진다.

모쪼록 저자의 WHY에서 시작해 한 땀 한 땀 탄탄하게 써내려간 이 노작에 담긴 법률정보가 우리 사회를 위해 소중하게 활용되고, 저자가 기울인 헌신적 노력이 더욱 빛을 발하기를 소망해 본다.

서 문

우리나라는 좁은 공역(空域)에도 불구하고 국방의 필요성으로 인하여 전국적으로 40여개의 군용비행장과 1,100여개 군사격장(軍射擊場)이 소재하고 있다. 군용비행장 및 군사격장의 운용으로 발생하는 소음(騷音)으로 인하여 주민들이 피해를 입고 있음에도 불구하고, 해당 지역 주민의 피해를 완화하거나 지원하기 위한 법적 근거가 미비하였다. 이에 군용비행장 및 군사격장의 운용으로 발생하는 소음 방지 및 피해에 대한 보상 등을 효율적으로 추진할 수 있도록 법적 근거를 마련함으로써 주민의 쾌적한 생활환경을 보장하고, 군사 활동의 안정된 기반을 조성하는데 기여하려는 목적에서 「군용비행장·군사격장 소음 방지 및 피해 보상에 관한 법률」이 제정되어 2020. 11. 27.부터 시행되었다.

저자는 2019년에 창립된 사단법인 항공소음정책포럼에서 부회장과 법률분과위원장을 역임하면서 각종 공항, 군용비행장, 군사격장의 소음측정과 소음방지대책에 관한 업무를 지속적으로 수행하여 왔다. 또한 한국항공대 대학원 항공우주법학과 겸임교수로 재직하는 동안 「항공법판례해설」 4권을 집필하면서 항공소음에 관련된 각종 분쟁사례와 연구결과를 체계적으로 논구하였다. 이러한 경험을 바탕으로 본법에 관심을 갖던 중, 시행된 지 불과 2년이 되지 않아서 아직까지 본법에 관한 체계적 연구성과가 전무하다는 점과 군용기의 범위를 너무 좁게 규정하여 시제기·외국군용기 등을 제외한 것은 본법의 취지에도 어긋나므로 시급히 개정할 필요가 있다는 점에 착안하여, 안정적인 본법의 시행에 일조하고자 이 책을 집필하게 되었다. 부족한 점이나 잘못된 점은 오로지 저자의 책임인바, 江湖諸賢의 기탄없는 叱正을 기대한다.

    이 책이 나오기까지 항공소음정책포럼의 이영덕 회장님, 박상규 부회장님, 정천우 사무국장님을 비롯한 회원늘과 저자가 회장으로 있는 항공판례연구회 회원들의 도움을 많이 받았다. 특히 김선아 교수님(수원과학대)은 원고 구상부터 교정까지 헌신적인 노고를 아끼지 않았는바, 학문적으로 대성하기를 기원한다. 또한 법문사의 노윤정, 김명희, 권혁기 차장님을 비롯하여 이 책의 출간에 도움을 주신 모든 분들께 이 지면을 통하여 깊은 감사의 마음을 전한다.

KF—21이 첫 시험비행에 성공한 2022년 여름

광화문에서

저자 識

차 례

제1장 서 론

제2장 군소음보상법 총론

제3장 군소음보상법 축조해설

참고문헌

[단행본]

권창영, 「항공법판례해설 Ⅰ -항공민사법-」, 법문사(2019).

권창영, 「항공법판례해설 Ⅱ -항공노동법-」, 법문사(2019).

권창영, 「항공법판례해설 Ⅲ -항공운송법-」, 법문사(2020).

권창영, 「항공법판례해설 Ⅳ -항공행정법-」, 법문사(2020).

디드릭스 페르슈어(Diedriks Verschoor Isabella Henrietta Philepina), 박헌목 옮
    김, 「항공법입문」, 개정판, 경성대학교 출판부(2002).

마이클 밀데(Michael Milde), 정준식 역, 「국제항공법과 ICAO」, 법문사(2011).

박원화, 「국제항공법」, 제4판, 한국학술정보(2016).

정학진, 「군용항공기지법 개론」, 법률서원(2002).

홍순길·이강빈·김선이·황호원·김종복, 「신국제항공우주법 -이론과 실제-」, 개
    정판, 동명사, 2018.

Andrew J. Harakas, Litigating the Aviation Case, 4th Edi., American Bar
    Association, 2019.

Brian F. Havel/Gabriel S. Sanchez, The Principles and Practice of International
    Aviation Law, Cambridge University Press, 2014.

Diedriks Verschoor Isabella Henrietta Philepina, An Introduction to Air Law,
    9th Revised Edi., Kluwer Law International, 2012.

George McKeegan/William Ranieri, A Handbook on Aviation Law, American
    Bar Association, 2017.

Joseph J. Vacek(Chief Editor), Air Law Cases & Materials, Kendall/Hunt
    Publishing Company, 2009.

Laurence E. Gesell/Paul Stephen Demsey, Aviation and Law, 5th Edi., Coast
    Aire Publications, 2011.

Michael Milde, International Air Law and ICAO, 3rd Edi., Eleven International

Publishing, 2016.

Pablo Mendes de Leon, Introduction to Air Law, 10th Edi., Wolters Kluwer, 2017.

Paul B. Larsen/Joseph C. Sweeney/John E. Gillick, Aviation Law-Cases, Laws and Related Sources-, 2nd Edi., Martinus Nijhoff Publishers, 2012.

Paul Stephen Demsey/Ram S. Jakhu(Editor), Routledge Handbook of Public Aviation Law, Routledge, 2017.

Robert M. Jarvis/James T. Crouse/James R. Fox/Gregory S. Walden, Aviation Law-Cases and Materials-, Carolina Academic Press, 2006.

Ron Bartsch, International Aviation Law-A Practical Guide-, 2nd Edi., Routledge, 2018.

[논문, 자료집]

강종선, "항공기소음 관련 민사소송의 제논점", 「사법논집」 제44집, 법원도서관 (2007).

강한구·이근수·남창희, "한국의 군용 항공기 소음 문제와 대책 방향", 「국방정책연구」 2001년 봄/여름.

국방부, 「군소음피해보상지원에 관한 법률 제정 연구」(2011).

국방부, 「제1차 소음대책지역 소음 방지 및 소음피해 보상에 관한 기본계획」(2020).

국방위원회, 「군용비행장 등 소음방지 및 소음대책지역 지원에 관한 법률안 검토보고서」(2018).

국방위원회, 「수석전문위원 검토보고서」(2016. 11.).

국토교통부, 「제3차 공항소음 방지 및 주민지원 중기계획」(2020).

권창영, "군사기지 인근주민의 군용기 비행금지청구의 허용 여부", 「항공우주정책·법학회지」 제33권 제1호, 한국항공우주정책·법학회(2018).

권창영·김선아, "군용비행장과 군사격장 소음피해 보상제도의 개관", 「항공우주정책·법학회지」 제35권 제4호, 한국항공우주정책·법학회(2020).

김도연, "항공기소음에 의한 지상 제3자의 손해에 대한 항공기운항자의 배상책임", 「법과 정책」 제21권 제3호, 제주대학교 법과정책연구원(2015).

김명용, "항공기소음의 법적 규제방안", 「법제연구」 제20호, 한국법제연구원(2001).

김명용, "군용비행장 등으로부터 발생하는 소음의 법적 규제방안", 「공법학연구」 제3권 제2호, 한국비교공법학회(2002).

김선이·소재선, "항공기소음피해와 수인한도론", 「항공우주법학회지」 제14권, 한국항공우주정책·법학회(2001).

김성은, "상법상 항공기 운항자의 지상 제3자의 손해에 대한 책임", 「홍익법학」 제14권 제4호(2013).

김용훈·황호원, "군용비행장 소음대책 관련 입법안에 대한 연구", 「항공우주정책·법학회지」 제32권 제1호, 한국항공우주정책·법학회(2017).

김웅이·신대원, "우리나라 항공기 및 경량항공기의 종류 및 범위에 대한 법적 고찰", 「항공우주정책·법학회지」 제28권 제1호(2013).

김재형, "소유권과 환경보호–민법 제217조의 의미와 기능에 대한 검토를 중심으로–", 「인권과 정의」 제276호, 대한변호사협회(1999).

김형철, "동해안 지역 군용항공기 소음피해에 관한 환경법적 검토", 「환경법연구」 제29권 제2호(2007).

박영만, 「군사상 필요에 의한 사인의 토지재산권에 대한 공용침해와 그 구제」, 경북대 법학박사 학위논문(2000).

박웅광, "항공기 소음의 법적 규제와 피해구제의 실례(實例) 검토", 「법학연구」 제20권 제1호, 한국법학회(2020).

박재식·윤성철·조우영·박상규, "항공기 소음평가단위 WECPNL–Lden의 상관관계에 관한 연구–군용공항을 중심으로–", 「한국소음진동공학회 학술대회 논문집」(2015).

방위사업청, 「무기체계 시험평가 실무 가이드북」(2012).

서영득, "군용항공기 소음소송에 관한 고찰", 「공군법률논집」 제9집 제1권(2005).

서영득, "군용항공기 소음소송에 관한 최근 흐름", 「소음소송의 이론과 실제」(공군법무 연구총서 I), 공군본부 법무실(2006).

서울대학교 환경소음진동연구센터, 「해외주둔미군 비행장/사격장 소음대책에 관한 연구」, 국방부(2002).

선효성·박영민, 「항공기 소음의 영향예측기법 개선방안」, 한국환경정책평가원(2006).

손윤하, "항공기소음에 의한 피해구제를 위한 민사소송의 문제점", 「법조」 제582호(2005).

안경희, "독일법상 항공기소음으로 인한 손실보상 청구", 「법조」 제637호(2009).

양한모, "국내 공역 현황과 제도개선방안", 「항공우주법학회지」 제14권 제2호(2001).

오쿠보 노리코(大久保規子), "최근 일본에서의 환경소송의 전개", 「환경법과 정책」 제14권(2015), 박용숙 번역.

유경희, 「항공기소음침해의 개선을 위한 법적 연구」, 동국대 법학박사학위논문(2022).

윤수진, "항공기 소음소송에 있어서의 위험에의 접근이론에 대한 검토", 「환경법연구」 제32권 제2호, 한국환경법학회(2010).

윤수진, "군용비행장 소음소송과 관련한 2010 대법원 판결에 대한 소고", 「환경법연구」 제33권 제1호(2011).

이기한, "항공기 소음방지를 위한 규제법체계 연구", 「환경법연구」 제28권 제1호, 한국환경법학회(2006).

이만종, "군용항공기 소음 피해의 쟁점 및 법적 고찰", 「환경법연구」 제31권 제1호, 한국환경법학회(2009).

이선옥, 안숙희, 김미옥, "성인여성의 피로와 수면장애에 관한 연구", 「여성건강간호학회지」 제11권 제2호, 한국여성건강간호학회(2005).

이재환·김도영, "합리적 이행지체 해제권 행사를 위한 판단요인 도출 및 평가: 무기체계 획득사업 국내조달을 중심으로", 「국방연구」 제59권 제4호(2016).

이준현, "군항공기·군용비행장 관련 소음소송의 법리에 관한 검토", 「홍익법학」 제14권 제4호(2013).

이진영·이찬·길현권, "군용항공기의 운항 경로 변경에 따른 소음영향 및 저감 평가", 「환경영향평가」 제18권 제3호(2009).

전경운, "독일법상 매매와 도급에서의 하자담보책임과 기술적 표준", 「비교사법」

제17권 제1호(2010).

전종호, "무기체계획득에 관한 정책네트워크 연구: 한국형전투기 개발사업(KF−X)를 중심으로", 「정책분석평가학회보」 제28권 제4호(2018).

정학진, "항공기 소음피해 구제에 관한 법적 문제점", 「저스티스」 제70호, 한국법학원(2002).

정회근, "토지소유권의 제한과 손실보상", 「토지공법연구」 제20집(2003).

조홍식, "상린관계의 법정책−항공기소음을 글감으로 하여−", 서울대학교 「법학」 제50권 제3호(2009).

최계영, "독일에서의 항공소음에 대한 권리구제−프랑크푸르트 공항 야간비행금지 사건−". 「행정법연구」 제47호, 행정법이론실무학회(2016).

최인호, "무명항고소송과 가처분−의무이행소송의 중요쟁점을 중심으로−", 「강원법학」 제49호(2016).

한국환경정책평가연구원, 「군용항공기소음기준(안) 설정에 관한 연구」(2002).

항공교통연구원, 「공항소음대책 계획 수립에 관한 연구」(2009).

황성호·박재범, "우리나라 군대 소총사격 훈련장에서의 소음노출평가", 「한국산업위생학회지」 제23권 제3호, 한국산업위생학회(2013).

황성호·박재범, "군대 전차포 훈련장에서의 소음노출 특성", 「한국산업위생학회지」 제24권 제1호, 한국산업위생학회(2014).

황정오·오현승·최봉완·임동순, "국방무기체계 획득영향요인 상호관계 분석: 함정획득지연 사례 및 요인 분석을 중심으로", J. Soc. Korea Ind. Syst. Eng, Vol. 43, No. 4(2020).

島村健, "厚木基地 第4次訴訟(行政訴訟) 上告審判決", 新·判例解說 Watch 環境法 No. 67(2017. 4. 28.).

麻生多聞, "基地騷音訴訟初の自衛隊機飛行差止め命令", 法學セミナー 716号(2014. 9.).

Colin Cahoon, "Low Altitude Airspace: A Property Rights No−Man's Land", 56 J. Air L. & Com. 157, 1990.

Gerald L. Hallworth, "Judicial Legislation in Airport Litigation−A Blessing or Danger", 39 Notre Dame L. Rev. 411, 1964.

Pablo Mendes de Leon, "Liability of airports for noise hindrance: a comparative analysis", 「항공우주법학회지」 제11호(1999).

제 1 장

서 론

제1절 의 의

헌법 제5조 제2항은 "국군은 국가의 안전보장과 국토방위의 신성한 임무를 수행함을 그 사명으로 한다."고 규정하고 있다. 이에 따라 우리나라는 좁은 공역(空域)에도 불구하고 국방의 필요성으로 인하여 전국적으로 수많은 군용비행장(軍用飛行場)과 군사격장(軍射擊場)이 소재하고 있다.[1] 군용비행장 및 군사격장의 운용으로 발생하는 소음(騷音)[2]으로 인하여 그 주변지역 주민들이 정신적·신체적·재산적 피해를 입고 있음에도 불구하고,[3] 해당 지역 주민의 피해를 완화하거나 지원하기 위한 법적 근거가 미비하였다. 이에 군용비행장 및 군사격장의 운용으로 발생하는 소음의 방지 및 그 피해에 대한 보상 등을 효율적으로 추진할 수 있도록 법적 근거를 마련함으로써 주민의 쾌적한 생활환경을 보장하고, 군사 활동의 안정된 기반을 조성하는데 기여하려는 목적에서 「군용비행장·군사격장 소음 방지 및 피해 보상에 관한 법률」(이하 '법' 또는 '군소음보상법'이라 한다)을 제정하여 2020. 11. 27.부터 시행하였다. 이와 같이 종전에는 민사상 손해배상청구만 인정되던 소음피해구제제도[4]는 행정법상 보상제

---

1) 남·북의 무력대치 현실과 제공권장악이 전쟁의 승패를 좌우하는 현대전에서 비행훈련은 국가의 존립과 평화를 보장하기 위한 고도의 공익적 행위이다. 이만종, "군용항공기 소음피해의 쟁점 및 법적 고찰", 「환경법연구」, 제31권 제1호, 한국환경법학회(2009), 255면.
2) '소음(騷音)'이란 기계·기구·시설, 그 밖의 물체의 사용 또는 공동주택(주택법 제2조 제3호에 따른 공동주택을 말한다. 이하 같다) 등 환경부령으로 정하는 장소에서 사람의 활동으로 인하여 발생하는 강한 소리를 말한다(「소음·진동관리법」 제2조 제1호).
3) 2016. 6. 16. 국회에 접수된 '군용비행장 소음피해 방지 및 보상에 관한 법률안'의 제안 이유에 의하면, 당시 우리 군은 민·군 겸용공항 8개를 포함하여 전국에 48개의 군용비행장 운용 등으로 발생하는 소음으로 인하여 인근 지역 약 31만 5천여 세대의 인근 주민들이 피해를 입고 있다고 한다. 또한 2016. 5.말 현재까지 종결된 군용비행장 소음소송은 288건이고, 원고의 수는 1,002,022명, 지급된 배상액은 5,398억 원에 달한다[국방위원회 수석전문위원 검토보고서(2016. 11.), 34면].
4) 소유권 또는 인격권에 기한 방해배제청구권에 기하여 비행금지청구를 구하는 것도 가능하다. 일본 아쓰기(厚木) 기지 지역주민들이 방위청장관을 상대로 행정소송법상 의무이행소송으로 군용기 비행금지를 청구한 사안에서 원고 청구를 인용한 사례로는 橫浜地裁 2014. 5. 21. 판결, LEX/DB25446437; 東京高裁 2015. 7. 30. 判決, 判例時報 2277호, 13면[자세한 논의는 권창영, "군사기지 인근주민의 군용기 비행금지청구의 허용 여부",

도가 추가되는 것으로 변경되었다. 그런데 위 법에서 규정하고 있는 소음 피해 보상액은 종래 법원 실무에서 인정하였던 소음으로 인한 정신적 손해에 대한 배상액(위자료)과 사실상 일치하기 때문에, 군용비행장의 소음에 대한 손해배상의 법리를 먼저 이해할 필요가 있다.

「항공우주정책 · 법학회지」 제33권 제1호, 항공우주정책 · 법학회(2018. 6.) 참조]. 독일 연방행정법원은 2012. 4. 4. 프랑크푸르트 공항에서 밤 11시에서 새벽 5시 사이에 항공기가 이착륙하는 것을 금지하는 내용의 판결을 선고하였다[최계영, "독일에서의 항공소음에 대한 권리구제 -프랑크푸르트 공항 야간비행금지 사건-". 「행정법연구」 제47호, 행정법이론실무학회(2016. 12.), 217면]. 이 책에서는 소음피해에 대한 금전배상을 중심으로 논의를 진행한다.

제2절 항공소음의 개관

Ⅰ. 항공소음의 이해

1. 개 요

항공소음[1]은 금속성 고주파음으로 상공에서 다량으로 발생하는 충격음이므로 다른 소음원에 비하여 피해지역이 광범위하다.[2] 더구나 일정한 항공일정에 따라 운행되는 민간항공기와 달리 군용기는 군사기밀상 불시에 이착륙이 이루어지고, T&G, 급선회, 편대비행 등 불규칙한 운항 및 군항공기의 특성으로 발생하는 순간적인 최고소음도나 고주파수 성분의 강도 등으로 주민들이 실제로 느끼는 소음피해가 민간항공기에 비하여 더 큰 경우가 많다.

항공기 소음은 크게 비행기 추진력을 얻는 엔진 소음(Aircraft engine noise), 기체와 공기의 충돌 및 마찰에 의해 발생되는 공기 역학적 소음(Airframe noise)으로 구분할 수 있으며, 이중 엔진에서의 주된 소음원은 기계소음과 1차 분출소음으로 구분 할 수 있다.[3] 기계소음은 Fan, Compressor, Turbine과 같이 엔진 가동 시 나타나는 소음으로 Fan과 Compressor 소음은 주로 엔진의 전면부에서 형성되며, Turbine 소음은 엔진

---

1) '공항소음'이란 공항에 이륙·착륙하는 항공기로부터 발생하는 소음을 말한다(「공항소음 방지 및 소음대책지역 지원에 관한 법률」 제2조 제1호). 통상 '항공기소음(Aircraft Noise)'이라는 용어를 사용하고 있으나, 엔진 정비나 공중사격·폭격 등에 의한 소음 등 항공 활동으로 인한 소음도 포함할 수 있는 '항공소음(Aviation Noise)'이 정확한 표현이므로, 이 책에서는 '항공소음'이라는 용어를 사용한다.
2) 군사격장 소음에 관한 연구결과에 의하면, 전차포의 소음은 포탄의 구경 크기가 크면 클수록 소음의 강도는 더 커지고, 전차포 사격시 청음자의 위치에 따라 소음 크기에 차이가 나고[황성호·박재범, "군대 전차포 훈련장에서의 소음노출 특성", 「한국산업위생학회지」 제24권 제1호, 한국산업위생학회(2014), 77면], 소총 사격 훈련시에 발생하는 고소음은 1초 이상의 간격으로 발생하는 충격소음으로 높은 에너지, 짧은 지속시간, 저주파특성, 강한 방향성 및 원거리 전파 등의 특성을 갖는다[황성호·박재범, "우리나라 군대 소총사격 훈련장에서의 소음노출평가", 「한국산업위생학회지」 제23권 제3호, 한국산업위생학회(2013), 261~262면].
3) 선효성·박영민, 「항공기 소음의 영향예측기법 개선방안」, 한국환경정책평가원(2006).

혼합에 의해 발생된다. 1차 분출소음은 기체를 둘러싸고 있는 공기와 엔진의 몸체로부터 고속 분출가스와의 혼합에 의해 발생하며, 기체를 둘러싸고 있는 공기와 엔진으로부터 고속 분출가스와의 혼합에 의해 발생한다. 일반적으로 추진계 소음이 공기 역학적 소음보다 높은 소음도를 나타내지만, 환경소음에서 주로 고려하는 이·착륙 시의 소음은 고양력 장치 등의 사용으로 인해 공기 역학적 기체소음이 증가한다.

2. 고정익 항공기의 주요 소음원

항공기 엔진은 터보제트 엔진(Turbo-Jet Engine), 터보팬 엔진(Turbo-fan Engine), 프로펠러기에 사용되는 터보프롭 엔진(Turbo-prop Engine) 등이 있으며, 이들 모두가 가스터빈 엔진(Gas Turbine Engine)의 일종으로 흡입된 공기가 압축기에 의해 압축된 후 연소실에서 연료를 분사하여 가열시킨 뒤 터빈을 통한 팽창가스로 동력을 얻는 방식이다.

가. 터보제트 엔진 소음

터보제트 엔진은 급가속, 고출력 발생을 목적으로 군용기 등에 주로 사용된다. 터보제트 엔진은 대량의 공기를 가속 시켜 추진력을 형성한다. 외부 공기는 원심력 또는 축심식 압축기에 의해 압축된 후 연소실에서 연소되어 제트노즐을 통해서 외부로 팽창될 때의 가속력으로부터 추진력을 얻는데, 이 과정에서 (i) 공기흡입에 의해 발생되는 입구 소음(주로 compressor 소음과 흡음에 의한 수음) (ii) 엔진 Shell의 진동에 의한 소음, (iii) 배기가스 소음 등 3종류의 소음이 발생한다.

나. 터보팬 엔진 소음

터보제트 엔진소음과 발생과정이 비슷하지만, 제트엔진에 의한 추진과는 별도의 추진력을 팬으로 발생시키며, 터보제트 엔진이 발생시키는 소음보다 낮다. 따라서 터보팬 엔진은 같은 추진력을 발생시켜도 터보제트 엔진보다 낮은 소음도로 운항할 수 있다.

다. 터보프롭 엔진 소음

프로펠러 엔진은 중소형 항공기 및 군 수송기에 사용되며, 프로펠러 항공기의 추진계 소음은 주로 프로펠러 회전에 의한 공기 동역학적 소음과 엔진 배기소음으로 구분할 수 있다. 프로펠러 소음은 프로펠러 끝단 속도의 함수로 나타나며, 지상에서 프로펠러만 회전시켜 소음을 측정했을 때의 전형적인 소음스펙트럼은 프로펠러의 회전속도와 날개 수의 정수배의 곱으로 나타나는 주파수 성분에서 최대값이 나타난다. 대개의 경우 프로펠러 소음은 배기소음보다 크지만 머플러를 사용하여 감소시킬 수 있다.

3. 회전익 항공기의 주요 소음원

가. Rotor noise

로터는 다음과 같은 다양한 유형의 소음을 발생시킨다. Thickness noise는 각 회전 중에 블레이드가 주기적으로 공기를 밀어내며 발생한다. 이 소리는 로터의 평면에서 전파된다. 또한 non-zero의 각도로 회전하는 블레이드는 회전력을 주변 공기에 부과하여 블레이드 소음을 발생시킨다. 이 소리는 일반적으로 로터의 평면에 수직인 방향으로 전파된다. 이 두 가지 유형의 소음은 공기 중에 있어 항상 발생되는 특징이 있다.

수평비행에서 블레이드의 회전 속도는 비행 속도에 더해져 적어도 블레이드 각도가 있는 전진 측에서 더 높은 속도를 낸다. 후퇴하는 쪽에서 블레이드 팁 속도는 비행 속도에서 차감하여 최소 유속을 발생시키기도 하며, 때로는 국소유동 분리(local flow separation, dynamic stall)가 발생하기도 한다. 전진하는 쪽의 최대속도는 블레이드 표면에 공기역학적 충격이 주기적으로 나타나 고속 충격 소음(high speed impulsive noise)을 유발할 수 있다. 이러한 충격이 로터 블레이드에서 소산될 때, 긴 전파 거리와 충격파의 음향특성이 나타나 매우 높은 수준의 불쾌감을 나타낼 수 있다.

각 메인 로터 블레이드는 강한 소용돌이를 방출하며, 이 소용돌이는 궤적이 로터로부터 하류로 이동한다. 하강 조건 및 특정 수평비행에서 볼 텍스 트레일(vortex trail)이 후속 블레이드의 경로를 교차할 수 있다. 이는 블레이드 슬랩(blade slap)이라고 하며 충격적인 소음을 유발한다. 블레이드 위 또는 근처에서 발생하는 공기역학적 난류도 확률적으로 발생할 수 있어 광대역 소음을 유발한다. 블레이드의 무작위 유입 또는 후행 블레이드의 가장자리로부터 발생한 난류들이 소음을 유발할 수 있다.

나. Anti-torque noise

안티토크(Anti-torque)의 소음 메커니즘은 기본적으로 rotor noise와 동일하다. 그러나 메인 로터 뒤쪽에 위치하기 때문에 안티토크 장치도 메인 로터의 웨이크(wake)에 의해 균일하지 않은 공기 유입이 발생할 수 있다. 이는 추가적인 상호작용 소음 현상으로 이어진다. NOTAR 또는 Fenestron 시스템과 같은 대체 개념에서는 로터 회전면에서 덕트의 차폐 효과로 인해 소음 특성이 다소 다른 덕트형 로터가 있다. NOTAR 시스템의 블로워는 테일 붐 내부에 완전히 위치한다. 공기는 송풍기로부터 테일 붐을 통해 유도되며 테일 붐에서 슬릿을 통해 빠져나가므로 필요한 안티토크가 생성된다.

다. Engine noise

(1) Turboshaft Engine

디보샤프트 엔진에서 방출되는 소음은 주로 회전 소음과 연소실에서 발생하는 광대역 소음으로 구성된다. 터보샤프트 엔진 컴프레서 팬은 일반적으로 엔진 입구로부터 나오는 고주파 톤을 생성하며 대기를 통해 빠르게 감쇠한다. 터보샤프트 엔진 배기 소음은 광대역 특성을 가지며, 로터 소음원이 덜 지배적이 될 때 헬리콥터가 수음자의 머리 위를 지나면 더 두드러질 수 있다.

(2) Piston Engine

피스톤 엔진은 일반적으로 소형 헬리콥터에 사용되며 이러한 항공기의 주요 소음원 중 하나가 될 수 있다. 일반적으로 피스톤 엔진은 배기 소음이 지배적이며, 헬리콥터의 경우 대부분 상향식 배기장치, 머플러 및 공명기를 통하여 소음 저감이 이루어지고 있다. 배기 소음 스펙트럼에는 실린더 속도와 관련된 강력한 톤이 포함되어 있다. 엔진 배기 소음은 비교적 진보된 기술로 성공적으로 제어할 수 있다.

라. Contribution of noise sources depending on flight condition

지상에서 인지되는 헬리콥터 소음 스펙트럼에 대한 개별 소음원의 기여도는 비행 조건뿐 아니라 관측자 위치에 따라 상당히 달라진다. 이륙(take-off) 시 메인 로터는 고도를 빠르게 얻기 위해 최대 추력 레벨을 제공해야 한다. 이로 인해 높은 안티토크 및 엔진 출력이 요구된다. 메인 로터와 클래식한 오픈 테일 로터로 구성(특히 소형에서 중형 크기의 헬리콥터)된 경우, 테일 로터가 제공하는 높은 추력 때문에 이 비행 조건에서 지배적인 소음원이 될 수 있다. 덕트형 팬의 경우, 토크 방지 소음이 덕트에 의해 부분적으로 차폐되기 때문에 엔진 소음 기여도가 더 높아지게 된다.

수평 순항(over-flight) 비행에서는 상황이 달라진다. 메인 로터는 일반적으로 이륙 시보다 적은 출력이 되고, 안티토크 시스템은 수직 날개(fin)가 주로 담당하게 된다. 항속 운항에서 중요한 것은 로터의 회전 속도를 더하여 메인 로터와 테일 로터의 전진 블레이드 팁에서 높은 속도를 내는 고속 전진 속도이다. 이것은 국소적인 초음속 효과와 고속 충격소음(high speed impulsive noise)을 유발할 수 있다. 따라서 대부분의 현대식 민간 헬리콥터는 낮은 회전 속도로 작동하고 있으며 이러한 현상을 피하기 위해 얇은 에어포일과 특수 팁 모양을 포함하고 있다. 이러한 설계의 경우, 고전적인 오픈 테일 로터의 소음방출이 메인 로터 소음보다 더 뚜렷할 수 있다. 테일 로터 소음은 일반적으로 무거운 헬리콥터보다 가벼운 헬리콥터에서 더 우세하게 나타나며, 조용한 안티토크 솔루션이 가벼운 헬리콥터의 소음을 줄이는데 효과적인 것으로 나타났다. 피스톤 엔진 소음이 뚜렷하게 나타나는 일부 소형 헬리콥터를 제외하고, 엔진소음은 일반적으로 경미한 역할을 한다.

착륙(approach) 사례는 일반적으로 헬리콥터에서 가장 시끄러운 비행 조건이다. 크루즈 비행이나 이륙에 비해 매우 낮은 출력을 갖지만, 메인 로터가 방출하는 '블레이드 슬랩'이 소음의 원인이 된다. 이러한 효과로 인해 착륙 단계에서 메인 로터 소음 기여도가 분명히 우세하다. 일부 최첨단 헬리콥터 기술은 이 소음 발생 메커니즘의 기여도를 크게 줄였지만, 완전히 피할 수는 없다. 이러한 소음은 헬리콥터에서 완화하기 가장 어려운 과제로 남아있다.

운항 조건과 소음의 지향성에 따라 다양한 소음원의 상대적 기여도는 헬리콥터 소음 저감이 복합적인 문제임을 나타낸다. 특정 소음을 저감하는 기술을 구현하면 일부 비행 조건에서 소음을 저감 할 수 있지만, 다른 비행 조건에서는 변화가 없거나 경우에 따라 소음이 증가할 수 있다.

Ⅱ. 항공소음의 측정단위와 기준

1. 항공소음의 측정단위

(1) 항공소음의 측정은 기술적으로 가능한 한 객관화된 측정절차와 기준에 의하여야 하는데, 현재 우리나라에서는 통상적인 소음에 대하여는 데시벨(dB)이라는 소음측정단위가 사용되지만, 항공소음의 경우에는 항공기소음영향도(웨클, WECPNL, Weight Equivalent Continuous Perceived Noise Level)이라는 특수한 소음측정단위가 사용된다. 웨클 단위는 1971년 ICAO가 점증하는 항공소음 피해에 대처할 국제적 기준을 마련할 목적으로 제시한 항공기소음측정단위로 항공소음이 시간대별로 달라지는 점, 같은 크기의 소음이라도 상황이나 시간에 따라 개인이 느끼는 강도가 다른 점 등을 고려하여, 특정 지점에서 24시간 동안 수 회 항공소음의 정도를 측정한 후 시간대에 따른 가중치를 부여하여 계산한 소음영향도의 단위를 말하고, 우리나라에서는 1991. 11. 5. 환경부에서 고시한 '소음·진동공정시험방법'에 따라 항공소음의 측정단위로 채택되었다.[4]

(2) 환경부는 「소음·진동관리법 시행령」을 개정하여 2023년부터는 L_{den}(day, evening, night)을 사용하기로 하였다.[5]

(3) 정기적으로 운항되는 항공기의 이·착륙에 의한 소음이 주된 소음원인 민간공항의 경우에는 현재 웨클 단위에 의하여 일반적으로 소음이 측정되고 있지만, 그렇지 않은 군용비행장의 경우에까지 무조건적으로 웨클 단위를 사용하는 것은 다소 문제가 있다. 즉, 단순히 항공기의 이·착륙에만 이용되는 군용비행장의 경우에는 군용비행장에 특유한 소음측정 단위가 아직 개발되지 않은 이상 민간공항에서 사용되는 웨클 단위를 그대로 사용하는 것도 허용되나,[6] 단순한 군용비행장이 아니라 사격 또는 폭격 훈련이 주기적으로 실시되는 훈련장의 경우에는 지속적인 항공소음보다도 사격이나 폭격으로 인한 순간소음이 주된 소음원이므로 이 경우에는 데시벨 단위를 사용하는 것이 보다 합리적이라는 견해도 있다.[7]

---

4) 항공기소음영향도는 1971년에 ICAO에 의하여 다수의 항공기에 의해 장기간 연속폭로된 소음척도로서 제안된 것으로, 국제적으로 사용되는 항공기소음의 평가지표 중 하나인데, 이는 유효감각 소음레벨의 평균값에 소음발생시각 및 계절에 의한 보정을 가하고, 영향이 큰 밤에 운항하는 항공기에 대해 가중치를 부과한 것이 특징이며, 항공기소음에 노출되는 주민의 반응을 객관적으로 나타낼 수 있어서 공항주변 소음평가에 적절하다는 장점이 있으나, 데시벨[dB(A)]·등가소음도(Leq) 등 비교적 단순한 개념에 비해 새롭고 복잡하며 일반인이 이해하기 곤란하고, 대부분의 공항이 도로 소음 및 각종 생활소음이 혼재하는 주거지에 둘러싸여 있기 때문에 항공기소음을 다른 환경 소음과 분리하여 취급하는 것은 의미가 없기 때문에 이용을 외면받고 있다. 서울고등법원 2008. 7. 4. 선고 2004나25934 판결.

5) 일본도 2007년 12월에 항공기소음 평가단위를 WECPNL에서 L_{den}으로 변경하였고, 5년간의 유예기간을 두어 혼용하다가 2013년부터 L_{den}으로 항공기소음 평가단위를 전면 변경하였다. 박재식·윤성철·조우영·박상규, "항공기 소음평가단위 WECPNL-L_{den}의 상관관계에 관한 연구 –군용공항을 중심으로–", 「한국소음진동공학회 학술대회논문집」, 2015. 4., 386~388면에 의하면, "L_{den} = WECPNLk-14.2"의 관계가 성립한다고 한다.

6) 군용항공기의 경우에는 대부분의 기종이 고출력 제트엔진을 장착한 전투기들이고, 군작전 수행과 훈련목적상 잦은 비정기적 운항 및 야간시간대의 운항으로 인하여 민간항공기에 비해 물리적·심리적으로 훨씬 큰 소음영향을 주고 있고, 군용항공기의 엔진출력검사시의 소음은 이·착륙 또는 운항시 발생하는 소음의 정도 및 영향과 질적으로 차이 나는 것이어서, 군용비행장에 대한 소음측정단위는 본질적으로 민간공항의 그것과는 달라야 할 필요성이 있다. 정하진, "항공기 소음피해 구제에 관한 법적 문제점", 「저스티스」 제70호, 한국법학원(2002. 12.), 290면.

7) 서울중앙지방법원 2002. 1. 9. 선고 2001나29253 판결(매향리사격장 사건), 서울중앙지방법원 2006. 4. 25. 선고 2001가합48625 판결(매향리사격장 사건), 서울중앙지방법원 2004. 1. 20. 선고 2001가합75962 판결(웅천사격장 사건)에서는 데시벨 단위[모두 등가소음도 Leq 수치임, 등가소음도 Leq(Equivalent Noise Level)는 임의의 측정 시간 동안 발생한 변동 소음의 총에너지를 같은 시간 내 정상 소음의 에너지로 등가하여, 데시

2. 소음의 기준

「소음·진동관리법」 제39조 제1항, 시행령 제9조 제1항은 "환경부장관은 항공기소음이 항공기소음한도(공항주변 인근지역: 90웨클, 기타 지역: 75웨클)를 초과하여 공항주변의 생활환경이 매우 손상된다고 인정하는 경우에는 관계기관의 장에게 방음시설의 설치 기타 항공기 소음의 방지를 위하여 필요한 조치를 요청할 수 있다."고 규정하고 있고, 시행령 제9조 제2항, 시행규칙 제49조, 「공항소음 방지 및 소음대책지역 지원에 관한 법률」 제5조 제1항, 시행령 제2조 제1항, 시행규칙 제3조는 공항주변 인근지역과 기타지역을 다음과 같이 구분하고 있다.

소음·진동관리 법령상 구분	공항소음대책 법령상 구분	구역		소음영향도 (WECPNL)
공항주변 인근지역	소음대책지역	제1종		95 이상
		제2종		90 이상 95 미만
기타 지역		제3종	가.지구	85 이상 90 미만
			나.지구	80 이상 85 미만
			다.지구	75 이상 80 미만

Ⅲ. 소음으로 인한 피해

사람이 일정한 수준 이상의 소음에 장기간 노출된 경우 만성적 불안감, 집중력 저하, 잦은 신경질 등 정신적 고통을 입고, 대화나 전화통화 및 독서 등의 방해, TV·라디오의 시청 장애, 사고(思考) 중단이나 수면 방해 등 일상생활을 정상적으로 영위하는 데에 많은 지장을 받으며, 그 정도가 심한 경우 난청이나 이명 등 신체적 이상이 나타날 가능성이 있다.[8] 지금까지 보고된 군용항공기 소음에 의한 신체적 피해는 다음과 같

벨(dB) 단위로 표기한 것이다]를 사용하였다.

8) 소음이 인체에 미치는 영향에는 신체적 영향(청력, 생리적, 심리적 영향), 회화 방해, 수

다.[9]

1. 대화 방해

군용 항공기지 주변 주민들은 대화에 방해(Interference with Speech Communication)를 받고 있다는 것은 잘 알려진 사실이다. 특히 노약자나 청력이 약한 집단은 대화 시 소음으로 인해 방해받기 쉬우며, 40대는 20~30대에 비해 청력이 약화되고 있다. 통상 1m 거리에서의 대화는 그 파장이 50dB이며, 이때 배경음이 대화 음압의 2/3 이상, 즉 35dB 이상이 되는 경우에는 의사 소통에 장애를 받는 것으로 알려지고 있다.

2. 수면 방해

항공소음은 주변 주민의 수면을 방해(sleep disturbance Effects)하고 있다. 일반적으로 인간은 주변 음압이 30dB 이하일 때 숙면을 취할 수 있다. 따라서 주변음이 30dB을 넘어서는 경우 수면은 방해받게 된다. 물론 고요한 지역에 익숙한 사람은 30dB 이하의 소음에 의해서도 수면에 방해를 받을 수는 있다.

3. 건강 악화

항공소음은 주변 주민에게 스트레스와 심장 질환, 그리고 정신건강 악화 등 정신생리학적으로도 악영향(Psychophysiological Effects)을 미친다. 소음은 혈압을 높이거나 스트레스를 유발하는 호르몬의 수준을 상승시켜 인간의 심성과 성격을 거칠게 하는 것으로 보고되고 있다. 이와 관련하여, 세계보건기구(WHO)는 학교나 요양소 등은 공항과 가까운 지역에 위치해서는 안된다는 것을 지적하고 있다.

면 방해, 불쾌감 둥이 있고, 환경에 미치는 영향에는 작업 및 학습 방해가 있다. 서울대학교 환경소음진동연구센터, 「해외주둔미군 비행장/사격장 소음대책에 관한 연구」, 국방부(2002. 12.), 5~10면.

9) 강한구·이근수·남창희, "한국의 군용 항공기 소음 문제와 대책 방향", 「국방정책연구」 2001년 봄/여름, 103~105면.

4. 정신건강상 악영향

항공소음에 장기간 노출되는 경우, 정신장해와 자각 증세가 나타나는 이른바, 정신건강상 영향(Mental Health Effects)을 미칠 수 있다. 이는 청취자의 지각에 의해 영향을 받는 측면으로서 구체적으로 짜증, 불쾌감, 불만, 정신적인 혼란을 유발하는 것으로 보고되고 있다. 특히 유아기에 소음에 노출된 경험이 있는 어린이는 독서력(reading acquisition)이 저하되고 동기 흡수력(motivation capabilities)도 감소되는 것으로 알려지고 있다.

5. 청력 감퇴

인간이 군용항공기 소음에 노출되는 경우 청력 감퇴(Hearing Loss)와 청력 손상을 입을 수가 있으며, 그 강도가 110~130dB 이상인 경우에는 귀에 통증을 동반하면서 지각이 둔화(Sensory Effects)되는 경우도 있다. 1999년 국제표준기구(ISO)가 설정한 기준에 의하면, 어른의 경우에는 140dB, 어린이의 경우에는 120dB의 소리에 노출되는 경우 청력이 손상될 수 있다고 한다.

(1) 일시적 청력손실(Temporary Threshold Shift, TTS)

큰 소음을 들은 직후에 일시적으로 일어나는 청력저하로 수초~수일간의 휴식 후에 정상 청력으로 돌아오며 영구성 청력손실을 예측하는 근거가 된다.

(2) 영구적 청력손실(Permanent Threshold Shift, PTS)

소음성 난청이라고도 하며, 소음에 폭로된 후 2일~3주 후에도 정상 청력으로 회복되지 않는다. 소음도가 높은 공장에서 일하는 근로자들에게 나타나는 직업병으로, 4000㎐ 정도에서부터 난청이 진행된다.

(3) 노인성 난청

고주파음(6000㎐)에서부터 난청이 시작된다.

6. 작업능률 저하

공항 인근에 위치한 사무실과 공장에서 작업하는 근로자들은 항공소음으로 인해 작업능률이 저하되는 것으로 보고되고 있으며, 이를 소음에 의한 작업능률저하 효과(Performance Effects)라 한다. 특히 이런 종류의 소음 문제는 소음의 사회적 비용 측면에서 관심을 끌고 있다.

7. 실외 생활의 기피

공항 주변 지역의 주민들은 실외 생활을 기피하여 주민 행동 양식도 변화되고 있는 것으로 조사되었다. 즉, 대인 기피, 타협 불가 등과 함께 쉽게 집단행동을 선택하는 경향이 있는 것으로 관찰되고 있다.

8. 불쾌감

소음에 의한 불쾌감은 소리 그 자체로 인한 불쾌감과 음에 수반하여 생기는 불쾌감으로 나누며, 불쾌감은 다음 표에 나타난 바와 같이 여러 가지 요인에 의해서 영향을 받는다. 특히 개인의 성격, 사회적·경제적 상황에 따라 달라지기 때문에 최근에 이에 대한 연구가 많이 진전되었다고는 하지만 아직도 정량화하기에는 미흡한 실정이다. 예를 들면, 같은 소

소음원 특성 측면에서의 요인	개인차에 의한 요인
• 소 음 레 벨	• 건강 상태
• 주파수 특성	• 성 별
• 지속 시간	• 연 령
• 발생 빈도수	• 성 격
• 소음레벨의 시간적 변동	• 주위의 소음환경
• 주파수의 시간적 변동	• 과거의 경험
• 음의 돌발성	• 습 관
• 소음의 국소성	• 작업 내용
• 발생원의 공공성	• 이해 관계
• 음의 필요성	• 경제 상태

리라 할지라도 듣는 사람에 따라서는 불쾌감의 정도는 달라지며, 같은 사람이라도 듣는 장소에 따라 다소 차이가 있는데, 물리학적 측면에서는 아주 불합리한 현상이지만, 생물학적·심리학적 현상에서는 흔히 볼 수 있다.

9. 항공소음이 일본 오키나와 군용기지 주민의 건강에 미치는 영향[10]

조사항목		조사결과
청력 저하		• 85WECPNL 이상부터 청력 저하 현상 의심 • 오키나와의 경우 1,156명 중 11명이 청력 손실
정신 장애	신 경 질	• 소음도가 높을수록 정신 장애 심화
	정서불안	• 75WECPNL부터 신체적 이상 발견, 90WECPNL 이상부터 신경질, 정서불안 현저화
	사고방해	• 95WECPNL 이상 시 조사자의 70%가 사고방해 현상 보임
	불 쾌 감	• 불쾌감은 90WECPNL 이상 시 40% 이상
청취방해		• 소음도가 높을수록 TV, 라디오, 전화 등 청취 방해 • 90WECPNL 이상 시 80%가 청취 방해 호소
수면방해		• 저소음 지역에서도 수면 방해
방음공사의 유의성		• 항공기 방음공사는 주민 생활에 별 도움이 되지 못함. • 소음이 높을수록 방음벽 공사의 실효성 약화 • 방음공사 효과: 75~80WECPNL 지역 80%, 95WECPNL 이상 지역 30% 정도
아동 행동 발달		• 고 소음지역일수록 감기/식욕부진/친구 사귀기 어버버 현상 발견
2.5kg이하 신생아 출생		• 기지 근접 지역: 9.1%, 주변지역: 7.6%, 기지 주변 이외지역: 7%

Ⅳ. 항공기소음대책

(1) 일반적인 항공기소음대책으로 '소음발생원 대책'과 '공항주변 대책'이 있는데, 소음발생원 대책으로는 저소음 항공기의 도입, 이·착륙 방식 및 절차의 개선, 야간비행제한 등이 있고, 공항주변 대책으로는 완충녹지 조성, 이주비 지원, 주택방음공사 보조, TV수신장애대책 보조, 순회건강

---

10) 「군용항공기소음기준(안) 설정에 관한 연구」, 한국환경정책평가연구원(2002), 6~8면.

진단 등이 있다.[11]

(2) 군용 항공기 소음 경감 대책으로는 항공기 운항방식 변경, 정비 방식 변경, 시설의 부대내 재배치, 저소음 장비의 채용 등이 있다. 이를 오키나와 주둔 제18항공단의 항공기 소음경감 대책을 중심으로 살펴보면 다음과 같다.[12]

구분		내용
비행 규제	이륙시	• 활주로 이동시 저파워(엔진 4개 중 2개 사용)로 이동(P3C) • 앱터 버너 사용, 주택가 인접 활주로 및 휴일 활주로 사용 최소화
	비행시	• 주택지 상공 훈련 자제, 야간 비행시 엔진출력 최소화, 예비행 금지
	착륙시	• 선회비행 자제, 순차적으로 일부 엔진 작동 중지 및 엔진 회전수 축소 • 가능한 역추력 사용 규제, 고속 착륙 및 항공기의 복수 착륙 규제
	착륙 후	• 지상 착륙후 일부 엔진 즉시 정지 및 저파워로 주기장 진입
정비 방법 변경		• 야외 엔진 점검시 엔진 출력 80% 상태 유지 및 대형 항공기의 엔진 아이들 상태 유지, 점검시 인구 밀집 방향 회피 • 방음 정비고(허쉬 하우스) 사용
시설 입지 조정		• 훈련장을 기지 중심부로 이전 • 임시 기항 항공기 및 대형 항공기 주기장의 기지 중앙 또는 주택지 반대 방향으로 이전
저소음기 채용		• 고소음기인 KC135A(공중급유기)를 저소음기(R버전)으로 교체 • MC130 내장 장비인 보조파워 유니트를 외부 충전용으로 교체

---

11) 서울고등법원 2012. 1. 12. 선고 2011나75982 판결; 광주공군비행장의 경우 인근 소음 피해를 줄이기 위하여 주말 훈련이나 정상고도(약 2,000ft)보다 낮은 고도에서의 훈련을 자제하고, 대학 수학능력시험일에는 비행훈련을 하지 않는 등 훈련 일수를 조절하는 한편, 방음정비고(Hush House)에서 전투기의 엔진을 점검하고 있다(대법원 2015. 10. 15. 선고 2013다23914 판결).

12) 강한구·이근수·남창희, 앞의 글, 122면.

제3절 외국의 군 소음 관련 법제의 개관

Ⅰ. 독 일

1. 개 요[1]

(1) 독일의 경우 항공기·비행장 소음과 관련해서 중요한 법령 및 법규정은 독일 민법(BGB) 제906조, 항공교통법(Luftverkehrsgesetz), 항공기소음방지법(Gesetz zum Schutz gegen Fluglärm)의 규정들이다. 이들 규정은 민간항공기 및 민간공항으로부터의 소음과 군항공기 및 군비행장으로부터 발생한 소음을 구별하지 않는다. 즉, 독일에서는 군항공기 및 군비행장 소음에 대처하기 위한 특별법은 존재하지 않는다.

(2) 독일 민법(BGB) 제906조는 소음을 포함한 임미시온(Immission)의 유입에 관하여 규정하고 있는데, 토지소유자는 임미시온이 이웃 토지로부터 자신의 토지로 유입되더라도 자기의 토지의 사용을 침해하지 않거나 그 영향이 중대하지 않는 한 그 유입을 금지할 수는 없다(제906조 제1항). 그러나 임미시온의 유입이 민법 제906조에서 법정하고 있는 수인한도를 넘어 위법하다고 평가되는 경우에는 토지소유자는 민법 세1004조 제1항에 근거하여 방해배제·예방청구권을 행사할 수 있다. 한편 제906조 제2항은 임미시온으로 인한 금전적 보상청구권을 규정하고 있는데, 이는 종래에는 명문규정 없이 판례를 통하여 인정되어 오던 것이었으나 1959년 민법 개정 시에 민법전에 수용되게 된 것이다. 이를 항공소음에 관련시켜 보면, 항공소음으로 인한 침해의 정도가 제906조에서 법정하고 있는 수인한도를 초과하는 경우에는 원칙적으로 방해배제청구권을 행사할 수 있으나(제1004조 제1항), 수인한도 내에 있는 경우에는 이러한 청구권은 행

---

[1] 안경희, "독일법상 항공기소음으로 인한 손실보상 청구", 「법조」, 제637권(2009. 10.), 154~206면; 이준현, "군항공기·군용비행장 관련 소음소송의 법리에 관한 검토", 「홍익법학」 제14권 제4호(2013), 240~242면.

사할 수 없고(제1004조 제2항), 일정한 요건하에서 손실보상청구가 인정된다(제906조 제2항 제2문).

(3) 한편, 항공기소음에 대해서는 민법 제906조가 적용되는 외에 항공교통법과 항공기소음방지법이 적용되는데, 항공교통법은 소음원에서부터 직접적으로 항공소음을 규제하는 적극적 방어를 규정하는 반면, 항공기소음방지법은 손실보상 및 방음설비 비용의 상환을 통하여 소음을 간접적으로 규제하는 소극적 방어를 규정한다.

(4) 항공교통법상 비행장(공항, 착륙장, 글라이더비행기착륙장)의 건설과 사업은 허가가 필요한데(제6조 제1항), 이러한 영업허가를 받고 설치·운영되는 비행장에 대하여는 사법상 방어권의 행사가 금지 내지 제한된다(제11조에 의한 임미시온보호법 제14조의 준용). 항공교통법 제11조는 구체적으로, (i) 항공기소음이 민법 제906조의 수인한도를 초과하여 위법한 경우라 하더라도 사법상 금지청구권의 행사를 배제하고, (ii) 가해시설을 중대하게 변경시키지 아니하는 한도에서 항공기소음을 저감시키기 위한 방어조치를 청구하는 것만을 허용하며, (iii) 이러한 조치를 취할 수 없는 경우에는 금전배상이 인정된다.

(5) 항공기소음방지법은 항공기소음치를 기준으로 소음보호구역을 설정하고(제2조), 당해 구역에서 일정한 건축을 금지하는 한편(제5조), 행정절차를 통하여 건축금지로 인한 손실보상(제8조) 및 방음비용의 상환(제9조)을 허여하고 있다.

(6) 항공교통법 제11조의 배상청구권은 수인한도를 넘는 위법한 항공기소음을 전제로 하는 것인 반면, 민법 제906조 제2항 제2문에 따른 보상청구권은 수인한도 내에 있는 적법한 항공기소음을 전제로 한다. 그 결과 항공교통법 제11조에 따른 금전적 배상청구권과 민법상 손실보상청구권은 적용범위와 요건에서 서로 다르므로 두 청구권은 경합하지 않는다. 한편 민법 제906조 제2항 제2문과 항공기소음방지법 제8조와 제9조는 모두 항공기소음으로 인한 손실보상에 대하여 규율하고 있지만, 항공기소음방지법 제8조와 제9조는 특히 소음보호지역에서 일정한 건축이 금지됨으로 인한 손실보상과 방음시설 설치비용의 상환에 한정하여 규정하고 있

다. 이와 같이 항공기소음방지법상의 손실보상청구권은 그 적용범위가 엄격하게 한정되어 있으므로, 소음으로 인한 피해자가 동법의 규율대상인 지역에 거주하지만 보상청구권의 요건을 충족하지 못하거나 보상절차를 통하여 충분한 보상을 받지 못한 경우 또는 동법의 적용을 받지 아니하는 지역에서 항공소음이 문제되는 경우 등에는 민사소송을 통하여 권리구제를 받을 수 있다.

2. 프랑크푸르트 공항 야간비행금지 사건[2]

독일 연방행정법원은 2012. 4. 4. 프랑크푸르트 공항에서 밤 11시에서 새벽 5시 사이에 항공기가 이착륙하는 것을 금지하는 내용의 판결을 선고하였다. 공항을 확장하는 계획이 2007년에 수립되었는데, 이를 계기로 하여 공항 인근 지역의 지방자치단체와 주민이 제기한 소가 받아들여진 것이다.

가. 사실관계

2007. 12. 18. 헤센주 경제교통개발부 장관의 결정으로 프랑크푸르트 공항확장계획이 확정되었다(이하 '이 사건 계획확정결정'). 활주로와 터미널을 추가로 건설하는 것이 주된 내용이다. 첫째, 기존 공항의 북서쪽에 활주로를 추가로 건설하는 계획이 수립되었다(소송 계속 중 완공되어 2011. 10.부터 운영되고 있다). 이 활주로는 기존 공항부지와 개교(開橋)로 연결되는데, 활주로 건설로 인해 켈스바하 숲의 일부가 멸실된다. 둘째, 남동쪽 공항부지에 새로운 세 번째 화물·여객터미널을 건설하는 계획이 수립되었다. 이로 인해 뤼셀스하임과 발도프 사이의 숲의 일부가 멸실된다. 더불어 공항을 확장하면서 주변의 고속도로, 진입로 및 그 밖의 도로도 함께 확장될 예정이다.

위 확장계획은 2020년을 예측기간으로 하여, 연간 701,000편의 항공

---

2) BVerwG: Ausbaus der Flughafens Frankfurt a.M., NVwZ 2012, 1314. 이에 관한 논의는 최계영, "독일에서의 항공소음에 대한 권리구제 -프랑크푸르트 공항 야간비행금지 사건-", 「행정법연구」 제47호(2016. 12.), 213~238면을 참조하였다.

편 운항을 통해 승객 8,860만 명과 화물 460만 톤이 공항을 이용할 것으로 예상하고 세워진 것이다. 이 사건 계획확정결정에는 '항공편 운영에 관한 사항'이 포함되어 있다. 22시에서 6시 사이에 평균 150편의 항공기 운항이 허용되고, 그 중 23시에서 5시 사이(조정야간시간대, Mediationsnacht)[3]에 정기항공편 17편의 이착륙이 허용된다(이하에서는 이 사건 계획확정결정 중 항공편 운항을 허용하는 부분을 지칭할 때 간단히 '운항허가'라 한다). 계획확정절차는 사업시행자 프라포트 주식회사(Fraport AG)가 2003. 3. 신청서를 제출하면서 시작되었다. 그 이전에 조정절차(Mediationsverfahren)와 공간계획절차(Raumordnungsverfahren)가 선행되었다. 조정절차는 1990년대 말에, 공간계획절차는 2002. 6. 10. 각각 종결되었다.

계획안은 2005년 초에 처음으로 공람되었다. 이에 대해 약 127,000건의 이의가 제기되었다. 2005. 9.에서 2006. 3. 사이에 토론기일과 행정청의 의견제시가 있었고, 사업시행자는 2007. 2. 계획안을 변경하여 제안하였다. 예측기간이 이전의 2015년에서 2020년으로 늘어났고, 공항 남부의 확장계획은 축소되었다. 2007. 3.과 4. 변경된 계획안에 대한 공람이 이루어졌고 다시 많은 이의가 제기되었다. 행정청은 변경된 계획안에 대하여 이해관계인과 개별적으로 의견을 교환하였으나 토론기일을 다시 열지 않았다. 두 번째 공람 이후 23시에서 5시 사이에 정기항공편을 허용할 것인지에 관해 행정청은 사업시행자의 참여 하에 추가적인 사실조사를 실시하였다. 그러나 원고들의 의견은 청취하지 않았다.

나. 소의 제기

이 사건 계획확정결정에 대하여 31개의 기초지방자치단체, 1개의 자연

---

3) 연방행정법원은 22시부터 다음날 6시를 비행을 제한할 필요가 있는 전체 야간시간대로 파악한 후, 다시 이를 '핵심야간시간대'(Kernnacht)와 '경계야간시간대'(Nachtrandstunde)로 나눈다. 0시에서 5시가 핵심야간시간대에 해당하고, 나머지 시간, 즉 22시에서 0시 사이와 5시에서 6시 사이가 경계야간시간대에 해당한다. 그런데 이 사건에서는 계획확정절차 이전에 조정절차가 선행되었는데, 조정인들이 권고한 조정안에서는 운항을 원칙적으로 금지하는 시간대를 핵심야간시간대보다 1시간 더 연장하여 23시부터 5시로 정하였다. 이를 이 사건 판결에서는 'Mediationsnacht'라고 지칭하고 있다. 최계영, 앞의 글, 226면.

보호단체, 14개의 항공관련 기업, 몇몇 영업자와 200명 이상의 시민이 소를 제기하였다. 헤센주 행정법원은 이 중 일부 소송절차를 선택하여 시범소송(Musterverfahren)으로 먼저 진행하기로 결정하였고, 나머지 소송절차는 시범소송이 종결될 때까지 중지하였다.

원고 1에서 5는 기초지방자치단체로서 그 구역이 프랑크푸르트 공항 부근에 위치한다. 원고 6은 프랑크푸르트시 작센하우젠에 주택이 건축된 3필지의 토지를 소유하고 있다. 원고 7은 오펜바하 병원을 운영한다. 원고 8a와 8b는 건물이 건축된 2필지 토지의 공유자인데, 위 건물은 대부분 주거용으로, 일부는 영업용으로 사용되고 있다. 원고 8c와 8d는 위 토지와 인접한 2필지 토지의 소유자인데, 토지를 음료수유통업을 위해 사용하고 있다. 피고는 헤센주이고, 사업시행자 프라포트 주식회사는 보조참가인으로 이 사건 소송에 참가하였다.

1심 소송절차에서 원고들은 주위적으로 이 사건 계획확정결정의 취소를, 예비적으로 소음방지를 위한 추가적인 조치를 시행할 의무를 명할 것을 청구하였다. 추가적인 소음방지조치로는 조정야간시간대의 정기항공편 운항의 예외 없는 금지, 운항 또는 소음의 총량제 및 추가적인 손실보상 조치가 예시되었다.

다. 헤센주 행정법원의 판단[4]

헤센주 행정법원은 2009. 8. 21. 원고들의 청구를 일부 인용하였다. 법원은 피고에게 23시에서 5시 사이의 17편의 운항허가 등에 대하여 법원의 견해를 고려하여 다시 결정할 의무를 부과하고, 이에 저촉되는 범위에서 이 사건 계획확정결정을 취소하였다. 위 판결에 대하여 원고들과 피고가 모두 상고하였다.

라. 연방행정법원의 판단

연방행정법원은 원고들의 상고를 일부 인용하고, 피고의 상고를 기각하였다. 연방행정법원은 다음과 같은 사유로 헤센주 행정법원의 판단에

---

4) VGH Kassel: Ausbau der Flughafens Frankfurt a.M., NJOZ 2010, 296.

잘못이 있다고 판시하였다. 먼저 23시에서 5시 사이 시간대의 운항허가 부분에 대하여 헤센주 행정법원은 형량 하자가 있다는 이유로 피고에게 재결정의무를 부과하고, 이에 저촉되는 범위에서만 이 사건 계획확정결정을 취소하였다. 그러나 연방행정법원은 형량 하자가 있다는 헤센주 행정법원의 판단은 정당하지만 여기에 더하여 절차상 하자도 있으므로 재결정의무의 부과 없이 이 사건 계획확정결정을 바로 취소했어야 한다고 판단하였다. 다음으로 헤센주 행정법원은 23시에서 5시 사이의 위법한 운항허가가 필연적으로 22시에서 6시 사이의 평균 150편의 허가에도 영향을 미친다는 점을 간과하였다고 판단하였다. 헤센주 행정법원은 22시에서 23시 사이, 5시에서 6시 사이에 대한 운항편수가 형량을 그르쳐 위법하다는 점을 인정했어야 한다. 23시에서 5시 사이의 17편을 제외한 나머지 야간시간대의 평균 133편의 정기항공편은 과도하지 않다. 그러므로 피고는 22시에서 6시 사이의 운항이 133편을 넘는 이상에는 22시에서 6시 사이의 운항허가에 관해 다시 결정할 의무가 있다. 마지막으로 영업용 토지의 소유자를 위한 소음방지조치가 충분하지 않으므로 이를 개선할 의무도 있다고 판단하였다.

3. 독일 주둔 NATO 연합군 기지소음 대책

가. 개 요[5]

민간비행장은 허가(Genehmigung)에 의해서만 건설, 운영, 본질적인 확장 또는 변경될 수 있다(항공교통법 제6조). 공항의 건설과 변경에 대해서는 추가적으로 항공교통법 제8조에 의한 계획확정(Planfeststellung)이 필요하다. 이와 같이 민간공항을 설치하고 운영할 자는 항공교통법상 허가와 계획확정을 거쳐야 한다. 이러한 허가절차와 확정절차에서 관련법상 요구되는 소음방지, 항공안전 및 공공의 안전에 필요한 요건을 갖추어야 하며, 그러한 요건을 갖추지 못한 경우 허가는 거부된다. 또한 공항이 건

---

5) 서울대학교 환경소음진동연구센터, 「해외주둔미군 비행장/사격장 소음대책에 관한 연구」, 국방부(2002), 67~68면.

설된 후 공항으로부터 발생할 수 있는 소음 등의 문제를 사전에 방지하여야 하며, 사후적으로 발생한 경우 그에 대하여 공항의 운영자는 책임을 지게 된다. 연방항공교통법은 독일 연방군과 주둔군에 대하여 예외규정을 두고 있다(제30조). 즉 군용공항의 건설 또는 변경에 대해서는 계획확정절차를 요구하지 않고 있다. 그러나 군용공항에 대해서는 허가의무를 받도록 하고 있다. 독일 주둔군의 공항에 대해서는 적어도 독일법에 의한 허가의무를 부담하지 않는다는 특수성이 인정된다. 오히려 그 당시 점령군의 지위에서 설치되고 운용된 공항들은 국제법상 허용되는 점령행위를 통하여 이루어졌다. 즉, 주둔군의 공항은 독일법상 허용된 것이다.

군사적 목적으로 허가된 군용비행장은 일정한 조건 하에 민간항공기의 공용이 허용된다. 이 경우 군용공항의 관리자와 민간공항운영자 사이의 승인계약이 필요하다. 그 외에도 민간공항운영자는 항공법 제6조 제1항 제1문에 의하여 관할주 항공국으로부터 영업허가를 받아야 한다.

군용공항의 설치는 연방군에 의하여 이루어지며, 관리도 연방군에 의하여 행하여진다. 따라서 군용공항으로부터 발생하는 여러 가지 문제, 특히 소음에 대한 책임도 공항의 관리자가 부담하게 된다. 따라서 군용공항으로부터 발생하는 소음에 대한 대책도 연방군의 책임 하에 이루어진다. 다만 그 비용은 국방의 임무는 연방정부의 소관이므로 연방정부가 연방예산에서 부담하게 된다. 국제법상의 조약에 의하여 독일연방에 주둔하고 있는 외국군대가 독일연방의 영역 안에 비행장을 사용하고 비행장운영자로서 파견국가가 지급의무를 지는 한, 독일연방정부가 그 외국군대의 지급의무의 이행에 대하여 책임을 진다. 손실보상과 건축상의 소음방지조치 비용의 배상금의 지급으로 인한 법적 분쟁이 발생한 경우 파견국에 제기된 청구권에 대하여 그 파견국을 대신하여 독일연방정부가 법적 대리인이 된다.

나. 소음규제 조치[6]

(1) 독일은 1970년까지는 주로 군용항공기의 비행훈련을 외국에서 실시하는 것과 대도시 지역의 상공에서 비행훈련을 규제하는 것에 역점을 두었다. 독일은 1957년부터 소음정도가 높은 비행훈련을 벨기에 등 NATO 동맹국에서 실시하는 조치를 취하였다. 저공비행훈련에 관하여는 1960년대부터 대도시와 인구 10만 명을 넘는 도시지역에서는 군용항공기의 저공비행훈련을 금지하였으며, 저공비행시간도 오전 7시부터 오후 5시까지로 제한하였다. 1965년 이후부터는 저공비행은 월요일에서 금요일까지 한정하는 조치도 취하였다.

(2) 1970년대 이후에는 제트기엔진을 정비함에 따라 발생되는 소음을 억제하기 위한 조치를 취해왔다. 1970년 독일은 정비 시 발생하는 소음을 경감하기 위한 시설로 소음방지정비고를 건설하였으며, 1975년부터는 차세대 최신 전투기용 방음정비고를 설치하였다. 1970년부터 1982년까지 군용항공기의 야간비행을 제한하고, 밤 12시 이후에 야간비행의 중지와 야간비행의 경우 지상에서 최저 300m 이상으로 비행하도록 하였다.

1970년에는 초음속 군용항공기의 운항을 제한하는 조치도 취하였다. 고도 11,000m 이하에서의 초음속 군용항공기의 운항을 금지하였고, 초음속 군용항공기의 비행훈련시간도 월요일에서 금요일까지의 오전 8시부터 12시 30분까지, 오후 2시부터 8시까지는 규제하는 한편, 토요일에는 오전 8시부터 12시까지로 한정하였다. 1972년에는 주말과 공휴일에 실시하던 군용항공기의 비행훈련을 전면적으로 제한하는 조치를 단행하였다. 1975년에는 원자력발전소가 위치하고 있는 지역과 민간공항 주변의 소음방지구역의 상공에 대한 비행훈련을 금지시켰다. 1976년에는 기타 특정 도시지역에서 250ft 이하의 저공비행을 금지하는 한편, 1979년에는 공대지 사격훈련장 주변지역까지 소음방지구역을 확대하였다. 이와 함께 독일은 군용항공기로부터 발생하는 소음을 경감하기 위하여 지방자치단체가

---

6) 서울대학교 환경소음진동연구센터, 「해외주둔미군 비행장/사격장 소음대책에 관한 연구」, 국방부(2002), 96~100면.

군용비행장에 대하여 관여할 수 있도록 하였다. 즉, 지방자치단체는 자기의 관할구역 안에서의 특정지역의 상공의 비행을 금지하는 조례를 제정하였다.

(3) 1980년대에는 1970년대에 설정하였던 각종의 규제조치를 강화하는 한편 추가적으로 군용항공기에 의한 소음을 경감하기 위한 조치가 이루어졌다. 1980년에 들어와서는 군용비행장 주변에 방음벽과 방음림을 설치하고, 250ft 이하의 저공비행훈련지역에 대한 이용권을 다른 NATO 동맹국으로 전환하는 조치도 취하였다. 1982년에는 군용항공기의 조종사들에게 인구 10만 명 이하의 도시지역에 대해서도 가능하면 우회비행을 하도록 지시하였으며, l983년에는 500~1500ft 상공에서 실시해오던 저공비행훈련을 그보다 높은 상공에서 실시하도록 지시하는 동시에 저공비행훈련시 비행속도를 835㎞/h 이하로 제한하였다. 또한 이미 소음피해가 심각해지는 상황에서 주민의 불편이 심각한 지방공항 주변지역에서의 저공비행훈련도 대폭 제한하는 조치가 1983년 이후부터 시행되었다.

1983년 독일 정부는 주거지를 벗어난 지역을 비행훈련지점으로 설정할 것을 방침으로 정하고 주거지역의 구조를 고려하여 군용항공기의 이착륙 구간, 이른바 '비행항로'를 설정하도록 하였다. 1985년에는 군용항공기의 비행빈도를 감시하고 비행규칙의 준수여부를 감시하기 위하여 SKYGUARD 레이더장치를 도입하고 이를 통하여 저공비행을 지속적으로 감시하는 조치를 취하였다. 250ft 저공비행훈련지역으로 설정된 7개소의 훈련구역을 사용할 때 시간적·공간적 사용기준을 엄격히 준수하도록 하였다. 1986년에는 450m 이하의 상공에서 실시하던 제트전투기의 저공비행훈련을 5월에서 10월까지, 이 기간 중이라도 주민들의 낮시간 휴식을 배려하여 12시 30분부터 13시 30분까지 비행을 중지하도록 하였다.

또한 1975년에 설정되었던 원자력발전소의 상공의 비행금지조치를 강화하여 1988년에는 원자력발전소가 위치한 지점으로부터 주변 반경 1.5㎞ 지역에서는 600m 상공구간을 통과할 수 없도록 하였다. 1988년에는 전투비행단으로 하여금 전투폭격이라는 부차적 임무를 더 이상 수행하지 못하도록 함으로써 전체 저공비행훈련량을 줄이기 위한 조치를 취하였다.

(4) l989년 이후 동구 공산권이 붕괴되고 통일의 과정을 거치면서 독일 연방정부는 고조되는 주민들의 민원해소의 요구에 부응하여 소음기준을 강화하였다. 우선 1989. 9. 28. 독일 국방부는 저공비행속도를 778㎞/h로 하향 조정하였고 250ft 저공비행훈련 구간에서의 체류시간을 평균 28 분에서 12~15분으로 축소하였다. 전술 편대장 훈련도 벨기에로 이전하고 해군의 저공비행훈련을 50% 감소시킴으로써 전체 저공비행시간을 줄였다.

l989년에는 150~450m에서 실시하던 저공비행공격 대처훈련을 450m 이상의 상공으로 상향조정하고, 컴퓨터를 이용하여 저공비행훈련시스템을 시범적으로 운용하도록 하였다. 또한 국내의 소음문제를 해소하기 위하여 저공 비행훈련을 캐나다와 포르투갈 등의 외국에서 실시하도록 하였다.

(5) 1990. 9. 17. 제트전투기의 최저비행고도를 원칙적으로 지상 300m로 상향조정하고 극히 제한적으로 예외비행을 허용하기로 하였다. 결국 이러한 훈련조정을 통하여 고도 1500ft 이하에서의 총 비행시간이 1980년 88,000시간에서 1990년에는 41,600시간으로 감소하였다. 독일 연방공군의 구조를 조정하고, 독일에 주둔하고 있던 NATO군 일부가 철수하게 되었으며 동독에 주둔해오던 러시아군이 완전히 철수함으로써 군용항공기의 비행소요는 대폭 축소되었다. 그 결과 저공비행시간은 1990년 41,600시간에서 1995년 13,000시간으로 감소하였다.

l990년 이후 1997년까지 구 서독지역에서는 제트기가 운항되는 군용비행장 중 13개소가 폐쇄되었으며, 구 동독지역에서는 과거 23개에서 단 1개로 줄었다. 독일 통일 이후 영공이 확대됨으로써 그렇지 않아도 계속적으로 줄어드는 비행소음과 밀도가 전 독일지역에 골고루 배분되었다. 이와 같이 비행장의 감소와 비행수요의 감소라는 복합적인 변화로 독일 주민들의 소음피해는 상당 부분 감소된 것으로 평가되었다. 통일 이후 1990년부터 1997년까지 독일군이 사용하는 군용시설은 40,300개소에서 거의 절반인 22,000개소로 감소되었고, 이에 따라 군용부지의 면적도 1,520㎢에서 1,000㎢로 30% 정도 감소되었다. 이 중 훈련장은 166개소에서 88개소로 축소되었으며, 그 면적은 1,151㎢에서 831㎢로 축소되있

다. 또한 비행장의 면적도 35개소가 감소됨으로써 1990년 482㎢에서 18.9㎢로 대폭 감소되었다.

Ⅱ. 미 국

1. 개 요[7]

(1) 미국의 경우 연방항공청(FAA)은 '항공기소음규제법(Aviation Noise and Capacity Act, ANCA)'을 통하여 소음정책 및 그 기본방향을 제시할 뿐, 실제 소음대책의 시행주체는 기본적으로 당해 공항을 소유하고 있는 지방자치단체나 공항당국이다. 각 공항운영자들은 해당 공항의 소음저감 프로그램을 작성하여 연방항공청의 승인을 받으면 80%까지 연방정부의 보조금을 받을 수 있다.

(2) 군용비행장의 소음문제에 관하여는 공항시설적정사용지역(Air Installations Compatible Use Zone) 프로그램을 실시하고, 군용비행장 주변 지역의 토지이용계획을 지도할 목적으로 생활환경, 건강정보, 주택방음시설의 설치 타당성과 비용 등에 대한 정보를 지역주민에게 제공한다. 위 프로그램은 비행장 부근을 포함하여 기지 주변에 군사활동으로 발생하는 소음의 정도와 그 소음이 미치는 지역의 피해수준을 밝힌 후 이에 대한 보상 및 저감을 목적으로 한다.

(3) 연방의회는 1905년 터잉민 민군실등의 발생에 대응하기 위하여 지역계획보조금(Title 10 U.S.C Section 2391)법안을 통과시켰으며, 이 법안에 의해 민군토지공동사용계획(Joint Land Use Study)이라는 종합적 대책이 마련되었다. JLUS는 군사기지와 지방정부 사이에 토지이용에 대한 상호협력을 통하여 공공의 안전과 보건, 지역복지 향상, 무분별한 도시확장 방지, 군사임무 보호를 위한 민군간 양립가능한 발전시책 모색 등을

---

7) 서영득, "군용항공기 소음소송에 관한 최근 흐름", 「소음소송의 이론과 실제」(공군법무연구총서 I), 공군본부 법무실(2006. 10.), 45면 이하; 이기한, "항공기 소음방지를 위한 규제법체계 연구", 「환경법연구」 제28권 제1호(2006), 444~447면; 이준현, 앞의 글, 244면 각 참조.

목적으로 하였다.

(4) 미 해군은 1989년 FAA와 연합하여 Guidelines for Sound Insulation of Residences Exposed to Aircraft Operations를 마련하였고, 그 내용은 이후 꾸준히 개정 중에 있다. 이 가이드라인은 주거용 건물을 대상으로 하며, Day-Night Average Sound Level(DNL), Community Noise Equivalent Level(CNEL) 구역에 기초하여 각 구역별 주거용 건물의 실내소음레벨에 대한 제안 및 소음저감 목표치, 기존주택에서 소음저감방안 및 신축주택에서 소음저감방안, 소음저감 비용 등에 관한 내용을 담고 있다.

2. United States v. Causby[8]

가. 사실관계

원고 Thomas Lee Causby는 노스 캐롤라이나 주 그린스보로(Greensboro) 소재 Lindley Field 공항 활주로 끝에서 0.5마일 이내(헛간까지는 2,220ft, 집까지는 2,275ft)에 위치한 토지의 소유자였다. 제2차 세계대전 중 미군은 1942. 5.부터 위 공항을 이용하면서 Causby 소유의 농장에서 25m(83ft) 이상의 높이로 폭격기, 수송기, 전투기 등을 운항하였다. 활주로로 가는 운항경로는 너비 100ft, 길이 1,200ft의 건물 바로 위에 위치하고 있었기 때문에, 항공기로 인한 진동과 소음으로 인하여 원고 소유의 농장에서 150마리 이상의 닭이 폐사하였다.

나. 재판의 경과 및 피고의 주장요지

항소법원은 "원고의 소유권은 지상 공간에 미치고, 피고가 저고도로 원고의 토지 위로 항공기를 운항하였기 때문에 원고의 재산을 수용한 것과 같으므로, 피고는 수정헌법 제5조에 의하여 원고에게 정당한 손실보상을 하여야 한다."고 판시하였다. 이에 대하여 피고는 연방법에 의하여 미

---

8) 328 U.S. 256 (1946). 위 판결에 대한 분석 및 후속 판례의 동향에 관하여는 Colin Cahoon, "Low Altitude Airspace: A Property Rights No-Man's Land", 56 J. Air L. & Com. 157, 1990. 참조.

국은 공역에 대한 완전하고 독점적인 주권을 보유하고 있고, 이 사건 운항경로는 최저안전비행고도 위에 있기 때문에 피고는 항행의 자유를 행사한 것이며, 피고가 원고 토지상의 공간을 운항경로로 사용하더라도 원고는 손해를 입은 것이 아니어서 원고에게 보상할 의무가 없다고 주장하였다.

다. 연방대법원의 판단

토지의 소유권은 지상 위로 우주공간까지 미친다는 고대 법언(*cujus est solum ejus est usque ad coelum et ad inferos*)은 현대사회에서는 더 이상 유효하지 않다. 공역에 관한 연방정부의 소유권은 지표면까지 미치는 것은 아니다. 연방법에 의하면, 최저안전비행고도는 낮에는 500ft, 밤에는 1,000ft이고, 항공기의 종류와 지형의 특성에 따라 300~1,000ft로 규정되어 있다.9) 따라서 이 사건에서 피고가 사용한 운항경로는 최저안전비행고도보다 낮기 때문에, 연방의회가 자유로운 운항을 허용한 공역에는 해당하지 아니한다.

토지 위 공간은 공공의 목적에 사용되는 고속도로(public highway)이다. 그러나 지표면에 근접하여 비행하게 되면 토지소유자는 건축 제한 등 소유권을 완전히 사용·수익할 수 없기 때문에, 저고도비행은 토지를 수용하는 것과 유사하다.10) 연방의회는 지상 83~365ft의 공간에 대하여는 공공을 위한 공역권(空役權, public easement)을 실성한 것으로 선언하였기 때문에, 피고는 원고에게 지상 83~365ft의 공간을 사용하는 것에 대한 보상하여야 한다. 그러나 항공기는 지표면상 83ft 이하로 운항할 수 없기 때문에, 피고는 원고에게 지표면상 83ft 이하의 공간 사용에 대한 보상을 할 필요는 없다.11)

---

9) Section 60.17 of the Civil Air Regulations.

10) 같은 취지의 판결로는 Griggs v. Allegheny County, 369 U.S. 84 (1962). 토지소유자의 손해가 중대하다면 수용으로 보아야 하고, 수용은 반드시 물리적 점유를 의미하는 것은 아니다(Gerald L. Hallworth, "Judicial Legislation in Airport Litigation-A Blessing or Danger", 39 Notre Dame L. Rev. 411, 1964, 416면).

11) 한편 소수설을 주장한 Black 연방대법관은 항공기 운항은 생활방해(nuisance)나 불법침해(trespass)의 법리에 의하여 처리하면 충분하다고 보았다. 연빙불법행위소송법[Federal

Ⅲ. 일 본

1. 개 요[12)]

(1) 일본의 공항주변 소음 관련 법률로는 「공공용 비행장 주변에 있어서 항공기소음에 의한 장애의 방지 등에 관한 법률」, 「특정공항 주변 항공기 소음대책 특별조치법」, 「방위시설 주변의 생활환경의 정비 등에 관한 법률」이 있다. 이 법률들은 각각 그 적용대상을 공공용 비행장, 특정공항 및 방위시설로 달리 하여 공항별 특성에 적합한 소음방지 및 소음대책, 피해보상을 규율하고 있다.

(2) 「공공용 비행장 주변에 있어서 항공기소음에 의한 장애의 방지 등에 관한 법률」은 학교 등이 소음방지공사를 하는 경우 비용보조(제5조), 시 등이 공공이용시설을 정비하는 경우 그 비용의 보조(제6조), 주택소음방지공사의 조성(제8조의2), 토지매입 및 이전보상 등(제9조)에 대해서 규정하고 있다. 특히 주변지역의 시가지화로 계획적 주변정리가 필요한 오사카 및 후쿠오카 공항에 대해서 주변정비공항으로 지정하고, 지자체의 공항주변정비계획에 근거하여 재개발 정비사업 등을 실시하였다. 동법은 또한 손실보상에 대해서도 규정하고 있는데, 특정비행장의 설치자는 당해 비행장에 있어서 항공기의 이륙 또는 착륙의 빈번한 실시를 통하여 종래 적법하게 농업 기타 정령으로 정한 사업을 경영하던 자가 그 사업의 경영상 손실을 입은 경우에는 그 손실을 보상하도록 하고 있다(제10조).

(3) 「특정공항 주변 항공기 소음대책 특별조치법」은 항공기소음장애방지지구 안에서의 건축제한(제5조 제1항), 항공기소음장애방지특별지구 안에서 건축 금지(제5조 제2항), 항공기소음장애방지특별지구 안의 토지의 매입(제8조) 및 이전보상(제9조) 등에 관하여 규정하고 있다. 동법은 그밖에 항공기소음장애방지특별지구 내 토지의 사용·수익의 제한으로 인하여 통상 발생할 수 있는 손실을 특정공항의 설치자가 토지의 소유자 또는

Tort Claims Act, 28 U.S.C. §§ 2671~80(1986)]의 통과로 인하여 연방정부를 상대로 위 법에 따른 손해배상청구가 가능하다고 보는 견해로는 Colin Cahoon, 앞의 글, 175면.

12) 이준현, 앞의 글, 242~243면.

기타 권리를 가지는 자에 대하여 보상하도록 규정하고 있다(제7조).

(4) 1974년 자위대 등의 군비행장을 대상으로 「방위시설 주변의 생활환경 정비에 관한 법률」을 제정하여 방위시설주변지역의 생활환경 정비에 필요한 조치를 강구함과 동시에 손실을 보상함으로써 관계주민의 생활안정 및 복지향상에 기여하고자 하였다.

「방위시설 주변의 생활환경의 정비 등에 관한 법률」은 농업용 시설 및 학교 등의 시설에 대하여 소음방지공사를 하는 경우 국가의 비용 보조(제3조), 주택소음방지공사의 조성(제4조), 토지매입 및 이전보상(제5조), 민생안정시설의 정비에 관하여 필요한 조치를 취하는 경우 비용보조(제8조) 등에 관하여 규율하고 있다. 동법은 특히 손실보상(제13조)에 대하여 규정하고 있는바, 자위대의 특정한 행위, 예를 들면, 항공기 이·착륙 등의 빈번한 실시, 기갑차량 등의 빈번한 사용, 함선 또는 소형의 배의 빈번한 사용, 사격·폭격 기타 화약류의 사용의 빈번한 실시 등에 의하여 농림어업 기타 사업의 운영상 손실을 받은 자에 대해서 국가가 그 손실을 보상하도록 하고 있다.

위 법률에서 정한 소음대책을 살펴보면 다음과 같다.[13]

(i) 항공기 소음을 총리부령이 정한 방법에 의해 측정하고, 외측으로부터 제1종 구역(75WECPNL 이상), 제2종 구역(90WECPNL 이상), 제3종 구역(95WECPNL 이상) 등으로 구분하여 제1종 구역으로 지정된 주택에 대해 방음공사를 해주되, 해당 주택수유자 또는 임차권을 보유한 자가 주택 방음공사를 한 경우에는 국가가 소요비용 전액을 지원한다.

(ii) 국가는 제2종 구역 소재 건물, 입목죽, 기타 건축물 등을 이외 지역으로 이전하거나 제거하는 경우 손실 보상, 매입청구시 매입, 제2종 구역 내에서 주거를 이전하는 자가 주택 등에 이용되는 토지와 관련한 도로, 수도, 배수시설, 기타공공 시설을 정비할 때에는 조성조치 등을 해야 한다.

(iii) 국가는 매입된 토지가 제3종 구역으로 지정된 때에는 녹지대 및

---

13) 「공항소음대책 계획 수립에 관한 연구」, 항공교통연구원(2009), 60면.

완충지대로 정비 조성할 수 있으며, 지방자치단체가 그 피해 완화를 위해 생활환경시설 또는 사업경영의 안정에 기여하는 시설의 정비에 대하여 비용의 일부를 보조할 수 있다.

(iv) 국가는 소음방지 및 경감을 위한 농업용 시설, 임업용 시설, 어업용 시설, 도로, 하천 또는 해안, 방풍시설, 사방시설, 기타 방제시설, 상하수도, 기타 시설 등에 대한 공사에 대해 예산을 지원하도록 한다.

(5) 그러나 군용항공기 등의 소음으로 인한 통상적인 재산적·정신적 피해를 입은 일반피해자를 배상하기 위한 특별규정은 존재하지 않는다.

2. 아쓰기 기지 제4차 소송[14]

가. 사실관계

(1) 아쓰기 기지의 연혁[15]

일본 간토 가나가와현(神奈川縣)의 야마토(大和)·아야세(綾瀬)·에비나(海老名) 등 3개시(市)에 걸쳐 있는 아쓰기 해군비행장(이하 '아쓰기 기지')은 1938년 일본 해군에 의해 항공기지로 지정되었고, 1941년 제도(帝都) 방위해군기지로 사용되기 시작하였다. 1945. 9.에는 제2차 세계대전의 종전에 따라 UN연합군의 구성원인 미국 육군에 의하여 접수되었다. 1945. 8. 28. 미군 선발대가 최초로 아쓰기 기지에 착륙하였고, 이틀 후인 8. 30. 에는 연합군 총사령관 더글라스 맥아더가 탑승한 바탄호가 아쓰기 기지에 착륙하였다. 그 후 아쓰기 기지는 미 육군에 의해 관리되었지만, 비행장이 아닌 자재창고로서 캠프 자마(Camp 座間)의 보조시설로 이용되다가, 1949년에 폐쇄되었다. 1950년 한반도에서 6·25 전쟁이 발발하자, 아쓰기 기지의 중요성이 재인식되어 미군의 극동에서의 중핵(中核) 항공기지의 하나로 부활하였고, 관할도 육군에서 해군으로 이전된 이후 미 해군 제7함대의 후방기지로 이용되고 있다. 1952. 4. 28. 이후 '일본국과 미합

---

14) 最高裁 2016. 12. 8. 宣告 平成 27年(行ヒ) 제512, 513호 判決 −. 이 부분은 拙稿,「항공우주정책·법학회지」 제33권 제1호(2018. 6.)에 게재된 "군사기지 인근주민의 군용기 비행금지청구의 허용 여부"를 요약한 것이다.

15) http://www.city.yamato.lg.jp/web/content/000116202.pdf. (2019. 4. 7. 최종 방문).

중국간의 안보보장조약' 및 '일본국과 미합중국간의 안전보장조약 제3조에 기한 행정협정'에 기하여 미국에 제공되었다. 그 후 기지는 여러 차례의 정비와 확장을 거쳐 1960년대에는 현재와 비슷한 모습을 갖추게 되었다. 1971년에는 기지의 일부가 일본 해상자위대에 이관되어, 미국과 일본이 공동으로 사용하는 기지가 되었다.

(2) 아쓰기 기지 관련 소송의 연혁

(가) 제1차 소송

아쓰기 기지 지역주민들은 1976. 9. 일본 정부를 상대로 기지에 이착륙하는 항공기(自衛隊機와 美軍機)의 소음 등으로 피해를 입었다고 주장하면서, 과거의 손해배상·장래의 손해배상·항공기 이착륙의 금지를 구하는 소를 제기하였다. 최고재판소는 1993. 2. 25. 선고한 판결16)에서 과거분 손해배상청구를 인정하고, 장래분 손해배상을 구하는 소를 각하하였으며, 비행금지를 구하는 민사상 소는 부적법하다는 이유로 각하하였다.

(나) 제2차, 제3차 소송

1983년부터 기지의 활주로를 항공모함의 갑판으로 보고 착륙 직후에 이륙을 반복하는 야간착륙훈련(Night Landing Practice, NLP)이 시작되면서 소음은 현저히 증가하였다. 주민들은 1984. 10.에 제2차 소를 제기하였으나, 1999. 7. 동경고등재판소는 제1차 소송의 결과와 마찬가지로 과거분의 손해배상만을 인정하였다. 주민들은 1997. 12. 손해배상만을 구하는 제3차 소를 제기하였으나, 2006. 7. 동경고등재판소는 종전과 동일하게 과거분 손해배상만 인정하였다.

(다) 제4차 소송

7,054명의 주민은 2007. 12. 민사소송 이외에도 전국 기지소음소송에서는 최초로 아쓰기 기지에 이·착륙하는 항공기에서 발생하는 소음에 의해 신체적 피해·수면방해·생활방해17) 등의 정신적 피해를 받고 있다고

---

16) 民集 47卷 2号, 643면.
17) 대화·전화·TV 시청 등의 청취방해, 독서·일 등 정신적 작업의 방해, 불쾌감·건강피해에의 불안 등.

주장하면서, 방위청장관(防衛大臣)이 소속되어 있는 일본국에 대하여 매일 오후 8시부터 다음날 오전 8시까지 자위대기(自衛隊機) 및 미군기의 운항금지 등을 요구하는 행정소송을 요코하마 지방재판소에 제기하였다.

제1심은 2014. 5. 21. "부득이하다고 인정하는 경우를 제외하고"라는 제한을 부과하여 매일 오후 10시부터 다음날 오전 6시까지 자위대기의 비행을 금지하는 판결을 선고하였다.[18] 위와 같은 결론은 항소심에서도 유지되었으나, 최고재판소는 자위대기의 비행금지청구를 인용한 원심판결을 파기하고, 그 부분에 해당하는 제1심 판결을 취소하였으며, 원고들의 청구를 기각하였다. 3가지 청구에 관한 당사자의 주장과 최고재판소의 판결 요지는 다음 표와 같다.

청구	원고	피고	최고재판소
자위대기의 비행금지	소음피해가 심각하고, 자위대기의 운항의 공공성을 과대평가해서는 안 된다.	자위대기의 운항에 관하여 방위청장관에게 넓은 재량이 인정되지만, 권한의 활용은 어렵다.	자위대기의 운항은 고도의 공공성이 인정된다. 소음피해는 경시할 수 없으나 상응하는 대책을 강구할 수 있고, 방위청장관의 권한행사는 타당하다.
장래의 손해배상	변론 종결 후에도 위법한 소음피해가 계속될 것이 확실하기 때문에 인정되어야 한다.	장래의 손해는 확정할 수 없기 때문에 배상청구는 허용되지 아니한다.	배상액 등을 명확하게 인정할 수 없기 때문에 청구 자체는 허용되지 아니한다.
미군기의 비행금지	미군기에 대하여 일본국의 지배가 미치지 않는다는 원심은 잘못되었다.	방위청장관은 미군기의 운항을 제한할 수 있는 권한이 없다.	이유를 설시하지 아니하고, 원고 측의 상고를 기각함

(라) 제5차 소송

주민 6,063명은 2017. 8. 4. 요코하마 지방재판소에 일본 정부를 상대로 과거 3년간의 손해배상, 비행금지청구가 실현될 때까지 장래분 손해배

---

18) 橫浜地裁 2014. 5. 21. 判決, LEX/DB25446437.

상을 구하는 민사소송과 자위대기와 미군기의 비행금지를 구하는 행정소송을 제기하였다.

나. 일본 환경소송의 유형

(1) 민사소송

일본의 주요 환경소송은 민사소송과 행정소송으로 대별된다.[19] 이 중 먼저 민사소송은 손해배상과 금지청구(留止請求)로 이루어진다. 역사적으로 보면, 일본의 공해·환경재판은 고도 경제성장기의 극심한 공해로 민법상 불법행위(제709조)에 근거한 손해배상소송에서 비롯되었다. 그러나 오사카공항소송처럼 도로공해, 공항공해 등 공공 영조물의 설치·관리의 하자로 인한 피해에 대해서는 국가배상사건으로 국가배상법 제2조가 적용된다. 또한 미나마타병이나 석면사건에 볼 수 있는 것처럼 사업자에 대한 규제권한의 지연이나 불행사에 의해 피해가 확대되었다고 하여 국가배상법 제1조에 따라 국가 또는 지방자치단체의 손해배상책임을 묻는 사례도 증가하고 있다.

금지소송(留止訴訟)의 대부분은 인격권을 근거로 하고 있으나, 공공시설과 관련해서는 그 공공성이 중시되므로 금지청구가 인용되는 사안은 한정되어 있다. 1990년대에는 폐기물처리장과 관련하여 평온한 생활권의 침해 등을 이유로 금지청구를 인정하는 판결이 선고되었고,[20] 도로공해와 관련하여 21세기에 들어 2게의 금지판결이 신고되었다.[21]

(2) 행정소송

일본의 행정소송은 오랜 기간에 걸쳐 그 기능 상실이 지적되어 왔다. 종전 행정소송의 핵심은 항고소송, 특히 행정처분의 취소소송이었지만, 원고 적격이나 처분가능성이 인정되지 않고 각하되는 경우도 적지 않았

---

19) 오쿠보 노리코(大久保規子), "최근 일본에서의 환경소송의 전개", 「환경법과 정책」 제14권(2015. 2.), 123~144면(박용숙 번역).

20) 仙台地裁 1992. 2. 28. 決定, 判例時報 1492号, 109면.

21) 尼崎訴訟에 관한 神戸地裁 2000. 1. 31. 判決, 判例タイムズ 1726号, 20면; 名古屋南部訴訟에 관한 名古屋地裁 2000. 11. 27. 判例時報 1746号, 3면.

다. 따라서 2004년에 행정사건소송법(行政事件訴訟法, 이하 '행소법')을 개정하여, 의무이행소송 및 금지소송(差止訴訟)을 항고소송의 유형으로 새롭게 규정한 결과 원고 적격의 확대도 이루어졌다. 그러나 특히 자연·경관·문화재 소송 등에서는 여전히 원고 적격이 부정되는 사안이 끊이지 않고 있으므로, 환경행정소송이 유효하게 기능하고 있다고 보기는 어렵다. 따라서 행소법 개정 후 행정소송의 수는 극적으로 증가하지 않고, 5,000건을 훨씬 밑도는 상황이 계속되고 있다.

(가) 의무이행소송

행소법 개정으로 도입된 의무이행소송에는 비신청형과 신청형의 2종류가 있다(제3조 제6항).

1) 신청형 의무이행소송

신청형(申請型) 의무이행소송은 법령에 따라 일정한 처분을 구하는 신청을 했음에도 불구하고 이것이 이행되지 않을 때 해당 신청자가 제기하는 소이다. 신청형은 (i) 신청을 방치한 경우의 소송(부작위형)과 (ii) 신청을 거부한 경우의 소송(거부처분형)으로 나눌 수 있다. 예를 들면, 공해병 인정신청이 방치되거나 거부된 경우에 신청형을 이용하게 된다.

2) 비신청형 의무이행소송

비신청형 의무이행소송은 법령에 의하여 신청권이 정해져 있지 않은 경우에 행정청에 대하여 일정한 처분을 요구하는 소송이다. 일반적으로 인근주민 등에게 규제의 발동을 요구하는 신청권은 인정되지 않기 때문에 규제권한의 발동을 구하는 경우에는 비신청형을 이용하게 된다. 그러나 비신청형 의무이행소송을 제기하기 위해서는, (i) 일정한 처분이 이루어지지 않음으로써 중대한 손해를 일으킬 우려가 있을 것(重損要件), (ii) 그 손해를 피하기 위해 다른 적당한 방법이 없을 것(補充性), (iii) 법률상 이익을 가진 자이어야 할 것이 요구된다(제37조의2).

(나) 무명항고소송으로서 금지소송

학설은 기지소음에 대해서 민사소송에 의한 구제를 인정해야 한다고 주장하지만, 판례의 입장에 따를 경우에는 행정소송으로서 법정금지소송설(法定禁止訴訟說),[22] 무명항고소송설(無名抗告訴訟說),[23] 취소소송설,[24] 확인소송 등의 당사자소송설,[25] 민사소송을 포함하여 이들을 선택적으로 사용할 수 있다고 하는 견해[26] 등이 주장되었다.

제1차 아쓰기 최고재 판결[27]에 따르면, 자위대기 운항에 관한 방위청장관(防衛大臣)의 권한 행사가 그것에 필연적으로 수반하는 소음 등에 대해 인근주민의 수인을 의무화하는 것 등 감안하면, 민사금지청구는 해당 권한행사의 취소변경 등을 요구하는 청구를 필연적으로 포함하기 때문에 부적법하지만, 방위청장관은 자위대법에 따라 자위대기 운항의 총괄권한 (제8조) 및 항행안전, 항해로 인한 장애방지를 도모하기 위해 필요한 규제권한(제107조 제5항)을 가지고 있고, 장관의 이러한 권한행사는 공권력의 행사라고 판시하여 행정소송에 의한 구제가능성을 시사하였다. 이에 따라 제4차 소송의 원고들은 법정금지청구 또는 무명항고소송 중 하나인 금지청구가 인용되어야 한다고 주장하였다.

다. 제1심 판결의 요지

(1) 자위대기 비행금지청구에 관하여

(가) 의   의

요코하마 지방재판소[28]는 2014. 5. 21. 아쓰기 기지 소음소송에서 자위대기 운항처분의 금지청구를 인용하는 획기적인 판결을 선고하였다. 지금까지 요코타 기지(橫田基地), 후텐마 기지(普天間基地), 카데나 기지(嘉手納基地), 코마츠 기지(小松基地) 등 많은 기지소송이 제기되었지만, 금지청구가 인용된 것은 일본 사법역사상 처음이다.

---

22) 岡田政則, "基地騷音の差止請求と改正行政事件訴訟法", 早稲田法学 85卷 3号(2013), 27면.
23) 塩野宏, 行政法Ⅱ(第5版補訂版), 有斐閣(2013), 252면.
24) 小早川光郎, 行政法講義 (下) Ⅲ, 弘文堂(2007), 320면.
25) 岡田雅夫, "平成5年最判批批", ジュリスト 臨時増刊 1046号(1994), 55면; 高木光, 事實行爲と行政訴訟, 有斐閣(1988), 331면.
26) 須藤陽子, 行政判例百選Ⅱ, 第6版(2012), 329면.
27) 最高裁 1993. 2. 25. 判決, 民集 47卷 2号, 643면.
28) 横浜地裁 2014. 5. 21. 判決, LEX/DB25446437.

(나) 구제방법의 선택

제1심 판결은, 방위청장관의 권한행사는 제1차 아쓰기 최고재 판결에 의하여 공권력의 행사에 해당하는 행위라고 인정되는 이상, 항고소송을 제기하여 다툴 수 있다는 점에서 출발하여, '자위대기 운항처분'이라고 부르고, 그 근거를 자위대법 제107조 제5항에서 구하였으며, 구제수단으로는 무명항고소송을 선택해야 한다고 판시하였다.

위 판결은 자위대기 운항처분의 특징으로서, (i) 법적 효과를 수반하지 않는 사실행위인 점, (ii) 처분의 상대방이 불특정 다수인 점, (iii) 처분의 개수를 세는 것이 곤란한 점, (iv) 자위대기 운항처분의 위법성 여부는 자위대법의 해석이 아니라 여러 가지 다양한 요소를 비교 검토한 결과 소음피해가 수인한도를 초과하는지 여부에 따라 정해지는 점, (v) 피해가 사실행위로 인한 소음이므로 취소소송이 기능할 여지가 없는 점을 들고 있다.

자위대기 운항처분의 경우는 금지범위의 제한방법은 매우 다양하고, 일정한 처분을 확정하는 것은 곤란하며, 이 사건은 실질적으로 추상적 부작위명령을 구하는 소송이다. 따라서 법정금지소송에 익숙하지 않기 때문에, 무명항고소송에 따르도록 해야 한다고 보았다.

(다) 처분의 위법성

제1심 판결은 방위청장관의 권한행사의 위법성에 대해서 국가배상소송과 같은 판단방식을 채택하였다.

첫째, 방위청장관은 자위대법 제107조 제5항에 따라 인근주민들이 참을 한도를 초과한 소음피해를 입는 일이 없도록 하기 위해 필요한 조치를 강구할 의무를 지고, 이 의무를 위반한 자위대기 운항처분은 위법하다.

둘째, 구체적 판단에서는 영조물의 하자(국가배상법 제2조)의 경우와 마찬가지로, 침해행위의 태양과 침해의 정도, 피침해 이익의 성질과 내용, 침해행위가 가지는 공공성 내지 공익상 필요성의 내용과 정도 등을 비교 검토하는 한편, 침해행위의 시작과 그 후의 계속 경과 및 상황, 그 사이에 채택된 피해 방지에 관한 조치 여부 및 그 내용·효과 등의 사정을 고려하여 이들을 종합적으로 고찰하고 이를 결정해야 한다.

셋째, 배상책임의 유무를 판단할 때와 금지의 필요여부를 판단할 때는 그 판단방법에 차이가 생기기 마련이라고 하면서, 국도43호선에 관한 최고재판소 판결[29]을 참고판례로 인용하였다.

구체적으로는 오후 8시부터 다음날 오전 8시까지에 대해서는 수면방해의 피해 정도는 상당히 심각하며, 다른 해상자위대는 오후 10시부터 오전 6시까지의 시간대에서는 자율규제를 이미 실시하고 있기 때문에, 운항을 금지하더라도 공공성이 크게 손상되는 것은 아니라고 보았다. 다음으로 오후 8시부터 10시까지와 오전 6시부터 8시까지에 대해서는 일어나서 활동을 하고 있는 사람이 적지 않다고 생각되며, 금지된다면 비행장의 공공성은 일정 정도 손상을 입는다고 보았다. 또한 자위대의 행동은 그 특성상 필요한 경우 언제 어떠한 경우에서도 실시해야 함을 이유로(자위대법 제76조 이하), "부득이하다고 인정하는 경우를 제외하고"라는 제한을 부과하여 매일 오후 10시부터 다음날 오전 6시까지의 비행금지를 인용하였다.

이는 종전 하급심 판결[30]이 공공성을 지나치게 중시하여 손해배상조차 인정하지 않았다는 것을 고려하면, 기지의 고도의 공공성을 전제하면서도 소음피해의 성질·내용을 상세하게 검토하고 인용범위를 수정하여 금지청구를 인용하였다는 점에서 의의가 크다.[31]

(2) 미군기의 비행금지청구에 관하여

(개) 종전 기지 소송에서는 미군기에 대해서는 국가를 피고로 하는 소 외 미국을 피고로 하는 소가 제기되었다. 그러나 최고재판소는 제1차 아쓰기 최고재 판결[32]에서 종전부터 국가를 피고로 하는 소송에서 그 통제를 벗어난 제3자의 행위의 금지를 청구하는 것임을 이유로 소를 각하한 원심 판결을 지지하고 상고를 기각하였다. 또한 미국을 피고로 하는 민사상 소에 대해서도 요코타 기지에 관한 2002년의 판결[33]은 주권적 행위에

---

29) 最高裁 1995. 7. 7. 判決, 民集 49卷 7号, 2599면.
30) 東京高裁 1986. 4. 9. 判決, 判例時報 1192号, 1면.
31) 麻生多聞, "基地騒音訴訟初の自衛隊機飛行差止め命令", 法学セミナー 716号(2014. 9.), 114면.
32) 最高裁 1993. 2. 25. 判決, 民集 47卷 2号, 643면.
33) 最高裁 2002. 4. 12. 判決, 民集 56卷 4号, 729면.

대해서 국제관습법상 민사재판권이 면제된다는 이유로 소를 각하하였다. 이와 같이 종전 판례는 국가에 대한 민사소송의 가능성을 부정하고 있기 때문에, 행정소송의 활용 가능성이 논의되어 왔다. 그러나 제1심 판결은 처분이 부존재함을 이유로 항고소송의 가능성을 부정하였고, 당사자소송에 대해서도 민사금지소송에 관한 제1차 아쓰기 최고재 판결의 논리에 따라 이를 각하하였다.

(나) 아쓰기 비행장은 1971년 일본의 시설로 사용전환된 것으로, 미국은 미일안보조약 제6조, 지위협정 제2조 제1항, 제4항b 및 미일정부간협정에 따라 위 비행장의 임시사용권을 가진다. 미군기의 기지사용권이 양국간 합의에 근거한 것이며, 미일안보조약 등에서 국가가 일방적으로 미국과의 사이의 합의내용을 변경 등 할 수 있는 근거규정은 존재하지 않기 때문에, 아쓰기 비행장에 관하여 국가가 미국에 대해 사용을 허용하는 행정처분이 존재하지 않는다고 판단하고, 이 사건 미군기 금지의 소는 존재하지 않는 처분의 금지를 요구하는 것으로서 부적법하다고 판시하였다.

(다) 당사자소송에 대해서도 이 사건 급부청구와 제1차 아쓰기 최고재 판결의 금지청구의 목적은 실질적으로 동일하며, 피고에 대하여 그 통제를 벗어난 제3자의 행위의 금지를 내용으로 하는 청구를 한다는 점에서 동일하기 때문에, 종전 판례의 법리는 이 사건에도 미친다는 이유로 소를 각하하였다.

(라) 다만 아쓰기 비행장은 방위청장관이 설치·관리하는 공항이며, 방위청장관은 아쓰기 비행장의 사용을 미군에 인정하고 있기 때문에, 방위청장관은 아쓰기 비행장에 이착륙하는 자위대기 및 미군기 전체에 대하여, 이로 인한 재해를 방지하고 공공의 안전을 보장하기 위해 필요한 조치를 강구할 의무를 부담한다고 판시하였다.

라. 항소심 판결의 요지

항소심 법원[34]은, 방위청장관의 자위대기 비행에 관한 처분은 '일정한

---

34) 東京高裁 2015. 7. 30. 判決, 判例時報 2277号, 13면.

처분'의 요건을 충족하였다고 판단하고, 이 사건 소는 법정금지소송(法定差止訴訟)에 해당한다고 판시하였다. 다만 이러한 논점에 관한 피고의 상고수리신청은 기각되었기 때문에, 이에 관한 최고재판소의 판단은 존재하지 않는다.

마. 최고재판소 판결의 요지

(1) 금지청구의 소의 소송요건

행소법 37조의4 제1항의 금지의 소의 소송요건인 "중대한 손해를 발생시킬 우려"가 있다고 인정되기 위해서는, 처분에 의해 발생할 우려가 있는 손해가 처분 후에 취소소송 등을 제기하여 집행정지결정을 받는 것에 의해 쉽게 구제받을 수 없는 것으로, 처분 전 금지를 명하는 방법에 의하는 것이 아니라면 구제를 받는 것이 곤란한 것임을 요한다.

원고들은 비행장에 관련된 제1종 구역35) 내에 거주하고 있으며, 비행장에 이착륙하는 항공기에서 발생하는 소음에 의해 수면방해 등의 피해를 반복·계속적이며 경시하기 어려운 정도로 받고 있는 점, 이러한 피해는 사후적으로 그 위법성을 다툴 취소소송 등에 의해 구제받기 어려운 성질의 것으로 비행장의 자위대기의 운항의 내용·성질을 감안하여도, 원고들의 중대한 손해를 발생시킬 우려가 있다고 인정된다.

(2) 본안 판단의 기준

일본국의 평화와 안전, 국민의 생명·신체·재산 등의 보호에 관한 내외의 정세, 자위대기의 운항 목적 및 필요성의 정도, 운항에 의해 주변의 주민에게 미치는 소음에 의한 피해의 성질 및 정도 등의 제반 사정을 종합적으로 고려하여 행해야 하는 고도의 정책적·전문기술적 판단을 요하는 것이 명확하므로, 위 권한행사는 방위청장관의 광범한 재량에 위임되어 있다.

---

35) 2003년과 2004년에 이루어진 항공기소음도 조사 결과, WECPNL값이 75 이상인 경우에는 제1종 구역으로, 90 이상인 경우에는 제2종 구역으로, 95 이상인 경우에는 제3종 구역으로 지정되었다. 제1종 구역의 면적은 약 10,500㏊이고, 위 구역 내의 세대수는 약 244,000에 이른다.

그렇다면, 방위청장관의 위 권한행사가 행소법 제37조의4 제5항의 금지요건인 행정청이 그 처분을 하는 것이 재량권의 범위를 넘는 또는 남용이라고 인정되는지 여부에 관하여는, 위 권한행사가 위와 같은 방위청장관의 재량권행사라는 것을 전제로 하여, 그것이 사회통념상 현저히 타당성이 없다고 인정되는지 아닌지라는 관점에서 심사를 행하는 것이 상당하다.

심사 시에는 비행장에서 계속되어 온 자위대기의 운항이나 그에 의한 소음피해 등에 관한 사실관계를 고려하여, 비행장에서 자위대기의 운항목적 등으로 본 공공성이나 공익성의 유무 및 정도, 자위대기의 운항에 의한 소음에 의해 주변 주민들에게 발생하는 피해의 성질 및 정도, 해당 피해를 경감하기 위한 조치의 유무나 내용 등을 종합적으로 고려하여야 한다.

(3) 본안에 대한 판단

이 사건 금지소송에 관한 자위대기의 운항에는 고도의 공공성·공익성이 있는 것으로 인정되고, 한편으로 비행장에서 항공기소음에 의해 원고들에게 발생하는 피해는 경시할 수 없으므로, 주변 주민에게 발생하는 피해를 경감하기 위해, 자위대기의 운항에 관한 자주적인 규제[36]나 주변 대책 사업의 실시 등 상응하는 대책조치가 강구되고 있으며,[37] 이러한 사정을 종합적으로 고려하면 비행장에 대해 장래에 걸쳐 자위대기의 운항이 행해지는 것이 사회통념상 현저히 타당성이 없다고 인정하는 것은 곤란하다. 따라서 이 사건 금지청구에 관한 자위대기의 운항에 관한 방위청장관의 권한행사가 행정청이 그 처분을 하는 것이 그 재량권의 범위를 넘거나 또는 남용이라고 인정될 경우에 해당하는 것은 아니다.

---

36) '아쓰기 항공기지의 항공기소음의 경감에 관한 조치(通知)'[2018. 11. 4. 空群運第835號]에 의하여, 오후 10시부터 다음날 오전 6시까지의 시간대에 자위대기의 이착륙 횟수는 2013년 합계 83회(월평균 약 6.9회)에서 2014년 합계 53회(월평균 약 4.4회)로 감소하였다.

37) 일본정부는 1조 440억 엔 이상의 비용을 지출하여, 주택방음공사, 학교·병원의 방음공사, 이전보상, 매입 등의 조치를 취하였다.

바. 대상판결의 검토

대상판결(최고재판소 판결)은, 아래와 같은 점에서 하급심 판결과 다른 판단을 하여 금지청구를 전부 기각하였다.

(1) 항소심 판결이 긴급성이 인정되지 않는 경우에는 자위대기의 운항 시간대를 제한해도 행정목적을 저해한다고까지 할 수 없다고 인식하여, 원칙적으로 야간운항금지를 인정한 것과 달리, 대상판결은 자위대기 운항이 공공성·공익성에서 개괄적으로 우월한 것으로 인정하였다.

(2) 대상판결은 아쓰기 기지의 항공기 소음은 미군기에서 발생하는 것이 높은 비율을 차지하고 있는 사정을 중시한 것으로 보인다. 이 사건 소송에서 미군기 운항에 관한 금지청구는 각하되었으나, 미군기에서 발생하는 소음이 큰 부분을 차지하고 있다고 해도, 적어도 자위대기에 의한 기여분에 대해 그 금지기준을 검토했어야 한다는 비판이 제기되고 있다.[38]

(3) 대상판결은 자위대기의 야간운항 자주규제, 주택방음공사에 대한 조성, 이전보상 등 소음피해의 경감책이 행해져 온 것도 중시하였다. 제1심 판결은 이러한 대책이 충분한 피해 경감 효과를 보지 못했다고 인정하였고, 항소심 판결도 자위대기의 야간운항 자주규제 등에 의해서도 상황은 개선되지 않았다고 보았다. 대상판결은 이러한 시책에 필요했던 비용에 대해서는 언급하지만 그 효과에 대해서는 직접적인 지적이 없고, 현재 발생하고 있는 소음 피해의 방지를 위해 기위대기의 운항을 금지해야 하는지 아닌지를 판단할 때 위 시책이 왜 고려되었는지에 대해서는 판시하지 않았다.

---

38) 島村健, "厚木基地 第4次訴訟(行政訴訟) 上告審判決", 新·判例解說 Watch 環境法 No. 67(2017. 4. 28.), 4면.

제 4 절 항공소음에 대한 손해배상

I. 법적 근거

항공소음으로 인한 재산적·정신적 손해의 배상을 구하는 소를 제기할 때 그 청구원인을 어떻게 구성할 것인가에 관하여는 다음과 같은 3가지 이론이 있다.[1]

1. 불법행위를 원인으로 한 손해배상책임

항공소음의 배출에 관여한 자를 상대로 소음배출에 따른 '행위책임'을 묻는 것으로서, 예를 들면, 소음배출 항공기를 운항하는 주체인 항공사 또는 소음배출 항공기들이 집합적으로 취항하는 공항이나 군용비행장의 관리자인 국가 등을 상대로 고의·과실에 의한 위법행위를 이유로 민법 제750조(또는 국가배상법 제2조)에 기한 손해배상책임을 묻는 것이다.[2]

---

[1] 본법은 군용항공기 이외에도 군사격장의 운용에 따른 소음에 관하여도 규정하고 있다. 실무상 군사격장 소음에 관한 사건에서 항공소음에 관한 법리가 특별한 사정이 없는 한 그대로 적용되므로, 이하에서는 판례와 연구성과가 풍부한 항공소음에 관하여 논의를 진행한다. "전차사격 훈련장에서 이루어지는 전차포 사격 및 기관총 사격 훈련 등으로 인하여 발생한 소음이 어느 정도에 이르러야 사회통념상 참을 수 없는 위해를 발생케 할 위험성이 있어 국가에게 설치·관리상의 하자가 인정되고 그것이 주민들에게 위법한 권리침해가 되는지를 판단함에 있어서는, 침해행위의 상태와 침해의 정도, 피침해이익의 성질과 내용, 침해행위가 갖는 공공성의 내용과 정도, 침해행위의 개시와 그 후에 계속된 경과 및 상황과 그 사이에 피해의 방지 또는 경감을 위해 가해자가 강구한 조치의 내용·정도 등의 여러 가지 사정을 종합적으로 고려하여야 하고, 이것을 피해자인 주민들 쪽에서 보면 침해행위가 일상의 생활을 둘러싼 인격권에 대한 위해인 경우에는 사회생활상 일반적으로 수인하는 것이 상당하다고 인정되는 한도를 초과한 것인지 여부에 따라 결정하여야 한다."고 판시한 사례로는 광주지방법원 2006. 7. 7. 선고 2002가합 5868 판결(대법원 2010. 12. 9. 선고 2007다42907 판결로 확정됨).

[2] United States v. Gravelle, 407 F.2d 964 (1969) 판결에서는 연방불법행위청구법[the Federal Tort Claims Act, 28 U.S.C. § 1346(b)]을 근거로 항공기의 굉음(sonic booms)에 의한 지상 제3자에 대한 손해배상책임을 인정하였다.

2. 영조물(또는 공작물)의 하자를 원인으로 한 손해배상책임

공항이나 군용비행장 또는 항공기 그 자체를 영조물(또는 공작물)로 보고, 그 설치·관리(보존)상의 하자에 따른 '상태책임'을 묻는 것으로, 예를 들면, 공항이나 군용비행장의 설치·관리자인 국가 또는 항공기의 설치·보존자인 항공사 등에 대하여 국가배상법 제5조(또는 민법 제758조)에 기한 손해배상책임을 묻는 것이다. 대법원 판례가 이 견해를 취하고 있다.[3]

3. 환경정책기본법에 의한 손해배상책임

환경정책기본법 제44조 제1항은 '환경오염의 피해에 대한 무과실책임'이라는 제목으로 "환경오염 또는 환경훼손으로 피해가 발생한 경우에는 해당 환경오염 또는 환경훼손의 원인자가 그 피해를 배상하여야 한다."라고 규정하고 있다. 판례는 위 규정을 손해배상책임의 독립된 근거규정으로 보고 있다.[4] 따라서 항공소음으로 인하여 재산적·정신적 피해를 입은 사람은 위 조항에 기하여 직접 항공소음 관련 사업자를 상대로 손해의 배상을 청구할 수 있다.

4. 판 례

(1) 항공소음 피해에 관한 우리나라의 재판실무는 공항이나 군용비행장을 국가배상법 제5조의 영조물로 보아 그 설치·관리상의 하자(기능적 하자)를 원인으로 한 손해배상책임론으로 구성하는 것이 일반적이다. 대법원은 "국가배상법 제5조 제1항에 정하여진 '영조물의 설치 또는 관리의 하자'라 함은 공공의 목적에 공여된 영조물이 그 용도에 따라 갖추어야 할 안전성을 갖추지 못한 상태에 있음을 말하고, 여기서 안전성을 갖추지 못한 상태, 즉 타인에게 위해를 끼칠 위험성이 있는 상태라 함은 당해 영조물을 구성하는 물적 시설 그 자체에 있는 물리적·외형적 흠결이나 불

---

3) 대법원 2004. 3. 12. 선고 2002다14242 판결.
4) 대법원 2003. 6. 27. 선고 2001다734 판결; 대법원 2019. 11. 28. 선고 2018두227 판결.

비로 인하여 그 이용자에게 위해를 끼칠 위험성이 있는 경우뿐만 아니라 그 영조물이 공공의 목적에 이용됨에 있어 그 이용상태 및 정도가 일정한 한도를 초과하여 제3자에게 사회통념상 참을 수 없는 피해를 입히는 경우까지 포함되고, 사회통념상 참을 수 있는 피해인지의 여부는 그 영조물의 공공성, 피해의 내용과 정도, 이를 방지하기 위하여 노력한 정도 등을 종합적으로 고려하여 판단하여야 한다."5)고 판시하였다.

비행장을 설치·관리함에 있어 여러 가지 소음대책을 시행하였음에도 비행장을 전투기 비행훈련이라는 공공의 목적에 이용하면서 여기에서 발생한 소음 등의 침해가 인근 주민들에게 통상의 수인한도를 넘는 피해를 발생하게 하였다면 비행장의 설치·관리상 하자가 있다고 보아야 한다. 항공기소음으로 인한 피해의 내용 및 정도, 비행장 및 군용항공기 운항이 가지는 공공성과 아울러 원고 및 선정자들 거주지역이 농촌지역으로서 가지는 지역적 환경적 특성 등의 여러 사정을 종합적으로 고려하여 원고 거주지역 소음피해가 적어도 소음도 80WECPNL 이상인 경우에는 사회생활상 통상의 수인한도를 넘어 위법하다.6)

(2) 항공소음으로 인하여 직접 헌법 제35조의 환경권이 침해되었음을 주장하면서 그 손해의 배상을 청구할 수 있는지 여부가 문제된다. 대법원은 "헌법 제35조 제1항은 환경권을 기본권의 하나로 승인하고 있으므로, 사법의 해석과 적용에서도 이러한 기본권이 충분히 보장되도록 배려하여야 하나, 헌법상 기본권으로서의 환경권에 관한 위 규정만으로는 그 보호대상인 환경의 내용과 범위, 권리의 주체가 되는 권리자의 범위 등이 명확하지 못하여 이 규정이 개개의 국민에게 직접으로 구체적인 사법상의 권리를 부여한 것이라고 보기는 어렵고, 사법적 권리인 환경권을 인정하면 그 상대방의 활동의 자유와 권리를 불가피하게 제약할 수밖에 없으므로, 사법상 권리로서의 환경권이 인정되려면 그에 관한 명문의 법률규정이 있거나 관계 법령의 규정취지나 조리에 비추어 권리의 주체, 대상, 내용, 행사방법 등이 구체적으로 정립될 수 있어야 한다."7)고 판시하여 부

---

5) 대법원 2004. 3. 12. 선고 2002다14242 판결.
6) 대법원 2010. 11. 25. 선고 2007다20112 판결.

정적으로 보고 있다.

5. 국제협약과 상법 제6편

1952년 로마협약[8] 제1조 제1항에 의하면, 항공기의 소음이나 굉음에 의한 지상 제3자의 손해가 현행 항공규칙에 따라 항공기가 공중을 통과하는 단순한 사실에 기인하는 경우에는 항공기운항자의 손해배상책임을 부정한다.[9]

상법 제6편(항공운송) 제3장에서는 '지상 제3자의 손해에 대한 책임'에 관하여 규정하고 있는데, 제930조 제1항은 "항공기 운항자는 비행 중인 항공기 또는 항공기로부터 떨어진 사람이나 물건으로 인하여 사망하거나 상해 또는 재산상 손해를 입은 지상(지하, 수면 또는 수중을 포함한다)의 제3자에 대하여 손해배상책임을 진다."고 규정하고 있다. 이는 로마협약을 수용한 조항이므로, 해석상 항공소음에 대한 근거로 적용하기는 어렵다.[10]

Ⅱ. 당사자적격

1. 원고 적격

항공소음으로 인하여 피해를 입은 사람은 원고가 될 수 있다. 항공소음으로 인한 피해는 크게 (i) 재산권 또는 재산상 이익의 침해(예를 들면, 소유하고 있던 부동산의 가치가 하락된 경우, 운영하던 영업을 중단하거나 영업

---

7) 대법원 1995. 5. 23.자 94마2218 결정.

8) Convention On Damage Caused By Foreign Aircraft To Third Parties On The Surface, Rome Convention 1952.

9) 김성은, "상법상 항공기 운항자의 지상 제3자의 손해에 대한 책임", 「홍익법학」 제14권 제4호(2013), 532면; Pablo Mendes de Leon, "Liability of airports for noise hindrance: a comparative analysis", 「항공우주법학회지」 제11호(1999), 173면.

10) 이와 달리, 항공기운항자의 손해배상 범위에 정신적 손해를 포함시키는 것이 타당하고, 항공기가 주택가로 저공비행하는 등과 같이 우연한 사고가 발생한 경우에는 지상 제3자에 대한 항공기운항자의 배상책임이 발생할 여지가 있다는 견해로는 김도연, "항공기소음에 의한 지상 제3자의 손해에 대한 항공기운항자의 배상책임", 「법과 정책」 제21권 제3호, 제주대학교 법과정책연구원(2015. 12.), 29~59면 참조.

장의 고객이 감소한 경우, 종업원들의 작업능률 또는 생산성이 저하된 경우, 소유하고 있던 가축에 대하여 피해가 발생한 경우,[11] 소음영향이 적은 지역으로 이주함으로써 이주비 등 손실이 발생한 경우 등), (ii) 신체·건강에 대한 침해(예를 들면, 소음으로 인한 난청 또는 이명, 불면증, 강박관념, 스트레스 등으로 인한 질병), (iii) 생활방해(예를 들면, 소음 때문에 창문을 개폐하지 못함으로 인한 압박감, 대화나 전화 또는 TV시청 곤란 등) 등 생활이익의 침해로 나누어 볼 수 있다. 재산적 피해의 배상을 구하는 경우에는 자연인뿐만 아니라 법인도 손해배상청구소송의 원고가 될 수 있겠지만, 신체·건강 또는 생활이익의 침해로 인한 피해의 배상을 구하는 경우에는 성질상 자연인만 원고가 될 수 있다. 실무상으로는 인과관계 증명의 곤란 등으로 인하여 생활방해를 이유로 한 자연인(공항 등 주변지역에 거주하는 주민)의 위자료청구소송이 대부분이다.[12]

2. 피고 적격

가. 의 의

공항이나 군용비행장을 설치·관리하는 자 또는 항공기를 운항하는 자가 피고가 된다.[13] 공항 등의 설치·관리자와 항공기운항자는 모두 영조물(또는 공작물)의 설치·관리자인 동시에 환경정책기본법상 사업자에 해당하고, 국가배상법 제2조(또는 민법 제750조)의 측면에서 공항 등의 설치·관리자는 주변지역에 대한 소음피해방지의무를 제대로 이행하지 아니한 자, 항공기운항자는 항공기를 통해 직접 소음을 배출하는 행위자에 해당하기 때문이다.

---

11) 국가가 공군 전투기 비행훈련장으로 설치·사용하고 있는 공군기지의 활주로 북쪽 끝으로부터 4.5km 떨어진 곳에 위치한 양돈장에서 모돈(母豚)이 유산하는 손해가 발생한 사안으로는 대법원 2010. 7. 15. 선고 2006다84126 판결.

12) 강종선, "항공기소음 관련 민사소송의 제논점", 「사법논집」 제44집, 법원도서관(2007), 270면.

13) 항공기엔진 제작자도 손해배상책임을 부담한다는 견해로는 Pablo Mendes de Leon, "Liability of airports for noise hindrance: a comparative analysis", 「항공우주법학회지」 제11호(1999), 171면.

나. 민간공항 등의 설치·관리자

(1) 대한민국

'공항'이란 공항시설을 갖춘 공공용 비행장으로서 국토교통부장관이 그 명칭·위치 및 구역을 지정·고시한 것을 말한다(공항시설법 제2조 제3호). 국토교통부장관은 공항시설을 유지·관리하고 그 공항시설을 사용하거나 이용하는 자로부터 사용료를 징수할 수 있는 권리를 설정할 수 있고(동법 제26조 제1항), 국가 소유의 비행장시설을 유지·관리하고 그 비행장시설을 사용하거나 이용하는 자로부터 사용료를 징수할 수 있는 권리를 설정할 수 있다(동법 제29조 제1항). 항행안전시설(제6조에 따른 개발사업으로 설치하는 항행안전시설 외의 것을 말한다)은 국토교통부장관이 설치하고(동법 제43조 제1항), 국토교통부장관 외에 항행안전시설을 설치하려는 자는 국토교통부령으로 정하는 바에 따라 국토교통부장관의 허가를 받아야 한다(제43조 제2항 제1문). 이와 같이 공항시설법은 공항의 설치에 관한 권한과 책임이 원칙적으로 국토교통부장관에게 있는 것으로 규정하고 있다. 따라서 현재 대한민국 내에 있는 모든 민간공항의 설치·관리자는 원칙적으로 대한민국이다.[14]

(2) 공항공사

한국공항공사는 (i) 공항시설법 제2조 제7호 및 제8호에 따른 공항시설 및 비행장시설의 관리·운영사업(한국공항공사법 제9조 제1항 제2호), (ii) 공항소음 방지 및 소음대책지역 지원에 관한 법률에 따른 공항소음대책사업, 주민지원사업 및 그 밖에 대통령령으로 정하는 사업(제9조 제1항 제8호) 등의 사업을 수행하고 있으므로, 공동관리주체로서 손해배상청구소송의 피고가 될 수 있다.[15]

이와 달리 김포공항 소음 사건에서 항소심 판결[16]은 "한국공항공사(또

---

14) 서울고등법원 2003. 8. 20. 선고 2002나55207 판결.

15) 서울지방법원 2002. 5. 14. 선고 2002가합6945판결; 손윤하, "항공기소음에 의한 피해구제를 위한 민사소송의 문제점", 「법조」 제54권 제3호(2005. 3.), 207면.

16) 서울고등법원 2003. 8. 22. 선고 2002나31133 판결.

는 그 전신인 한국공항공단)는 공항시설을 효율적으로 관리·운영함으로써 항공기운항의 안전과 원활을 기한다는 특별한 목적을 담당시키기 위해 대한민국에 의하여 설립된 법인으로서, 조직·인사·예산을 포함한 전반적인 운영에 있어 건설교통부장관의 구체적인 지휘·감독을 받아 왔고, 이는 공사의 사업목적 중 하나인 '항공기의 이·착륙 시에 발생하는 소음에 대한 방지시설의 설치·관리와 유지·보수'에서도 마찬가지이므로, 독자적으로 소음방지대책을 수립하고 소음방지시설을 설치·유지할 권한과 책임이 있었다고 보기 어려워 민법 제758조에서 말하는 공작물점유자로 볼 수 없고,[17] 소음방지와 관련하여 부과된 법적 의무를 게을리 한 것으로 볼 수도 없다."는 등의 이유로 한국공항공사에 대한 손해배상청구를 기각하였고, 위 판결은 그대로 확정되었다.

인천국제공항공사도 인천국제공항의 관리·운영 및 유지·보수 등의 사업을 수행하고(인천국제공항공사법 제10조 제1항 제2호), 다만 「인천국제공항공사법」에는 공항소음대책사업에 관한 규정은 존재하지 않지만, 그 법리는 한국공항공사와 동일하다.

독일에서는 공항사업자에게도 항공기소음으로 인한 손실보상책임이 귀속된다는 입장을 취하고 있다.[18] 항공기소음으로 인한 손실보상청구에서, 연방법원은 항공기가 최저안전고도 미만에서 비행한 경우에는 항공기의 이착륙소음으로 인한 침해는 공항사업자에게 책임이 귀속되는 것으로 보고 있다.[19] 학설상으로도 공항사업자는 항공기의 통상적인 이·착륙을 위하여 그의 부지를 제공한다는 계약을 체결하고 이러한 계약에 기하여 항공기의 이·착륙을 허가하게 되므로, 공항사업자는 이러한 비행운동과 그 것의 소음동반현상에 관련하여 방해자로 간주하고 있다.[20]

---

17) 공작물책임의 주체로서의 공작물점유자가 되기 위해서는 공작물을 사실상 지배하고 있어야 할 뿐만 아니라 사고방지를 위하여 공작물을 보수·관리할 권한과 책임이 있어야 한다. 대법원 2000. 4. 21. 선고 2000다386 판결.

18) 안경희, "독일법상 항공기 소음으로 인한 손실보상청구", 「법조」 제637호(2009. 10.), 170면.

19) BGH, NJW 1987, 1142, 1144; LG Saarbruücken, ZLW 1987, 400, 401.

20) Erman/Lorenz, § 906 Rn. 39; Ruwedel, Edgar, Fluglärm und Schadensausgleich im Zivilrecht, NJW 1971, 641, 647; Staudinger/Roth, § 906 Rn. 141.(안경희, 앞의 글,

다. 군용비행장의 설치·관리자

군용공항·군용비행장·항공작전기지의 설치·관리자는 대한민국이다(군사기지 및 군사시설 보호법 제2조). 「대한민국과 아메리카합중국 간의 상호방위조약 제4조에 의한 시설과 구역 및 대한민국에서의 합중국 군대의 지위에 관한 협정」 제23조 제5항에 의하면, 공무집행 중인 미군 구성원이나 고용원의 작위나 부작위 또는 미군이 법률상 책임을 지는 기타의 작위나 부작위 또는 사고로서 대한민국 안에서 대한민국 외의 제3자에게 손해를 가한 것으로부터 발생한 청구권은 원칙적으로 대한민국이 대한민국의 법령에 따라 이를 배상하고, 「대한민국과 아메리카합중국 간의 상호방위조약 제4조에 의한 시설과 구역 및 대한민국에서의 합중국 군대의 지위에 관한 협정의 시행에 관한 민사특별법」 제2조는 "합중국 군대의 구성원·고용원 또는 한국증원군대의 구성원이 그 직무를 행함에 당하여 대한민국 안에서 대한민국정부 이외의 제3자에게 손해를 가한 때에는 국가는 국가배상법의 규정에 의하여 그 손해를 배상하여야 한다(제1항). 합중국 군대 또는 한국증원군대가 점유·소유 또는 관리하는 토지의 공작물과 기타 시설 또는 물건의 설치나 관리의 하자로 인하여 대한민국정부 이외의 제3자에게 손해를 가한 때에도 전항과 같다(제2항)."라고 규정하고 있다. 이러한 규정에 의하면, 국내에 주둔하는 미군 비행장의 경우 그 직접적인 설치·관리자는 미군이라 할지라도 위와 같은 조약 및 특별법의 규정에 의하여 미군 비행장에서 발생한 항공소음으로 인한 손해배상청구소송의 피고는 대한민국이 된다.[21]

라. 항공기 운항자

공항이나 군용비행장 주변지역에 미치는 항공소음의 대부분은 항공기의 이·착륙에 의하여 발생하므로, 민간항공기의 경우에는 소유자(또는 임

170면에서 재인용).
21) 매향리 사격장에 관한 대법원 2004. 3. 12. 선고 2002다14242 판결 참조. 유경희, 「항공기소음침해의 개선을 위한 법적 연구」, 동국대 법학박사학위논문(2022), 135면.

차인)로서 항공기의 운항이익을 가지는 항공사가, 군용항공기의 경우에는 대한민국이 직접적인 소음배출행위자 또는 항공기의 설치·관리자나 환경정책기본법상의 사업자로서 손해배상청구소송의 피고가 될 수 있다.

국토교통부령으로 정하는 항공기의 소유자등은 감항증명을 받는 경우와 수리·개조 등으로 항공기의 소음치(騷音値)가 변동된 경우에는 국토교통부령으로 정하는 바에 따라 그 항공기가 제19조 제2호의 소음기준에 적합한지에 대하여 국토교통부장관의 증명(이하 '소음기준적합증명')을 받아야 하고(항공안전법 제25조 제1항), 소음기준적합증명을 받지 아니하거나 항공기기술기준에 적합하지 아니한 항공기를 운항해서는 아니 된다(동조 제2항 제1문).

Ⅲ. 유책사유 등

1. 환경정책기본법

환경정책기본법은 오염원인자 책임원칙과 환경오염의 피해에 대한 무과실책임을 정하고 있다. 환경정책기본법 제7조는 '오염원인자 책임원칙'이라는 제목으로 "자기의 행위 또는 사업활동으로 환경오염 또는 환경훼손의 원인을 발생시킨 자는 그 오염·훼손을 방지하고 오염·훼손된 환경을 회복·복원할 책임을 지며, 환경오염 또는 환경훼손으로 인한 피해의 구제에 드는 비용을 부담함을 원칙으로 한다."고 규정하고 있다. 동법 제44조 제1항은 '환경오염의 피해에 대한 무과실책임'이라는 제목으로 "환경오염 또는 환경훼손으로 피해가 발생한 경우에는 해당 환경오염 또는 환경훼손의 원인자가 그 피해를 배상하여야 한다."고 규정하고 있다.

위와 같이 환경정책기본법의 개정에 따라 환경오염 또는 환경훼손(이하 '환경오염')으로 인한 책임이 인정되는 경우가 사업장 등에서 발생하는 것에 한정되지 않고 모든 환경오염으로 확대되었으며, 환경오염으로 인한 책임의 주체가 '사업자'에서 '원인자'로 바뀌었다. 여기에서 '사업자'는 피해의 원인인 오염물질을 배출할 당시 사업장 등을 운영하기 위하여 비용을 조달하고 이에 관한 의사결정을 하는 등으로 사업장 등을 사실상·경제상 지배하는 자를 의미하고, '원인자'는 자기의 행위 또는 사업활동을 위하여 자기의 영향을 받는 사람의 행위나 물건으로 환경오염을 야기한 자를 의미한다. 따라서 환경오염이 발생한 사업장의 사업자는 일반적으로 원인자에 포함된다.[22)]

동법 제44조 제1항은 민법의 불법행위 규정에 대한 특별 규정으로서, 환경오염 또는 환경훼손의 피해자가 그 원인을 발생시킨 자(이하 '원인자')에게 손해배상을 청구할 수 있는 근거규정이다. 위에서 본 규정 내용과 체계에 비추어 보면, 환경오염 또는 환경훼손으로 인한 책임이 인정되는 경우는 사업장에서 발생되는 것에 한정되지 않고, 원인자는 사업자인지와 관계없이 그로 인한 피해에 대하여 동법 제44조 제1항에 따라 귀책사유를 묻지 않고 배상할 의무가 있다.[23)]

사업장 등에서 발생하는 환경오염으로 피해가 발생한 때에는 사업자나 원인자는 환경정책기본법의 위 규정에 따라 유책사유가 없더라도 피해를 배상하여야 한다. 이때 환경오염에는 소음·진동으로 사람의 건강이나 재산· 환경에 피해를 주는 것도 포함되므로, 피해자의 손해에 대하여 사업자나 원인자는 유책사유가 없더라도 특별한 사정이 없는 한 이를 배상할 의무가 있다.[24)]

2. 영조물책임

항공소음 피해를 원인으로 한 손해배상책임의 근거를 국가배상법 제5조(또는 민법 제758조)에서 찾을 경우에는 가해자의 유책사유가 불필요하다.

3. 고의·과실

손해배상책임의 근거를 국가배상법 제2조(또는 민법 제750조)에서 찾을 경우 가해자의 유책사유, 즉 고의 또는 과실이 필요한데, 이때 과실의 개

---

22) 대법원 2017. 2. 15. 선고 2015다23321 판결.
23) 대법원 2018. 9. 13. 선고 2016다35802 판결.
24) 대법원 2017. 2. 15. 선고 2015다23321 판결.

넘에 관하여는 (i) 기업활동을 하면서 일정한 환경침해의 방지설비를 갖추었더라면 손해의 발생을 방지할 수 있었음에도 '상당한' 또는 '최선의' 방지설비를 갖추지 않았다면 과실이 인정된다는 방지의무위반설(회피가능성설), (ii) 손해의 발생에 관하여 예견가능성이 있으면 조업정지 등을 통하여 손해회피조치를 취함으로써 손해발생을 방지할 수 있다는 점에서 예견가능성을 과실의 중심내용으로 하는 예견가능성설, (iii) 환경침해로 인한 불법행위책임에서의 과실과 위법성을 일원적으로 파악하려는 견해로서 피해의 정도가 수인한도를 넘으면 과실이 있고 위법성도 인정된다는 신수인한도설 등의 견해 대립이 있다.[25]

항공소음 피해를 원인으로 한 손해배상청구소송에서 종래 우리나라의 실무는 예외 없이 이를 물적 불법행위책임(영조물책임)으로 파악해 왔기 때문에, 가해자의 유책사유 여부는 전혀 문제되지 아니하였고 오로지 피해의 수인한도(참을 한도) 초과 여부만 문제되었다. 즉, 항공소음으로 인한 피해의 정도가 통상의 수인한도를 넘으면 '기능적 하자'의 존재가 인정되었고, 그것만으로 공항이나 군용비행장의 설치·관리자의 손해배상책임은 자동적으로 인정되어 왔는바, 이러한 실무의 입장은 불법행위책임에 관한 예견가능성설 및 신수인한도론의 입장과 결론에서 동일하다.[26] 결국 항공소음 피해를 원인으로 한 손해배상책임의 근거를 어디에서 찾든 실제 소송에서는 피해의 정도가 수인한도를 넘는 것인지 여부만이 결정적 의미를 지니고, 공항 등의 설치·관리자 또는 항공기운항자 등의 유책사유 유무가 문제되는 경우는 거의 없으므로, 과실의 개념에 관한 위와 같은 견해의 대립은 결론적으로 아무런 의미가 없다.[27]

---

25) 강종선, 앞의 글, 276~278면.
26) 수인한도론에 관한 논의는 김선이·소재선, "항공기소음피해와 수인한도론", 「항공우주법학회지」 제14권(2001), 272~280면 참조.
27) 강종선, 앞의 글, 279~280면.

4. 위법성

가. 의 의

불법행위 성립요건으로서의 위법성은 관련 행위 전체를 일체로만 판단하여 결정하여야 하는 것은 아니고, 문제가 되는 행위마다 개별적·상대적으로 판단하여야 하므로, 어느 시설을 적법하게 가동하거나 공용에 제공하는 경우에도 그로부터 발생하는 유해배출물로 인하여 제3자가 손해를 입은 경우에는 그 위법성을 별도로 판단하여야 한다. 이 경우 판단기준은 그 유해의 정도가 사회생활상 통상의 수인한도를 넘는 것인지 여부인데, 그 수인한도의 기준을 결정할 때는 일반적으로 침해되는 권리나 이익의 성질과 침해의 정도뿐만 아니라, 침해행위가 갖는 공공성의 내용과 정도, 그 지역 환경의 특수성, 공법적인 규제에 의하여 확보하려는 환경기준, 침해를 방지 또는 경감시키거나 손해를 회피할 방안의 유무 및 그 난이 정도 등 여러 사정을 종합적으로 고려하여 구체적 사건에 따라 개별적으로 결정하여야 한다.[28] 학설도 환경침해로 인한 불법행위책임에서 위법성 요건은 환경침해의 정도가 사회통념상 수인한도를 초과하는지 여부에 의하여 결정되고, 그 법적 근거로는 민법의 상린관계규정인 제217조가 제시된다고 한다.[29]

나. 소음의 정도와 태양

공항이나 비행장에서 발생하는 소음피해의 정도가 수인한도를 넘는지 여부를 판단하는 가장 중요한 요소는 소음 그 자체의 정도 및 태양이다. 구체적으로는 항공소음의 객관적인 수치, 항공기의 운항횟수, 주간운항 및 야간운항의 횟수, 공항의 설치시기 및 존속기간, 취항하는 주요 항공기의 기종 등을 고려하여야 하고, 특히 항공기의 운항방법[이·착륙, 통과, 선회, 급상승 및 급강하(Touch & Go)], 날짜별·요일별·시간대별 운항횟

---

28) 대법원 2010. 7. 15. 선고 2006다84126 판결.
29) 김재형, "소유권과 환경보호 -민법 제217조의 의미와 기능에 대한 검토를 중심으로-", 「인권과 정의」 제276호(1999. 8.), 43면.

수 등 항공기소음에 특유한 제반 요소들을 고려하여야 한다.

다. 침해되는 이익의 성질 및 피해의 정도

항공소음으로 인하여 침해될 수 있는 이익은 재산상 이익, 신체·건강의 이익, 생활이익 등으로 크게 나누어 볼 수 있다. 그런데 항공소음으로 인하여 피해자들이 상해나 질병을 입는 등 신체·건강의 이익을 침해당한 경우에는, 특별한 사정이 없는 한 침해행위 즉, 소음배출행위는 그 자체만으로 위법한 것으로 보기에 충분하므로 다른 수인한도 판단요소에 대한 고려는 사실상 불필요하다. 그러나 항공소음으로 인하여 재산상 이익 또는 생활이익을 침해당한 경우에는 다른 수인한도 판단요소들에 대한 고려도 수인한도초과 여부의 판단에 중요한 영향을 미친다. 현재 실무상으로는 대부분 생활방해를 원인으로 한 위자료청구소송이 주를 이루고 있다.

수인한도초과 여부를 판단할 때 피해자 개개인의 구체적인 사정(연령·성별·신체적 특징·직업 등)을 고려하여야 하는지 여부에 관하여, 이를 긍정하는 견해와 수인한도는 객관적인 사회통념상 기준이라는 이유로 피해자 개개인의 구체적인 사정을 고려하여서는 안 된다는 견해가 대립하고 있는바, 실무상으로는 후자의 입장에서 피해자 개개인의 구체적인 사정을 별도로 고려하지 아니한 채 일률적으로 수인한도를 정하고 있다.[30]

라. 소음피해를 회피·완화하기 위한 노력

공항이나 군용비행장의 설치·관리자 또는 항공기운항자 등이 예상되는 소음에 대하여 미리 평가를 실시하고 공항 등 주변의 환경을 고려한 합리적인 소음방지대책을 수립하였는지, 소음발생원과 인근 거주지와의 경계선 부근에 차음 및 흡음을 위한 방음벽 등 시설물을 설치하였는지, 소음발생의 정도를 저감시킬 수 있도록 기계(특히 항공기 성능점검을 위한 기계) 등의 배치계획을 적절히 하였는지, 소음을 발생시키기 전에 지역주민들에게 그 내용을 설명하고 소음발생을 예고하였는지(특히 공항의 신설과 확장의 경우), 지역주민들과 소음방지를 위한 협정을 체결하였는지, 협

---

30) 강종선, 앞의 글, 287면.

정을 체결하였다면 그 협정내용을 성실히 이행하였는지, 소음으로 인한 피해를 보상하기 위한 협의를 성실하게 추진하였는지 여부를 고려하여야 한다. 또한 항공소음을 감소시키기 위한 방법으로서 야간비행 또는 야간 사격훈련의 감소, 급하강과 급상승의 규제, 고소음항공기의 운항제한, 비행항로 및 고도의 조정, 운항 전 철저한 항공기정비의 실시, 소음정도에 따른 이주대책 등의 수립, 주택방음시설의 설치, 금전보상의 실시 여부 등도 고려하여야 한다.

마. 지역적 특성

대법원은 비행장 주변지역의 항공기소음을 원인으로 한 손해배상 사건에서 농촌지역에 위치한 서산공군비행장, 충주공군비행장, 군산공군비행장, 평택공군비행장의 경우 그 주변지역의 소음도가 80웨클 이상인 경우 사회생활상 통상의 수인한도를 넘어 위법하다고 본 반면, 도시지역에 위치한 대구공군비행장, 광주공군비행장, 김포공항의 경우 그 주변지역의 소음도가 85웨클 이상인 경우 사회생활상 통상의 수인한도를 넘어 위법하다고 보았다.[31] 이는 비행장 주변지역이 당초 비행장이 개설되었을 때와는 달리 그 후 점차 도시화되어 인구가 밀집되는 등 도시지역으로서 지역적·환경적 특성이 있는 경우에는 농촌지역과 비교하여 통상 배경소음이 높고, 배경소음이 낮은 농촌지역의 경우 도시지역과 비교하여 동일한 소음에 대하여 더 큰 불쾌감을 느낀다고 알려져 있으며 농촌지역 주민들의 옥외 활동의 비중이 높다는 사정 등을 고려한 것이다.

바. 공공성

공군비행장은 국토방위와 군사전력을 유지하기 위한 필수불가결한 군사시설로서, 대한민국의 존립과 안전을 보장하고 국민 전체의 재산과 생명을 보호하는 국가적 과제를 수행하는 등 고도의 공공성이 인정된다. 항공기에 의한 신속한 물류거래 및 여객 수송은 우리나라의 경제·사회·문화 등 다방면에서 발전·향상을 위한 필수불가결한 요소이고, 제주도의

---

31) 대법원 2015. 10. 15. 선고 2013다23914 판결.

경우 섬이라는 지리적 특성상 항공운송 수송 분담률이 70%를 상회하는 등 항공운송에 대한 의존도가 국내 다른 지역에 비해 압도적으로 높으며, 특히 관광산업이 제주지역의 산업구조에서 중요한 비중을 차지하고 있는 점 등을 감안할 때, 제주공항의 설치·운영은 지역 주민들의 편의와 경제적 이익에 절대적인 기여를 하고 있어 고도의 공익성이 인정된다.[32]

사. 위법성이 부정된 사례[33]

인천국제공항에 대한 소음의 수인한도 초과여부에 대하여 ① 감정인의 소음피해 감정결과에 의하면 원고들이 거주하는 지역의 소음도가 85WECPNL 이하이고, 대부분 지역의 소음도가 80WECPNL에도 미치지 못하는 점, ② 항공기에 의한 신속한 물류거래 및 여객 수송은 우리나라의 경제, 사회, 문화 등 다방면에서의 진보·향상을 위하여 필수불가결한 요소이고, 그러한 항공수송에서 인천국제공항이 차지하는 비중이 매우 크다는 점, ③ 지리적인 여건 등으로 인해 항공기가 원고들의 거주지역을 완전 회피하여 비행하는 것이 불가능하고, 피고들이 선회지점의 일부 폐쇄, 이륙시 소음감소절차 시행, 항공기 선회각도의 변경 등 원고들의 거주지역에 발생하는 소음을 감소시키기 위하여 노력한 점, ④ 이 사건 소 제기 이전에 피고 공사가 원고들의 주거에 방음시설을 설치하여 주겠다고 제의하였으나 원고들이 이를 거부하여 설치하지 못한 점, ⑤ 인천국제공항의 건설로 인한 영종도 지역의 개발로 인해 원고들의 인근 지역으로의 접근성 및 생활기반시설의 이용이 용이해지고, 관광객이 증가하는 등 원고들이 공항의 건설로 인한 수혜를 상당 부분 누리고 있다고 보이는 점, ⑥ 제3활주로가 완공되면 원고들 거주지역의 항공기 소음이 상당 부분 줄어들 것으로 보이는 점 등을 종합적으로 고려하여 보면, 인천국제

---

32) 대법원 2015. 10. 15. 선고 2012다77730 판결. 전차포 사격장은 남과 북이 대립하고 있는 현재의 안보상황에서 대북 전쟁억지를 목적으로 하는 육군의 군사전력 유지를 위한 필수불가결의 훈련장으로서, 전차포 사격은 유사시를 대비한 기갑장병의 기량과 작전수행능력 향상에 반드시 필요한 훈련인 점 등 고도의 공익성이 인정된다(대법원 2010. 12. 9. 선고 2007다42907 판결).

33) 서울중앙지방법원 2006. 5. 9. 선고 2003가합70565판결.

공항에 이착륙하는 비행기로 인해 발생한 소음이 원고들에게 사회통념상 수인할 수 있는 한도를 넘어선 위법한 것이라고 보기 어렵다.

Ⅳ. 증명책임

일반적으로 불법행위로 인한 손해배상청구사건에서 가해행위와 손해발생 사이의 인과관계에 관한 증명책임은 청구자인 피해자가 부담한다. 대기오염이나 수질오염 그리고 토양오염에 의한 손해배상을 청구하는 소송에서는 가해자가 배출한 원인물질이 대기나 물을 매체로 하여 간접적으로 손해를 끼치는 수가 많고, 공해문제에 관하여는 가해행위와 손해의 발생 사이의 인과관계를 구성하는 하나하나를 증명한다는 것이 매우 곤란하거나 불가능한 경우가 많다. 이러한 공해소송에서 피해자에게 사실적인 인과관계의 존재에 관하여 엄밀한 증명을 요구한다는 것은 공해로 인한 사법적 구제를 사실상 회피하는 결과가 될 우려가 있다. 그리고 가해기업은 기술적·경제적으로 피해자보다 훨씬 원인조사가 용이한 경우가 많을 뿐만 아니라, 그 원인을 은폐할 염려가 있기 때문에, 가해기업이 어떠한 유해한 원인물질을 배출하고 그것이 피해물건에 도달하여 손해가 발생하였다면 가해자가 그것이 무해하다는 것을 증명하지 못하는 한 책임을 면할 수 없다고 보는 것이 사회형평의 관념에 적합하다.[34]

생활방해의 경우에도 위법행위와 손해의 발생은 이를 주장하는 자가 증명하여야 하나, 정신적 고통 없는 평온·안전한 일상생활을 영위할 권리는 피해자들 개개인의 생활 조건의 차이에 관계없이 기본적인 부분에서는 동일하기 때문에, 그 침해로 인한 정신적 고통의 성질 및 정도, 신체적 피해의 위험성 및 생활방해도 구체적 내용에서 약간의 차이가 있을지는 몰라도 그 주요 부분에서는 동일하다고 볼 수 있고, 일정한 정도 이상의 소음에 노출된 피해자들이 그로 인하여 정신적·신체적 피해를 입을 위험이 있음은 여러 연구결과에 비추어 또는 경험칙상 인정할 수 있다

---

34) 대법원 2009. 10. 29. 선고 2009다42666 판결.

(피해자 측의 개별적 사정은 주거지역 및 해당지역에서의 거주기간을 참작하는 것으로 충분하다).[35]

V. 손해배상의 범위

1. 재산상 손해

가. 부동산 교환가치 하락액

어느 지역에 공항이 새로 설치되거나 기존 공항의 취항 항공기 수가 증가함으로써 항공소음의 정도가 증가하게 되면 주변 지역의 주택 등 부동산 교환가치가 하락하게 됨은 경험칙상 쉽게 인정할 수 있다.

나. 방음시설 설치비용 및 냉방비용

항공소음의 영향을 받는 지역 내에서는 통상 주택 등 건물에 방음시설을 설치하고 한여름에도 마음놓고 창문을 열어 놓을 수 없게 되어 냉방비용이 증가하기 마련인바, 이러한 방음시설 설치비용이나 냉방비용을 부동산 자체의 교환가치 하락액과 구분하여 별도의 손해로서 배상청구를 할 수 있을지 문제된다. 판례는 "일조 장해, 사생활 침해, 시야 차단으로 인한 압박감, 소음, 분진, 진동 등과 같은 생활이익의 침해로 인하여 발생한 재산적 손해의 항목 중 토지·가옥의 가격저하에 의한 손해를 산정할 때는 광열비·건조비 등의 지출 증대와는 별도로 일조 장해 등과 상당인과관계가 있는 정상가격의 감소액을 부동산감정 등의 방법으로 평가하여야 한다."[36]고 판시하여 이를 긍정하고 있다.

다. 영업이익 감소액

항공소음으로 인하여 영업환경이 악화되어 영업이익이 감소한 경우 감소된 영업이익 상당액도 재산상 손해로 인정될 수 있다. 국가가 공군 전

---

35) 서울지방법원 2002. 5. 14. 선고 2000가합6945 판결.
36) 대법원 1999. 1. 26. 선고 98다23850 판결.

투기 비행훈련장으로 설치·사용하고 있는 공군기지의 활주로 북쪽 끝으로부터 4.5km 떨어진 곳에 위치한 양돈장에서 모돈(母豚)이 유산하는 손해가 발생한 사안에서, 법원은 위 손해는 공군기지에서 발생한 소음으로 인한 것으로, 당시의 소음배출행위와 그 결과가 양돈업자의 수인한도를 넘는 위법행위라고 판단하였다.[37]

라. 이주비, 치료비 등

항공소음의 영향이 적은 곳으로 이주하기 위해 지출한 이주비, 항공소음으로 인해 발생한 난청·이명 등 질환을 치료하기 위해 지출한 치료비 및 위와 같은 질환으로 인한 일실수익, 항공소음으로 인해 파손된 유리창 기타 건물 수리비 등도 항공소음과의 사이의 인과관계와 합리적인 액수만 증명되면 재산상 손해로 인정될 수 있다.

2. 정신적 손해

사람이 일정한 수준 이상의 소음에 장기간 노출된 경우 만성적인 불안감, 집중력 저하, 잦은 신경질 등의 정신적인 고통을 입게 되고, 회화방해, 전화통화방해, TV·라디오 시청장애, 독서방해나 사고중단, 수면방해 등 일상생활을 정상적으로 영위하는 데에 많은 지장이 있게 되며, 그 정도가 심한 경우 난청이나 이명 등 신체적인 이상이 나타날 가능성이 있다.[38] 그런데 항공소음은 그 피해지역이 광범위하고 피해자들이 다수인 경우가 대부분이기 때문에 소송실무상으로는 피해자별로 구체적인 사정을 일일이 참작하여 개별적으로 위자료를 정하지 아니하고, 주로 거주지역별로 일괄하여 거주일수 1일당 ○원 또는 1개월당 ○원씩으로 기준금액을 책정한 후, 거기에다가 거주기간을 곱하여 개인별 위자료를 계산한 다음, 가해자 측에 의한 방음시설 등 소음방지대책의 실시 여부 또는 위험에의 접근이론에 따라 이를 감경하는 방식으로 위자료 액수를 산정해 오고 있다.[39] 공항소음소송 중 군용비행장과 관련한 사건에서는 피해자들

37) 대법원 2010. 7. 15. 선고 2006다84126 판결.
38) 서울고등법원 2008. 7. 4. 선고 2004나25934 판결.

이 거주하는 지역의 예측 소음도가 80웨클(농촌지역) 또는 85웨클(도시지역) 이상 90웨클 미만인 경우 월 30,000원, 90웨클 이상 95웨클 미만인 경우 월 45,000원, 95웨클 이상 100웨클 미만인 경우 월 60,000원을 손해배상액으로 인정하는 것이 실무례이다.[40]

3. 위험에의 접근이론[41]

(1) 소음 등 공해의 위험지역으로 이주하였을 때 그 위험의 존재를 인식하고 그로 인한 피해를 용인하면서 접근한 것으로 볼 수 있다면, 그 피해가 직접 생명이나 신체에 관련된 것이 아니라 정신적 고통이나 생활방해의 정도에 그치고 침해행위에 고도의 공공성이 인정되는 경우에는, 위험에 접근한 후 실제로 입은 피해 정도가 위험에 접근할 당시 인식하고 있었던 위험의 정도를 초과하는 것이거나 위험에 접근한 후 그 위험이 특별히 증대하였다는 등의 특별한 사정이 없는 한 가해자의 면책을 인정할 수도 있다.[42] 특히 소음 등의 공해로 인한 법적 쟁송이 제기되거나 그 피해에 대한 보상이 실시되는 등 피해지역임이 구체적으로 드러나고 또한 이러한 사실이 그 지역에 널리 알려진 이후에 이주하여 오는 경우에는 위와 같은 위험에의 접근에 따른 가해자의 면책 여부를 보다 적극적으로 인정할 여지가 있다.[43]

(2) 그러나 소음 등 공해의 위험지역으로 이주하였더라도 그 위험에 접근할 당시 위험이 존재하는 사실을 정확하게 알 수 없는 경우가 많고 근무지나 가족관계 등의 사정에 따라 불가피하게 위험지역으로 이주할 수도 있으므로, 위험지역에 이주하게 된 경위와 동기 등 여러 사정에 비

---

39) 오사카 국제공항인근 주민들이 항공기 이착륙소음과 관련하여 손해배상청구소송을 제기한 사건에서, 오사카고등재판소는 1975. 11. 27. 오후 9시부터 익일 오전 7시까지 사용금지 시간을 늘이고, 국가배상법상 영조물관리책임 조항을 적용하여 운행규제에 대한 합의가 이루어질 때까지 월 6천 엔의 손해배상청구를 인정하였다.

40) 서울고등법원 2012. 1. 12. 선고 2011나75982 판결; 서울중앙지방법원 2019. 2. 15. 선고 2017가합524618 판결.

41) 이에 관한 자세한 논의는 윤수진, "항공기 소음소송에 있어서의 위험에의 접근이론에 대한 검토",「환경법연구」제32권 제2호(2010), 223~245면.

42) 대법원 2004. 3. 12. 선고 2002다14242 판결.

43) 대법원 2012. 6. 14. 선고 2012다13569 판결.

추어 위험의 존재를 인식하고 그로 인한 피해를 용인하면서 접근한 것으로 볼 수 없는 경우에는 가해자의 면책을 인정할 수 없고 손해배상액의 산정에 있어 형평의 원칙상 이와 같은 사정을 과실상계에 준하여 감액사유로 고려할 수 있을 뿐이다.44) 공군비행장 주변의 항공소음 피해로 인한 손해배상 사건에서 공군에 속한 군인·군무원의 경우 일반인에 비하여 그 피해에 관하여 잘 인식하거나 인식할 수 있는 지위에 있다는 이유만으로 가해자의 면책이나 손해배상액의 감액에서 달리 볼 수는 없다.

(3) 공군사격장 주변지역에서 발생하는 소음 등으로 피해를 입은 주민들이 국가를 상대로 손해배상을 청구한 사안에서, 사격장의 소음피해를 인식하거나 과실로 인식하지 못하고 이주한 일부 주민들의 경우 비록 소음으로 인한 피해를 용인하고 이용하기 위하여 이주하였다는 등의 사정이 인정되지 않아 국가의 손해배상책임을 완전히 면제할 수는 없다고 하더라도, 손해배상액을 산정할 때 그와 같은 사정을 전혀 참작하지 아니하여 감경조차 아니 한 것은 형평의 원칙에 비추어 현저히 불합리하다.45)

4. 장래의 손해

항공소음 피해를 원인으로 한 손해배상청구소송에서 당해 소송의 사실심변론종결일 이후에도 계속 발생될 것으로 예상되는 장래의 손해를 민사소송법 제251조에 의하여 미리 배상청구할 수 있을지 문제된다. 일본 최고재판소는 아쓰기 기지 항공소음으로 인한 장래의 손배배상청구에 관하여, (i) 그것이 현재와 마찬가지 형태의 불법행위가 되는지 여부가 불분명하고, (ii) 배상할 손해의 범위가 유동적 성격을 갖고 복잡한 사실관계에 의존하기 때문에 미리 명확한 기준을 설정하기 어려우며, (iii) 사정변경이 생긴 경우에 그 증명책임을 피고의 부담으로 하게 하는 것은 부

---

44) 대법원 2010. 11. 25. 선고 2007다74560 판결. 대구비행장 인근 주민들이 국가를 상대로 항공소음 피해에 대한 손해배상을 구한 사안에서, 다른 주민들이 제기한 종전 소송에서 국가의 배상책임을 인정한 대법원판결 내용이 언론보도 등을 통하여 널리 알려졌다고 보이는 2011. 1. 1. 이후 전입한 주민들에 대하여 손해액을 50% 감액한 원심판단을 수긍한 사례로는 대법원 2012. 6. 14. 선고 2012다13569 판결.

45) 대법원 2010. 11. 11. 선고 2008다57975 판결.

당하다는 점 등을 들어, 장래이행청구의 소로서 권리보호요건이 흠결된 것으로 보아 이를 각하하였다.[46)]

민사소송법 제251조에 의하면 장래에 이행할 것을 청구하는 소는 '미리 청구할 필요'가 있어야 제기할 수 있고, 여기서 미리 청구할 필요가 있는지 여부는 채무자의 태도나 이행의무의 종류에 따라 결정되는바, 계속적 불법행위로 인한 장래의 손해배상청구는 침해행위의 위법성과 그로 인한 손해의 유무 및 정도를 변론종결 당시에 확정적으로 예정할 수 있을 때에만 허용된다.[47)] 그런데 항공소음으로 인한 피해의 경우에는 그 침해행위의 위법성 등이 가해자에 의한 소음피해방지대책의 내용과 실시 여부, 피해자들의 이주가능성, 기타 생활사정의 변동 등 복잡 다양한 요소들에 의하여 크게 영향을 받게 되어 장래의 손해배상청구권의 성립 여부 및 내용을 사전에 정확하게 예측하기 어려우므로, 특별한 사정이 없는 한 장래이행의 소로서 권리보호요건이 흠결된 것으로 보아야 한다.

VI. 소멸시효

항공소음과 같이 날마다 계속적으로 발생하는 불법행위로 인한 피해자의 가해자에 대한 손해배상청구권의 소멸시효(특히 민법 제766조 제1항의 단기소멸시효)가 언제부터 진행되는지 문제된다. 불법행위에 의한 손해배상청구권의 단기소멸시효의 기산점이 되는 민법 제766조 제1항 소정의 '그 손해 및 가해자를 안 날'이라 함은 현실적으로 손해의 발생과 가해자를 알아야 할 뿐만 아니라 그 가해행위가 불법행위로서 이를 이유로 손해배상을 청구할 수 있다는 것을 안 때를 의미하고, 불법행위가 계속적으로 행하여지는 결과 손해도 역시 계속적으로 발생하는 경우에는 특별한

---

46) 最高裁 1993. 2. 25. 判決, 民集 47卷 2号, 643면.

47) 대법원 2002. 6. 14. 선고 2000다37517 판결은 토지의 계속적인 점유·사용으로 인한 장래의 부당이득반환청구에 대하여, "장래의 이행을 명하는 판결을 하기 위하여는 채무의 이행기가 장래에 도래하는 것뿐만 아니라 의무불이행사유가 그때까지 존속한다는 것을 변론종결 당시에 확정적으로 예정할 수 있는 것이어야 하며, 이러한 책임기간이 불확실하여 변론종결 당시에 확정적으로 예정할 수 없는 경우에는 장래의 이행을 명하는 판결을 할 수 없다."고 판시하였다.

사정이 없는 한 그 손해는 날마다 새로운 불법행위에 기하여 발생하는 손해로서 민법 제766조 제1항을 적용할 때 그 각 손해를 안 때로부터 각 별로 소멸시효가 진행된다.[48] 이에 따르면 항공소음으로 인한 손해도 날마다 새로운 불법행위에 기하여 발생하는 손해로서 그 각 손해를 안 때로부터 단기소멸시효가 진행된다. 법원은 공항이 설치된 날,[49] 소음피해지역 또는 소음피해예상지역으로 지정·고시된 날,[50] 군용비행장에 민간항공기가 취항하는 등 항공기소음의 정도가 급격하게 증가한 날[51] 등 소멸시효 기산점을 달리하고 있다.

---

48) 대법원 1999. 3. 23. 선고 98다30285 판결.
49) 서울중앙지방법원 2006. 10. 31. 선고 2005가합56815 판결.
50) 서울남부지방법원 2009. 10. 9. 선고 2006가합14470 판결.
51) 김홍균, 「로스쿨 환경법」, 홍문사(2016), 321면.

제 5 절   비행금지청구

Ⅰ. 소유권에 기한 방지청구

1. 의 의

비행금지청구(飛行禁止請求)는 항공소음으로 인한 생활방해 등을 이유로 인격권 또는 인접한 부동산의 소유권에 기한 방해배제 또는 방해예방으로써 항공기의 비행금지를 구하는 것을 말한다. 우리나라에서도 주민이 민사소송으로 대한민국을 상대로 군용기 또는 미국 군용기의 비행금지청구의 소를 제기하는 경우 이를 인용할 수 있는지 문제된다. 재판실무상으로는 소유권에 기한 방지청구로서 비행금지청구가 주로 문제된다.

토지의 소유권은 정당한 이익이 있는 범위 내에서 토지의 상하에 미치는바(민법 제212조), 항공기가 토지의 상공을 통과하여 비행하는 등으로 토지의 사용·수익에 대한 방해가 있는 경우에는 비행 금지 등 방해의 제거 및 예방을 청구할 수 있다.[1]

독일 민법 제1004조 제1항은 "소유권이 점유의 박탈이나 유치 이외의 방법에 의하여 침해된 경우에는 소유자는 방해자에 대하여 그 침해의 배제를 청구할 수 있다. 계속하여 침해될 우려가 있는 경우에는 그 침해의 정지를 청구할 수 있다."고 규정하여 방어청구권이라는 표제하에 침해의 제거를 청구할 수 있는 제거청구권(Beseitigungsanspruch)과 침해가 나타나기 전에 미리 방어할 수 있는 유지청구권(Unterlassungsanspruch)을 인

---

[1] 인접 대지 위에 건축 중인 아파트가 24층까지 완공되는 경우, 대학교 구내의 첨단과학관에서의 교육 및 연구 활동에 커다란 지장이 초래되고 첨단과학관 옥상에 설치된 자동기상관측장비 등의 본래의 기능 및 활용성이 극도로 저하되며 대학교로서의 경관·조망이 훼손되고 조용하고 쾌적한 교육환경이 저해되며 소음의 증가 등으로 교육 및 연구활동이 방해받게 된다면, 그 부지 및 건물을 교육 및 연구시설로서 활용하는 것을 방해받게 되는 대학교측으로서는 그 방해가 사회통념상 일반적으로 수인할 정도를 넘어선다고 인정되는 한 그것이 민법 제217조 제1항 소정의 매연, 열기체, 액체, 음향, 진동 기타 이에 유사한 것에 해당하는지 여부를 떠나 그 소유권에 기하여 그 방해의 제거나 예방을 청구할 수 있다. 대법원 1995. 9. 15. 선고 95다23378 판결.

정하고 있다. 제907조 제1항에서는 인접한 토지상의 시설의 존재 또는 그 이용이 자기 토지상에 허용되지 않는 침해를 할 것을 확실히 예견할 수 있는 때에는 설치나 존속을 금지하도록 요구할 수 있다고 규정하여 광범하게 유지청구권을 인정하고 있다. 이 청구권은 방해하는 시설의 제 거까지도 할 수 있으므로 제1004조의 일반적인 방어청구권보다 범위가 넓다.[2]

2. 토지소유권이 미치는 범위 내의 상공에서 방해가 있을 것

항공기가 토지의 상공을 통과하여 비행하는 등으로 토지의 사용·수익에 대한 방해가 있음을 이유로 비행 금지 등 방해의 제거 및 예방을 청구하려면, 토지소유권이 미치는 범위 내의 상공에서 방해가 있어야 한다. '토지소유권이 미치는 범위 내의 상공'에 관한 명확한 기준은 없지만, 지상 100ft 높이로 비행하는 경우 불법침범으로 인정한 판례,[3] 사람·선박·이동수단·건축물에서 500ft 이내의 상공에서 비행을 금지하는 규정[4] 등이 참고자료가 된다.

3. 방해가 사회통념상 일반적으로 참을 한도를 넘을 것

환경소송에서 방해가 사회통념상 일반적으로 참을 한도를 넘어서는지 여부는 피해의 성질 및 정도, 피해이익의 공공성과 사회적 가치, 가해행위의 태양, 가해행위의 공공성과 사회적 가치, 방지조치 또는 손해회피의 가능성, 공법적 규제 및 인·허가 관계, 지역성, 토지이용의 선후 관계 등 모든 사정을 종합적으로 고려하여 판단하여야 한다.[5]

비행 금지 청구 사건에서는 방해가 참을 한도를 넘는지는 피해의 성질 및 정도, 피해이익의 내용, 항공기 운항의 공공성과 사회적 가치, 항공기의 비행고도와 비행시간 및 비행빈도 등 비행의 태양, 그 토지 상공

---

2) 윤철홍, "환경권의 본질과 유지청구권", 「민사법학」 제17호(1999), 363~364면.
3) Smith v. New England Aircraft Co., 170 N.E. 385, 393 (1930).
4) Civil Aviation: The Rules of the Air and Air Traffic Control Regulations 1985, S.I. 1985/1714, reg. 5(1)(e).
5) 대법원 1995. 9. 15. 선고 95다23378 판결.

을 피해서 비행하거나 피해를 줄일 수 있는 방지조치의 가능성, 공법적
규제기준의 위반 여부, 토지가 위치한 지역의 용도 및 이용 상황 등 관련
사정을 종합적으로 고려하여 판단하여야 한다.

4. 손해배상과 방지청구에서 요건의 차이

가. 위법성단계설

방지청구권의 성립요건으로는 보통 '계속적인 침해의 존재'와 '위법성'
을 들고 있는데, 그중 특히 위법성과 관련하여서는 '위법성단계설'이 주장
되고 있다. 위법성단계설은 방지청구에서 수인한도가 손해배상청구에서
수인한도보다 더 높게 설정되어야 한다는 이론으로서, 즉 피해가 0부터
출발하여 어느 일정 한도를 넘어서면 손해배상청구권이 인정되고, 피해가
더욱 커져 중지시키지 않으면 매우 곤란한 상황이 발생할 것으로 예상될
정도에 이르러야 비로소 방지청구권이 인정된다는 이론이다. 현재 우리나
라 및 일본의 다수설이고,[6] 일본 최고재판소도 국도43호선 사건[7]에서
"도로 등 시설의 사용금지와 금전에 의한 손해배상은 청구내용이 서로
달라 위법성의 판단에서 각 요소의 중요성을 어느 정도 고려할 지에 대
해서는 차이가 있을 수밖에 없으므로, 양 청구의 위법성 유무의 판단이
엇갈리더라도 반드시 불합리하다고 말할 수는 없다."는 취지로 판시하면
서, 사용금지청구에 대하여는 피해가 수인한도 내에 있다는 이유로 원고
들의 청구를 기각하고 손해배상청구에 대하여는 피해가 수인한도를 초과
하였다는 이유로 원고들의 청구를 인용하였다.

이러한 위법성단계설은 특히 가해행위의 공공성 요소를 매우 중시하는
데,[8] 이에 의할 경우 항공소음 피해를 원인으로 한 손해배상청구소송에
서는 침해의 위법성이 인정되어 승소하더라도 항공기의 이·착륙 등의 제
한을 구하는 방지청구소송에서는 공항 또는 비행장이 가지는 고도의 공

---

6) 강종선, "항공기소음 관련 민사소송의 제문제", 「사법논집」 제44집(2007), 317~318면.
7) 最高裁 1995. 7. 7. 判決, 法律時報 67권 11호 12면.
8) 가해행위의 공공성은 손해배상소송에서는 수인한도 판단에 별 영향이 없지만 유지청구
   소송에서는 위법성의 감쇄(減殺)사유로서 중요한 역할을 하게 된다. 문광섭, "환경침해
   에 대한 유지청구", 「재판자료」 제94집, 법원도서관(2002), 314면.

공성으로 인하여 위법성이 부정되어 원고 패소판결이 선고될 가능성이 크다.

나. 판 례

대법원은 도로소음으로 인한 생활방해를 원인으로 소음의 예방 또는 배제를 구하는 방지청구는 금전배상을 구하는 손해배상청구와는 내용과 요건을 서로 달리하는 것이어서 같은 사정이라도 청구의 내용에 따라 고려요소의 중요도에 차이가 생길 수 있고, 방지청구는 그것이 허용될 경우 소송당사자뿐 아니라 제3자의 이해관계에도 중대한 영향을 미칠 수 있어, 방지청구의 당부를 판단하는 법원으로서는 청구가 허용될 경우에 방지청구를 구하는 당사자가 받게 될 이익과 상대방 및 제3자가 받게 될 불이익 등을 비교·교량하여야 한다는 입장을 취하였다.[9]

Ⅱ. 대법원 2016. 11. 10. 선고 2013다71098 판결

1. 사실관계

(1) 피고 대한민국 소유의 대전 서구 (주소 1 생략) 대 2,926㎡ 지상에는 1985. 9. 16. 설치된 충남지방경찰청 항공대(航空隊)가 위치하고 있으며, 위 항공대에는 헬기가 이·착륙하는 헬기장(이하 '이 사건 헬기장')이 있다.

(2) 이 사건 헬기장은 남동쪽 한 면이 대전 서구 (주소 2 생략) 대 3,212㎡(이하 '이 사건 토지')에 접하고 있고, 그 반대쪽인 북서쪽 한 면은 자동차정비업소와 접해 있으며, 남서쪽은 2차로 도로에 접해 있고, 그 도로 반대편에는 갑천이 흐르며, 갑천 너머로 넓은 농경지가 있는 반면, 이 사건 헬기장의 북동쪽으로는 명암마을과 도솔산이 있어 그 방면으로는 헬기가 이·착륙을 할 수 없게 되어 있다. 한편 '충남지방경찰청 항공대의 국지비행 절차도'에 기재된 '장주요도(場周要圖)'에는, 헬기가 좌선회를 하면서 이 사건 토지의 상공을 거쳐서 이 사건 헬기장에 착륙하고, 이륙 시

9) 대법원 2015. 9. 24. 선고 2011다91784 판결.

에는 갑천 방향으로 이륙하도록 주요 항로가 그려져 있다.

(3) 충남지방경찰청 항공대는 소형 헬기(7인승) 한 대를 보유하고 있고, 이 사건 헬기장은 응급환자 이송 또는 각종 공공 업무를 위하여 위 헬기뿐만 아니라 다른 경찰청 소속 헬기(15인승, 7인승), 충남·충북소방헬기(14인승) 등의 이·착륙 장소로도 사용되어 왔다. 이 사건 헬기장이 사용된 횟수는 2004년경부터 2008년경까지 충남지방경찰청 소속 헬기가 약 571회, 다른 지방경찰청 및 충남·충북소방헬기가 약 51회(그중 충남소방헬기가 2005. 1. 1.부터 2009. 8. 13.까지 약 27회이다)이고, 이·착륙 당시의 풍향과 지상 및 공중의 장애물을 고려하여 이 사건 토지의 상공을 통과하여 접근하는 방식 또는 갑천 쪽에서 접근하는 방식 등을 선택하여 헬기가 이·착륙하여 왔다.

(4) 이 사건 토지는 이 사건 헬기장이 설치되기 전부터 금남교통운수 주식회사의 차고지로 사용되어 왔으며, 이 사건 토지에 있는 제1심판결 별지 목록 기재 건축물(이하 '이 사건 건축물')은 이 사건 헬기장이 설치되기 약 1년 전인 1984. 7. 10.경부터 위 금남교통운수의 차고지 및 주유소, 정비소로 이용되어 왔다.

(5) 원고는 2008. 2. 13. 대전광역시 서구청장에게 이 사건 토지 지상에 10실의 분향소를 갖춘 지상 4층, 지하 1층 건축면적 640.95㎡, 연면적 3,465.91㎡ 규모로 장례식장 건물을 신축하기 위한 건축허가를 신청하였고, 2008. 8. 19. 서구청장으로부터 이 사건 토지에 관하여 장례식장 건축을 목적으로 한 토지거래허가를 받은 다음, 금남교통운수 주식회사로부터 이 사건 토지를 매수하여 2008. 9. 18. 소유권이전등기를 마쳤다.

(6) 서구청장은 2008. 10. 31. 원고에게, (i) 충남지방경찰청장으로부터 헬기 운항시 하강풍(下降風)으로 인하여 장례식장을 이용하는 사람들의 인명 피해 등이 우려되어 건축허가를 제한할 중대한 공익상 필요가 있다는 의견이 제시되었고, (ii) 명암마을 주민 107명으로부터 이 사건 토지에 장례식장이 입지할 경우 소음, 악취, 주차난, 교통사고 위험, 지가하락 등으로 주거환경이 저해된다는 이유로 집단민원이 지속적으로 발생되고 있다는 등의 사유로 위 건축을 불허가하는 처분(이하 '건축불허가 처

분')을 하였다.

(7) 이에 원고는 2008. 11. 25. 서구청장을 상대로 대전지방법원 2008 구합4123호로 건축불허가 처분의 취소를 구하는 소를 제기하였다. 법원은 2009. 9. 30. "이 사건 토지에 장례식장이 입지하게 된다면 이 사건 헬기장에 헬기가 이·착륙하는 경우 발생하는 하강풍으로 인하여 장례식장 이용객들의 인명 피해 우려가 매우 심각할 것으로 판단되고, 이 사건 토지와 민가는 8m 도로를 사이에 두고 있을 뿐이어서 장례식장이 들어설 경우 소음으로 인한 거주환경의 피해가 참을 한도를 넘을 것으로 판단되는 등으로 이 사건 토지에 장례식장의 건축을 제한하여야 할 중대한 공익상 필요가 인정된다."는 이유로 원고의 청구를 기각하는 판결을 선고하였다. 이에 대한 원고의 항소와 상고가 모두 기각되어 그 판결이 그대로 확정되었다.

(8) 원고는 2009. 11. 13. 및 같은 달 19일 이 사건 토지에 관하여 소매점, 일반음식점, 사무소 용도로 건축허가(증축) 및 공작물축조 신청을 하였다. 그러나 서구청장은 2009. 12. 1. 원고에게, (i) 충남지방경찰청장으로부터 헬기 운항 시 하강풍으로 인하여 장례식장을 이용하는 사람들의 인명 피해 등이 우려되어 건축허가를 제한할 중대한 공익상의 필요가 있다는 의견이 제시되었고, (ii) 이 사건 토지는 대전광역시장이 명암마을 거주자의 보건·휴양 및 정서생활의 향상을 위하여 국토의 계획 및 이용에 관한 법률 제25조의 규정에 따라 대전 도시관리계획(공원) 결정을 위한 행정절차를 거쳐 2009. 12. 중에 대전 도시관리계획(공원) 결정 및 고시가 예정되어 있는 지역이므로 위 공익사업의 추진을 위하여 건축허가를 제한할 중대한 공익상의 필요가 있다는 이유로 불허가 처분을 하였다. 이에 원고는 2009. 12. 10. 이 사건 토지에 관하여 단독 주택 용도의 건축허가(증축) 신청을 하였는데, 대전광역시 서구청장은 2009. 12. 17. 위와 같은 이유로 다시 불허가 처분을 하였다.

(9) 원고는 2010. 4. 7. 대전광역시 서구청장에게 이 사건 건축물을 그대로 둔 채, 이 사건 건축물의 용도를 제2종 근린생활시설(사무소)에서 장례식장으로 변경해 달라는 내용의 허가신청을 하였다. 대전광역시 서구

청장은 2010. 4. 13. 충남지방경찰청장으로부터 장례식장을 이용하는 이용객들의 안전을 보호하기 위하여 허가를 제한하여야 할 중대한 공익상 필요가 있어 부동의한다는 의견이 있다는 등의 이유로 위 건축물용도변경 허가신청을 불허가한다는 내용의 처분(이하 '용도변경 불허가처분')을 하였다.

(10) 이에 원고는 2010. 10. 11. 서구청장을 상대로 대전지방법원 2010구합4089호로 용도변경 불허가처분의 취소를 구하는 소를 제기하였다. 법원은 2011. 8. 10. "헬기의 하강풍으로 인하여 장례식장에 왕래하는 사람들이나 물건들에 심각한 피해를 입힐 우려가 큰 것으로 보이고, 이는 이 사건 건축물의 용도를 장례식장으로 변경하는 것을 거부할 중대한 공익상의 필요가 있는 경우에 해당된다."는 등의 이유로 원고의 청구를 기각하는 판결을 선고하였다. 이에 대한 원고의 항소와 상고가 모두 기각되어 위 판결이 그대로 확정되었다.

(11) 원고는 피고 소유의 헬기가 이 사건 토지의 상공을 통과하여 비행하는 등으로 토지의 사용·수익에 대한 방해가 있음을 이유로, 피고에 대하여 이 사건 토지 상공에서의 비행 금지를 청구하는 소를 제기하였다.

(12) 피고는 2013. 8. 27. 이후 이 사건 토지 상공으로 헬기를 운항하지 않았고, 항공대는 2017. 7. 15. 공주시로 이전하였다.

2. 검 토

항공기의 비행으로 토지 소유자의 정당한 이익이 침해된다는 이유로 토지 상공을 통과하는 비행의 금지 등을 구하는 방지청구와 금전배상을 구하는 손해배상청구는 내용과 요건이 다르므로, 참을 한도를 판단하는 데 고려할 요소와 중요도에도 차이가 있을 수 있다. 그중 특히 방지청구는 그것이 허용될 경우 소송당사자뿐 아니라 제3자의 이해관계에도 중대한 영향을 미칠 수 있으므로, 방해의 위법 여부를 판단할 때는 청구가 허용될 경우 토지 소유자가 받을 이익과 상대방 및 제3자가 받게 될 불이익 등을 비교·형량해 보아야 한다.

가. 인정사실

(1) 이 사건 헬기장에 이·착륙하는 헬기는 '장주요도'의 기재와 달리 착륙 당시의 풍향과 지상 및 공중의 장애물을 고려하여 이 사건 토지를 통과하여 접근하는 방식 외에도 갑천 쪽에서 접근하는 방식을 선택하는 등 피고로서는 이 사건 토지에 미치는 손해를 회피하기 위하여 가능한 한 노력을 하고 있다.

(2) 비행원리상 항공기는 맞바람을 받으면서 이·착륙을 하는 것이 안전하고 뒷바람을 맞으면서 이·착륙을 할 경우에는 헬기 성능초과 및 착륙거리 증가로 위험할 수 있다. 그 때문에 이 사건 헬기장을 둘러싼 지형·지상물 및 이·착륙 당시의 풍향에 따라 헬기가 이 사건 토지 상공을 통과하는 것이 불가피한 경우가 발생할 수 있다. 그런 상황까지 헬기가 이 사건 토지 상공을 통과하는 것을 막을 경우에는 무리하게 갑천 쪽에서 접근하여 착륙을 시도하다가 위험에 처할 여지도 있다.

(3) 원고는 이 사건 토지에 대한 토지거래허가를 받기 이전에 장례식장 건축허가신청을 하면서 2008. 3. 21.경 대전광역시 서구청장으로부터 헬기의 하강풍으로 인한 인적·물적 피해와 비행 안전 등에 대한 대책을 보완하도록 요구를 받았다. 이에 원고는 2008. 8. 20.경 위 서구청장에게 헬기로 인한 사고에 대하여 원고가 모든 책임을 지겠다는 취지의 각서를 제출한 바 있다. 이에 비추어 원고는 이 사건 토지를 매수하기 전에 이미 이 사건 헬기장 및 헬기로 인하여 장례식장 건축허가가 지장을 받았을 수 있다는 점을 알았거나 알 수 있었다고 보인다.

(4) 이 사건 헬기장과 토지는 도심과는 떨어진 도솔산의 남서쪽 자락에 위치하고 있고, 현재 이 사건 토지에서는 적법한 행정절차를 거치지 않은 채 장례식장이 운영되고 있는 것으로 보인다.

(5) 충남지방경찰청장은 원고가 이 사건 토지를 매수하기 23년 전부터 이 사건 헬기장에서 헬기를 운영하여 인명구조 및 긴급환자의 이송, 중요범인 추적 및 실종자 수색 등의 공익업무를 수행하여 왔다. 이 사건 헬기장은 충남지방경찰청 항공대 헬기뿐만 아니라 충남지방경찰청과 다

른 지방경찰청, 충청남·북도 소방헬기의 연료보급을 위해 활용되고 있어 그 공공성과 사회적 가치가 크다.

(6) 위와 같은 여러 사정들을 앞에서 본 법리에 따라 살펴보면, 원심 판시와 같은 사정만으로는 이 사건 헬기장에 이·착륙하는 헬기가 이 사건 토지의 상공을 비행하여 통과함으로써 원고의 이 사건 토지 상공에 대한 정당한 이익이 '참을 한도'를 넘어 침해되어 원고가 피고를 상대로 그 금지를 청구할 수 있다고 단정하기 어렵다.

나. 판단기준

헬기가 이 사건 토지를 통과할 때의 비행고도 및 비행빈도 등 비행의 태양, 이 사건 헬기장의 사회적 기능, 이 사건 토지 상공을 통한 비행이 금지될 경우 이 사건 헬기장의 운영에 초래되는 영향, 이 사건 헬기장의 운영으로 원고가 받는 실질적 피해와 권리행사 제한의 구체적 내용, 이 사건 토지의 이용 현황 및 활용 가능한 대안 등을 심리하고, 이 사건 헬기장에서 헬기가 이·착륙할 때 이 사건 토지 상공을 통과하는 것이 금지될 경우 소송당사자뿐 아니라 지역 주민 등 일반 국민이 받게 될 이익과 불이익을 비교·형량하고, 공공업무 수행에 초래되는 지장의 내용과 대체방안의 존부 등을 함께 고려하여 헬기가 이 사건 토지 상공을 통과하는 것의 금지를 청구할 수 있는지를 판단하여야 한다.

다. 대법원의 판단

원심[10]은 위와 같은 점을 충분히 살피지 아니한 채 곧바로 원고가 피고를 상대로 이 사건 토지의 소유권에 터 잡아 헬기가 이 사건 토지 상공을 통과하는 것의 금지를 구할 수 있다고 판단하였다. 이러한 원심의 판단에는 토지 상공의 비행으로 인한 토지소유자의 정당한 이익 침해에서 참을 한도 및 방해의 제거 및 예방 등 방지청구권에 관한 법리를 오해하여 필요한 심리를 다하지 아니함으로써 판결에 영향을 미친 잘못이 있다.

---

10) 대전고등법원 2013. 8. 27. 선고 2012나4891 판결.

라. 파기환송 후 항소심에서 소 취하

원고는 파기환송 후 항소심[11]에서 비행 금지 청구의 소를 취하하였다. 이는 피고가 2013. 8. 27. 이후 이 사건 토지 상공으로 헬기를 운항하지 않았고, 충남지방경찰청 항공대는 2017. 7. 15. 공주시로 이전하였기 때문에, 더 이상 비행 금지를 청구할 실익이 없었기 때문인 것으로 보인다.

Ⅲ. Bernstein of Leigh v. Skyview and General Ltd[12]

1. 사실관계

(1) 피고 Skyview and General Ltd는 1974. 8. 3. Kent에 있는 원고 Bernstein of Leigh 소유의 농장(Coppings Farm)을 항공사진 촬영하였고, 그 사진을 원고에 매수하도록 권유하였다.

(2) 원고는 피고가 원고의 동의를 받지 아니하였으므로, 원고의 프라이버시를 중대하게 침해하였다고 주장하였다. 원고는 피고에게 사진을 인도할 것, 네거티브 필름을 원고에게 인도하거나 폐기할 것을 요청하였다. 피고의 경영이사 Arthur Ashley는 만약 위와 같은 원고의 요청을 알았다면, 사진과 네거티브 필름을 폐기하고 앞으로는 이와 비슷한 항공사진을 촬영하지 않을 것이라고 하였다. 그러나 피고의 답장은 18세의 비서가 작성하였는데, 비서는 원고에게 네거티브 필름을 15파운드에 매수할 것을 제안하였다.

(3) 원고는 피고가 원고의 농장사진을 촬영하기 위하여 원고 소유의 토지 상공을 고의로 침범하였으므로, 피고가 원고의 소유권 침해와 프라이버시권 침해를 하였다고 주장하였다. 피고는 원고의 농장에 대하여 항공사진을 촬영한 것은 인정하였으나, 인접한 토지 상공을 지나갔을 뿐 원고 토지의 상공을 지나 간 것은 아니라고 주장하였다. 피고는 원고 농장에서 300ft 높이의 상공 및 토지 경계선에서 바깥쪽으로 30m 떨어진 곳

---

11) 대전고등법원 2019. 1. 31. 선고 2016나1364 판결.
12) [1978] QB 479.

을 비행하였다고 주장하였다. 원고는 헬기를 이용하여 피고가 촬영하였던 사진을 재현하였는데, 그 결과 피고가 원고의 토지 경계선에서 1,000ft 상공 및 30ft 안쪽을 비행하였다고 주장하였다. 1974년 당시 사진을 촬영한 조종사는 찾을 수 없었으나, 증거에 의하면 피고는 원고 토지의 상공을 비행한 것으로 인정되었다.

(4) 원고는 청구원인에서 오래된 라틴어 법언(*cujus est solum ejus est usque ad coelum et ad inferos*)[13]을 주장하였다. 토지소유권자는 그 상공에 대하여 일정한 권리가 있다는 것은 오래 전부터 인정되었다. Wandsworth Board of Works v. United Telephone Co (1884) 13 QBD 904 사건에서는 토지소유자에게 토지 상공에 설치되어 있는 전선을 제거할 수 있는 권리를 인정하였고, Gifford v. Dent (1926) 71 SJ 83 사건에서는 원고 소유의 앞마당에 4ft 8inch 돌출하도록 간판을 설치한 피고의 행위는 불법침해(trespass)라고 인정하였다.

2. 판시사항

(1) 만약 위와 같은 라틴 법언을 문자 그대로 적용한다면, 인공위성이 정원 위를 지나갈 때마다 불법침범에 해당한다는 불합리한 결론에 도달하게 된다. 이 사건에서 쟁점은 토지소유자가 그 토지를 사용·수익할 수 있는 권리와 일반 공중이 과학기술의 발달로 공역사용으로 향유하는 이익을 조정하는 것이다. 이러한 법익균형에 가장 좋은 방법은 토지소유권의 범위를 일반적인 토지의 사용·수익과 토지상공에의 시설물의 설치 등에 필요한 토지상공으로 공역에 대한 소유자의 권리를 제한하고, 그 높이 이상의 공역에 대하여는 일반 공중보다 우선하는 권리는 존재하지 않는다고 선언하는 것이다.

(2) 이러한 법리를 이 사건에 적용하면, 피고가 원고의 토지 상공을 비행하는 것은 불법침해에 해당하지 않고, 설령 피고가 원고 소유의 건물을 촬영하였다고 하더라도 사진촬영행위가 정당한 비행을 불법침해로 변

---

13) 토지소유권은 그 위로 무한한 상공과 그 지하까지 미친다.

경시키는 것은 아니다. 1949년 민간항공법(Civil Aviation Act 1949) 제40조 제1항(1982년 민간항공법 제76조 제1항에 해당한다)[14]에서도 합리적인 높이 이상에서의 비행은 불법침해나 생활방해에 해당하지 않는다고 규정하고 있다. 다만 피고가 지속적으로 원고의 집을 감시하거나 원고의 행동을 일일이 촬영한다면, 법원은 피고의 원고에 대한 프라이버시 침해와 생활방해를 이유로 구제명령을 발령할 수 있다.

Ⅳ. 비행금지를 구하는 행정소송

1. 현행 행정소송법의 규정

행정소송의 위법한 처분이나 부정행위로 인하여 권리이익을 침해받은 자가 그 위법을 다투기 위하여 제기하는 소송(행정소송법 제3조 제1호)인 항고소송에는 취소소송, 무효등 확인소송, 부작위위법확인소송이 있다(행소법 제4조 제1, 2, 3호). 무명항고소송(無名抗告訴訟)은 행정소송법이 규정하고 있는 항고소송 이외에, 당사자의 신청에 대한 행정처분이나 명령 등의 거부 또는 부작위에 대하여 처분이나 명령 등을 하도록 하는 소송인 '의무이행소송',[15] 행정청이 장래에 일정한 처분이나 명령 등을 할 것이 임박한 경우에 그 처분이나 명령 등을 금지하는 소송인 '예방적 금지소송'[16]을 구하는 소송 등을 말한다.

---

14) 1982년 민간항공법 (Civil Aviation Act 1982) 제76조 불법침해, 생활방해, 지상 제3자의 손해에 대한 항공기의 책임
   (1) 항공기가 소유물 상공을 비행한 것이 바람, 날씨, 모든 비행상황을 고려하였을 때 합리적이거나 또는 그러한 비행이 항공운항규정과 제62조에 의한 규정을 적법하게 준수하여 일상적인 것이라면, 불법침해 또는 생활방해를 구성하지 아니한다.
   76 Liability of aircraft in respect of trespass, nuisance and surface damage
   No action shall lie in respect of trespass or in respect of nuisance, by reason only of the flight of an aircraft over any property at a height above the ground which, having regard to wind, weather and all the circumstances of the case is reasonable, or the ordinary incidents of such flight, so long as the provisions of any Air Navigation Order and of any orders under section 62 above have been duly complied with....
15) 「행정소송법 개정자료집 1」, 법원행정처(2007), 73~75면.
16) 「행정소송법 개정자료집 1」, 법원행정처(2007), 75~76면.

2. 무명항고소송의 허용 여부

가. 소극설[17]

행정에 대한 1차적 판단권은 행정기관에 있으며 법원은 행정기관이 아니고 행정감독기관도 아니다. 적극적 형성판결이나 이행판결을 인정한다면 법원이 행정작용을 행하는 것과 다름이 없어 권력분립주의에 반한다. 행정소송법 제4조 제1호의 '변경'이란 적극적 변경이 아니라 소극적 변경, 즉 일부취소를 의미한다. 행정소송법 제4조가 정한 항고소송의 종류는 제한적·열거적인 것이다.

나. 적극설[18]

행정의 적법성보장과 개인의 권익보호가 사법권의 본래의 기능이라는 점에서 권력분립주의를 실질적으로 파악한다면 적극적 형성판결이나 이행판결을 하는 것이 권력분립주의에 반한다고 볼 수 없다. 행정소송법 제4조 제1호의 '변경'은 소극적 변경은 물론 적극적 변경까지 포함한다. 행정소송법 제4조가 정한 항고소송의 종류는 예시적인 것이다.

다. 판 례

판례는 의무이행소송을 인정하지 않는다. 즉, 행정청에 대하여 행정상 처분의 이행을 구하는 청구는 특별한 규정이 없는 한 행정소송의 대상이 될 수 없으므로 피고에 대하여 건축허가의 이행을 구하는 소는 부적법한 것으로서 각하하여야 하고,[19] 검사에게 압수물 환부를 이행하라는 청구는 행정청의 부작위에 대하여 일정한 처분을 하도록 하는 의무이행소송으로서 현행 행정소송법상 허용되지 아니한다.[20]

---

17) 박균성, 「행정법론(상)」, 박영사(2016), 1086~1094면.
18) 다수설은 입법론적으로는 적극설의 입장을 취하고 있다고 한다. 최인호, "무명항고소송과 가처분 −의무이행소송의 중요쟁점을 중심으로−", 「강원법학」 제49호(2016. 10.), 740~743면.
19) 대법원 1996. 10. 29. 선고 95누10341 판결.
20) 대법원 1995. 3. 10. 선고 94누14018 판결.

라. 검 토

따라서 현행 판례 법리에 따르면, 국방부장관을 상대로 군용기의 비행 금지를 청구하는 무명항고소송은 허용되지 아니하므로, 그러한 소는 부적 법하다. 다만 행정소송법이 개정되어 의무이행소송이 도입된다면 소제기 는 적법하게 될 수 있다.

3. 행정소송

만약 행정소송법이 개정되어 의무이행소송이 도입되어 소제기가 적법 하다면, 다음으로 남는 문제는 국방부장관의 군용기운항처분의 위법성 여 부가 된다.

가. 재량행위의 위법성 판단기준

행정행위가 그 재량성의 유무 및 범위와 관련하여 이른바 기속행위 내지 기속재량행위와 재량행위 내지 자유재량행위로 구분된다고 할 때, 그 구분은 당해 행위의 근거가 된 법규의 체제·형식과 그 문언, 당해 행 위가 속하는 행정 분야의 주된 목적과 특성, 당해 행위 자체의 개별적 성 질과 유형 등을 모두 고려하여 판단하여야 하고, 이렇게 구분되는 양자에 대한 사법심사는, 전자의 경우 그 법규에 대한 원칙적인 기속성으로 인하 여 법원이 사실인정과 관련 법규의 해석·적용을 통하여 인정한 결론을 도출한 후 그 결론에 비추어 행정청이 한 판단의 적법 여부를 독자의 입 장에서 판정하는 방식에 의하게 되나, 후자의 경우 행정청의 재량에 기한 공익판단의 여지를 감안하여 법원은 독자의 결론을 도출함이 없이 당해 행위에 재량권의 일탈·남용이 있는지 여부만을 심사하게 되고, 이러한 재 량권의 일탈·남용 여부에 대한 심사는 사실오인, 비례·평등의 원칙 위배, 당해 행위의 목적 위반이나 동기의 부정 유무 등을 그 판단 대상으로 한 다.[21]

---

21) 대법원 2001. 2. 9. 선고 98두17593 판결; 대법원 2005. 7. 14. 선고 2004두6181 판결.

나. 국방부장관의 군용기 비행에 관한 재량의 위법성 판단기준

대법원 2016. 11. 10. 선고 2013다71098 판결을 참조하면, 군용기 운항에 관한 행정처분이 위법하다고 판단하기 위해서는 민사상 비행금지청구권의 성립요건이 주된 판단기준이 될 수 있다.

(1) 참을 한도를 넘을 것

군용기가 인근주민의 주거지의 상공을 통과하여 비행하는 등으로 토지의 사용·수익 또는 인격권에 대한 방해가 있음을 이유로 비행 금지 등 방해의 제거 및 예방을 청구하려면, 토지소유권 또는 인격권이 미치는 범위 내의 상공에서 방해가 있어야 할 뿐 아니라 방해가 사회통념상 일반적으로 참을 한도를 넘는 것이어야 한다.

(2) 참을 한도의 판단기준

방해가 참을 한도를 넘는지는 피해의 성질 및 정도, 피해이익의 내용, 군용기 운항의 공공성과 사회적 가치, 항공기의 비행고도와 비행시간 및 비행빈도 등 비행의 태양, 그 토지 상공을 피해서 비행하거나 피해를 줄일 수 있는 방지조치의 가능성, 공법적 규제기준의 위반 여부, 토지가 위치한 지역의 용도 및 이용 상황 등 관련 사정을 종합적으로 고려하여 판단하여야 한다.

(3) 법익의 비교·형량

군용기의 비행으로 소유자 또는 인근주민의 정당한 이익이 침해된다는 이유로 토지나 주거지 상공을 통과하는 비행의 금지 등을 구하는 방지청구와 금전배상을 구하는 손해배상청구는 내용과 요건이 다르므로, 참을 한도를 판단하는 데 고려할 요소와 중요도에도 차이가 있을 수 있다. 그 중 특히 방지청구는 그것이 허용될 경우 소송당사자뿐 아니라 제3자의 이해관계에도 중대한 영향을 미칠 수 있으므로, 방해의 위법 여부를 판단할 때는 청구가 허용될 경우 소유자 또는 인근주민이 받을 이익과 상대방 및 제3자가 받게 될 불이익 등을 비교·형량해 보아야 한다.

따라서 국방부장관으로서는 군용기의 운항으로 인한 이익(초계임무나 대잠활동 등 국방상 필요,[22] 항공정보의 획득·제공, 재해파견 등 민생협력활동, 해적대처 등 국제공헌, 교육 훈련 등)이 인근주민이 군용기 비행금지로 인하여 얻는 이익보다 훨씬 크다는 점을 주장·증명할 필요가 있다.

V. 외국 정부를 상대로 한 군용기비행금지청구

1. 의 의

우리나라의 군용비행장 중에는 미군이 관할하는 비행장이 있고, 국방부가 관할하는 군용비행장에 미군용기가 이·착륙하는 경우도 많다. 이때 주민이 미국 정부를 상대로 미군기의 비행금지를 청구할 수 있는지 여부가 문제된다. 이는 외국 정부를 상대로 한 소송이 허용되는지 여부의 문제인바, 소송법상 재판권면제(裁判權免除)의 문제로 귀결된다.

재판권은 법원이 가지는 사법권의 하나이고, 민사재판권은 국적을 불문하고 우리나라에 거주하는 모든 사람에게 미치는 것이 원칙이다.[23] 외국정부를 상대로 소를 제기한 경우, 사건의 당사자인 외국에게 국가주권의 일종인 재판권이 미쳐서 법원이 그 사건에 대하여 재판하는 것이 허용되는지 문제, 즉 외국에 대하여도 재판권이 미치는지 여부가 문제된다. 이에 관하여 과거에는 재판권면제(jurisdictional immunity)[24]라고 하여

---

22) 국방상 필요에 관한 대법원 판례는 다음과 같다. 군사시설보호법 제7조, 공군기지법 제16조에 의하면 이 사건 토지와 같이 보호구역 내지 비행안전구역 내에 위치한 토지상의 건축물을 설치하고자 하는 신청에 대한 허가를 함에는 국방부장관 또는 기지부대장과 협의를 하여야 하도록 되어 있고 이 때 국방부장관 또는 기지부대장이 군사목적의 필요상 불가하다는 회신을 하여 온 경우에는 허가를 할 수 없다(대법원 1992. 9. 22. 선고 91누8876 판결).; 구 수산업법 제34조 제1항이 어업제한사유로 제5호에서 '공익사업을 위한 토지 등의 취득 및 보상에 관한 법률 제4조의 공익사업상 필요한 때'를 정하여 '국방 및 군사에 관한 사업'에 관한 포괄적인 규정을 마련하였음에도, 이와 별도로 제3호에서 '국방상 필요하다고 인정하여 국방부장관으로부터 요청이 있을 때'를 정하여 손실보상 여부에 관하여 달리 취급하는 취지에 비추어 보면, 구 수산업법 제34조 제1항에 따른 어업제한사유가 제3호의 요건을 충족하는 이상 제5호에서 정한 공익사업의 하나인 '국방·군사에 관한 사업'의 요건을 동시에 충족할 수 있다고 하더라도, 특별한 사정이 없는 한 제3호가 우선 적용되어 손실보상청구권이 발생하지 아니한다고 보아야 한다(대법원 2016. 5. 12. 선고 2013다62261 판결).

23) 호문혁, 「민사소송법」(제13판), 법문사(2016), 166면.

"국내법원은 외국국가에 대하여 재판권을 갖지 않는다"는 국제관습법의 제약이 있었으나,[25] 최근에는 절대적 재판권면제원칙을 일부 수정하여 재판권면제의 영역을 축소하려는 경향이 등장하였다.

2. 인적 범위

가. 외국국가

재판권면제를 받는 외국국가는 주권국가임을 원칙으로 하나 국가 또는 정부의 승인이 요건으로 되지는 않는다. 이론상 국내재판은 사인의 법률관계를 적정하게 조정하는데 그치므로, 국가가 외국국가와 국제관계를 갖기 원하느냐는 점에서 결정되는 국제법상 승인 여부와는 무관하게, 사실상 국가 또는 정부로서 실질을 갖추고 있으면 당사자능력이 있는 것으로 보아야 한다.[26]

나. 공공단체, 공법인 등

연방의 주(州)[27]나 지방자치단체, 공공조합, 영조물법인 등 공공단체로서 당해 외국법상 법인격이 있는 경우에는 당해 단체와 법정지국이 대등한 지위에 있지 않으므로 재판권을 행사할 수 있으나, 국가의 위임을 받아 공권력을 행사하는 한도 내에서는 역시 외국 그 자체와 동일시하여야 한다.[28]

---

24) 과거에는 주권면제(sovereign immunity)라는 용어를 사용하였으나, 국제연합 총회는 2004. 12. 2. '외국정부와 재산에 관한 재판권면제협약(The United Nations Convention on Jurisdictional Immunities of States and their property)'을 채택하였으므로, 이하에서는 재판권면제라는 용어를 사용한다.

25) 국가의 주권은 국내에 대한 관계에서는 최고이지만, 다른 나라에 대한 관계에서는 독립 평등하다. "평등자 사이에 명령권은 없다(*par in parem habet non imperium*)"는 원칙에서 국가는 다른 국가의 재판권에 복종하지 아니한다는 원칙이 논리적으로 연역되지만, 이러한 원칙이 최초부터 타당한 것은 아니었고, 영국의 보통법상 국왕대권(royal prerogative)에 기원을 두고 있다. 秋元佐一郎, 「国際民事訴訟法論」, 国書刊行会(1994), 5~10면.

26) 권창영, 「민사보전」, 한국사법행정학회(2018), 97면.

27) 미국 Georgia주는 주권적 권능을 행사할 수 있는 권한을 가지고 있으므로, 외국국가와 동일하게 그 주권적 행위에 관하여는 민사재판권이 면제된다는 취지의 판결로는 最高裁 2009. 10. 16. 判決, 民集 63卷 8号, 1799면.

28) 나우루공화국 금융공사와 나우루공화국에 대하여 금전지급을 청구한 사건에서 東京高裁

다. 국제기구

국제기구 및 그 구성원에 대한 면제는 주재국의 일방적인 희생 아래 얻어지는 것이었으나 최근 이에 대하여도 국가에 준하는 대우를 함이 원칙이다. 국제연합(UN)에 관하여는 '국제연합의 특권과 면제에 관한 협약(Convention on the Privileges and Immunities of the United Nations, 1946. 2. 13. 총회채택)'이 있고, '전문기구의 특권과 면제에 관한 협약(Convention on the Privileges and Immunities of the Specialized Agencies, 1947. 11. 21. 총회 채택)'의하여 ICAO 등 각종 국제기구에 대하여는 재판권이 면제된다.[29]

3. 물적 범위 및 예외

국가의 행위 중 어느 것에 재판권을 면제하느냐에 관하여는 절대적 면제론과 제한적 면제론의 견해대립이 있다. 제한적 면제론은 외국의 활동을 공법적·주권적 또는 통치적 행위(acta jure imperii)와 사법적·비주권적 또는 업무관리적 행위(acta jure gestionis)로 나누어, 후자에 해당하는 경우에만 국내법원의 재판권에서 면제되지 않는다는 입장을 취한다.[30] 절대적 면제주의에 입각한다 하더라도 재판권의 면제특권은 포기할 수 있다. 포기의 의사표시는 당사국 또는 그의 정당한 대표자에 의하여 법정지국, 당해 법원, 소송상대방에 대한 법정에서 이사표시로 기능할 뿐만 아니라 조약 또는 사법상 계약 등에 의한 소송 외에서 의사표시로도 가능하다. 포기는 사전·사후의 명시의 의사표시 외에 응소, 방어행위나 반소 또는 면제와 상충하는 소송행위를 함으로써 묵시적으로도 가능하다.

2002. 3. 29. 判決은 "당해 외국국가로부터 독립된 법인인 위 금융공사는 원칙적으로 재판권면제특권을 보유하지 않지만, 예외적으로 재판권면제특권을 보유하는 경우도 있다"고 판시하였다. 橫溝大, "外国中央銀行に対する民事裁判および民事執行", 金融研究 24(2005. 10.), 274면.

29) http://treaties.un.org/Pages/Treaties.aspx?id=3&subid=A&lang=en.

30) acta jure gestionis와 acta jure imperii의 구별기준에 관하여는 목적기준설, 성질기준설, 상업적 활동기준설, 성질·목적기준설 등의 견해대립이 있다. 최태현, "제한적 국가면제론의 적용기준", 「국제법학회논총」 제36권 제1호(1991), 206~224면.

그러나 면제를 주장하기 위한 응소자체나 중재에 관한 합의만으로는 포기라고 할 수 없다.

4. 판 례

가. 제한적 면제론

판례는 과거에는 "국가는 국제관례상 외국의 재판권에 복종하지 않게 되어 있으므로 특히 조약에 의하여 예외로 된 경우나 스스로 외교상의 특권을 포기하는 경우를 제외하고는 외국국가를 피고로 하여 우리나라가 재판권을 행사할 수 없다."[31]고 하여 절대적 면제론의 입장을 취하였으나, 1998년 전원합의체 판결[32]에서 "국제관습법에 의하면 국가의 주권적 행위는 다른 국가의 재판권으로부터 면제되는 것이 원칙이나, 국가의 사법적 행위(私法的 行爲)까지 다른 국가의 재판권으로부터 면제된다는 것이 오늘날의 국제법이나 국제관례라고 할 수 없으므로, 우리나라의 영토 내에서 행하여진 외국의 사법적 행위가 주권적 활동에 속하는 것이거나 이와 밀접한 관련이 있어서 이에 대한 재판권의 행사가 외국의 주권적 활동에 대한 부당한 간섭이 될 우려가 있다는 등의 특별한 사정이 없는 한, 외국의 사법적 행위에 대하여는 당해 국가를 피고로 하여 우리나라의 법원이 재판권을 행사할 수 있다."고 판시하여 제한적 면제론으로 입장을 변경하였다.

나. 집행권 면제

피압류채권이 외국의 사법적 행위를 원인으로 하여 발생한 것이고 그 사법적 행위에 대하여 해당 국가를 피고로 하여 우리나라의 법원이 재판

---

31) 대법원 1975. 5. 23.자 74마281 결정.
32) 대법원 1998. 12. 17. 선고 97다39216 전원합의체 판결. 사실관계는 원고가 미국 산하의 비세출자금기관인 '육군 및 공군 교역처(The United States Army and Air Force Exchange Service)'에 고용되어 미군 2사단 소재 캠프 케이시(Camp Cacey)에서 근무하다가 1992. 11. 8. 정당한 이유 없이 해고되었다고 주장하면서 미국을 피고로 하여 위 해고무효확인과 위 해고된 날로부터 원고를 복직시킬 때까지의 임금의 지급을 구한 것이다.

권을 행사할 수 있다고 하더라도, 피압류채권의 당사자가 아닌 집행채권자가 해당 국가를 제3채무자로 한 압류 및 추심명령을 신청하는 경우, 우리나라 법원은 해당 국가가 국제협약, 중재합의, 서면계약, 법정에서 진술 등의 방법으로 그 사법적 행위로 부담하는 국가의 채무에 대하여 압류 기타 우리나라 법원에 의하여 명하여지는 강제집행의 대상이 될 수 있다는 점에 대하여 명시적으로 동의하였거나 또는 우리나라 내에 그 채무의 지급을 위한 재산을 따로 할당해 두는 등 우리나라 법원의 압류 등 강제조치에 대하여 재판권 면제 주장을 포기한 것으로 볼 수 있는 경우 등에 한하여 그 해당 국가를 제3채무자로 하는 채권압류 및 추심명령을 발령할 재판권을 가진다. 이와 같이 우리나라 법원이 외국을 제3채무자로 하는 추심명령에 대하여 재판권을 행사할 수 있는 경우에는 그 추심명령에 기하여 외국을 피고로 하는 추심금 소송에 대하여도 역시 재판권을 행사할 수 있고, 반면 추심명령에 대한 재판권이 인정되지 않는 경우에는 추심금 소송에 대한 재판권 역시 인정되지 않는다.[33]

5. 국제연합의 재판권면제에 관한 협약

가. 외국정부와 재산에 관한 재판권면제협약의 채택

UN 총회는 2004. 12. 2. 국제법위원회(International Law Commission)가 작성한 '1991년도 외국정부와 재산에 관한 재판권면제에 관한 초안(1991 Draft Articles on Jurisdictional Immunity of States and their Property)'에 기초하여, 특별위원회가 2002. 2. 작성한 '재판권면제에 관한 특별위원회의 보고서[Report of the Ad Hoc Committee on Jurisdictional Immunities of States and Their Property: Supplement No. 22: (A/57/22)]'를 바탕으로, '외국정부와 재산에 관한 재판권면제협약(The United Nations Convention on Jurisdictional Immunities of States and their property)'[34]을 채택하였다.

---

33) 대법원 2011. 12. 13. 선고 2009다16766 판결.
34) 위 협약은 2005. 1. 17.부터 2007. 1. 17.까지를 서명기간으로 정하였다. 2022. 9. 27. 현재 28개국이 서명하고 23개국이 비준하여, 위 협약 제30조에서 규정한 발효요건(30

나. 검 토

판례는 외국에 대하여 집행권 면제를 인정하고 있고,[35] 외국에서도 집행권으로부터 절대적 면제를 인정하는 것이 원칙이며,[36] UN에서도 명시적인 포기가 없는 한 절대적인 재판권면제를 내용으로 하는 협약을 채택하였으므로, 위 협약 제18조 소정의 예외사유가 없는 한 외국국가의 재산에 대한 강제집행이나 보전처분은 허용되지 아니한다. 재판권면제가 인정되는 경우 법원은 소장각하명령을 하여야 한다.[37]

6. 재판권이 없음에도 이루어진 재판의 효력

재판권은 재판에 의하여 법적 쟁송사건을 해결할 수 있는 국가권력 또는 사법권을 의미하므로, 재판권면제에 해당하여 재판권이 인정되지 아니함에도 이를 무시한 채 이루어진 재판은 국제법위반으로 무효가 된다.[38] 그러나 국제재판관할을 흠결한 경우에도 국제법상 재판권 자체를 흠결한 것이 아니라면, 그 재판이 반드시 무효가 되는 것은 아니다.[39]

번째 국가가 비준서·수락서·승인서·가입서가 국제연합 사무총장에 기탁된 날부터 30일이 되는 날에 발효한다)을 갖추지 못하였다. 우리나라는 2022. 9. 27. 현재까지 위 협약에 서명·비준을 하지 않고 있지만, 위 협약은 국가면제에 관한 관습국제법이 절대적 면제에서 제한적 면제로 이행하고 있는 점을 반영한 최초의 다자조약으로서 국가면제의 분야에서 '법의 지배'와 '법적 안정성'을 확보하기 위하여 체결된 협약이므로, 우리나라도 이에 가입할 필요성이 있다는 견해로는 최태현, "UN국가면제협약의 채택과 가입의 필요성", 「법학논총」 제25집 제4호, 한양대학교 법학연구소(2008. 12.), 156~165면.

35) 대법원 2011. 12. 13. 선고 2009다16766 판결.

36) 미국·영국·프랑스에서는 절대적인 집행권면제가 지배적인 입장이라고 한다. 송상현, "외국에 대한 국내 민사재판권의 행사와 그 한계 −주권면책 이론에 관한 비교법적 고찰을 중심으로−", 「민사법의 제문제」(온산 방순원 선생 고희기념논문집), 박영사(1984), 259~269면.

37) 국가는 국제관례상 외국의 재판권에 복종하지 않게 되어 있으므로 특히 조약에 의하여 예외로 된 경우나 스스로 외교상의 특권을 포기하는 경우를 제외하고는 외국 국가를 피고로 하여 우리나라가 재판권을 행사할 수 없는 것이니, 일본국을 상대로 한 소장을 송달할 수 없는 경우에 해당한다고 하여 소장각하명령을 한 것은 정당하다(대법원 1975. 5. 23.자 74마281 결정). 이와 같이 절대적 면제론에 의하면 소장각하명령을 하여야 하지만, 제한적 면제론에 의하면 면제여부가 불분명한 경우에는 송달을 하여야 한다. Leo Rosenberg/Hans Friedhelm Gaul/Eberhard Schilken, Zwangsvollstreckungsrecht, 11. Aufl., C.H. Beck, 1997, S.116.

38) 대법원 2011. 12. 13. 선고 2009다16766 판결.

39) 「국제사법과 국제민사소송」, 사법연수원(2011), 77면.

7. 결 론

따라서 만약 군용기지 부근의 주민들이 미국정부를 상대로 미군기 비행금지를 청구하는 소를 제기하면, 법원은 재판권면제를 이유로 소장각하명령을 하여야 한다.

제 2 장

군소음보상법 총론

제1절 군소음보상법 제정의 필요성

Ⅰ. 군용비행장 현황

2018. 11. 당시 우리 군은 민·군 겸용공항 8개를 포함하여 전국에 48개의 군용비행장을 운용하고 있었다. 운용항기별 항공작전기지 현황과 인구별 군용비행장 현황은 다음과 같다.

[군용 비행장 현황][1]

(단위: 개)

비행장 소재지	민 · 군 겸용	군용	계
광역시	3	2	5
시·군	5	38	43
계	8	40	48

[운용항공기별 항공작전기지 현황][2]

항공작전기지			비 고
전술항공작전기지	지원항공작전기지	헬기전용작전기지	
김해 대구 포항 사천 평택 군산 수원 성남 강릉 원주 오산 광주 예천 청주 충주 서산	진해 백령 청원 고양 포천 양주 양구 속초 연기 이천 논산 전주	목포 부평 파주 가평 포천 철원 하남 양주 남양주 양평 춘천 화천 화천2 홍천 인제 용인 연기 음성 영천 김포	육군 27개 해군 4개 공군 14개 미군 3개
16개	12개	20개	48개

---

1) 군용비행장 등 소음방지 및 소음대책지역 지원에 관한 법률안 검토보고서, 국방위원회 (2018. 11.), 14면.
2) 군용비행장 등 소음방지 및 소음대책지역 지원에 관한 법률안 검토보고서, 국방위원회 (2018. 11.), 27면.

[인구별 군용비행장 현황]3)

광역시	시 · 군	
	인구 50만 이상	인구 50만 미만
김해(부산) 대구 광주 백령(인천) 부평(인천)	포항 고양 전주 수원 성남 용인 남양주	사천 평택 군산 강릉 원주 오산 예천 청주 충주 서산 진해 청원 포천 양주 양구 속초 연기 이천 논산 목포 파주 가평 포천 철원 하남 양주 양평 춘천 화천 화천2 홍천 인제 연기 음성 영천 김포
5개	7개	36개

Ⅱ. 특별법 제정의 필요성

1. 의 의4)

　군용비행장 및 군 사격장에서 발생하는 소음으로 인하여 그 주변지역 주민들이 정신적, 신체적, 재산적 피해를 입고 있는 실정임에도 불구하고 해당 지역 주민의 피해를 완화하거나 지원하기 위한 법적 근거가 미비한 상황이었다. 군 공항보다 소음피해가 크지 않은 것으로 평가되는 민간공항의 경우 소음피해 방지대책 등을 포함한 「공항소음 방지 및 소음 대책지역 지원에 관한 법률」이 제정·시행되고 있어 군용비행장과 형평이 맞지 않다는 점과 군용비행장 및 군사격장 인근 지역 주민은 민사상 손해배상소송을 통하여 피해에 대한 배상을 받고 있으나, 소송과정에서 불필요한 비용과 시간이 소요되는 등의 비효율이 발생하고 있다는 점을 보았을 때 관련 법률의 제정이 필요하였다.5) 이에 군용비행장 및 군사격장의 운용으로 발생하는 소음의 방지 및 그 피해에 대한 보상 등을 효율적으로 추진할 수 있도록 법적 근거를 마련함으로써 주민의 쾌적한 생활환경

---

3) 군용비행장 등 소음방지 및 소음대책지역 지원에 관한 법률안 검토보고서, 국방위원회 (2018. 11.), 27면.
4) 「군소음피해보상지원에 관한 법률 제정 연구」, 국방부(2011), 6~9면.
5) 강한구·이근수·남창희, "한국의 군용 항공기 소음 문제와 대책 방향", 「국방정책연구」 2001년 봄/여름, 127~129면; 김용훈·황호원, "군용비행장 소음대책 관련 입법안에 대한 연구", 「항공우주정책·법학회지」 제32권 제1호(2017. 6.), 355~384면 참조.

을 보장하고, 군사 활동의 안정된 기반을 조성하는데 기여하려는 목적에서 군소음보상법이 제정되었다.[6]

군소음보상법의 제정으로 인해 주민들은 소송을 제기하지 않아도 군용비행장·군사격장에서 발생하는 소음피해에 대한 보상금을 정기적(1년 단위)으로 지급받을 수 있어 변호사 비용을 절감할 수 있으며, 보상 처리 현황 및 결과 확인 등도 가능해졌다. 그리고 시기를 놓쳐서 또는 몰라서 소를 제기할 수 없었던 주민들도 보상금을 받을 수 있으며, 보상금액을 인정하지 못하는 경우에는 법원에 소를 제기할 수 있다.[7]

이하에서는 검토보고서에서 논의한 본법 제정의 배경에 관하여 구체적으로 살펴보기로 한다.

2. 군소음소송의 폭주

특별법 제정 전에는 군용비행장이나 군사격장의 소음을 이유로 하는 국가배상 소송이 기획소송으로 인하여 점차 집단화·대규모화되어 가고 있었다. 2018. 9.말 기준으로 512건의 소송이 접수되어 385건이 종결되고, 127건이 진행 중이었으며, 2005년부터 2018. 9.말까지 소음소송으로 지급된 배상금액은 합계 6,476억 원에 이르렀다.

[소음피해 배상금 지급 현황][8]

(단위: 건, 명, 억 원)

구분	계	'05년	'07년	'08년	'10년	'11년	'12년	'13년	'14년	'15년	'16년	'17년	'18년
배상 건수	326	1	1	1	25	68	68	9	10	34	88	21	23
배상 인원	373,869	1	433	790	60,308	78,417	53,023	16,342	16,317	32,827	80,563	34,848	63,543
배상 금액	6,476	0.13	0.7	12.8	1,377	1,754	926	233	250	337	1,046	540	1,229

---

6) 제20대 국회 의안번호 2023250, 군용비행장·군사격장 소음 방지 및 피해 보상에 관한 법률안(대안), 2~3면.

7) 박웅광, "항공기 소음의 법적 규제와 피해구제의 실례(實例) 검토", 「법학연구」 제20권 제1호, 한국법학회(2020), 378면.

8) 군용비행장 등 소음방지 및 소음대책지역 지원에 관한 법률안 검토보고서, 국방위원회(2018. 11.), 29면.

[군 소음 소송 현황][9)]

(단위: 건, 명, 억 원)

구 분	사건 수	원고 수	청구액 (인용액)	심급별 현황			
				1심	2심	3심	계
종결사건	385	1,327,649	10,565 (8,013)	152	157	76	385
진행사건	127	417,618	1,334 (진행 중)	118	9	0	127
총 계	512	1,745,267	11,899 (6,607)	270	166	76	512

따라서 이러한 추세를 그대로 둔다면 매년 엄청난 수의 원고들이 가세하는 소음소송에 많은 사법행정력이 낭비될 것으로 예상되었고, 이러한 소송을 수행하는데 실무적으로 소모되는 국방부의 행정력 또한 적지 아니하였다. 문제는 이러한 종류의 소송은 정작 피해자 본인에게 돌아가는 금액은 얼마 되지 아니하며(대부분 수십만 원에서 수백만 원), 그중 많은 부분이 기획소송을 주도한 로펌의 수익으로 돌아간다는 점에서 이러한 소송의 실익이 무엇인지 보다 심각한 고민을 하게 만들었다. 따라서 이러한 소모적 국력의 낭비를 막고 보다 실질적이고 효율적인 소음피해보상 체제가 필요하게 되었고, 군소음피해보상법률을 제정하는 것은 아래와 같은 실익이 있기 때문에 제정의 필요성과 타당성이 인정되었다.

3. 피해자에게 실질적인 이익 제공

군소음피해보상법률의 제정은 현재 대부분 소음소송이 일부 로펌이나 변호사들의 기획소송에 의하여 지역주민이 참여하여 이루어지는 경우가 많았기 때문에, 변호사를 선임하지 아니하고 소음피해 보상을 받을 수 있는 체제를 마련하여 소송수임비용을 절감하여 보상금액이 피해자에게 환원되게 하고, 판결절차에 비하여 단기간에 이루어지는 심의보상절차로 인

---

9) 군용비행장 등 소음방지 및 소음대책지역 지원에 관한 법률안 검토보고서, 국방위원회 (2018. 11.), 29면.

하여 피해자에게 실질적인 이익이 된다.

4. 보상의 효율성과 신뢰성 제고

군소음피해보상법률안의 제정은 국방부 입장에서 보다 통제가능한 상황에서 보상처리가 가능하다. 여기저기서 우후죽순처럼 제기되는 소송에 송무팀이 임기응변식으로 대응하는 차원에서 벗어나 보상심의를 담당하는 조직이 법률에 의하여 구성되고, 단일화된 창구로 신청 접수를 받으며, 필요한 소명자료를 요구하여 일관적인 기준과 절차를 적용함으로써, 진정한 피해자 여부 및 피해 정도의 확인이 보다 용이해지고, 적정한 보상금액을 정하는 데 필요한 전문화된 인적 조직이 체계적으로 피해금액을 결정함으로써 보상업무의 효율성과 신뢰성을 제고할 수 있다.

5. 국가배상 소송 수요의 감소 유도

군소음으로 인한 피해보상을 국가에게 요구하기 위하여는 보상심의위원회의 결정을 먼저 받도록 하는 결정전치주의를 도입하고, 피해자가 보상심의위원회의 보상결정금액에 동의하여 이를 수령하는 경우에 재판상 화해와 동일한 효력을 부여하는 조항을 둔다면, 이 법률안에 의하여 보상을 받은 경우에 모든 사법적 분쟁이 일시에 종결될 수 있도록 하여 직접 국가를 상대로 소송을 제기하려는 수요를 대폭 흡수할 수 있다.

6. 실체적 판단의 용이성 확보

소음 피해 여부에 대하여 논란이 발생할 경우 엄격한 증명책임이 요구되는 사법적 절차와 달리 보상조직의 전문가가 직접 현장을 방문하여 현장을 확인하여 신속하고 정확한 판단이 가능하다는 점에서 판결을 통하여 이루어지는 판단에 비하여 보다 실질적 접근이 가능한 유연성이 존재하며 이로 인하여 피해자들의 민원을 보다 줄일 수 있다.

7. 군소음에 대한 피해보상의 법적 성격

특별법 제정 이전에는 군용비행장이나 군사격장의 소음에 대하여 피해를 구제받기 위하여 피해자들은 모두 불법행위를 이유로 하는 국가배상소송의 형태로 권리구제를 시도하였다. 그러나 군사작전에 기한 군용항공기의 운항과 군사훈련을 위한 군사격장의 사용은 일반적으로 국가안보라는 공익을 위하여 국토방위를 위한 구체적인 조치라는 점에서 적법한 행위이다. 따라서 군소음으로 인한 피해는 기본적으로 손실보상의 법리에 의하여 보상입법체계를 마련하여 대응하는 것이 군소음피해 보상의 법적 성격에 보다 부합한다.

Ⅰ. 제19대 국회

군용·비행장 주변지역의 소음 피해 보상 및 지원에 관하여 제19대 국회 국방위원회에서는 아래 표 기재1)와 같이 군사시설 및 군용비행장 주변지역의 소음·진동의 피해방지 및 지원 등을 위한 총 11건의 법률안(9건) 및 청원(2건)이 발의·제안되어 이를 심사하였고, 2012. 11. 12. 제311회(정기회) 제9차 국방위원회에서는 '군공항 등의 소음대책 관련 법안에

대표발의	발의일	법안명
정우택의원	2012. 7. 2.	군용비행장 주변지역 소음방지 및 지원에 관한 법률안
변재일의원	2012. 7. 4.	군사시설 소음·진동 방지 및 소음·진동대책지역 지원에 관한 법률안
김영우의원	2012. 7. 19.	군사시설 주변지역 지원에 관한 법률안
김춘진의원	2012. 8. 3.	군용비행장 등 소음피해방지 및 보상에 관한 법률안
유승민의원	2012. 9. 20.	군용비행장 주변지역 소음피해 보상 및 지원에 관한 법률안
이한성의원	2012. 11. 21.	군용비행장 소음피해 보상법안
김동철의원	2013. 7. 1.	군용비행장 소음피해 방지 및 보상에 관한 법률안
정부	2013. 7. 17.	군용비행장 등 소음방지 및 소음대책지역 지원에 관한 법률안
이종배의원	2015. 11. 30.	군용비행장 등 소음방지 및 소음대책지역 지원에 관한 법률안
신장용의원 (청원)	2013. 6. 19.	군용비행장 주변지역 소음피해 보상 및 지원에 관한 법률 입법 청원
유의동의원 (청원)	2015. 9. 30.	군 소음 관련 법의 조속한 제정에 관한 청원

---

1) 군용비행장 등 소음방지 및 소음대책지역 지원에 관한 법률안 검토보고서, 국방위원회 (2018. 11.), 13면.

관한 공청회'를 실시하였다. 그러나 제19대 국회에서 제안된 법률안은 모두 임기만료로 폐기되었다.

II. 제20대 국회

1. 법률안의 발의

제20대 국회에서는 '군용비행장 등 소음방지 및 소음대책지역 지원에 관한 법률안'(원유철 의원 대표발의), '군용비행장 소음피해 방지 및 보상에 관한 법률안'(김동철 의원 대표발의), '군용비행장 주변지역 소음피해 보상 및 지원에 관한 법률안'(유승민 의원 대표발의) 등 3건의 법안이 발의되었다.

가. 원유철 의원안

(1) 제안이유

현재 우리나라의 군용비행장 및 군 사격장은 주거지역으로부터 멀지 않은 곳에 위치하고 있어 해당 군사시설에서 발생하는 소음이 주민들에게 미치는 신체적·재산적 피해의 정도가 적지 않은 실정이다. 그럼에도 불구하고 군사시설 운용에 따른 소음피해에 대한 방지대책이나 지원대책 등이 마련되지 않은 상황이다. 이에 대해 민간공항의 경우 「공항소음 방지 및 소음대책지역 지원에 관한 법률」을 통해 항공기 소음 방지 및 주민지원에 관한 내용을 규정하고 있다는 점을 고려할 때 군사시설로 인한 소음 피해 방지 및 주민지원에 관하여도 신속하게 입법화되어야 할 필요가 있다는 지적이 있다. 이에 군용비행장 및 군 사격장에서 발생하는 소음 피해의 정도를 측정하여 이를 기반으로 소음피해지역을 지정하고, 해당 지역에 대한 소음 피해 방지 및 주민지원을 위한 각종 법적 장치를 마련함으로써 군용비행장 및 군 사격장 운용에 따라 소음 피해를 받는 주민들의 복리 증진 및 생활환경 개선에 기여하려는 것이다.

(2) 주요내용

군용비행장 및 군 사격장으로 인하여 발생하는 소음 피해 방지 및 주민 지원에 관한 사항을 심의하기 위하여 국방부 소속으로 군사격장소음 피해대책위원회를 설치하도록 한다(안 제5조). 국방부장관은 군용비행장 및 군 사격장 주변지역의 소음영향도를 기준으로 소음대책지역을 제1종 구역, 제2종 구역 및 제3종 구역으로 지정·고시하도록 한다(안 제6조). 국방부장관은 5년마다 소음피해지역에서의 소음방지 및 주민지원에 관한 중기계획을 수립해야 한다(안 제8조). 국방부장관이 정하는 사업자로 하여금 소음피해지역에 대해 소음방지 및 주민지원에 관한 중기계획에 근거하여 방음시설·냉방시설 설치, 공영방송 수신료 지원 등을 포함한 소음대책사업계획을 수립·시행하도록 한다(안 제9조). 소음피해지역의 소음 피해를 줄이기 위해 국방부장관으로 하여금 군용비행장의 야간비행·저공비행의 제한 및 군 사격장의 야간 사격 제한을 하도록 한다(안 제10조). 사업시행자는 소음대책사업계획의 일환으로 군용비행장 및 군 사격장 주변지역의 소음실태를 파악하고 소음대책사업 수립에 활용하기 위하여 자동소음측정망을 설치해야 한다(안 제11조). 소음피해지역의 지정·고시 이전에 해당 지역에 소재하고 있던 건축물이나 토지의 정착물의 소유자가 해당 건축물이나 토지의 정착물을 철거 또는 이전하는 경우 이에 대한 손실보상을 국방부장관에게 청구할 수 있도록 한다(안 제12조). 소음피해지역 내에 있는 토지의 소유자가 국방부장관에게 해당 토지를 매수할 것을 청구할 수 있도록 한다(안 제13조). 소음대책지역에 거주하는 주민이 군용비행장 또는 군 사격장 운용에 따라 발생한 소음으로 피해를 입은 경우 이에 대한 피해 보상을 청구할 수 있도록 한다(안 제17조). 국방부장관이 정하는 사업자로 하여금 소음피해지역에 대해 소음방지 및 주민지원에 관한 중기계획에 근거하여 주민복지사업·소득증대사업 등의 주민지원사업계획을 수립·시행하도록 한다(안 제18조). 군용비행장 및 군 사격장으로 인한 소음 피해를 입은 주민들에 대한 상담 업무를 수행할 수 있는 상담센터를 설치·운영하도록 한다(안 제19조). 소음대책지역으로 지정·고시된 지역 중 체계적인 개발이 필요하다고 인정되는 경우에는 국방부장관이 개발구역으로 지정하고 개발사업이 이루어질 수 있도록 한다(안 제20조, 제21조). 소음대책지역에 거주하는 주민들에게 각 구역별로 차등을 두어 보조금을 지급하도록 한다(안 제24조).

나. 김동철 의원안

(1) 제안이유

군공항에서 발생하는 소음으로 인하여 약 31만 5천여 세대의 인근 주민들이 신체적·재산적 피해가 크고, 민간공항의 경우 「공항소음방지 및 소음대책지역 지원에 관한 법률」이 제정·시행되고 있으나 군공항 소음에 대하여 아무런 입법이나 지원대책이 마련되어 있지 못하였다. 이에 따라 군공항 소음피해 주민들은 국가를 상대로 소송을 통하여만 피해에 대한 배상을 받고 있는 실정이다. 그러나 국가에 대해 불복한 사람은 배상을 해 주고, 피해를 감내하는 사람은 나몰라라 하는 것은 매우 불합리하며, 불필요한 소송을 남발해 소송대리인만 막대한 이익을 취하는 등 사회적 문제를 일으키고 있다. 더구나 법원 판결에 일관성이 없고, 소송과 배상을 반복하는 악순환이 되풀이되고 있으므로, 군용비행장 소음피해 방지 및 보상에 대한 기준을 명확히 마련할 필요가 있다. 다만, 막대한 국가 재정이 소요되는 점을 감안하여 점진적인 피해대책과 보상이 이루어질 수 있도록 한다.

(2) 주요내용

국방부장관은 군용비행장 주변의 소음영향도에 따라 소음대책지역을 지정·고시하도록 한다(안 제5조). 국방부장관은 군용비행장 및 그 주변 지역에 소음측정시설을 설치하고 운용하고, 소음이 사람과 가축, 가금류 등의 생활환경 및 식생에 미치는 영향을 정기적으로 조사하여 즉시 공표하도록 한다(안 제6조, 제7조). 국방부장관은 소음대책지역에 대하여 5년마다 소음방지 및 소음대책사업 중기계획을 수립하도록 한다(안 제8조). 군용비행장에 소음방지시설을 갖추도록 하고, 일정한 소음기준을 초과하는 지역에 대해서는 건축 등 이용을 제한할 수 있도록 한다(안 제9조, 제10조). 소음대책지역에 대하여 소음대책사업으로 소음방지시설 및 냉방시설을 설치하도록 하며, 지역개발사업 등 주민지원사업을 할 수 있도록 한다(안 제11조, 제12조). 소음대책지역의 주민에 대하여 지방세 감면 등 세제 지원을 할 수 있도록 한다(안 제13조). 군용비행장 소음으로 인한 피해보상을 국방부장관에게 청구할 수 있도록 하되 소음피해 보상 청구 기준은 이 법 시행 후 5년까지 85웨클, 6년부터 10년까지는 80웨클, 10년 이후에는 75웨클로 한다(안 제14조, 부칙 제3조). 군용비행장 소음피해 방지 및 보상을 심의하고 분쟁을 조정하기 위하여 국무총리 소속 하에 군용비행장소음대책위원회를 설치하도록 한다(안 제15조). 법 시행 후 소음도 85웨클 이상인 제1종 및 제2종 구역에 대하여 소음방지시설 및 냉방시설을 설치하도록 하되, 제3종 구역(75웨클~85웨클)의 경우 소음방지시설은 법 시행 후 3년 이후에 설치하고 냉방시설은 법 시행 후 6년 이후에 설치할 수 있도록 한다(부칙 제2조).

다. 유승민 의원안

(1) 제안이유

도시에 위치한 군용비행장은 전투기 소음피해가 매우 심각함에도 불구하고 소음피해에 대한 보상이나 피해지역에 대한 지원의 법적 근거가 없었다. 민간 비행장의 경우 1993년부터 「항공법」에 따라 비행장 주변 80웨클 이상 지역을 소음대책지역으로 지정하여 소음피해에 대한 지원시책을 수립·시행하여 왔으며, 2004년에는 소음대책지역을 75웨클 이상으로 확대하였다. 2010년에는 소음피해로 인한 문제점을 합리적으로 해소하고 체계적으로 계획을 수립하기 위해 75웨클 이상 지역을 소음대책지역으로 하는 「공항소음 방지 및 소음대책지역 지원에 관한 법률」을 제정하여 시행하고 있다. 그러나 민간비행장보다 소음피해가 훨씬 더 심각한 군용비행장의 경우 소음대책의 법적 근거가 미비하여 피해지역과 피해주민들에 대한 최소한의 배려도 없었다. 전투기 소음은 민간항공기 소음과 비교가 안될 정도로 소음피해가 심각하여 전투기 이·착륙 시 일상적인 대화, 전화통화, TV시청, 학교수업이 불가능하고, 다수 주민들의 청력저하, 혈압상승, 우울증과 주의력 결핍, 과잉행동장애 등 신체적·정신적 건강을 해치고 있다. 또한, 현행처럼 아무런 법적 근거 없이 피해주민이 국가를 상대로 제기하는 손해배상 소송에 대한 법원의 판결을 통해 국가가 피해주민에게 배상금을 지급하도록 방치할 경우, 피해주민들은 배상금을 받기 위하여 반복적으로 소송을 제기해야 하기 때문에 소송대리인이 고액의 수임료와 지연이자를 차지하는 등 법적 거래비용이 크게 발생하고, 이에 따라 국민세금이 낭비되는 문제도 발생한다. 본 법안은 군용비행장의 경우에도 민간비행장의 소음대책과 동일하게 소음대책지역을 지정·지원하도록 하여 헌법상의 평등권을 보장하고, 군용비행장 주변 소음피해 주민들이 소송을 통하지 않고 소음피해 보상금을 신속하고 정기적으로 받을 수 있도록 하였다.

(2) 주요내용

이 법은 군용비행장의 운용에 의하여 발생하는 소음을 방지하고 일정한 소음피해에 대해 보상금을 지급하며 주변지역에 대한 지원 대책을 수립함으로써 주변지역 주민들의 인권을 보장하고 생활환경을 개선함을 목적으로 한다(안 제1조). 국방부장관은 소음영향도를 기준으로 관계행정기관과 지방자치단체와 협의하여 소음영향도 75 이상인 지역을 소음대책지역으로 지정·고시하되, 소음영향도에 따라 제1종·제2종·제3종 구역으로 구분하도록 한다(안 제5조). 국방부장관은 소음대책지역을 지정·고시한 날부터 5년마다 소음대책지역의 소음영향도 변화를 조사해야 한다. 다만, 대통령령으로 정하는 특별한 상황으로 조사가 필요하다고 인정되는 경우 5년이 되기 전에 소음영향도 변화를 조사할 수 있다(안 제7조). 국방부장관은 군용비행장 주변지역의 소음실태를 파악하고 소음대책사업 수립에 활용하기 위하여 자동소음측정망을 상시 설치·운영해야 한다(안 제10조). 국방부장관은 군용항공기의 이·착륙시 발생하는 소음이 군용비행장 주변지역에 미치는 영향을 줄이기 위하여 군사작전·훈련 및 안전운항에 지장을 주지 않는 범위에서 군용항공기 이·착륙 절차의 개선에 노력해야 한다(안 제13조). 국방부장관은 군용항공기 소음이 군용비행장의 주변지역에 미치는 영향을 방지하거나 줄이기 위하여 군사작전·훈련에 지장을 주지 않는 범위에서 야간비행을 통제할 수 있다(안 제14조). 국방부장관은 군용항공기 소음이 주변지역에 미치는 영향을 방지하거나 줄이기 위해 필요할 경우 군용비행장에 소음방지시설을 설치해야 한다(안 제15조). 국방부장관은 제10조 제1항에 따라 설치된 소음자동측정망의 소음측정결과를 매년 고시하고, 소음자동측정망의 소음측정결과에 따라 소음영향도 80 이상의 지역에 거주하는 주민들에게 매년 일정금액의 보상금을 지급한다(안 제20조). 국방부장관은 소음대책지역에 대하여 5년마다 소음대책사업 중기계획과 주민지원사업계획을 수립하고 시행한다(안 제18조, 제19조, 제21조, 제22조, 제23조). 지방자치단체의 장은 소음대책지역의 주민에 대하여 지방세법이나 그 밖의 관계 법률에서 정하는 바에 따라 재산세·취득세 및 등록세를 감면할 수 있다(안 제24조). 군용비행장 주변지역의 소음피해보상 및 소음대책 등을 심의하기 위하여 국방부장관 소속으로 중앙소음대책심의위원회를 둔다(안 제25조).

2. 법률안의 비교

가. 개 관

국방위원회 검토보고서에 의하면, 법률안과 정부안, 공항소음방지법의 내용을 비교하면 다음과 같다.[2]

내 용		원유철 의원안	김동철 의원안	유승민 의원안	정부안(19대)	공항소음방지법
발의		'18. 2. 14.	'18. 10. 5.	'18. 10. 30.	'13. 7. 17.	'10. 9. 23 시행
대상		군용비행장 + 사격장	군비행장	군비행장	군비행장 + 사격장	민간공항
소음대책기준	1종	95웨클이상	95웨클 이상	95웨클 이상	시행령 위임 80웨클 (대도시 85/ 공공시설 75)	시행령 위임 (95~/90~/ 75~)
	2종	85~95웨클	85~95 웨클	90~95웨클		
	3종	75~85웨클	75~85 웨클	75~90웨클		

2) 군용비행장 등 소음방지 및 소음대책지역 지원에 관한 법률안 검토보고서, 국방위원회 (2018. 11.), 18면.

소음대책 사업	방음시설 (제9조제2항 제1호)	방음시설 (제11조제3항 제1호)	방음시설 (제19조제3항 제1호)	방음시설	방음시설
	냉방시설 (제9조제2항 제1호)	냉방시설 (제11조제3항 제2호)	냉방시설 (제19조제3항 제2호)	냉방시설	냉방시설
	냉방운영비 (제9조제2항 제3호)	냉방 운영비 (제11조제3항 제2호)	냉방 운영비 (제19조제3항 제2호)	냉방 운영비	냉방 운영비
	TV 수신료 (제9조제2항 제2호)	TV 수신료 (제12조제1항 제4호)	TV 수신료 (제19조제3항 제3호)	TV 수신료	TV 수신료
	자동소음측정 망설치 (제9조제2항 제4호)		자동소음측정 망설치 (제10조)		
주민지원 사업	주민복지사업 (제18조제1항 제1호)	주민복지사업 (제12조제1항 제3호)	주민복지사업 (제22조제1항 제1호)		복지지원
			환경개선사업 (제22조제1항 제2호)		
	소득증대 (제18조제1항 제2호)	소득증대 (제12조제1항 제2호)	소득증대 (제22조제1항 제3호)		소득증대
	지역개발 (제21조)	지역개발 (제12조제1항 제1호)		미반영	
		기업유치 (제12조제1항 제5호)			
		공공시설 (제12조제1항 제1호)			
		육영사업 (제12조제1항 제6호)			

	세제지원 (제23조)	세제지원 (제13조)	세제지원 (제24조)		
	부담금면제 (제22조)				
	보조금 지급 (제24조)				
	소음피해상담 센터(제19조)				
건축등의 제한	○	○	○	×	○
이전보상	1종/2종 /3종(일부)	×	×	×	1종/2종 /3종(일부)
토지매수 청구	1종/2종 /3종(일부)	×	×	×	1종/2종 /3종(일부)
피해보상 청구	○	○	○	×	×
비용추계 (5년)	13.2조 원	비용추계요구 서 제출(예정)	비용추계요구 서 제출(예정)	5천억 원	—

나. 법 적용 대상 시설

원유철 의원안은 이 법의 적용을 받는 시설을 '군용비행장과 군 사격장'으로 규정하여 군용비행장과 군사격장을 포괄하고 있는 반면, 김동철 의원안은 '군용비행장 및 민·군공용비행장'에 대해서만 적용하도록 하고

원유철 의원안	김동철 의원안	유승민 의원안
제1조(목적) 이 법은 **군용 비행장과 군 사격장의** 소음을 방지하고 소음대 책지역의 소음대책사업 및 주민지원사업을 효율 적으로 추진함으로써 주 민의 복지증진과 쾌적한 생활환경을 보장에 이바 지함을 목적으로 한다.	제1조(목적) 이 법은 **군용 비행장 및 민·군공용비 행장의 운용에 따라 발 생하는 군용항공기 등**의 소음을 방지하고 그 피 해에 대한 보상을 통하 여 주변지역 주민들의 건강하고 쾌적한 삶에 이 바지함을 목적으로 한다.	제1조(목적) 이 법은 **군용 비행장의 운용에 의하여 발생하는 소음을 방지**하 고 소음피해를 보상하며 주변지역에 대한 지원대 책을 수립함으로써 주변 지역 주민들의 인권을 보장하고 생활환경을 개 선함을 목적으로 한다.

있고, 유승민 의원안은 '군용비행장'에 대해서만 적용하도록 규정하고 있다.

군사시설 등의 주둔·사용 등으로 인하여 소음발생 및 재산권 행사 제한 등의 많은 피해가 발생하고 있는 것은 사실이나, 모든 군사시설에 대한 피해를 보상하는 경우 국가재정의 막대한 부담이 요구되는 바, 법 적용 대상 시설 및 기준 소음도 등을 입법정책적으로 고려하여 결정할 필요가 있다. 군용비행장을 대상으로 하는 경우, 부산광역시 강서구에 위치한 민·군 겸용 공항은 이미 「공항소음 방지 및 소음대책지역 지원에 관한 법률」 제2조 제4호3)의 적용을 받고 있으므로, 위 비행장에 대하여 추가로 보상을 하는 것은 적절하지 않다.

다. 소음대책지역 지정 소음도 기준

제정안들은 소음대책지역으로 지정될 수 있는 소음도를 법률에 직접 규정하고 있으나, 세부적인 기준은 차이가 있다.

제정안과는 달리 「공항소음 방지 및 소음대책지역 지원에 관한 법률」은 소음대책지역의 구역별 소음도 기준을 대통령령에서 정하도록 위임하고 있는데, 이는 소음에 대한 사회적 인식이나 예산 상황 및 향후 비행장의 이전 가능성 등을 고려하여 소음도 기준을 탄력적으로 적용하기 위한

구 분	원유철 의원안	김동철 의원안	유승민 의원안	「공항소음 방지 및 소음대책지역 지원에 관한 법률」(현행)
규정방식	법률에 규정 (제6조)	법률에 규정 (제5조)	법률에 규정 (제5조)	시행령 위임
제1종구역	95웨클이상	95웨클이상	95웨클이상	95웨클이상
제2종구역	85~95웨클	85~95웨클	90~95웨클	90~95웨클
제3종구역	75~85웨클	75~85웨클	75~90웨클	75~90웨클

---

3) 「공항소음 방지 및 소음대책지역 지원에 관한 법률」 제2조(정의) 이 법에서 사용하는 용어의 뜻은 다음과 같다.

4. "공항"이란 「항공법」 제2조 제7호에 따른 공항과 공항개발사업시행자가 새로이 건설하는 공항을 말한다. 다만, 「군사기지 및 군사시설 보호법」 제2조 제4호 가목부터 다목까지의 규정에 따른 항공작전기지를 겸하는 공항은 제외하되, 부산광역시 강서구에 있는 공항은 포함한다.

것으로 이해되나, 제정안들은 소음대책지역의 구역별 소음도 기준을 법에서 직접 규율하고 있는데, 이는 소음대책지역의 지정에 대한 국민의 예측가능성을 제고하고 소음피해대책을 보다 안정적으로 구현할 수 있다는 점에서 보다 적극적인 입법방향인 것으로 생각된다.

라. 소음대책사업과 주민지원사업

제정안들은 군용비행장 소음피해자에 대하여 소음대책사업(소음방지시설 설치, 냉방시설 설치 등)과 주민지원사업(지역개발사업, 주민복지지원사업 등)을 실시할 수 있도록 규정하고 있다.

내 용	원유철 의원안	김동철 의원안	유승민 의원안	정부안(19대)	공항소음방지법
소음대책 사업	방음시설 (제9조제2항 제1호)	방음시설 (제11조제3항 제1호)	방음시설 (제19조제3항 제1호)	방음시설	방음시설
	냉방시설 (제9조제2항 제1호)	냉방시설 (제11조제3항 제2호)	냉방시설 (제19조제3항 제2호)	냉방시설	냉방시설
	냉방운영비 (제9조제2항 제3호)	냉방 운영비 (제11조제3항 제2호)	냉방 운영비 (제19조제3항 제2호)	냉방 운영비	냉방 운영비
	TV 수신료 (제9조제2항 제2호)		TV 수신료 (제19조제3항 제3호)	TV 수신료	TV 수신료
	자동소음측정 망설치 (제9조제2항 제4호)		자동소음측정 망설치 (제10조)		
주민지원 사업	주민복지사업 (제18조제1항 제1호)	주민복지사업 (제12조제1항 제3호)	주민복지사업 (제22조제1항 제1호)	미반영	복지지원
			환경개선사업 (제22조제1항 제2호)		

소득증대 (제18조제1항 제2호)	소득증대 (제12조제1항 제2호)	소득증대 (제22조제1항 제3호)	소득증대
지역개발 (제21조)	지역개발 (제12조제1항 제1호)		
	기업유치 (제12조제1항 제5호)		
	공공시설 (제12조제1항 제1호)		
	육영사업 (제12조제1항 제6호)		
세제지원 (제23조)	세제지원 (제13조)	세제지원 (제24조)	
부담금면제 (제22조)			
보조금 지급 (제24조)			
소음피해상담 센터(제19조)			

군 상으로 인하여 주변지역 주민은 소음피해 외에도 집값 하락 등 재산권의 피해도 함께 받고 있다는 점을 고려할 때, 제정안들과 같이 소음방지대책 및 주민지원사업의 근거 규정을 마련할 필요가 있다. 다만, 제정안들에서는 소음대책 및 주민지원사업의 세부적인 내용을 상이하게 규정하고 있는 바, 「공항소음 방지 및 소음대책지역 지원에 관한 법률」의 입법례 및 군 공항의 특수성을 고려하여 어떠한 사업을 하는 것이 타당한지 결정할 필요가 있다.

마. 소음대책지역에서의 권리제한과 이전보상·매수청구권

원유철 의원안은 소음대책지역에서의 시설물의 설치 및 용도를 제한하도록 하고, 예외적으로 방음시설 설치 등 일정한 조건을 갖추었을 때 시설물의 설치를 허용하며 이에 대한 반대급부로 이전보상 및 토지매수청구를 할 수 있도록 하고 있다. 김동철 의원안은 군용비행장 주변지역 중 대통령령이 정하는 소음기준을 초과하는 지역에 대하여 건축·설치를 금지하도록 하고 있으나 이전보상 및 토지매수청구에 대해서는 규정하고 있지 않고 있다. 유승민 의원안은 소음대책지역 중 제1종 및 제2종 구역 내에서는 건축·설치를 금지하되 제2종 및 제3종 구역 내에서는 소음방지시설을 설치하는 경우에 한하여 건축·설치를 허용하고 있으나 이전보상 및 토지매수청구에 대해서는 규정하고 있지 않다.

내 용	원유철 의원안	김동철 의원안	유승민 의원안	정부안(19대)	공항소음 방지법
건축등의 제한	○ (제7조)	○ (제10조)	○ (제9조)	×	○
이전보상	1종/2종/3종 (일부) (제12조)	×	×	×	1종/2종/3종(일부)
토지매수 청구	1종/2종/3종 (일부) (제13조)	×	×	×	1종/2종/3종(일부)

도시의 팽창으로 인하여 군용비행장이 도심에 위치하게 되어 군용비행장 주변에 거주자가 증가한 것이 현재 군용비행장 소음문제의 심각성을 키운 원인인바, 제정안들과 같이 군용비행장 주변지역에서의 건축 등 권리를 제한하는 동시에 이전보상·매수청구권을 통하여 적절한 보상을 지급함으로써 군용비행장 주변지역 소음 피해를 경감시키려는 입법 취지는 타당한 것으로 보인다. 이와 같은 취지에서 「공항소음 방지 및 소음대책 지역 지원에 관한 법률」도 소음대책지역에서의 권리제한(제6조)과 이전보

상(제11조) 및 매수청구권(제12조)을 규정하고 있다.

다만, 원유철 의원안과 같이 거주하고 있는 주민에 대하여 이전보상을 실시하는 경우, 5년간(2019년~2023년) 총 10조 9,932억 원이 소요될 것으로 추계4)되는 등 막대한 재원이 소요될 것으로 예상되는바, 국가 재정에 미치는 영향을 고려하여 정책적 판단5)을 할 필요가 있다.

바. 소음피해보상금

원유철 의원안 제17조는 군용비행장과 군 사격장의 소음으로 인한 피해자에게 소음 피해에 따른 보상을 국방부장관에게 청구할 수 있도록 하고 있다. 김동철 의원안 제14조에서도 군용비행장 소음피해자(소음영향도 75 이상인 지역 거주자)에게 소음 피해에 따른 손해 보상을 국방부장관에게 청구할 수 있도록 규정하고 있다. 유승민 의원안 제20조에서도 소음영향도가 80웨클 이상인 소음피해보상지역에 거주하는 주민들에게 매년 일정금액의 보상금을 지급하도록 규정하고 있다.

현재 소음 피해지역 주민들의 소송이 계속되고 있으며, 이로 인한 갈등과 불필요한 비용(소송비용)의 지출 등 비효율성이 증대되고 있는 상황인바, 피해주민에게 소송 없이 손해에 대한 보상금을 지급할 수 있도록 규정하여 이러한 문제를 해결하려는 것으로 그 입법취지는 타당한 것으로 생각된다. 다만, 국방부는 보상금 지급을 법에서 규정하는 경우 매년 상당 수준의 재정 부담이 초래된다는 점6)에서 반대의견을 제시하였다.

---

4) 국회예산정책처는 소음으로 인한 이전보상 및 손실 보상을 규정한 "군용비행장 등 소음방지 및 소음대책지역 지원에 관한 법률안"(원유철의원 대표발의) 비용 추계에서 소음대책지역 지정·고시 당시 1종·2종 또는 국방부령으로 정하는 3종 구역의 건축물이나 해당 토지의 정착물을 다른 지역으로 이전하거나 철거하는 경우 그 비용으로 10조 9,932억 원이 소요(2019년~2023년)될 것으로 추계하였다.

5) 공항소음방지법은 최초 제정 당시 손실보상 및 토지매수청구 대상을 '제1종지역(소음영향도가 95웨클 이상)'만으로 정하였으나 해당 가옥이 없어 실효성이 없는 규정으로 판단, 손실보상 및 토지매수청구 대상을 제1종, 제2종, 국토해양부령으로 정하는 제3종지역으로 확대하였다(2015. 12. 개정).

6) 국회예산정책처는 보상금 지급을 규정한 "군용비행장 등 소음방지 및 소음대책지역 지원에 관한 법률안"(원유철의원 대표발의) 비용추계에서 5년 간 총 6,909억 원이 보상금으로 지출될 것으로 추계하였다.

3. 제정 과정

(1) 법률안은 2018. 10. 17. 국방위원회에 회부되었고, 2018. 11. 26. 제364회 국회(정기회) 제16차 전체회의에 상정되었다. 2018. 11. 27. 제364회 제1차 법률안심사소위에 상정되었고, 2018. 11. 28. 제2차 법률안심사소위에 상정되었다. 2019. 3. 26. 제367회 국회(임시회) 제1차 법률안심사소위에 상정되어 축조심사되었고, 2019. 7. 15. 제369회 국회(임시회) 제1차 법률안심사소위에 상정되어 축조심사되면서 대안을 반영하여 법률안은 폐기되었다.

대안반영되어 폐기된 의안은, 제206호 군사시설 소음 방지 및 소음대책지역 지원에 관한 법률안(변재일 의원 등 12인), 제2228호 군사기지 및 군사시설 주변지역 지원에 관한 법률안(박정 의원 등 20인), 제3035호 군사기지·군사시설 및 보호구역 주변지역의 보상 및 지원에 관한 특별법안(김영우 의원 등 10인), 제4572호 군용비행장 등 소음방지 및 소음대책지역 지원에 관한 법률안(이종배 의원 등 10인), 제8629호 군 사격장 주변지역 소음 피해 방지 및 지원에 관한 법률안(박정 의원 등 10인), 제14337호 군사기지 및 군사시설 주변지역 지원에 관한 법률안(성일종 의원 등 10인), 제12159호 군용비행장 등 소음방지 및 소음대책지역 지원에 관한 법률안(원유철 의원 등 10인), 제16133호 군용비행장 주변지역 소음피해 보상 및 지원에 관한 법률안(유승민 의원 등 12인), 제15896호 군용비행장 소음피해 방지 및 보상에 관한 법률안(김동철 의원 등 15인), 제16746호 군용비행장의 소음방지 및 소음대책지역 지원에 관한 법률안(정종섭 의원 등 10인), 제18596호 군용비행장 주변지역 소음방지 및 주민지원에 관한 법률안(김규환 의원 등 12인), 제19145호 군사기지 및 군사시설 주변지역 소음피해 보상 및 지원에 관한 법률안(김진표 의원 등 12인), 제19898호 군용비행장 및 군 사격장 주변지역의 소음방지 및 지원에 관한 법률안(김기선 의원 등 10인) 등 모두 13건이다.

(2) 2019. 8. 21. 제370회 국회(임시회) 제2차 전체회의에 상정되어, 소위심사보고, 찬반토론을 거쳐 대안반영되어 폐기되었다. 2019. 10. 24.

법사위 체계자구심사를 거쳐 수정가결되었고, 같은 날 제371회(정기회) 법사위 제6차 전체회의에서 상정, 제안설명, 검토보고, 대체토론을 거쳐 수정가결되었다. 2019. 10. 31. 제371회 제10차 전체회의에서 원안가결되었다.

(3) 본법은 2019. 11. 12. 정부로 이송되었고, 2019. 11. 26. 법률 제16582호로 공포되었다.

Ⅲ. 제21대 국회에서 개정 논의

제21대 국회에서는 2022. 9. 19. 현재 모두 12건의 개정안이 발의되어 있다.

1. 강대식 의원안 (의안번호 제1250호)

현행법은 군용비행장 및 군 사격장의 운용으로 발생하는 소음으로 인한 피해에 대한 보상 등을 효율적으로 추진하여 주민의 쾌적한 생활환경을 보장하고자 제정되었다. 그런데 보상금액 산정 기준을 2010년 대법원 판례를 기준으로 책정할 경우 현재의 물가를 반영하지 못한다는 문제점이 있다. 이에 법 제14조 제6항 후단에 "이 경우 보상금액은 물가상승률을 고려하여 책정한다."는 규정을 추가하여 군용비행장 및 군 사격장의 운용으로 발생하는 소음으로 인하여 피해를 입는 그 주변지역 주민들에게 적정한 수준의 보상금을 지급하려는 것이다(안 제14조 제6항).

개정안에 따라 소음피해 보상금액을 물가상승률[7]을 반영하여 책정하도록 하는 경우, 추가재정소요는 2022년 48억 원, 2026년 124억 원 등 아래 표 기재와 같이 2022년부터 2026년까지 향후 5년간 430억 원(연평균 86억 원)으로 추계된다(단위: 억 원).[8]

---

7) 소비자물가상승률(단위: %)

연도	2019	2020	2021	2022	2023	2024
CPI	1.3	1.6	1.8	1.9	2.0	2.0

자료: 국회예산정책처, 「2020년 및 중기 경제전망」, 2019. 6.

	2022	2023	2024	2025	2026	합계	연평균
소음피해 보상금액에 물가상승률 반영(안 제14조제6항 후단 신설)	48	67	86	105	124	430	86

2. 정성호 의원안 (의안번호 제1963호)

현행법은 민간공항과의 형평성을 고려한 본래의 입법 취지와는 다르게 소음영향도 기준을 시행령으로 위임함에 따라 민간비행장보다 더 높은 소음기준을 적용받는 경우 인근 주민들에게 적절한 피해보상이 이루어지지 않을 수 있다. 또한 군용비행장에 적용하는 웨클(WECPNL) 기준은 짧은 시간 동안 반복되는 회전익항공기 소음피해를 적절히 반영하지 못하기 때문에 전체 48개 항공 작전기지 중 42%를 차지하는 헬기 전용 작전기지 인근 주민들의 소음피해를 적절히 반영하지 못하는 문제가 발생한다. 이에 민간공항과의 형평성을 고려하여 소음영향도(WECPNL) 75 이상인 지역을 대상으로 소음대책지역을 지정·고시하도록 하고(안 제5조 제1항), 회전익항공기에 대한 별도의 소음측정기준을 마련하도록 규정하여(안 제5조 제2항), 소음피해 주민들에 대한 합당한 보상이 이루어질 수 있도록 한다.

3. 김형동 의원안 (의안번호 제3799호)

소음피해를 입는 주민의 입장에서 민간 항공기의 소음이건 군용 항공기의 소음이건 그 피해와 고통은 다르지 않음에도 불구하고 군공항 소음피해 보상을 다룬 현행법이 민간공항의 소음피해를 다룬 '공항소음방지법'에 비해 소음피해에 대한 보상의 체계와 내용이 크게 부족한 상황이다. 이에 군공항 소음피해 지역은 소수의 주민들이 부락 단위로 거주하는 농촌 지역이 대부분이므로, 소음도에 따른 소음대책사업 대상구역을 설정함에 있어 개별 주택이 아닌 마을 또는 부락 단위로 대상구역을 정한다

---

8) 국회예산정책처 2101250호 비용추계서(2019. 7. 3. 회답), 1면.

(안 제5조 제1항). 소음피해 지역의 주택에 대해 방음시설을 설치하고 소음으로 인해 여름철 창문을 개방하기 어려운 실정을 고려하여 냉방시설 설치 및 전기료 일부 지원을 실시하는 등 민간공항 소음피해지역의 소음대책사업에 준하는 지원책을 수립·실시하도록 한다(안 제7조의2 신설). 민간공항 소음대책사업에 준하여 군공항 소음대책사업에도 매수대상토지를 정하고 해당 토지의 매수를 국방부장관에게 청구할 수 있도록 한다(안 제9조의2 신설). 그 밖의 주민지원시책을 수립·추진할 수 있도록 한다(안 제10조의2 신설).

4. 홍기원 의원안 (의안번호 제4458호)

현행법은 소음으로 입는 피해에 대하여 보상금의 지급 등을 규정하고 있으나 포괄적인 지원방안이 없어 충분한 지원이 이루어지지 않을 수 있다는 지적이 있다. 이에 소음대책지역 소음 방지 및 소음피해 보상에 관한 기본계획에 주민들에 대한 지원방안을 포함하고(제7조 제2항 제4호 및 제5호를 각각 제5호 및 제6호로 하고, 같은 항에 제4호를 신설), 국방부장관은 소음대책지역 내 주민들에 대한 교육·문화사업을 지원하는 등 지역주민의 복지향상을 위한 지원시책을 수립·추진할 수 있고, 지원시책의 종류 등에 관하여 필요한 사항은 대통령령으로 정한다는 내용으로 제10조의2를 신설하려는 것이다.

5. 정찬민 의원안 (의안번호 제5685호)

소음대책지역 내 다수의 학교가 군용항공기로부터 발생하는 소음으로 인한 피해를 받고 있지만 이에 대한 지원근거가 없어 문제가 있다는 지적이 있다. 이에 학교에 대한 소음피해 방지 지원 방안을 소음대책지역에 대한 기본계획에 포함하고, 국방부장관은 기본계획에 따라 소음영향도 등을 고려하여 학교의 냉방시설의 전기료 등을 지원하도록 하여 쾌적한 교육환경을 보장하려는 것이다(안 제7조 제2항 제4호, 제19조의2).

6. 성일종 의원안 (의안번호 제7185호)

현행법 제6조에 규정된 시설물의 설치 및 용도 제한이 소음대책지역 내 토지 소유자의 재산권을 과도하게 제한한다는 지적이 있다. 이에 소음대책지역에서의 시설물의 설치 제한을 삭제하고, 기본계획 수립 주기를 현행 5년에서 3년으로 단축하여 적기에 기본계획을 수립하도록 하려는 것이다(안 제6조 삭제, 제7조 제1항의 개정).

7. 김정호 의원안 (의안번호 제7320호)

현행법은 보상금만을 규정하고 있어 충분한 지원이 되지 못한다는 지적이 있다. 이에 소음대책지역 주민들에 대해 보상 외에 지원방안도 규정하여 이들의 소음피해에 대한 충분한 지원을 명시하고자 하는 것이다. 안 제7조 제2항에 소음대책방안, 주민지원방안을 추가하고, 소음대책사업의 계획수립(안 제7조의2), 국방부장관은 소음대책지역으로 지정된 공항에 착륙하는 항공기의 소유자등(「항공안전법」 제7조에 따른 소유자등을 말한다. 이하 같다)에게 「공항시설법」 제32조에 따른 사용료 중 착륙료(부가가치세는 제외한다)의 100분의 30을 넘지 아니하는 범위에서 부담금(이하 "소음부담금"이라 한다)을 부과·징수할 수 있고, 대통령령으로 정하는 심야시간에 운항하는 항공기의 소유자등에게는 추가로 제1항에 따른 부담금의 2배를 소음부담금으로 부과·징수할 수 있게 하는 등 소음부담금의 부과와 징수(안 제12조의2), 지원사업계획의 수립 등(안 제12조의3), 주민시원사업의 종류 등(안 제12조의4)에 관한 규정을 신설하도록 한다.

8. 강대식 의원안 (의안번호 제14064호)

현행법은 소음대책지역을 소음영향도를 기준으로 제1종 구역, 제2종 구역 및 제3종 구역으로 나누도록 하고 있다. 그런데 이 경우에는 같은 아파트 단지에 사는 주민들이 건물 동에 따라 소음대책지역의 구역 분류가 달라질 수 있어 분쟁이 발생할 수 있다는 지적이 있다. 이에 최근 개정된 「공항소음 방지 및 소음대책지역 지원에 관한 법률 시행령」과 같이 주민 주거용 시설 또는 지형지물의 경계를 기준으로 소음대책지역을 나누도록 한다. 법 제5조 제1항 전단 중 "제1종"을 "「건축법」 제2조 제2항 제1호부터 제4호까지 및 제14호에 따른 시설의 경계 또는 하천·도로 등의 지형지물의 경계를 기준으로 하여 제1종"으로 개정하도록 한다.

9. 송옥주 의원안 (의안번호 제14934호)

현행법은 군용비행장 및 군사격장의 운용으로 발생한 소음피해가 있는 지역을 소음영향도를 기준으로 제1종 구역, 제2종 구역 및 제3종 구역으로 구분하여 지정·고시하도록 규정하고 있다. 그런데 소음영향도를 기준으로 구분한 구역의 경우 같은 행정구역임에도 불구하고 다른 구역으로 분류되어 보상의 지급 여부가 달라져 형평성에 문제가 있다는 지적이 있다. 따라서 동이나 리(里) 단위 행정구역의 경계를 기준으로 소음대책지역을 구분하여 소음피해 보상금이 지급되는 동일 행정구역 내에 거주하는 모든 마을 주민이 피해 보상을 받을 수 있도록 하려는 것이다. 이에 법 제5조 제1항 전단 중 "소음영향도"를 "소음영향도 및 지방자치법 제3조에 따른 동·리 구역 경계"로 개정하도록 한다.

10. 김병욱 의원안 (의안번호 제15211호)

군용비행장은 전투기 및 헬기 등 소음으로 인한 피해가 민간공항보다 큼에도 불구하고 현행법상 소음영향도는 민간공항보다 더 높은 기준을 적용하고 있어 인근 주민들에게 적절한 피해보상이 이루어지지 않고 있다는 지적이 있다. 또한 군용비행장에 적용하는 소음영향도(WECPNL) 기준은 짧은 시간 동안 반복되는 회전익항공기의 소음에 대한 피해를 적절하게 반영하지 못하며, 소음대책지역 내 학교의 학생들은 군용항공기 등으로부터 발생하는 소음으로 인해 학습권에 중대한 피해를 입고 있으나 이에 대한 지원근거가 없어 보상이 이루어지지 않고 있다. 이에 민간공항과의 형평성을 고려한 소음영향도 및 회전익항공기에 대한 별도의 소음영향도 측정방안을 마련하고, 신설되는 군용비행장 및 군사격장이 있을 경우 추가 소음측정이 가능하도록 하며, 학교에 대한 소음피해 방지 지원 계획 수립 및 소음 저감 방안의 추진 실적을 소음대책지역 주민에게 공개하도록 하는 등 소음피해에 대한 합당한 보상이 이루어질 수 있도록 하고자 하는 것이다(안 제2조 제7호부터 제9호까지 신설, 제5조 제1항·제2항, 제7조 등).

11. 조명희 의원안 (의안번호 제16205호)

현행법은 군용비행장 및 군사격장의 운용으로 발생하는 소음 피해에 대한 보상을 효율적으로 추진하기 위하여 소음대책지역에 거주하는 주민들에게 소음피해 보상금을 지급하도록 규정하고 있다. 그런데 소음대책지역 내 다수의 학교가 군용항공기 등으로부터 발생하는 소음으로 인해 피해를 받고 있지만 이에 대한 지원근거가 없다는 지적이 있다. 이에 소음대책지역 내 학교에 대한 지원 방안을 소음대책지역의 소음 방지 및 소음피해 보상에 관한 기본계획에 포함시키고, 학교시설 등 교육 환경 개선과 학생·교원의 심리적 치료 등을 지원하도록 하여 실질적인 학습권 보장 방안을 마련하려는 것이다(안 제7조 제2항 제4호, 제12조의2 신설).

12. 하영제 의원안 (의안번호 제16579호)

우리 정부는 공군의 노후 외산 전투기를 대체하고, 주변국 위협에 효과적으로 대응하기 위한 공중 전력 증강 차원에서 한국형 전투기 사업을 진행하고 있다. 성공적인 전투기 개발 및 양산을 위해서는 수천여 차례 시험비행을 거쳐 계획한 성능을 제대로 발휘하는지를 종합적으로 점검하는 과정을 거쳐야 하고, 그로 인해 시험비행을 진행하는 군용비행장 주변 지역주민들에게 소음 피해가 발생하는 것은 불가피하다. 현행법은 군용비행장에서 군이 운용하는 항공기로 인해 발생하는 소음 피해에 한해 주변 지역주민들이 겪는 정신적·재산적 피해를 적절히 보상하도록 규정하고 있다. 하지만 전투기 개발 및 생산으로 인한 소음 피해 보상에 관해서는 규정하고 있지 않아 제도적 미비점을 보완할 필요성이 있다. 현행 제도를 보완하지 않으면 한국형 전투기 개발 및 양산사업의 시험비행이 이루어지는 군용비행장 주변 지역주민들은 소음 피해 보상을 받기 위해 사업 주관 방위산업체를 대상으로 민사소송을 진행할 수밖에 없어 막대한 사회적 비용이 발생할 것이다. 또한 해당 방위산업체는 주변 지역주민들과의 분쟁으로 인해 연구개발과 양산에 집중해야 할 시간과 비용을 낭비하여 국가 사업에 차질이 생길 수 있다. 이와 같은 상황을 예방하기 위해서는 전투기 개발 및 양산으로 인한 소음 피해 보상의 법적 주체를 명확히 할 필요가 있다. 한국형 전투기 사업은 국내 방위산업체가 사업을 주관하지만, 사업 성과물의 종국적 귀속 주체는 대한민국 정부이다. 따라서 개발 및 양산을 위해 반드시 수행해야 하는 각종 시험비행에 따른 불가피한 소음 피해 보상의 법적 주체도 대한민국 정부라고 보는 것이 타당하다. 이에 군용항공기 사업 수행을 위해 사업관리기관이 한시적으로 운용하는 항공기도 소음 피해 보상 대상으로 포함시켜 주변 지역주민들에게 신속하고 예상 가능한 보상이 이루어지도록 하려는 것이다.

제3절 헌법상 근거

Ⅰ. 국군의 책무와 기본권의 제한

헌법 제5조 제2항은 "국군은 국가의 안전보장과 국토방위의 신성한 임무를 수행함을 그 사명으로 한다."고 규정하고 있고, 국민의 권리는 국가안전보장을 위하여 법률로 제한할 수 있다(헌법 제37조 제2항).[1] 국방의 필요성으로 인하여 전국적으로 수많은 군용비행장(軍用飛行場)과 군사격장(軍射擊場)이 소재하고 있고, 군용비행장 및 군사격장의 운용으로 발생하는 소음으로 인하여 그 주변지역 주민들이 정신적·신체적·재산적 피해를 입고 있다. 본법은 헌법상 국군의 책무를 수행하기 위한 과정에서 불가피하게 발생하는 소음으로 피해를 입은 주민들에게 특별한 희생에 대하여 소정의 보상금을 지급하여 국민의 기본권을 보장하고자 한다.

Ⅱ. 정당한 보상

(1) 헌법 제23조 제3항은 "공공의 필요에 의한 재산권의 수용·사용 또는 제한 및 그에 대한 보상은 법률로써 하되 정당한 보상을 지급하여야 한다."고 하여 재산권에 대한 구체적인 제한의 요건과 동시에 그 한계를 규정하였다. 위 헌법 규정상 '공공의 필요'를 군사행정분야에서 구체화한 대표적인 개념이 '군사상 필요'이다.[2] 국가 또는 지방자치단체 등이

---

1) 헌법상의 재산권은 토지소유자가 이용가능한 모든 용도로 토지를 자유로이 최대한 사용할 권리나 가장 경제적 또는 효율적으로 사용할 수 있는 권리를 보장하는 것을 의미하지는 않는다. 입법자는 중요한 공익상의 이유로 토지를 일정 용도로 사용하는 권리를 제한할 수 있다. 따라서 토지의 개발이나 건축은 합헌적 법률로 정한 재산권의 내용과 한계내에서만 가능한 것일 뿐만 아니라 토지재산권의 강한 사회성 내지는 공공성으로 말미암아 이에 대하여는 다른 재산권에 비하여 보다 강한 제한과 의무가 부과될 수 있다. 헌법재판소 1998. 12. 24. 선고 89헌마214 결정.
2) 박영만, 「군사상 필요에 의한 사인의 토지재산권에 대한 공용침해와 그 구제」, 경북대 법학박사 학위논문(2000), 1면.

일정한 공익목적을 달성하기 위하여 사인의 재산권을 침해하는 것을 공용침해(公用侵害)라 하는데, 이러한 공용침해는 공용수용, 공용사용, 공용제한으로 분류된다.3) 공용부담(公用負擔)이란 일정한 공공복리를 적극적으로 증진하기 위하여 개인에게 부과되는 공법상의 경제적 부담을 말한다.4) 공용제한(公用制限)이란 특정한 공익사업이나 복리행정을 수행하기 위하여 또는 일정한 물건의 효용을 확보하기 위하여 개인의 재산권에 과하는 공법상 제한을 의미한다.5) 이와 같이 우리 헌법은 재산권에 가해해지는 공용침해에 대하여 보상의무를 인정하고 있다.

(2) 그런데 항공소음으로 인한 손해는 재산권에 대한 침해가 아니라 인격권(생활방해)에 대한 침해에 해당하므로, 손실보상의 법리가 적용될 수 있는지 문제된다. 판례는 "공익사업을 위한 토지 등의 취득 및 보상에 관한 법률 제79조 제2항(그 밖의 토지에 관한 비용보상 등)에 따른 손실보상과 환경정책기본법 제44조 제1항(환경오염의 피해에 대한 무과실책임)에 따른 손해배상은 근거 규정과 요건·효과를 달리하는 것으로서, 각 요건이 충족되면 성립하는 별개의 청구권이다. 다만 손실보상청구권에는 이미 '손해 전보'라는 요소가 포함되어 있어 실질적으로 같은 내용의 손해에 관하여 양자의 청구권을 동시에 행사할 수 있다고 본다면 이중배상의 문제가 발생하므로, 실질적으로 같은 내용의 손해에 관하여 양자의 청구권이 동시에 성립하더라도 영업자는 어느 하나만을 선택적으로 행사할 수 있을 뿐이고, 양자의 청구권을 동시에 행사할 수는 없다."6)고 판시하여, 손실보상에도 손해 전보의 요소가 포함되어 있음을 인정하고 있다.

(3) 환경오염의 피해에 대한 책임에 관하여, 구 환경정책기본법(2011. 7. 21. 법률 제10893호로 전부 개정되기 전의 것) 제31조 제1항은 "사업장 등에서 발생되는 환경오염 또는 환경훼손으로 인하여 피해가 발생한 때에는 당해 사업자는 그 피해를 배상하여야 한다."라고 규정하고 있었고,

---

3) 서울고등법원 2013. 5. 3. 선고 2012나34247 판결.
4) 박균성, 「행정법론(하)」, 제18판, 박영사(2020), 473면.
5) 박균성, 앞의 책, 483면; 정회근, "토지소유권의 제한과 손실보상", 「토지공법연구」 제20집(2003), 270~271면.
6) 대법원 2019. 11. 28. 선고 2018두227 판결.

2011. 7. 21. 법률 제10893호로 개정된 환경정책기본법 제44조 제1항은 "환경오염 또는 환경훼손으로 피해가 발생한 경우에는 해당 환경오염 또는 환경훼손의 원인자가 그 피해를 배상하여야 한다."라고 규정하고 있다. 위와 같이 환경정책기본법은 환경오염 또는 환경훼손(이하 '환경오염'이라고 한다)으로 인한 책임이 인정되는 경우가 사업장 등에서 발생하는 것에 한정되지 않고 모든 환경오염으로 확대되었으며, 환경오염으로 인한 책임의 주체가 '사업자'에서 '원인자'로 바뀌었다. 여기에서 '사업자'는 피해의 원인인 오염물질을 배출할 당시 사업장 등을 운영하기 위하여 비용을 조달하고 이에 관한 의사결정을 하는 등으로 사업장 등을 사실상·경제상 지배하는 자를 의미하고, '원인자'는 자기의 행위 또는 사업활동을 위하여 자기의 영향을 받는 사람의 행위나 물건으로 환경오염을 야기한 자를 의미한다. 따라서 환경오염이 발생한 사업장의 사업자는 일반적으로 원인자에 포함된다. 사업장 등에서 발생하는 환경오염으로 피해가 발생한 때에는 사업자나 원인자는 환경정책기본법의 위 규정에 따라 귀책사유가 없더라도 피해를 배상하여야 한다. 이때 환경오염에는 소음·진동으로 사람의 건강이나 재산, 환경에 피해를 주는 것도 포함되므로 피해자의 손해에 대하여 사업자나 원인자는 귀책사유가 없더라도 특별한 사정이 없는 한 이를 배상할 의무가 있다.7)

(4) 군용비행장·군사격장 등을 설치하고 보존·관리하는 자는 설치 또는 보존·관리의 하자로 인하여 피해가 발생한 경우 민법 제758조 제1항에 따라 이를 배상할 의무가 있다. 공작물의 설치 또는 보존의 하자는 해당 공작물이 용도에 따라 갖추어야 할 안전성을 갖추지 못한 상태에 있다는 것을 의미한다. 여기에서 안전성을 갖추지 못한 상태, 즉 타인에게 위해를 끼칠 위험성이 있는 상태라 함은 해당 공작물을 구성하는 물적 시설 자체에 물리적·외형적 결함이 있거나 필요한 물적 시설이 갖추어져 있지 않아 이용자에게 위해를 끼칠 위험성이 있는 경우뿐만 아니라, 공작물을 본래의 목적 등으로 이용하는 과정에서 일정한 한도를 초과하여 제

---

7) 대법원 2017. 2. 15. 선고 2015다23321 판결.

3자에게 사회통념상 일반적으로 참아내야 할 정도(이하 '참을 한도')를 넘는 피해를 입히는 경우까지 포함된다. 이 경우 참을 한도를 넘는 피해가 발생하였는지는 구체적으로 피해의 성질과 정도, 피해이익의 공공성, 가해행위의 종류와 태양, 가해행위의 공공성, 가해자의 방지조치 또는 손해회피의 가능성, 공법상 규제기준의 위반 여부, 토지가 있는 지역의 특성과 용도, 토지이용의 선후 관계 등 모든 사정을 종합적으로 고려하여 판단하여야 한다.[8]

Ⅲ. 소음피해의 보상

손실보상은 공공사업의 시행과 같이 적법한 공권력의 행사로 가하여진 특별한 희생에 대하여 전체적인 공평부담의 입장에서 인정되는 것이다.[9] 이와 달리 손해배상은 위법한 행위로 인한 손해를 전보하는 것을 말한다. 군소음보상법은 국가의 적법한 군용비행장 및 군사격장의 운용으로 인하여 소음피해가 일정 수준을 넘어서는 경우에는 위법한 것으로 인정하고, 주민이 입은 손해 중 정신적 손해에 한하여 법령이 정한 정액보상을 실시함으로써, 손해의 일부를 일률적으로 보상하는 제도를 도입하였기 때문에 '소음피해보상'이라는 용어를 사용하고 있다. 그러므로 이는 그 명칭에도 불구하고 손해배상의 성격을 지닌다.

---

8) 대법원 2017. 2. 15. 선고 2015다23321 판결.
9) 대법원 2014. 5. 29. 선고 2013두12478 판결.

제4절 효력

I. 시간적 효력

본법은 2020. 11. 27.부터 시행되었다(부칙 참조). 그러므로 2020. 11. 26.까지 군용비행장과 군사격장의 운용으로 인하여 발생한 손해배상은 본법이 적용되지 아니하므로, 별도의 민사소송을 통하여 구제받을 수 있다.

II. 장소적 효력

본법은 행정구제법에 해당하므로, 대한민국의 영토 내에 소재하는 군용비행장과 군사격장의 운용으로 발생한 소음피해가 있는 지역(소음대책지역)에 한하여 적용된다.

III. 대인적 효력

본법은 대한민국, 지방자치단체, 대한민국 영역 내에 거주하는 주민에게 적용된다. 주민의 국적이 반드시 대한민국일 필요는 없다.

제 3 장

군소음보상법 축조해설

제1조(목적)~제26조(벌칙)
부칙 〈제16582호, 2019. 11. 26.〉

제1조(목적)

> **제1조(목적)** 이 법은 군용비행장 및 군사격장의 운용으로 발생하는 소음을 방지하고, 그 피해에 대한 보상 등을 효율적으로 추진함으로써 주민의 쾌적한 생활환경을 보장하고, 군사 활동의 안정된 기반을 조성하는 데 기여함을 목적으로 한다.

I. 의 의

라이트 형제가 비행에 성공한 1903년 이후 제2차 세계대전을 거쳐 현재까지 진행된 항공우주공학과 군사과학기술의 발달과정에 비추어 보면, 국가의 존립과 번영을 위해서는 하늘(*coelum*)[1]의 중요성을 아무리 강조해도 지나치지 않다. 중국의 항공모함 건조, 한중일 3국의 최신예 전투기 도입 및 개발 경쟁, 북한의 미사일 발사, 사드(THAAD)의 배치를 둘러싼 동북아 정세의 변화 등도 모두 제공권(制空權)[2]의 강화를 위한 노력의 일환으로, 하늘의 중요성을 일깨워주는 현상 중 일부이다. 바다의 중요성을 강조한 월터 롤리경(Sir Walter Raleigh)의 격언[3]을 조금 변용하자면, "하늘을 지배하는 자, 세계를 지배한다(Whosoever commands the space

---

1) 이 책에서 하늘은 공역(空域, airspace)과 우주공간(outer space)을 합쳐서 부르는 이름이다. 공역이란 항공기, 초경량 비행장치 등의 안전한 활동을 보장하기 위하여 지표면 또는 해수면으로부터 일정높이의 특정범위로 정해진 공간을 말한다(공역관리규정 제5조 제1호). 학설상 공역이란 항공기가 활동하기 위한 공간으로, 필요에 따라 항행에 적합한 통제로 제반 안전조치가 이루어지는 곳을 말한다는 견해로는 양한모, "국내 공역 현황과 제도개선방안", 「항공우주법학회지」 제14권 제2호(2001), 209면.

2) 이탈리아 Giulio Douhet는 1921년 제공권(Command of the Air)이라는 저서를 발간하였고, 영국 공군의 초대 참모총장 Hugh M. Trenchard는 공중통제(Air Control) 개념을 개발하였으며, 미국 Billy Mitchell은 전략적 항공력의 중요성을 강조하였다. 특히 러시아에서 미국으로 망명한 Alexander P. de Seversky는 "평화는 힘에 의해 지켜지고 획득되어야 하며, 평화를 보장하는 힘 중에서 가장 중요한 것은 군사력이고, 군사력 중 가장 중요한 것이 항공력이다."라고 하여 항공력 사상을 체계적으로 발전시켰다.

3) 바다를 지배하는 자, 세계를 지배한다(Whosoever commands the sea commands the world itself).

commands the world itself)."고 할 수 있다. 국제법에서 지구상 공간은 국가영역(國家領域)과 국제공역(國際公域, res *communis*)으로 구분된다.[4) 군용비행장은 국가주권이 미치는 공간적 범위인 영역(領域, Territory)[5) 중 공역(空域, airspace)에 대한 지배에 필수적이다.

본법은 군용비행장 및 군사격장의 운용과정에서 필연적으로 발생하는 소음에 관하여, 가급적 소음을 방지하거나 소음을 저감하고, 불가피하게 발생하는 소음으로 인한 피해에 대하여 보상을 효율적으로 추진하는 것을 규율대상으로 한다. 본법의 제1차적 보호법익은 주민의 쾌적한 생활환경 보장이고, 제2차적 보호법익은 군사활동의 안정된 기반조성의 기여이다.

Ⅱ. 규율대상

1. 소음의 방지

소음으로 인한 피해를 예방하거나 감소시키기 위해서는 먼저 소음을 예방하거나 소음을 수인한도 이내로 감소시키는 노력이 선행되어야 한다. 소음피해를 회피·완화하기 위한 노력과 관련하여, 군용비행장의 설치·관리자 등이 예상되는 소음에 대하여 미리 평가를 실시하고 군용비행장 등 주변의 환경을 고려한 합리적인 소음방지대책을 수립하였는지, 소음발생 원과 인근 거주지와의 경계선 부근에 차음 및 흡음을 위한 방음벽 등 시설물을 설치하였는지, 소음발생의 정도를 저감시킬 수 있도록 기계 등의 배치계획을 적절히 하였는지, 소음을 발생시키기 전에 지역주민들에게 그 내용을 설명하고 소음발생을 예고하였는지, 지역주민들과 소음방지를 위한 협정을 체결하였는지, 협정을 체결하였다면 그 협정내용을 성실히 이

---

4) 杉原高嶺 외 4명, 「現代國際法講義」(제4판), 有斐閣(2007), 97면.

5) 헌법 제3조는 '領土'라는 용어를 사용하고 있는데, 이는 좁은 의미의 領土, 領海, 領空을 포함하는 넓은 의미이다. 바다와 영공은 육지 영토의 從物이라는 국제법상의 원칙을 반영한 것으로 볼 수 있다[*Grisbadana Case*(Norway v. Sweden), Award of Oct. 23, 1909, 11 RIAA 147, 1909, 159면; *North Sea Continental Shelf*, Judgment ICJ Reports, 1969, 51면]. 형법 제2조 내지 제6조는 '大韓民國 領域'이라는 용어를 사용하고 있는데, 範疇論에 따르면 형법상 용어가 더 적합하다. 따라서 이 책에서는 넓은 의미의 영토를 '영역'이라 하고, 영토는 좁은 의미로 한정하여 사용한다.

행하였는지 등을 고려하여야 한다. 항공소음을 감소시키기 위한 방법으로 야간비행 또는 야간사격훈련의 감소, 급하강과 급상승의 규제, 고소음항 공기의 운항제한, 비행항로 및 고도의 조정, 운항 전 철저한 항공기정비의 실시, 소음정도에 따른 이주대책 등의 수립, 주택방음시설의 설치 등을 고려하여야 한다.

소음의 방지를 위하여 본법은 다음과 같은 사항을 규정하고 있다.

가. 쾌적하고 건강한 생활환경을 조성하기 위하여 필요한 대책의 수립·시행

국가와 지방자치단체는 소음대책지역에 거주하는 주민의 쾌적하고 건강한 생활환경을 조성하기 위하여 필요한 대책을 수립·시행하여야 한다 (법 제4조 제1항).

나. 기본계획수립

국방부장관은 소음대책지역에 대하여 5년마다 소음 방지 및 소음피해 보상 등에 관한 기본계획을 수립하여야 하고(법 제7조 제1항), 기본계획에는 (ⅰ) 군용비행장 및 군사격장의 운용에 따라 발생하는 소음 대책의 기본방향, (ⅱ) 군용비행장 및 군사격장의 운용에 따라 발생하는 소음 저감 방안 등의 사항을 포함하여야 한다(법 제7조 제2항 제1, 2호).

다. 이·착륙 절차의 개선

국방부장관은 소음대책지역에서 소음으로 인한 영향을 저감하기 위하여 필요한 경우 군사작전·훈련 및 안전운항에 지장을 주지 아니하는 범위에서 군용항공기의 이륙·착륙 절차의 개선을 위하여 노력하여야 한다 (법 제11조). 연구결과에 의하면, 이륙각도의 변화, 선회 경로 변화, 선회 고도 변화에 의하여 소음도의 감소, 소음노출면적의 감소의 효과가 나타난다고 한다.[6]

---

6) 이진영·이찬·길현권, "군용항공기의 운항 경로 변경에 따른 소음영향 및 저감 평가", 「환경영향평가」 제18권 제3호(2009), 143~150면.

라. 야간비행·야간사격 등의 제한

국방부장관은 군용항공기로부터 발생하는 소음이 소음대책지역에 미치는 영향을 방지하거나 저감하기 위하여 군사작전 및 훈련에 지장을 주지 아니하는 범위에서 지휘계통을 통하여 군용항공기의 야간비행을 제한할 수 있다. 민군공용비행장에서 민간항공기의 경우 국방부장관은 국토교통부장관에게 운항횟수나 야간비행의 제한을 요청할 수 있고, 이 경우 국토교통부장관은 특별한 사유가 없는 한 이에 따라야 한다(법 제12조 제1항). 국방부장관은 사격으로 인한 소음이 소음대책지역에 미치는 영향을 방지하거나 저감하기 위하여 군사작전 및 훈련에 지장을 주지 아니하는 범위에서 지휘계통을 통하여 야간사격을 제한할 수 있다(법 제12조 제2항).

2. 소음피해보상

소음방지 노력에도 불구하고 불가피하게 발생하는 소음으로 인하여 주민이 피해를 입은 경우, 주민은 본법이 정한 바에 따라 보상금을 지급받을 수 있다. 국방부장관은 보상금 지급 대상지역 및 기준 등을 관할 시장·군수·구청장에게 통보하여야 하며, 관할 시장·군수·구청장은 보상금을 지급받을 주민들에게 보상금에 관한 사항을 안내 또는 공지하여야 한다. 보상금을 지급받고자 하는 자는 증빙서류를 첨부하여 서면으로 관할 시장·군수·구청장에게 보상금 지급을 신청하여야 한다. 시장·군수·구청장은 홈페이지에 공고되거나 통보받은 결과에 동의한 보상금 지급대상자, 이의신청인, 재심의신청인에게 공고되거나 통보받은 보상금액(이의신청인 또는 재심의신청인의 경우 이의신청 또는 재심의신청 결정결과에 따른 금액을 말한다)을 매년 대통령령으로 정하는 기간까지 지급하여야 한다.

Ⅲ. 보호법익

1. 주민의 쾌적한 생활환경 보장

본법의 제1차적 보호법익은 주민의 쾌적한 생활환경 보장이다. 헌법이 "모든 국민은 건강하고 쾌적한 환경에서 생활할 권리를 가지며, 국가와 국민은 환경보전을 위하여 노력하여야 한다."라고 규정하여(제35조 제1항) 환경권을 헌법상 기본권으로 명시함과 동시에 국가와 국민에게 환경보전을 위하여 노력할 의무를 부과하고 있다. 환경정책기본법은 환경권에 관한 헌법이념에 근거하여, 환경보전을 위하여 노력하여야 할 국민의 권리·의무와 국가 및 지방자치단체, 사업자의 책무를 구체적으로 정하는 한편(제1조, 제4조, 제5조, 제6조), 국가·지방자치단체·사업자 및 국민은 환경을 이용하는 모든 행위를 할 때에는 환경보전을 우선적으로 고려하여야 한다고 규정하고 있다(제2조). 군용비행장과 군사격장의 운용으로 인하여 불가피하게 발생하는 소음에 관하여 본법은 환경권이 헌법상 기본권으로 보장되어 있는 것을 감안하여, 소음을 방지하거나 소음피해보상에 관하여 규율함으로써 주민의 쾌적한 생활환경 보장을 목적으로 한다.

2. 군사활동의 안정된 기반조성의 기여

군용비행장과 군사격장의 운용은 헌법 제5조 제2항이 규정하고 있는 국군의 사명인 국가의 안전보장과 국토방위의 신성한 의무를 수행하기 위하여 필수적이다. 본법은 군용비행장과 군사격장의 운용에 필연적으로 발생하는 소음의 방지와 소음피해보상을 규정함으로써, 국군이 소음피해의 발생을 이유로 군사활동을 방해받지 않도록 하여, 군사활동의 안정된 기반조성에 기여함을 목적으로 한다.

제2조(정의)

제2조(정의) 이 법에서 사용하는 용어의 뜻은 다음과 같다.

1. "군용항공기"란 「군용항공기 운용 등에 관한 법률」 제2조제1호에 따른 군용항공기를 말한다.
2. "군용비행장"이란 「군사기지 및 군사시설 보호법」 제2조제4호가목부터 다목까지의 규정에 따른 전술항공작전기지(부산광역시 강서구에 위치한 전술항공작전기지는 제외한다), 지원항공작전기지 및 헬기전용작전기지를 말한다.
3. "군사격장"이란 군이 활용할 목적으로 사격을 할 수 있도록 시설을 갖춘 특정 장소를 말한다.
4. "소음대책지역"이란 군용비행장 및 군사격장의 운용으로 발생한 소음피해가 있는 지역으로서 소음피해 보상금 지급 등을 추진하기 위하여 국방부장관이 제5조제1항에 따라 지정·고시한 지역을 말한다.
5. "소음피해 보상"이란 소음대책지역 주민들 중 소음피해가 일정 수준을 넘어서는 주민들의 피해에 대하여 보상금을 지급하는 것을 말한다.
6. "소음영향도"란 군용항공기의 운항 및 군사격장에서의 사격 훈련 시 측정된 소음도에 소음 발생 횟수 및 시간대 등을 고려하여 국방부령으로 정하는 방법에 따라 산정한 값을 말한다.

Ⅰ. 군용항공기

1. 의 의

군용항공기란 「군용항공기 운용 등에 관한 법률」 제2조 제1호에 따른 군용항공기를 말한다. 따라서 "군용항공기"란 군이 사용하는 비행기·회전익항공기·무인항공기·비행선(飛行船)·활공기(滑空機), 그 밖의 항공기기를 말한다(「군용항공기 운용 등에 관한 법률」 제2조 제1호). 이와 달리, 「군용항공기 비행안전성 인증에 관한 법률」 제2조 제1호는 "군용항공기"란 국군이 사용하거나 군사용으로 국외에 수출하기 위한, 가.목의 항공기(비행기, 회전익항공기, 비행선, 활공기) 및 나.목의 기기(무인항공기 등 항공에 사용할 수 있는 기기로서 대통령령으로 정하는 기기)를 말한다.

2. 항공기

본법에서는 항공기에 관한 개념은 규정하고 있지 않다. 이와 달리 항공안전법에서는 항공기에 관하여 규정하고 있다.

가. 항공기의 개념

(1) 미 국

미국 연방법률[49 U.S.C.A §40102(a)(6)]은, 항공기(aircraft)란 '공중을 운항하거나 비행하도록 발명·사용·계획된 장치'(any contrivance invented, used, or designed to navigate or fly in, the air)라고 규정하고 있고, 미국 연방항공청(Federal Aviation Administration)의 규정(14 C.F.R. §1.1)도, 항공기(aircraft)란 '공중에서 비행을 위하여 사용되도록 계획되거나 사용되는 장치'(a device that is used or intended to be used for flight in the air)로 규정하고 있다.

(2) 독 일

독일 항공교통법(Luftverkehrsgesetz) 제1조 제2항은 '항공기의 개념'(Begriff des Luftfahrzeugs)이라는 표제 아래, 제1문에서 "항공기는 1. 비행기(Flugzeuge), 2. 회전익항공기(Drehflügler), 3. 비행선(Luftschiffe), 4. 글라이더(Segelflugzeuge), 5. 동력글라이더(Motorsegler), 6. 자유이동이 가능하거나 묶여 있는 기구(Freiund Fesselballone), [7. 삭제] 8. 비상용 낙하산(Rettungsfallschirme), 9. 모형비행기(Flugmodelle), 10. 항공운송장치(Luftsportgeräte), 11. 그 밖에 지면·수면으로부터 30m 이상 높이에서 작동될 수 있는 것으로 공중에서 사용할 수 있는 특정장치(sonstige für die Benutzung des Luftraums bestimmte Geräte, sofern sie in Höhen von mehr als dreißig Metern über Grund oder Wasser betrieben werden können)를 말한다."고 규정하고 있다.

제2문에서는 "우주선, 로켓, 이와 유사한 장치는 공중에 있는 동안 항공기로 본다."고 규정하고 있고, 제3문에서는 "스포츠나 레저 이외의 목적으로 사용되는 무인비행장치(unbemannte Luftfahrtsysteme)는 조종장치를 포함하여 항공기로 본다."고 규정하고 있다. 독일 주석서에서도 항공기의 개념을 항공교통법 제1조 제2항에 의하여 설명하는 것이 일반적이다.[1]

(3) 항공안전법상 항공기

항공안전법을 비롯한 우리나라 항공법규에는 넓은 의미의 항공기에 관한 개념규정은 존재하지 않지만, ICAO[2]나 미국의 논의를 참조하면, 항공기·경량항공기·초경량비행장치를 포괄하는 상위개념으로서 '넓은 의미의 항공기'[3]란 "공중을 운항하거나 비행하도록 발명·사용·계획된 장치"를 말한다.[4] 이와 달리, 표면효과 작용을 이용하여 수면 위를 수상에서 150m 높이 이하로 운항하는 수면비행선박[ground effect vehicle,[5] 또는 WIG선(wing-in-ground craft)]은 넓은 의미의 항공기가 아니라 선박에 해당한다(선박법 제1조의2).[6]

---

1) Stoll, Beck'scher Online-Kommentar StGB, Edition 28, 2015. 9. 10., § 316c Rn 5.
2) 국제적으로 통용되는 국제민간항공기구(ICAO: International Civil Aviation Organization) Annex 7, Aircraft Nationality and Registration Marks(2003. 11. 27.)에서는 "Aircraft. Any machine that can derive support in the atmosphere from the reactions of the air other than the reactions of the air against the earth's surface"라고 정의하고 있다.
3) 범주론에서는 넓은 의미의 항공기와 좁은 의미의 항공기로 표시하는 것은 부적절하다. 넓은 의미의 항공기를 航空體로 부를 수도 있지만, 더 적합한 용어는 앞으로의 연구과제로 남긴다.
4) ICAO의 항공기 분류에 관한 논의는 김웅이·신대원, "우리나라 항공기 및 경량항공기의 종류 및 범위에 대한 법적 고찰", 「항공우주정책·법학회지」 제28권 제1호(2013. 6.), 58-59면.
5) "수면비행선박"이란 날개 및 선체와 수면사이의 유체동력학적인 상호작용에 의하여 발생되는 높은 압력의 공기쿠션효과(이하 "수면효과"라 한다)를 이용하여 수면과 접촉 없이 수면으로부터 가까운 높이에서 운항하는 선박을 말한다. 수면비행선박기준 제2조 제1호.
6) 수면비행선박(표면효과 작용을 이용하여 수면에 근접하여 비행하는 선박)은 선박법상 機船에 포함된다(선박법 제1조의2 제1항 제1호). 국제해사기구(International Maritime

항공안전법상 '좁은 의미의 항공기'란 공기의 반작용(지표면 또는 수면에 대한 공기의 반작용은 제외한다. 이하 같다)으로 뜰 수 있는 기기를 말한다.[7] 그러므로 지표면 또는 수면에 대한 공기의 반작용으로 양력을 얻어서 작동하는 호버크래프는 항공기가 아니다.

(4) 「드론 활용의 촉진 및 기반조성에 관한 법률」상 드론

'드론'이란 조종자가 탑승하지 아니한 상태로 항행할 수 있는 비행체로서 국토교통부령으로 정하는 기준[8]을 충족하는, (가) 항공안전법 제2조 제3호에 따른 무인비행장치, (나) 항공안전법 제2조 제6호에 따른 무인항공기, (다) 그 밖에 원격·자동·자율 등 국토교통부령으로 정하는 방식에 따라 항행하는 비행체[9]의 어느 하나에 해당하는 기기를 말한다(「드론 활용의 촉진 및 기반조성에 관한 법률」 제2조 제1호).

(5) 군용항공기의 개념

위에서 논의한 바를 참조하면, 군용항공기란 군에서 사용하는 항공기로서 "공기의 반작용(지표면 또는 수면에 대한 공기의 반작용은 제외)으로 뜰 수 있는 일체의 기기"를 의미한다고 해석할 수 있다. 조종자가 탑승하지 아니한 무인항공기(군용드론 등)도 포함한다. 군용기는 전투기, 폭격기, 공격기 등과 같이 전투용으로 사용되는 항공기와 탐색구조, 정찰, 감시, 공중조기경보통제, 수송, 훈련, 공중급유 등 비전투용으로 사용되는 항공

Organization)도 WIG船을 선박으로 분류하였다(http://www.imo.org/en/OurWork/Safety/Regulations/Pages/WIG.aspx). 150m는 ICAO에서 넓은 의미의 항공기의 최저 안전고도로 지정한 것이다.

7) "항공기(Aircraft)"라 함은 지표면에 대한 공기의 반작용 이외의 공기의 반작용으로부터 대기 중에서 지지력을 얻을 수 있는 기계를 말한다. 「회전익항공기를 위한 운항기술기준」 2.1. 220).

8) (i) 동력을 일으키는 기계장치가 1개 이상일 것, (ii) 지상에서 비행체의 항행을 통제할 수 있을 것의 기준을 말한다(드론 활용의 촉진 및 기반조성에 관한 법률 시행규칙 제2조 제1항).

9) (i) 외부에서 원격으로 조종할 수 있는 비행체, (ii) 외부의 원격 조종 없이 사전에 지정된 경로로 자동 항행이 가능한 비행체, (iii) 항행 중 발생하는 비행환경 변화 등을 인식·판단하여 자율적으로 비행속도 및 경로 등을 변경할 수 있는 비행체의 어느 하나에 해당하는 비행체를 말한다(드론 활용의 촉진 및 기반조성에 관한 법률 시행규칙 제2조 제2항).

기로 나눌 수 있다. 이하에서는 용도에 따른 분류가 아닌, 항공기의 구조와 추력을 얻는 방식 등에 따른 종류를 살펴보기로 한다.

나. 항공기의 종류

(1) 비행기

비행기(Aeroplane)란 주어진 비행조건 하에서 고정된 표면에 대한 공기역학적인 반작용을 이용하여 비행을 위한 양력을 얻는 동력 중(重)항공기를 말한다.[10] 주로 엔진으로 구동되는 부양장치 또는 엔진 추력에 의해 양력을 얻어 수직이륙, 수직착륙 및 저속비행 하는 것이 가능하며, 수평비행 중에는 회전하지 않는 날개에 의하여 양력을 얻는 중(重)항공기(Heavier-than-air Aircraft)인 수직이착륙기(Powered-lift)[11]도 비행기에 포함된다.

(2) 회전익항공기

회전익항공기(Helicopter)라 함은 대체로 수직축에 장착된 하나 또는 그 이상의 동력구동회전익에 의한 공기의 반작용에 의해 부양되는(supported in flight) 공기보다 무거운 항공기를 말한다.[12] 프로펠러(Propeller)라 함은 원동기에 의해 구동되는 축에 깃(blade)이 붙어 있고, 이것이 회전할 때 공기에 대한 작용으로 회전면에 거의 수직인 방향으로 추력을 발생시키는 항공기 추진용 장치를 만힌다.[13]

(3) 무인항공기

조종자가 탑승하지 아니한 상태로 항행할 수 있는 비행체인 드론이 이에 해당한다. 외부에서 원격으로 조종할 수 있는 비행체, 외부의 원격 조종 없이 사전에 지정된 경로로 자동 항행이 가능한 비행체, 항행 중 발생하는 비행환경 변화 등을 인식·판단하여 자율적으로 비행속도 및 경로

---

10) 「고정익항공기를 위한 운항기술기준」 1.1.1.4 26).
11) 「회전익항공기를 위한 운항기술기준」 2.1. 90).
12) 「회전익항공기를 위한 운항기술기준」 2.1. 236).
13) 「회전익항공기를 위한 운항기술기준」 2.1. 206).

등을 변경할 수 있는 비행체 등이 모두 포함된다.

(4) 비행선

비행선(Airship)은 날개에 바람을 맞게 해서 양력을 생성하지 않고, 공기보다 가벼운 기체를 담고 있거나 공기를 데워서 '부력을 일으키는 기관'을 탑재해 부력을 생성하는 경(輕)비행체를 말한다. 추진장치나 조종장치가 있는 것은 비행선, 없는 것은 기구로 구분하는 것이 일반적이다.

(5) 활공기

활공기(Glider)란 주어진 비행조건에서 그 양력을 주로 고정된 면에 대한 공기역학적인 반작용으로부터 얻는 무동력 중(重)항공기(Heavier-than-air Aircraft)를 말한다.[14]

(6) 그 밖의 항공기기

자이로플레인(gyroplane), 동력패러슈트(powered parachute), 행글라이더, 패러글라이더, 가스를 이용해 부양하는 비행기기인 기구(Balloon),[15] 지구 대기권 내외를 비행할 수 있는 항공우주선[16] 등이 그 밖의 항공기기에 포함된다.

3. 군이 사용할 것

가. 군이 획득한 군용기

군이 군용기를 획득[17]하는 수단으로는 크게 연구개발과 구매가 있다. 군용기는 군에서 사용하는 항공기를 말하므로, 대한민국이 반드시 소유권을 취득할 필요는 없다. 평소에는 민간항공에 사용되더라도 전시·사변 또는 이에 준하는 비상사태 하에서 군작전을 수행하기 위하여 필요한 항공기로 징발된 경우(징발법 제5조 제2호 가.목)에도 군용기가 될 수 있다. 군

---

14) 「고정익항공기를 위한 운항기술기준」 1.1.1.4 90).
15) 「회전익항공기를 위한 운항기술기준」 2.1. 30).
16) 항공안전법 시행령 제2조, 시행규칙 제3조.
17) "획득"이라 함은 군수품을 구매(임차를 포함한다. 이하 같다)하여 조달하거나 연구개발·생산하여 조달하는 것을 말한다(방위사업법 제3조 제5호).

용기는 방위사업법상 군수품[18]에 해당하므로, 군용기의 획득에는 군수품에 관한 법령이 적용된다.

(1) 국방기획관리체계의 시차적 흐름[19]

국방기획관리체계는 군사력을 건설하고 자원을 효율적으로 배분하기 위한 자원관리체계이다. 업무의 시차적 흐름은 기획(Planning) → 계획(Programming) → 예산(Budgeting) → 집행(Execution) 단계로 구성된다. 평가(Evaluation)는 각 단계에서 필요한 분석평가 기능을 제공한다. 기획단계에서는 전력(戰力) 소요제기와 소요결정을 하고, 계획부터 집행까지 단계에는 재원계획이 반영된 중기계획 수립, 예산편성, 사업추진, 시험평가[20] 등의 절차가 포함된다.

(2) 계약의 이행

방위력개선사업을 추진하기 위한 무기체계의 연구개발은 (i) 무기체계의 핵심 기술을 개발하는 등의 '탐색개발 단계', (ii) 무기체계를 설계하고 시제품을 생산하여 국방규격을 완성하는 '체계개발 단계', (iii) 체계개발 단계를 거쳐 개발된 무기체계를 양산하는 '양산 단계'의 순서로 진행된다.[21] 방사청에서는 미래 무기체계를 연구개발 또는 구매하여 소요군에 전력화하는 역할 뿐만 아니라, 기전력화된 무기체계의 운영유지에 필요한 수리부속 및 장비를 조달하는 임무도 함께 수행하고 있다.[22] 이러한 모든

---

18) "군수품"이라 함은 국방부 및 그 직할부대·직할기관과 육·해·공군(이하 "각군"이라 한다)이 사용·관리하기 위하여 획득하는 물품으로서 무기체계 및 전력지원체계로 구분한다(방위사업법 제3조 제2호).

19) 황정오·오현승·최봉완·임동순, "국방무기체계 획득영향요인 상호관계 분석: 함정획득지연 사례 및 요인 분석을 중심으로", J. Soc. Korea Ind. Syst. Eng, Vol. 43, No. 4(2020. 12.), 49면.

20) 시험평가과정은 체계개발 및 획득을 위한 시스템 엔지니어링 과정(System Engineering Process)의 한 부분으로서 체계개발 시 조기에 성능수준을 확인하여 개발자가 결함을 수정할 수 있게 도움을 주는 역할을 한다. 「무기체계 시험평가 실무 가이드북」, 방위사업청(2012), 4면.

21) 서울중앙지방법원 2020. 10. 16. 선고 2018가합544022 판결.

22) 이재환·김도영, "합리적 이행지체 해제권 행사를 위한 판단요인 도출 및 평가: 무기체계 획득사업 국내조달을 중심으로", 「국방연구」 제59권 제4호(2016. 12.), 196면.

획득업무는 '계약행위'를 통해 수행되며, 방위사업청 계약담당공무원(이하 채권자)은 국가계약관계법령 절차에 따라 계약상대자(이하 채무자)를 선정하고, 선정된 채무자는 계약서에 명시된 산출물(제품, 결과, 서비스 등)을 납품한다. 그리고 채권자는 최종적으로 채무자가 상호 약정한 품질과 일정대로 산출물을 생산하고 납품하는지 관리·감독하는 역할을 수행한다.

나. 사실상 사용 중인 군용기

군용기는 반드시 대한민국이 소유권을 취득한 것에 한정되지 않고, 사실상 사용 중인 것도 포함된다. 그러므로 군이 군용기를 최종적으로 획득하기 전에 시험비행·수락비행을 수행 중이거나, 민간항공기를 징발하여 사용하고 있으나 적법한 징발절차가 완료되지 아니한 경우에도 모두 본법이 적용되는 군용기에 포함된다.

다. 미군 등 대한민국 정부의 승인을 얻은 외국군용기

「군사기지 및 군사시설 보호법」은 헌법에 규정된 절차에 따라 대한민국에 주류(駐留)하는 외국군의 군사기지 및 군사시설에 대하여도 적용한다(제23조). 그러므로 대한민국 정부의 승인을 얻어 주둔하고 있는 UN군, 미군 등이 사용하는 군용기도 본법이 적용되는 군용기에 포함된다. 이는 본법이 적용되는 군용비행장에 미군이 사용하는 K-6, K-8, K-55가 포함된 것을 보아도 알 수 있다.

4. 국가기관등항공기, 경찰용·세관용 항공기

"국가기관등항공기"란 국가, 지방자치단체, 그 밖에 「공공기관의 운영에 관한 법률」에 따른 공공기관으로서 대통령령으로 정하는 공공기관(이하 "국가기관등"이라 한다)이 소유하거나 임차(賃借)한 항공기로서 (i) 재난·재해 등으로 인한 수색(搜索)·구조, (ii) 산불의 진화 및 예방, (iii) 응급환자의 후송 등 구조·구급활동, (iv) 그 밖에 공공의 안녕과 질서유지를 위하여 필요한 업무의 어느 하나에 해당하는 업무를 수행하기 위하여 사용되는 항공기를 말한다. 다만, 군용·경찰용·세관용 항공기는 제외한다

(항공안전법 제2조 제4호). 경찰용 항공기는 경찰이 사용하는 항공기를 말하고, 세관용 항공기는 관세청에서 사용하는 항공기를 말한다.

국가기관등항공기, 경찰용·세관용 항공기가 군용비행장을 사용하는 경우가 있을 수 있는데, 위와 같은 항공기가 군용비행장 사용 도중에 발생시키는 소음에 관하여는 본법이 적용되지 않는다. 그러나 군용비행장의 관리 주체가 대한민국이고, 국가기관등항공기, 경찰용·세관용 항공기가 군용비행장을 사용함에 따라 발생하는 소음피해를 군용기 운용에 따른 소음피해와 별도로 취급할 이유가 없으므로, 국가기관등항공기, 경찰용·세관용 항공기가 군용비행장을 사용하는 경우에도 본법에 따른 소음피해 보상의 범위에 포함되도록 본법을 개정하는 것이 타당하다.

5. 시제기

가. 문제의 소재

우리 정부는 공군의 노후 외산 전투기를 대체하고, 주변국 위협에 효과적으로 대응하기 위한 공중 전력 증강 차원에서 한국형 전투기 사업 (KF-X)을 진행하고 있다. 방위사업법상 시험평가는 개발시험평가와 운용시험평가로 구성되고(방위사업법 제21조 제3항), 한국항공우주산업 주식회사(KAI)는 개발시험평가를, 공군은 운용시험평가를 담당하게 된다. 일반적으로 개발시험평가와 운용시험평가는 통합시험팀의 시험비행을 통하여 획득한 비행자료를 분석하는 방식으로 이루어진다. KF-X에 관한 통합시험은 시제기와 안전추적기(FA-50)가 편대를 이루어 2022. 7.부터 2026. 2.까지 약 2,200소티(sortie)를 수행하는 방식으로 진행될 예정이다.

성공적인 전투기 개발 및 양산을 위해서는 위와 같이 수천여 차례 시험비행을 거쳐 계획한 성능을 제대로 발휘하는지를 종합적으로 점검하는 과정을 거쳐야 하고, 그로 인해 시험비행을 진행하는 군용비행장 주변 지역주민들에게 소음 피해가 발생하는 것은 불가피하다. 그런데 현행법은 군용비행장에서 군용항공기로 인해 발생하는 소음 피해에 한하여 주변 지역주민들이 겪는 정신적 피해를 보상하도록 규정하고 있다. 그러나 현행 제도 하에서는 소음등고선을 작성하는 기간 중에 군용기를 제외한 나머지 항공기들이 배출하는 소음을 특정할 수 없으므로, 현행 제도를 보완하지 않으면 한국형 전투기 개발 및 양산사업의 시험비행이 이루어지는 군용비행장 주변 지역주민들은 소음 피해 보상을 받기 위해 사업 주관 방위산업체를 대상으로 민사소송을 진행하거나, 군소음보상법에 의하여 보상금을 지급한 대한민국이 제작사를 상대로 구상권을 청구할 수밖에 없어 막대한 사회적 비용이 발생하게 된다. 또한 해당 방위산업체는 주변 지역주민들과의 분쟁 또는 대한민국과 구상금을 둘러싼 법적 분쟁으로 인해 연구개발과 양산에 집중해야 할 시간과 비용을 낭비하여 국가사업에 차질이 생길 수 있다. 이와 같은 상황을 예방하기 위해서는 전투기 개발 및 양산으로 인한 소음 피해 보상의 법적 주체를 명확히 할 필요가 있다. 한국형 전투기 사업은 국내 방위산업체가 사업을 주관하지만, 사업 성과물의 종국적 귀속 주체는 대한민국 정부이다. 따라서 개발 및 양산을 위해 반드시 수행해야 하는 각종 시험비행에 따른 불가피한 소음 피해 보상의 법적 주체도 대한민국 정부라고 보는 것이 타당하므로, 제작사의 손해배상을 면제하는 방안을 강구하는 것이 필요하다.

[표] 국방전력발전업무 총괄절차도[23]

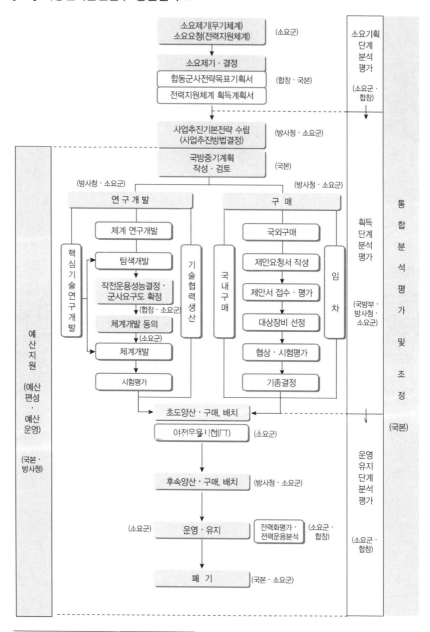

23) 국방전력발전업무훈령 [별표 5].

나. KF-X 사업의 정책결정과정[24]

KF-X 사업에 관한 정책결정과정에 참여한 정책행위자는 소요 및 사업추진방법 결정, 탐색개발 결정, 탐색개발 결과 평가, 체계개발 결정의 정책이슈마다 다르게 나타났다. 소요 및 사업추진방법 결정과정에서는 청와대와 공군, 산업통상자원부, 국회가 공적행위자로서, 방산업체인 KAI가 사적행위자로서 참여하였다. 이 단계에서 정책아이디어를 제공하고 정책결정을 견인한 정책행위자는 청와대, 공군, 산업통상자원부, KAI였다. 탐색개발 결정에 관한 정책결정과정에는 기존의 참여자인 청와대와 공군, 산업통상자원부, KAI에 더해 방위사업청과 기획재정부, KIDA, 건국대무기체계연구소, 인도네시아 정부가 참여하였다. 방위사업청은 2006년 창설되어 사업추진 전반을 관리하였고, 기획재정부는 사업 추진에 필요한 재원의 배분·조정을 담당하였다. KIDA와 건국대무기체계연구소는 전문가집단으로서 기획재정부가 예산 반영 여부를 결정하는 데 필요한 정보를 제공하는 사업타당성 조사 기관이었다. 인도네시아 정부는 KF-X 개발에 공동 참여를 결정함으로써 KF-X 탐색개발이 결정되는 데 긍정적 영향을 미친 행위자였다. 탐색개발 결과에 대한 평가단계에서는 청와대, 공군, 기획재정부, 방위사업청, KAI, KIDA와 함께 ADD, KISTEP, 학계, 언론이 새로운 행위자로 참여하였다. 이 단계에서는 탐색개발을 주관했던 ADD와 공군, KAI, 그리고 그 결과를 평가했던 KISTEP, KISTEP의 연구를 지원한 KIDA가 주요 행위자였으며, KF-X 사업에 대한 논란이 점차 확산되면서 학계와 언론, 네티즌의 참여가 시작되었다.

체계개발 및 전투기 형상 결정단계에서는 앞서 정책의제에 참여했던 모든 행위자들이 정책과정에 참여하였다. 정책행위자들은 청와대·기획재정부·방위사업청·공군·국회·KIDA·ADD·KISTEP·KAI·학계·언론·네티즌·인도네시아 정부였다. 학계와 언론, 네티즌의 활발한 참여로 그들이 제시한 정책아이디어들이 여론을 형성하였고 여론은 다시 정책과정에 피

---

24) 전종호, "무기체계획득에 관한 정책네트워크 연구: 한국형전투기 개발사업(KF-X)를 중심으로", 「정책분석평가학회보」 제28권 제4호(2018), 40~41면.

드백 되었다. 정책의 이슈화는 국회와 청와대가 정책결정과정에 보다 적극적으로 참여하도록 유인하였다. 중심행위자는 '쌍발엔진으로 체계개발'을 주장한 공군과 '단발엔진으로 체계개발'을 유도한 KAI, 그리고 대립된 담론을 조정하는 데 역할을 수행한 청와대·국회 및 학계와 언론·네티즌이었다. KF-X 사업의 소요가 결정되고 국제공동연구개발, 탐색개발 착수, 쌍발 엔진 전투기 체계개발 결정이 이루어지는 과정에서 정책네트워크의 행위자의 수는 점차 증가하였다. 행위자의 유형 또한 공적 행위자 중심에서 정부, 국회, 방산업체, 전문가 집단, 학계, 언론, 네티즌 등으로 점차 다변화되었다.

다. 시제기 납품계약의 성질

(1) 제작물공급계약

제작물공급계약(製作物供給契約, Werklieferungsvertrag)이란 당사자의 일방이 상대방의 주문에 따라 자기 소유의 재료를 사용하여 만든 물건을 공급할 것을 약정하고 이에 대하여 상대방이 대가를 지급하기로 약정하는 계약을 말한다.[25] 한편 대체물의 제작공급계약을 주문판매계약(注文販賣契約, Lieferungskauf)이라고 하면서 제작물공급계약에서 제외하는 견해도 있다.[26] 제작물공급계약은 주문자가 공급자에게 제조 자체에 대해서가 아니라 제조물이 '공급'되는 데 대하여 대가를 지급할 의무를 지는 점에서 전형적 도급계약과 다른데, 여기서 '공급'이란 기본적으로 인도 및 소유권 이전하는 것을 의미하는 것이 일반적이다.[27] 다만 공급자가 제작물을 주문자 측의 장소에 설치하고 시운전까지 하는 급부의무까지 지는 경우에는 설치 및 시운전까지 완료되었을 때 '공급'되었다고 한다. 제작물공급계약은 주문자의 지시가 있으면 이에 따르면서 물품을 제작할 의무를 내포한다는 점에서 전형적 매매계약과 다른 점이 있다. 그러나 제작물공

---

25) 대법원 2006. 10. 13. 선고 2004다21862 판결; 대법원 2010. 11. 25. 선고 2010다56685 판결.
26) 김형배·김규완·김명숙, 「민법학강의(이론·판례·사례)」(제11판), 신조사(2012), 1485면.
27) 장준혁, "동산의 제작물공급계약의 성질결정", 「민사판례연구」 제35권(2013. 2.), 446면.

급계약에서는 공급자가 자신이 이미 제작하여 보유하고 있는 물건 중에서 공급하든 자신의 부담으로 조달한 재료로 새로 제작하여 공급하든 상관없는 것이 일반적이다.[28]

판례[29]는 "당사자의 일방이 상대방의 주문에 따라 자기 소유의 재료를 사용하여 만든 물건을 공급하기로 하고 상대방이 대가를 지급하기로 약정하는 제작물공급계약은 그 제작의 측면에서는 도급의 성질이 있고 공급의 측면에서는 매매의 성질이 있어 대체로 매매와 도급의 성질을 함께 가지고 있으므로, 그 적용 법률은 계약에 의하여 제작 공급하여야 할 물건이 대체물(代替物)인 경우에는 매매에 관한 규정이 적용되지만, 물건이 특정의 주문자의 수요를 만족시키기 위한 부대체물(不代替物)인 경우에는 당해 물건의 공급과 함께 그 제작이 계약의 주목적이 되어 도급의 성질을 띠게 된다."는 입장을 취하고 있다.

(2) 도급계약

시제기 납품계약은 무기체계를 설계하고 시제품을 생산하여 국방규격을 완성하는 '체계개발 단계'에 해당하고, 시제기는 주문자의 수요를 만족시키기 위한 부대체물(不代替物)이므로, 도급계약에 해당한다.

[참고 판례]

서울중앙지방법원 2020. 10. 16. 선고 2018가합544022 판결
1) 원고(대한민국)는 원고 산하 공군의 노후화된 훈련기를 교체하는 과정에서 새로 도입할 훈련기를 해외에서 수입하지 않고 국내에서 자체 개발한 고등훈련기를 생산하여 구입하기로 하였다. 이에 원고는 피고 KAI와 함께 초음속으로 비행하는 고등훈련기인 T-50 개발사업에 착수하였다.
2) 원고는 2001. 6. 28. 피고에게 고등훈련기의 설계와 양산에 필요한 국방

---

28) 제작물공급계약 가운데에는 건물을 목적물로 하는 것도 있으나, 건물 제작물공급계약은 동산 제작물공급계약과는 다른 속성을 가지고 있다.
29) 대법원 2006. 10. 13. 선고 2004다21862 판결; 대법원 2010. 11. 25. 선고 2010다56685 판결.

규격의 완성을 위한 체계개발 단계의 기술용역을 대금 561,392,601,000원, 납품일자 2005. 9. 30.로 정하여 의뢰하는 내용의 'B 시제기 외 3개 항목(2단계) 계약'을 체결하였다. 피고는 이 사건 체계개발계약에 따라 공군의 고등훈련기 겸 경공격기인 B 항공기의 연구개발을 완료하고 시제품의 납품과 시험평가를 거쳐 양산에 필요한 국방규격을 완성하였다.

3) 원고는 2006. 10. 16. 피고와 사이에 이 사건 체계개발계약에 따라 개발된 B 항공기 25대를 제조하여 납품하는 내용의 'B 항공기 후속양산 사업 계약'을 체결하였다. 이후 원고와 피고는 2008. 3. 17. 특수비행용으로 개량한 고등훈련기(C) 10대를 납품하기로 하는 내용을 추가한 수정계약을 체결하였다. 당시 원고와 피고는 계약물품이 계약상 적용되는 규격서와 모든 항목에서 일치하는지를 원고가 지정하는 전문연구기관인 국방기술품질원에서 검사하도록 약정하였다.

4) 피고는 2010. 9. 9. 이 사건 물품구매계약 및 이 사건 수정계약에 따라 제작한 공군 특수비행용 고등훈련기 10대 중 1대인 C D호기를 원고에게 인도하였다. 피고는 이 사건 사고기에 대하여 국방기술품질원의 감독과 검사를 거쳐 국방규격을 비롯한 규격서에 적합하다는 확인을 받은 후 원고에게 납품하였다.

5) 이 사건 물품구매계약에 의하면, 피고는 공군 및 국방기술품질원의 기술문의사항 접수 시 해결을 위하여 조치하고, 군 운용에 필요한 정보를 기술회보를 작성하여 공군 및 국방기술품질원에 제공하여야 한다(계약서 제51조).

(3) 도급계약에서 일의 완성과 하자

(가) 의 의

보수는 그 완성된 목적물의 인도와 동시에 지급하여야 하고(민법 제665조 제1항), 완성된 목적물 또는 완성 전의 성취된 부분에 하자가 있는 때에는 도급인은 수급인에 대하여 상당한 기간을 정하여 그 하자의 보수를 청구할 수 있으며(제667조 제1항), 완성된 목적물의 하자로 인하여 계약목적을 달성할 수 없을 때에는 계약을 해제할 수 있다(제668조). 그러므로 일이 완성되었는지 여부,[30] 하자가 있는지 여부 및 계약목적을 달성

---

30) 민법 제664조의 '일의 완성'이라는 표현 대신, '약정한 내용대로 일을 완수', '약정한 내

할 수 없는 중대한 하자인지 여부는 당사자의 권리·의무 확정에 중요한 의미가 있다.

(나) 일의 완성

(i) 판단기준

보통의 경우 당해 도급계약상 예정된 최후의 공정까지 일응 종료하고 주요 부분이 완성된 경우에는 특별한 사정이 없는 한 그 목적물이 완성되었다고 보고 목적물의 하자나 잔여 마무리 작업 부분 등은 하자보수청구 등 하자담보책임에 관한 민법의 규정에 따라서 처리하도록 하는 것이 당사자의 의사 및 법률의 취지에 부합하는 해석이고, 이 때 예정된 최후의 공정이 일응 종료하였는지 여부는 당사자의 주장에 구애됨이 없이 당해 도급계약의 구체적 내용과 신의성실의 원칙에 비추어 객관적으로 판단하여야 한다.[31]

(ii) 증명책임

도급계약에서 일의 완성에 관한 주장·증명책임은 일의 결과에 대한 보수의 지급을 청구하는 수급인에게 있고, 제작물공급계약에서 일이 완성되었다고 하려면 당초 예정된 최후의 공정까지 일단 종료하였다는 점만으로는 부족하고 목적물의 주요구조 부분이 약정된 대로 시공되어 사회통념상 일반적으로 요구되는 성능을 갖추고 있어야 한다.[32]

(다) 하 자

(i) 독일법에서 하자의 개념[33]

매매계약에서는 독일 민법(Bürgerliches Gesetzbuch , 'BGB') 제434조에서 하자의 개념을 정의하고, 도급계약에서는 민법 제633조 제2항에서

용대로 일을 수행', '약정한 내용대로 일을 할' 등으로 개정하여야 한다는 견해로는 박수곤, "도급계약의 현대화를 위한 법정책적 과제", 「법과 정책연구」 제12집 제4호(2012. 12.), 1759면.

31) 대법원 2004. 9. 23. 선고 2004다29217 판결; 대법원 2012. 4. 13. 선고 2011다104482 판결.

32) 대법원 2006. 10. 13. 선고 2004다21862 판결.

33) München Kommentar Bürgerliches Gesetzbuch Schuldrecht Besonderer Teil Ⅱ, 5. Auflage, C.H. Beck, 2009, S.1654~1662; 전경운, "독일법상 매매와 도급에서의 하자담보책임과 기술적 표준", 「비교사법」 제17권 제1호(2010. 3.), 161~167면.

하자개념을 정의하고 있는데, 물건하자(Sachmangel)의 개념에 관해서는 매매계약(§434 BGB)과 도급계약(§633 Abs.2 BGB)에서 거의 유사하게 하자개념을 규정하고 있다.

① 위험이전 시에 물건이 합의된 성상(vereinbarte Beschaffenheit)을 갖추고 있으면 물건하자가 없다(§434 Abs.1 S.1 BGB)고 하여 주관적 하자개념을 우선시하고 있고, 도급계약에서도 일이 합의된 성상을 갖추면 그에는 물건하자가 없다(§633 Abs. 2 S.1 BGB)고 규정하고 있다. 이는 인도받은 물건의 현재의 성상(Ist-Beschaffenhelt)과 계약적으로 합의된 성상(Soll-Beschaffenhelt)과의 사이에서 매수인에게 불리한 상이(相異, ungunstige Abweichung)가 하자라는 기존의 통설적 견해를 받아들인 것이다.[34]

② 하자판단의 기준으로서, 계약당사자가 물건의 성상에 대해서 특별히 합의하지 않은 경우, 물건이 계약에서 전제가 된 용도(nach dem Vertrag vorausgesetzte Verwendung)에 적합하다면 하자는 없다(§434 Abs.1 Nr.1 BGB). 도급계약에서도 일이 계약에서 전제가 된 용도에 적합한 경우 하자가 없다(§633 Abs.2 Nr.1 BGB)고 규정하고 있다.

③ 하자판단의 기준으로서, 매매물건의 성상에 관하여 당사자의 합의도 없고 또한 그 전제된 용도도 없는 경우에는, 물건이 통상의 용도(gewohnliche Verwendung)에 적당하고 동종의 물건에 통상적(ublich)이고 매수인이 물건 종류에 따라 기대할 수 있는 성상(Beschaffenheit)을 갖춘 경우에는 하자가 없다(§434 Abs.1 Nr.2 BGB)고 하여, 객관적 하자개념을 규정하고 있다. 도급계약에서도, 일이 통상의 용도에 적합하고 동종의 일에 통상적이고 도급인이 일의 종류에 따라 기대할 수 있는 성상을 갖춘 경우에는 하자가 없다(§633 Abs.2 Nr.2 BGB)고 하여 매매계약과 동일하게 규정하고 있다.

④ 객관적 하자개념에 의한 물건하자는, 물건이 '통상적 용도'에 적당하지 않거나 동종의 물건에서 통상적이고 매수인이 물건의 종류에 따라 기대할 수 있는 성상을 갖추지 못하면 하자 있는 물건이다. 이 때 무엇이

---

34) 전경운, 앞의 글, 162면.

통상의 용도와 통상의 성상으로 기대될 수 있는지는 거래관념에 의하여 정해지며, 평균적 매수인의 기대가 고려될 수 있다.

⑤ 도급계약에서 수급인이 도급받은 일과 다른 일을 완성하거나 일을 과소하게 완성한 경우에는 물건하자와 동일하다(§633 Abs. 2 Nr. 2 S. 2 BGB)고 하여, 다른 물건의 인도와 양적으로 과소인도(Aliud-und Zuweniglieferung)도 물건하자로 규정하고 있다.

(ii) 무하자 성상의 척도로서 기술적 표준[35]

① 독일표준화연구소(Deutsches Institut fur Normung)의 표준에 대한 개념정의를 보면, "표준은 계획적으로 국가적·지역적 그리고 국제적으로 관심있는 분야에 대하여 공공의 이용을 위하여 물질적·비물질적인 대상에 대하여 공동적으로 행하여진 통일화를 위한 표준화 작업의 결과이다." 라고 하고 있다. 유럽경제위원회(Economic Commission for Europe)에서도 기술적 표준은 "학문, 기술, 실무적으로 인정되는 결과에 근거하여 모든 이해관계집단의 공동작업과 합의 및 일반적인 동의 아래 공공사회가 사용할 수 있는 기술적 상술 또는 그 외의 자료로서, 공공의 최대한의 이용을 추구하고 국가적·지역적 또는 국제적으로 승인된 기구에 의하여 동의된 기술적 상세(技術的 詳述, technische Spezifikation) 또는 그 외의 자료를 말한다."고 정의하고 있다.

② 기술적 표준(technische Normen)은 매매계약과 도급계약에서 독일민법 제434조와 제633조상 물건하자와 관련하여 '계약적으로 합의된 성상'(§434 Abs.1 Nr. 1 BGB)에서 뿐만 아니라 '계약에서 전제된 용도'(§434 Abs.1 Nr.1 BGB), '물건의 통상의 성상'(§434 Abs.1 Nr.2 BGB)에서도 가치척도로 고려될 수 있다. 계약에서 물건의 기술적 표준에 대한 일치가 당사자의 합의나 계약에서 전제된 용도 또는 물건의 통상의 성상을 통하여 인정되고, 물건이 일정한 기술적 표준의 요구에 상응하지 않는다면 그 물건에는 하자가 있는 것이 된다.[36]

---

35) München Kommentar Bürgerliches Gesetzbuch Schuldrecht Besonderer Teil Ⅱ, 5. Auflage, S.1658-1659.

36) BGHZ 139, 16, 19f = NJW 1998, 2814; BGH NJW-RR 1991, 1445, 1447.

(iii) 판례의 입장

① 카탈로그와 검사성적서를 제시한 경우[37]

매도인이 매수인에게 공급한 기계가 통상의 품질이나 성능을 갖추고 있는 경우, 그 기계에 작업환경이나 상황이 요구하는 품질이나 성능을 갖추고 있지 못하다 하여 하자가 있다고 인정할 수 있기 위해서는, 매수인이 매도인에게 제품이 사용될 작업환경이나 상황을 설명하면서 그 환경이나 상황에 충분히 견딜 수 있는 제품의 공급을 요구한 데 대하여, 매도인이 그러한 품질과 성능을 갖춘 제품이라는 점을 명시적으로나 묵시적으로 보증하고 공급하였다는 사실이 인정되어야만 한다. 매도인이 매수인에게 기계를 공급하면서 당해 기계의 카탈로그와 검사성적서를 제시하였다면, 매도인은 그 기계가 카탈로그와 검사성적서에 기재된 바와 같은 정도의 품질과 성능을 갖춘 제품이라는 점을 보증하였으므로, 매도인이 공급한 기계가 카탈로그와 검사성적서에 의하여 보증한 일정한 품질과 성능을 갖추지 못한 경우에는 그 기계에 하자가 있다고 보아야 한다.

② 제작물이 시방서대로 제작되지 아니한 경우

1) 폐수처리장치[38]

B가 A에게 설치하여 주기로 한 것과 같은 기종인 C에 설치한 장치의 성능이 계약 당시 A와 B가 약정한 폐수처리장치의 성능[39]에 훨씬 미달되어 계약의 목적을 달성하기에 어려운 것으로 보이는 점, 위 장치의 주요한 부품인 증발튜브관이 시방서대로 제작되지 아니하고 C에 설치된 장치와 같이 순동으로 제작된 점, A는 B에게 문제점을 들어 B가 C에 설치

---

37) 대법원 2000. 10. 27. 선고 2000다30554 판결.
38) 대법원 1996. 6. 28. 선고 94다42976 판결.
39) 폐수처리용량은 시간당 25t씩 1일 20시간씩 가동하여 1일 합계 500t을 처리할 수 있도록 하고, 폐수정화시설 처리 후의 수질의 오염도가 일정 수치 이하로 될 수 있는 기능을 발휘할 수 있으며, 증발관튜브는 니켈카퍼로 제작 설치하도록 약정하였다. 그러나 A는 B의 이 사건 장치 제작공장에서 가져온 증발관튜브를 검사한 결과 순도 99.75%의 구리로 제작되었음을 밝혀내고 1992. 3. 28. 및 1992. 4. 21. B에게 C에 설치된 장치의 성능확인을 구하였으나, B는 이에 응하지 아니하고 제작 조립된 이 사건 장치의 시운전을 위한 설치만을 고집하자 A는 이 사건 계약을 해제한다고 통보하였다. 한편 B는 A와의 위 계약시 모든 제작품에 대하여 중간검사를 받아야 하고, 이 공사에 사용되는 모든 자재는 현장 반입 전에 A의 승인을 얻은 다음 사용하도록 약정하였음에도, 이러한 의무도 이행하지 아니한 채 위와 같이 시방서에 기재된 대로의 재료를 사용하지도 아니하였다.

한 동일 기종의 기계장지의 성능 확인을 수차에 걸쳐 요구하였으나 B는 계속하여 이에 응하지 아니한 점 등에 비추어 보면, 기계장치에는 중대한 문제점이 발생하여 장치의 정상작동을 기대하기는 어렵고, 문제점이 상당한 기간 내에 해결될 가망이 없었다고 보이므로, 결국 계약의 목적을 달성할 수 없게 된 때에 해당한다.

2) 송풍기[40]

송풍기 공급계약의 내용이 된 시방서에는 피고가 원고에게 공급한 이 사건 송풍기들이 24시간 연속으로 대당 연간 4,380시간 동안 가동되어도 아무런 문제가 발생되지 않도록 모든 부품과 기기를 견고하고 내구성 있게 제작할 것을 규정되어 있음에도, 피고가 원고에게 공급한 이 사건 송풍기들의 날개는 현장설치에 부적합한 것이었을 뿐만 아니라, 방사선 투과시험 결과에 의하더라도 전부 최하위 등급이거나 허용한계 밖의 등급에 해당하는 것이어서, 위 송풍기들의 날개는 하자가 있는 제품이다. 피고가 이 사건 송풍기들에 대한 품질검사 방법으로 정한 방사선 투과검사의 부위, 방법 및 그 지정경위, 피고가 원고에게 이 사건 송풍기들을 납품하기 전에 S검사 주식회사를 통하여 한 품질검사 결과 원고에게 납품된 이 사건 송풍기들의 날개 가운데 위 회사의 검사를 통해 합격판정을 받지 아니한 것도 포함되어 있는 점, 기타 이 사건 송풍기들 날개의 제작상태, 품질, 하자의 발생시기 및 정도 등에 비추어 보면, 피고는 원고에게 이 사건 송풍기들 날개를 납품할 당시에 위 날개에 하자가 존재한다는 사실을 알면서도 이를 원고에게 고지하지 아니한 사실을 충분히 추인할 수 있다.

③ 시방서에 따른 범용 부품을 공급한 경우[41]

원고는 색채선별기에 설치할 공기총으로 최대 빈도수 1,000Hz의 공압식 전자밸브인 밸브를 선정하고, 피고로부터 밸브를 1년간 한시적으로 독점공급받기로 하는 계약을 체결하였다. 원고는 밸브를 장착하여 완성한 색채선별기를 국내 및 중국에 있는 정미소 등에 판매하였는데, 색채선별

---

40) 대법원 2007. 5. 31. 선고 2006다60236 판결.
41) 대법원 2014. 11. 27. 선고 2012다23351 판결.

기는 운전 후 2~3개월이 지난 후부터 밸브의 공기누설로 인한 선별력 저하, 공압기(컴프레서)의 과다한 가동·소음 등의 문제점이 발생하였다. 이로 인하여 원고는 색채선별기의 구매업자들에게 밸브 또는 색채선별기를 교체하여 주거나, 지급받은 계약금을 반환하거나 잔대금을 포기하는 등의 손해를 입었다.

원고는, 위 계약은 밸브가 색채선별기의 작동환경에 적합한 밸브임을 전제로 체결되었고, 피고도 색채선별기의 부품으로 사용된다는 점을 알고 밸브를 독점적으로 공급하기로 한 것이므로, 피고는 원고에게 색채선별기의 작동환경에 적합한 밸브를 제공할 의무가 있다고 주장하였다.

법원은 밸브는 범용 부품으로 개발되었고, 밸브와 색채선별기 사이의 적응성 유무는 색채선별기를 개발·제작하는 원고가 시운전 등을 통하여 판단하고 결정할 문제로 그 책임도 원고가 져야 하는 점 등에 비추어 보면, 계약에 따른 피고의 의무는 밸브의 시방서에 정해진 기준과 성능에 맞는 밸브를 공급하는 것일 뿐 색채선별기의 작동환경에 적합한 밸브를 공급할 의무는 없다고 판시하였다.

④ 설계용역계약[42]

당산철교의 설계자인 피고는 강철도교 제작에 적용되는 시방서가 있으면 반드시 이를 적용하여 설계하여야 하는바, 당산철교 설계 당시 당산철교와 같은 리바트결합강철도교의 제작에 적용되는 강철도교제작시방서(1967. 3. 2. 철도청훈령 제1710호로 개정된 것)가 있었으므로 피고로서는 강철도교제작시방서 제7조에 따라 가로보에 세로보를 접합할 때 세로보 복부판의 연결부를 반지름 10㎜ 이상으로 둥글게 원형절취하는 것으로 설계하여야 할 설계용역계약상 의무를 부담하는데, 피고가 이에 반하여 세로보의 연결부를 응력의 집중효과를 유발하여 균열발생을 일으키는 직각절취하는 것으로 설계함으로써 설계용역계약상 의무를 위반하였다.

⑤ 대체설계의무[43]

일반적으로 제조물을 만들어 판매하는 자는 제조물의 구조, 품질, 성

---

42) 대법원 2015. 9. 15. 선고 2012다14531 판결.
43) 대법원 2003. 9. 5. 선고 2002다17333 판결.

능 등에서 현재의 기술 수준과 경제성 등에 비추어 기대가능한 범위 내의 안전성을 갖춘 제품을 제조하여야 하고, 이러한 안전성을 갖추지 못한 결함으로 인하여 그 사용자에게 손해가 발생한 경우에는 불법행위로 인한 배상책임을 부담하게 되는 것인바, 그와 같은 결함 중 주로 제조자가 합리적인 대체설계를 채용하였더라면 피해나 위험을 줄이거나 피할 수 있었음에도 대체설계를 채용하지 아니하여 제조물이 안전하지 못하게 된 경우를 말하는 소위 설계상의 결함이 있는지 여부는 제품의 특성 및 용도, 제조물에 대한 사용자의 기대의 내용, 예상되는 위험의 내용, 위험에 대한 사용자의 인식, 사용자에 의한 위험회피의 가능성, 대체설계의 가능성 및 경제적 비용, 채택된 설계와 대체설계의 상대적 장단점 등의 여러 사정을 종합적으로 고려하여 사회통념에 비추어 판단하여야 한다.

⑥ 소결

위와 같은 판례에 비추어 보면, 제작물공급계약에서는 도급인이 제시하는 구매규격서가 제작물이 갖추어야 할 성능의 기준이 되므로,[44] 수급인이 제작한 물건이 구매규격서상 기준에 미달하여 계약에서 예정하고 있던 품질과 성능을 갖추지 못하면 계약목적을 달성할 수 없으므로 하자가 있다고 볼 수 있다.[45] 만약 계약 이행과정에서 당사자 합의로 구매규격서가 변경된 경우에는 최종적으로 확정된 구매규격서가 성능의 기준이 된다. 수급인으로서는 구매규격서대로 제작물을 제작한 경우에는 계약상 의무를 이행한 것으로 보아야 한다.

---

44) 통상 수급인은 입찰시 계약규정, 검수규정, 현장설명사항 및 시방서 등을 준수할 것을 확약한다. 대법원 2004. 11. 25. 선고 2004다48874 판결.

45) 참고로 소프트웨어 개발계약에서는 기능보증, 성능보증, 권리보증이 문제되는데, 개발된 소프트웨어에 대한 성능보증은 당시의 기술수준, 실현가능성, 비용부담, 비용 대 효과를 고려하여 합리적이고 타당한 범위에서 그 레벨을 결정하여야 하고, 개발자가 이러한 요소들을 고려하여 성능을 보증을 하면 이는 개발자의 채무가 되므로 만일 개발된 소프트웨어가 이러한 레벨의 성능을 발휘하지 못하면 개발자는 발주자에게 채무불이행책임 또는 하자담보책임을 진다. 정진명, "소프트웨어개발계약의 법적 문제: 개발성과물에 대한 보증을 중심으로", 「디지털재산법연구」 제5권 제2호(2006), 212~215면.

(4) 수급인의 담보책임

(가) 독일법상 도급계약의 하자담보책임

독일법상 하자담보책임은 2002. 1. 1. 시행된 '채권법 현대화 법률(Gesetz zur Modernisierung des Schuldrechts)'을 통하여 매매계약과 도급계약에서 현저히 변경되었다. 도급계약에서 하자담보책임을 간략하게 살펴보면 다음과 같다.[46]

(i) 도급계약에서 수급인은 약정한 일을 하자 없이 완성할 의무를 부담하므로(§§631 Abs.1, 633 Abs.1 BGB), 일의 하자가 있는 경우에 도급인은 수급인에게 제635조에 따라서 추완이행청구권을 가진다(§634 Nr.1 BGB). 도급인이 추완을 청구한 경우에 매매계약상의 담보책임과는 달리, 수급인은 그의 선택에 따라 하자를 제거(보수)하거나 일을 새로이 완성(再製作)할 수 있다(§635 Abs.1 BGB). 이러한 도급인의 추완이행청구권은 다른 수급인의 담보책임(자구조치와 사전비용배상청구권, 계약해제권, 보수감액권, 손해배상청구권 등)보다 우선적으로 인정된다. 하자제거가 객관적으로 불가능하면 추완이행청구권은 배제되고, 추완이 과도한 비용으로만 가능한 경우에도 수급인은 추완을 거절할 수 있다(§635 Abs.3 BGB).

(ii) 도급인은 추완이행청구권에 갈음하여 제637조에 따라 일의 하자를 스스로 제거하고 그에 필요한 비용의 상환을 청구할 수 있다(§634 Nr.2 BGB). 즉 도급인의 자구조치(Selbstvornahme)와 사전비용배상청구권이 인정되는데, 이를 위하여 예시는 도급인이 수급인에게 추완이행을 위한 상당한 기간을 설정해야 하고, 이 기간이 아무런 효과 없이 경과한 경우에, 도급인이 하자를 스스로 제거하고 그에 필요한 비용의 상환을 청구할 수 있다(§637 Abs.1 BGB). 하자의 제거를 위하여 필요한 비용은 도급인이 수급인에게 미리 지급할 것을 청구할 수 있다(§637 Abs.3 BGB).

(iii) 도급인은 추완이행청구권에 갈음하여 제636조, 제323조 및 제326조 제5항에 따라 계약을 해제하거나 제638조에 따라서 보수를 감액할 권리를 가진다(§634 Nr.3 BGB). 도급인의 일의 하자로 인한 해제권에서 일

---

46) 전경운, 앞의 글, 154~161면.

반 급부장애법(Leistungsstorungsrecht)의 중심적 해제규정인 제323조를 지시한 것은 일반 급부장애법의 규정이 적용되도록 하기 위한 것이다. 이에 따라 도급인은 제323조 제1항에 따라 수급인에게 추완을 위하여 상당한 기간을 설정하였으나 그 기간이 헛되이 경과한 경우에 계약을 해제할 수 있다. 이러한 해제권은 형성권으로 되어 있으며, 경미한(unerheblich) 의무위반인 경우에는 해제권이 인정되지 않는다(§323 Abs.5 S.2 BGB). 그리고 도급인은 해제권 행사에 갈음하여 제638조에 따라서 보수감액권을 가지는데, 보수감액권은 일반 급부장애법에는 규정이 없고 담보책임에만 특별히 인정되는 권리이다. 이에 따라 도급인은 해제에 갈음하여 수급인에 대한 의사표시로써 보수를 감액할 수 있으며, 감액의 경우에 보수는 계약체결 시에 하자 없는 상태의 일의 가치와 실제의 가치 사이에 성립하는 비율에 따라 감축된다(§638 Abs.3 BGB), 보수감액권도 형성권이며, 경미한 의무위반인 경우에도 보수감액권은 인정된다(§638 Abs.1 S.2 BGB).

(iv) 일의 하자의 경우에 도급인은 추완이행, 해제나 보수감액과 더불어 제636조, 제280조, 제281조, 제283조 및 제311a조에 따라 수급인에게 손해배상을 청구할 수 있다(§634 Nr.4 BGB). 도급인의 손해배상청구권은 제634조 제4호와 여기서 관계를 설정한 일반 급부장애법의 규정 제280조, 제281조 및 제311a조에 의하여 인정되므로, 제636조를 통하여 약간의 보충이 있지만, 결국 손해배상청구권의 법적 기초는 제280조 제1항이 된다. 도급인의 손해배상청구권은 우선적으로 제280조 제3항, 제281조 제1항에 따라서 추완이행을 위하여 상당한 기간을 설정하여야 하며, 또한 하자가 경미한 경우에는 매수인은 급부전부에 갈음한 손해배상의 청구는 인정되지 않는다(§281 Abs.1 S.3 BGB). 급부에 갈음한 손해배상청구로서 추완이행청구권(§281 Abs.4 BGB)과 수급인의 비용으로 하는 자구조치권은 소멸된다. 그 외에 손해배상청구에 갈음하나 계약해제와 보수감액과 더불어 도급인은 제284조에 따라서 무익한 비용지출의 상환을 청구할 권리를 가진다(§634 Nr.4 BGB). 도급인이 하자 없는 일의 획득을 신뢰하여 비용을 지출하고 또 그 지출이 상당한 것인 경우에는 손해배상에 갈음하여 그 비용의 배상을 청구할 수 있다(§284 BGB).

(v) 개정된 독일 민법상 일의 하자로 인한 도급인의 추완이행청구권·손해배상청구권·비용배상청구권의 소멸시효를 보면, 물건의 제조·수선·변경이나 이와 관련된 계획 및 감독급부를 실행하는 경우에는 2년의 소멸시효기간이 적용되고(§634a Abs.1 Nr.1 BGB), 건축물 또는 그와 관련된 계획 및 감독급부(예를 들면, 건물의 설계나 시공감리)를 실행하는 경우에는 5년의 소멸시효기간이 적용된다(§634a Abs.1 Nr.2 BGB). 급부가 물건 및 건축물과 관련되는 경우의 소멸시효는 물건 및 건축물의 인수(Abnahme) 시로부터 진행된다(§634a Abs.2 BGB). 그러나 수급인이 하자를 알면서 밝히지 않은 경우에는 제634a조 제1항 제1호, 제2호의 경우에도 제195조상의 일반소멸시효기간이 적용되어서 3년의 소멸시효에 걸린다. 물론 건축물의 경우에는 5년의 소멸시효에 걸리므로, 5년이 경과하기 전에는 소멸시효가 완성되지 않는다(§634a Abs.3 S.2 BGB). 그리고 기타 모든 도급계약의 경우에는 도급계약상의 특별소멸시효가 적용되지 않고 제195조상 일반소멸시효기간이 적용되어서 3년의 소멸시효에 걸린다(§634a Abs.1 Nr.3 BGB). 이 경우 소멸시효의 진행은 도급인이 일을 인수한 시점이 아니라, 도급인이 하자를 인지하거나 중대한 과실로 이를 인지하지 못한 연도가 종료한 때로부터 진행된다(§199 Abs.1 BGB). 도급인의 계약해제권과 보수감액권은 형성권이므로 소멸시효에 걸리지 않는다. 그러나 이들 권리에서도 제218조가 적용되어서 추완이행청구권의 소멸시효가 완성되어 수급인이 이를 원용하는 경우에는 계약해제와 보수감액도 배제된다(§634a Abs.4 BGB).

(나) 도급인의 계약해제권

(i) 몰드금형의 하자[47]

이 계약은 대체가 어렵거나 불가능한 제작물의 공급을 목적으로 하는 계약으로 도급의 성질을 띠고 있고, 도급인의 대금지급의무는 그 목적물인 몰드금형이 계약내용인 매입형 와이드 스위치를 양산할 수 있는 성능을 갖추었다는 것이 객관적으로 인정되어야 발생하는데, 판시 사정들에

47) 대법원 2015. 2. 26. 선고 2014다80099 판결.

비추어 보면, 수급인이 제출한 증거들만으로는 몰드금형이 그 성능을 갖추었다고 보기 어렵고, 수급인이 계약에 따른 이 사건 각 몰드금형 제작의무를 이행하지 아니함에 따라 도급인으로부터 상당한 시정기간을 두고 시정을 요구받았음에도 그 시정이 이루어지지 않아 계약에서 정한 약정해제 사유가 발생하였고 도급인의 해제 의사표시로 계약은 적법하게 해제되었다.

(ii) 설계시공일괄입찰(Turn-Key Base) 방식에 의한 도급계약[48]

설계시공일괄입찰 방식에 의한 도급계약이라 함은 수급인이 도급인이 의욕하는 공사 목적물의 설치목적을 이해한 후 그 설치목적에 맞는 설계도서를 작성하고 이를 토대로 스스로 공사를 시행하며 그 성능을 보장하여 결과적으로 도급인이 의욕한 공사목적을 이루게 하여야 하는 계약을 의미한다. 설계시공일괄입찰 방식의 자동화설비 도급계약에서 도급인의 중도금 지급채무가 일시 이행지체의 상태에 빠졌다 하더라도, 당해 자동화설비에 중대한 하자가 있어 시운전 성공 여부가 불투명하게 된 때에는 도급인으로서는 자신의 대금지급의무와 대가관계에 있는 시운전 성공 시까지는 중도금지급의무의 이행을 거부할 수 있고, 그 하자가 중대하고 보수가 불가능하거나 보수가 가능하더라도 장기간을 요하여 계약의 본래의 목적을 달성할 수 없는 경우에는 중도금채무의 이행을 제공하지 않고 바로 계약을 해제할 수 있으며, 그 계약해제가 신의칙에 반하지 아니한다.

(iii) 소 결

이러한 판례의 입장를 요약하면, 수급인은 계약의 본래의 목적을 달성할 수 있을 정도의 성능을 갖추어 일을 완성하여야 하고, ① 하자가 중대하여 보수가 불가능한 경우, ② 보수가 가능하더라도 장기간을 요하여 계약의 본래의 목적을 달성할 수 없는 경우, ③ 도급인으로부터 상당한 시정기간을 두고 시정을 요구받았음에도 그 시정이 이루어지지 않아 계약의 본래 목적을 달성할 수 없는 경우에는 도급인은 계약을 해제할 수 있다.

---

48) 대법원 1996. 8. 23. 선고 96다16650 판결.

라. 도급계약에서 시험비용의 부담

(1) 의사해석의 중요성

개발시험평가에 필요한 직간접 비용을 모두 제작사가 부담하기로 약정한 경우라면, 계약의 해석이 중요하다. 의사표시의 해석은 당사자가 그 표시행위에 부여한 객관적인 의미를 명백하게 확정하는 것으로, 계약당사자 사이에 어떠한 계약 내용을 처분문서인 서면으로 작성한 경우에는 그 서면에 사용된 문구에 구애받는 것은 아니지만 어디까지나 당사자의 내심적 의사의 여하에 관계없이 그 서면의 기재 내용에 의하여 당사자가 그 표시행위에 부여한 객관적 의미를 합리적으로 해석하여야 하고, 이 경우 문언의 객관적인 의미가 명확하다면, 특별한 사정이 없는 한 문언대로의 의사표시의 존재와 내용을 인정하여야 하고,[49] 위와 같은 특별한 사정에 대한 증명책임은 처분문서의 문언과 배치되는 사실을 주장하는 측에 있다.[50]

만약 대한민국과 제작사의 의사가 "시제기 시험비행으로 인하여 발생한 소음으로 인한 손해배상도 제작사가 부담하기로 약정"한 것이라면, 제작사가 시제기 소음으로 인한 손해배상에 대하여 궁극적인 책임을 부담한다. 그러나 위와 같은 내용이 계약서에 명문으로 기재되어 있지 아니한 경우에는, 계약 체결 당시 시제기 시험비행으로 인한 소음 관련 손해배상액까지 제작사가 부담하기로 약정하였다고 해석하는 것은 아래와 같은 점에서 부당하다.

(2) 도급계약에서 시험평가에 관한 판례 법리

아래에서 살펴보는 판례는 모두 도급계약에서 시험평가에 관한 약정이 문제된 것이다.

(가) 대법원 2016. 9. 23. 선고 2016도3957 판결

차기수상함구조함(ATS-Ⅱ, 이하 '통영함') 탑재 선체고정음탐기(이하 '이

---

49) 대법원 2010. 5. 13. 선고 2009다92487 판결.
50) 대법원 2015. 9. 10. 선고 2015다31308 판결.

사건 음탐기')를 비롯한 통영함 탑재 장비의 구매사업은 방위사업청이 합동참모회의에서 결정된 작전운용성능(ROC) 및 해군의 의견을 반영하여 입찰조건에 해당하는 제안요청서를 확정하고, 그에 따라 입찰절차를 거쳐 '시험평가 및 협상 대상 장비'를 선정하면 해군본부에서 시험평가를 하고, 그 결과를 토대로 방위사업청이 기종을 결정하여 계약을 체결하고 그 후 해당 장비가 납품되면 해군본부의 수락시험을 거쳐 통영함과 함께 해군에 인도되는 절차를 거쳐 진행된다.

(나) 대법원 2019. 9. 10. 선고 2017다272486 판결

식각 장비 시스템(Glass Slimming System)의 제조·설치에 관하여 갑 주식회사가 을 주식회사에 도급하고, 을 회사가 병 주식회사에 하도급을 하면서 제품은 견적서 등에 따라 제작하며, 중도금은 제품 입고 완료 후 14일 이내에, 잔금은 최종 검수 완료·승인 후 다음 달 말 지급하기로 하였으며, 이에 따라 병 회사가 위 장비의 제작을 마치고 갑 회사의 공장에 이를 설치하기 시작하였는데, 을 회사가 병 회사에 견적서에서 정한 것과 다른 부품·수량으로 위 장비가 제작되었다면서 견적서에서 정한 대로 완전한 장비를 납품할 것을 요구한다고 통지하였고, 이에 병 회사가 을 회사에 중도금을 지급할 것과 남은 업무를 마칠 수 있도록 협조해달라고 요청하였으나 을 회사가 이를 거부하고 위 하도급계약의 해제를 통보하였다.

위 장비는 주요구조부분이 약정된 대로 시공되어 사회통념상 일반적으로 요구되는 성능을 갖추었고, 병 회사가 이를 완성하여 설치를 시작하였으나 을 회사의 비협조로 설치를 마치지 못한 것으로서 병 회사로서는 위 하도급계약에서 예정한 최후 공정을 마쳤다고 볼 수 있으므로 견적서에 기재된 제조사·수량과 다른 PVC 플레이트(plate)와 노즐로 제작된 하자는 하자담보책임에 관한 민법 규정에 따라 처리하면 되고, 병 회사는 위 하도급계약이 정한 대로 일을 완성하였으므로 잔금을 청구할 수 있다. 또한 위 하도급계약에서 '최종 검수 완료·승인 후' 잔금을 지급하기로 정하였는데, 최종 검수의 완료·승인은 잔금 지급의 조건이 아니라 불확정기

한이므로 병 회사가 위 하도급계약에서 예정한 최후 공정을 마쳤는데도 을 회사가 최종 검수를 거부하고 해제를 통보함으로써 '최종 검수 완료·승인'이 불가능한 것으로 확정되어 잔금청구권의 이행기도 도래하였으므로, 을 회사가 채권자지체에 빠졌는지 여부나 민법 제538조 제1항의 요건이 충족되었는지 여부와 관계없이 병 회사는 잔금을 청구할 수 있다.

(다) 대법원 2006. 10. 13. 선고 2004다21862 판결

제작물공급계약의 당사자들이 보수의 지급시기에 관하여 "수급인이 공급한 목적물을 도급인이 검사하여 합격하면, 도급인은 수급인에게 그 보수를 지급한다."는 내용으로 한 약정은 도급인의 수급인에 대한 보수지급의무와 동시이행관계에 있는 수급인의 목적물 인도의무를 확인한 것에 불과하므로, 법률행위의 효력 발생을 장래의 불확실한 사실의 성부에 의존하게 하는 법률행위의 부관인 조건에 해당하지 아니할 뿐만 아니라, 조건에 해당한다 하더라도 검사에의 합격 여부는 도급인의 일방적인 의사에만 의존하지 않고 그 목적물이 계약내용대로 제작된 것인지 여부에 따라 객관적으로 결정되므로 순수수의조건에 해당하지 않는다.

(라) 대법원 1994. 12. 22. 선고 93다60632 판결

수급인이 기계를 제작하여 도급인의 공장 내에 설치한 후 일정기간 동안의 시운전을 하여 성능검사가 끝난 때에 공사잔금을 지급받기로 하는 내용의 기계제작설치공사도급계약에 있어서는 민법 제670조 제1항이 규정한 제척기간 1년의 기산점은 기계를 도급인의 공장에 설치한 날이 아니라 그 시운전까지 하여 성능검사가 끝난 날이라고 할 것이다.

(마) 대법원 1996. 7. 26. 선고 94다23753 판결

원고와 피고는 이 사건 계약을 체결하면서 피고는 1992. 11. 10.까지 그가 제작한 발전기를 위 ○○아파트 공사현장에 설치하여 시운전하고 원고는 그 때까지 위 발전기를 인수하기로 하되, 위 발전기를 설치·시운전하기 전에 부천에 소재한 피고의 공장에서 원고 및 위 공사의 전기공사담당자의 입회 아래 위 발전기가 위 공사의 사양기준에 적합하게 제작되었는지 여부에 관한 피고의 자체검사를 거치며, 원고는 피고에게 위 잔

대금을 위 발전기의 설치·시운전 시에 지급하기로 약정한 사실, 피고는
이 사건 계약에서 정한 이행기가 도래하기 전인 1992. 10. 27. 위 발전기
를 제작한 다음 1992. 11. 5.경까지 사이에 원고에게 위 발전기의 자체검
사에 입회하여 줄 것 등 위 발전기의 설치·시운전에 협력하여 줄 것과
위 잔대금을 지급하여 줄 것을 여러 번 요청하였으나, 원고는 별다른 이
유를 대지 않은 채 위 요청에 응하지 아니한 사실, 그 후 원고는 1992.
12. 15.경 피고에게 위와 같은 내용의 위 발전기에 대한 입회검사를 위
KN협회의 성능검사로 변경할 것을 요청하였고 피고가 그 요청을 받아들
여서 1992. 12. 29. 위 성능검사가 시행된 사실, KN협회는 위 성능검사
서를 1993. 1. 초순경 피고에게 발급한 사실, 피고의 위 1993. 1. 8.자
통고서는 같은 달 9.에, 피고의 위 1993. 1. 11.자 해제통고서는 같은 달
12.에, 각 원고에게 도달한 사실 등을 알 수 있다. 이러한 사실을 원심이
인정한 사실과 합쳐 보면, 특별한 사정이 없는 한 이 사건 계약에 따른
피고의 위 발전기 설치·시운전채무와 원고의 위 잔대금채무는 동시이행
의 관계에 있다고 봄이 상당하다.

(3) 선박매매계약에서 수선하부검사

국제선박매매계약에서 많이 사용되는 NIPPONSALE 1999에 의한 표준
계약서 제6조는 수선하부검사(水線下部檢査, underwater inspection)에
관하여 다음과 같이 규정하고 있다.[51]

다이버(Diver)에 의한 수선하부검사는 매수인의 의사결정에 기하여 매도인
이 수배하고, 소속선급협회의 승인을 받은 다이버가 검사원의 입회하에 실
시한다. 검사비용은, 선급에 저촉되는 손상이 발견된 경우에는 매도인이 전
액을 부담하고, 손상이 발견되지 아니한 경우에는 매수인이 전액을 부담한
다. (i) 중대한 손상은 즉시 입거(入渠)하여 검사원의 지시로 수리하고, (ii)
경미한 손상은 쌍방 합의 하에 매도인이 매수인에게 수선비를 지급하거나,
(iii) 경미한 손상이라도 매도인이 수리한 후 인도할 것을 선택할 수 있다.

---

51) 吉丸昇, 「船舶賣買契約書の解說」(改訂版), 成山堂書店(2013), 201~229면.

(4) 계약에 명문의 규정이 없는 경우

위와 같은 판례 법리에 비추어 보면, 시험평가의 주체는 원칙적으로 수급인이 되고, 시험비용도 시험평가의 주체가 부담하는 것이 일반적이다. 다만 시험평가는 계약이행에 필요한 비용이므로, 도급금액의 산정에 포함하도록 하는 것이 바람직하다. 만약 제작사가 도급계약의 내용에 시험평가과정에서 발생하는 소음으로 인한 손해배상에 관한 것은 포함되지 않은 경우에는, 손해배상액은 제작사가 계약이행의 본질적인 의무인 시험비행을 수행하는 과정에서 제작사의 귀책사유 없이 불가항력적으로 발생한 비용이므로, 직접경비에 해당할 가능성이 높다. 이 경우 방위사업법, 국가를 당사자로 하는 계약에 관한 법률(이하 '국가계약법')의 적용여부 등을 검토하여야 한다.

마. 방위사업법상 개산계약을 체결한 경우

시제기 납품계약은 차세대 전투기를 개발하는 것을 목적으로 하고 있고 이는 방산물자에 해당하므로, 방위사업법 제46조 제1항에 따라 계약의 종류·내용·방법 등에 있어 방위사업법령이 국가계약법보다 우선 적용된다. 일반개산계약(一般槪算契約)은 연구 또는 시제생산 등 원가자료 획득이 곤란한 경우 계약이행 후 산정된 실제 발생원가를 기초로 계약금액을 정하는 방식이다. 만약 제작사가 국가계약법 시행령 제70조에 규정된 일반개산계약을 체결한 경우라면, 대한민국을 상대로 손해배상액을 정산원가에 포함해달라고 하는 내용으로 정산원가조정을 요청하는 것이 타당하다.

[참고 조문]

1. 국가를 당사자로 하는 계약에 관한 법률 (이하 '국가계약법')

제5조(계약의 원칙) ① 계약은 서로 대등한 입장에서 당사자의 합의에 따라 체결되어야 하며, 당사자는 계약의 내용을 신의성실의 원칙에 따라 이행하여야 한다.

2. 국가를 당사자로 하는 계약에 관한 법률 시행령

제9조(예정가격의 결정기준) ① 각 중앙관서의 장 또는 계약담당공무원은 다음 각 호의 가격을 기준으로 하여 예정가격을 결정하여야 한다.

1. 적정한 거래가 형성된 경우에는 그 거래실례가격(법령의 규정에 의하여 가격이 결정된 경우에는 그 결정가격의 범위 안에서의 거래실례가격)

2. 신규개발품이거나 특수규격품등의 특수한 물품·공사·용역 등 계약의 특수성으로 인하여 적정한 거래실례가격이 없는 경우에는 원가계산에 의한 가격. 이 경우 원가계산에 의한 가격은 계약의 목적이 되는 물품·공사·용역 등을 구성하는 재료비·노무비·경비와 일반관리비 및 이윤으로 이를 계산한다.

3. 공사의 경우 이미 수행한 사업을 토대로 축적한 실적공사비로서 중앙관서의 장이 인정한 가격

4. 제1호 내지 제3호의 규정에 의한 가격에 의할 수 없는 경우에는 감정가격, 유사한 물품·공사·용역등의 거래실례가격 또는 견적가격

② 제1항의 규정에 불구하고 해외로부터 수입하고 있는 군용물자부품을 국산화한 업체와 계약을 체결하려는 경우에는 그 수입가격 등을 고려하여 방위사업청장이 인정한 가격을 기준으로 하여 예정가격을 결정할 수 있다.

③ 각 중앙관서의 장 또는 계약담당공무원은 제1항의 규정에 의하여 예정가격을 결정함에 있어서는 계약수량, 이행기간, 수급상황, 계약조건 기타 제반여건을 참작하여야 한다.

제70조(개산계약) ① 각 중앙관서의 장 또는 계약담당공무원은 법 제23조의 규정에 의하여 개산계약을 체결하고자 할 때에는 미리 개산가격을 결정하여야 한다.

② 각 중앙관서의 장은 제1항의 규정에 의하여 개산계약을 체결하고자 할 때에는 입찰 전에 계약목적물의 특성·계약수량 및 이행기간 등을 고려하여 원가검토에 필요한 기준 및 절차 등을 정하여야 하며, 이를 입찰에 참가하고자 하는 자가 열람할 수 있도록 하여야 한다.

③ 계약담당공무원은 제1항의 규정에 의하여 개산계약을 체결한 때에는 이를 감사원에 통지하여야 하며, 계약의 이행이 완료된 후에는 제9조 및 제2항의 규정에 의한 기준 등에 따라 정산하여 소속중앙관서의 장의 승인을 얻어야 한다.

3. 방위사업법

제22조(성능개량) ① 방위사업청장은 운용 중인 무기체계 또는 생산단계에 있는 무기체계의 성능 및 품질향상을 위하여 성능개량을 추진할 수 있다.

② 제1항의 규정에 불구하고 무기체계의 운용환경이 현저히 변경되거나 무기체계의 중대한 운용성능이 변경되는 경우에는 제15조의 규정에 의한 소요결정절차에 따라 추진한다.

③ 제1항의 규정에 의한 성능개량의 추진절차 등에 관하여 필요한 사항은 국방부령으로 정한다.

제46조(계약의 특례 등) ① 정부는 방산물자와 무기체계의 운용에 필수적인 수리부속품을 조달하거나 제18조 제4항에 따라 연구 또는 시제품생산(이와 관련된 연구용역을 포함한다)을 하게 하는 경우에는 단기계약·장기계약·확정계약 또는 개산계약을 체결할 수 있다. 이 경우 「국가를 당사자로 하는 계약에 관한 법률」 및 관계법령의 규정에 불구하고 계약의 종류·내용·방법, 그 밖에 필요한 사항은 대통령령으로 정한다.

② 제1항의 규정에 의한 계약을 체결하는 경우에 그 성질상 착수금 및 중도금을 지급할 필요가 있다고 인정되는 때에는 당해 연도 예산에 계상된 범위 안에서 착수금 및 중도금을 지급할 수 있다. 이 경우 지급된 착수금 및 중도금은 당해 계약의 수행을 위한 용도 외에 사용하여서는 아니 된다.

③ 제1항의 규정에 의한 계약을 체결하는 경우에 원가계산의 기준 및 방법과 제2항의 규정에 의한 착수금 및 중도금의 지급기준· 지급방법 및 지급절차는 국방부령으로 정한다. 이 경우 국방부장관은 미리 기획재정부장관과 협의하여야 한다.

④ 제1항의 규정에 의한 계약 중 장기계약을 체결한 경우에 지급되는 착수금 및 중도금에 대하여는 「국가를 당사자로 하는 계약에 관한 법률」 및 관계법령의 규정에 불구하고 계약물품을 최종납품할 때까지 정산을 유예할 수 있다.

4. 방위사업법 시행령

제61조(계약의 종류·내용 및 방법 등) ① 법 제46조 제1항의 규정에 의한 계약은 다음 각 호와 같이 구분하여 체결한다.

9. 일반개산계약 : 계약을 체결하는 때에 계약금액을 확정할 수 있는 원가자료가 없어 계약금액을 계약이행 후에 확정하고자 하는 경우

② 제1항 제3호부터 제6호까지, 제8호부터 제10호까지 및 제12호에 따른 계약을 체결하여 계약의 이행이 완료된 후에는 「국가를 당사자로 하는 계약에 관한 법률 시행령」 제70조 제3항의 규정에 의하여 방위사업청장의 승인을 얻어야 한다. 다만, 부대조달로 계약을 체결하여 계약의 이행이 완료된 후에는 「국가를 당사자로 하는 계약에 관한 법률 시행령」 제70조 제3항에도 불구하고 각군 참모총장 또는 국방부직할기관의 장의 승인을 얻어야 한다.

5. 방산원가대상물자의 원가계산에 관한 규칙

제2조 8. 정산원가란 개산계약 체결분에 대한 계약금액의 결정을 위하여 해당 계약을 이행할 때에 실제 발생된 원가자료를 기초로 하여 당초의 개산원가를 수정한 원가를 말한다.

제28조 ② 정산원가 계산에서 재료비·직접노무비 및 직접경비는 계약이행을 위하여 실제 발생된 원가 자료를 기준으로 하고, 간접노무비·간접경비·일반관리비·투하자본보상비 및 이윤은 해당 계약의 납품일 현재 시행되는 기준을 적용하여 계산한다.

6. 방위산업에 관한 계약사무 처리규칙

제2조 1. 계약금액이란 확정계약의 경우에는 계약을 체결할 때 예정가격에 기초하여 계약당사자가 합의하여 정하는 금액을 말하고, 개산계약의 경우에는 계약이행 중 또는 계약이행 후에 산정된 실제발생원가에 기초하여 결정된 금액을 말한다.

9. 실제발생원가란 계약이행기간 중 또는 계약이행 후에 획득한 원가자료에 기초하여 방산원가대상물자의 원가계산에 관한 규칙에 따라 산정한 총원가를 말한다.

제32조 계약은 개산가격에 따라 체결하고 계약금액은 계약이행 후 방산원가대상물자의 원가계산에 관한 규칙에 따라 산정된 실제발생원가에 기초하여 정산한다.

7. 방산원가 대상물자의 원가계산에 관한 시행규칙

제6조 ② 규칙 제11조 제1항 단서조항에 의거 소요량을 산출하는 경우에는 다음 각 호의 소비량을 포함하지 아니한다.

3. 고의 또는 중대한 과실 및 부적절한 관리로 인하여 발생한 소비량

바. 국가계약법상 협약금액 증액청구

만약 제작사가 대한민국과 사이에 차세대 전투기 개발에 관한 국가연구개발 사업에 관한 협약을 체결한 것이라면, 과학기술기본법 제11조 등에 의하여 협약금액의 증액을 청구할 수 있다.

[참고 판례]

대법원 2017. 11. 9. 선고 2015다215526 판결

(1) 피고 대한민국은 군이 운용 중이던 노후화된 외국산 헬기를 국산화하여 전력화함과 아울러 군용 헬기는 물론 민수 헬기에도 사용할 수 있는 민·군 겸용 구성품을 개발하여 장차 민간에서 사용하는 헬기를 독자적으로 생산할 수 있는 기반을 마련하고자, 한국형 기동헬기를 국내 연구개발을 통하여 획득하는 것을 목표로 2005년경부터 '한국형 헬기 개발사업'(Korean Helicopter Program, 이하 'KHP사업')을 산업자원부와 방위사업청의 주관하에 국책사업으로 추진하기로 결정하였다.

(2) 이 사건 KHP사업에 관하여 원고 한국항공우주산업 주식회사, 국방과학연구소 및 한국항공우주연구원 등이 공동으로 개발주관사업자로 참여하였는데, 원고는 분담된 체계 및 구성품 개발업무 수행, 체계규격서 작성, 체계개발동의서 작성, 개발시험평가 수행 및 운용시험평가 지원을 통하여 체계개발을 종합적으로 주관하고 체계결합을 책임지는 역할을, 국방과학연구소 및 한국항공우주연구원은 이를 지원하고 민·군 겸용 핵심구성품 및 군용 핵심구성품 일부를 책임지는 역할을 각기 담당하기로 하였다.

(3) 이에 피고 산하 방위사업청(이하 '피고')은 2006. 6. 7. 원고와 사이에 '한국형헬기 민군겸용 핵심구성품 개발' 협약(이하 '이 사건 협약')을 체결하였다. 그 주요 내용은 헬기기술자립화사업으로서 기어박스 등 12개 부품 및 기술을 개발하는 것이고, 협약금액은 133,015,000,000원(정부출연 106,412,005,000원, 업체투자 26,602,995,000원)이며, 협약기간은 2006. 6. 1.부터 2012. 6. 30.까지, 납품일자는 2008. 10. 30.부터 2012. 6. 30.까지로 되어 있다.

(4) 원고는 협약을 이행하는 과정에서 환율변동 및 물가상승 등 외부적 요

인 때문에 협약금액을 초과하는 비용이 발생하였다고 주장하면서, 2013. 4. 30. 서울중앙지방법원 2013가합518172호로 피고 대한민국을 상대로 초과비용의 지급을 구하는 민사상 소를 제기하였다.

사. 현행법상 시제기 운항에 따른 구상관계의 문제점

제작사가 시제기 비행시험으로 인하여 대한민국에 구상의무를 부담하는 경우는 (i) 시험비행 전 소음등고선(군용기를 운용하는 경우의 소음등고선)과 시험비행 후 소음등고선(시제와 안전추적기에 의하여 발생하는 소음을 고려하여 작성한 소음등고선)에 차이가 있는 경우, (ii) 소음등고선에 차이가 없는 경우로 나누어서 살펴보아야 한다.

(1) 소음등고선에 차이가 있는 경우

소음등고선에 의하여 소음대책지역과 주민 수가 달라진 경우에는 이로 인하여 차이가 발생한 보상액 중 50%(나머지 50%는 안전추적기를 운행하는 대한민국이 책임을 부담함)를 제작사가 부담하여야 한다.

[예시 1]

아래 표는 제작사가 매월 부담하여야 할 손해배상액의 계산에 관한 예시이다[제1종 구역은 월 6만 원, (ii) 제2종 구역은 월 4만 5천 원, (iii) 제3종 구역은 월 3만 원임, 시행령 제11조 제2항].

소음대책 지역	시험비행 전 대상주민 수	시험비행 후 대상주민 수	증가된 보상액	제작사의 책임액 (50%)
제1종 구역	5,000명	8,000명	180,000,000원 (= 3,000명 × 60,000원)	90,000,000원
제2종 구역	10,000명	14,000명	180,000,000원 (= 4,000명 × 45,000원)	90,000,000원
제3종 구역	20,000명	25,000명	150,000,000원 (= 5,000명 × 30,000원)	75,000,000원

(2) 소음등고선에 차이가 없는 경우

시험비행 이후에도 사천공항 인근 소음대책지역에 관한 소음등고선에 전후 차이가 전혀 없는 경우에는, 제작사는 사천공항 전체 이착륙 횟수 중 시제기 이착륙 수가 차지하는 비율만큼 손해배상책임을 부담한다고 보아야 한다.[52]

[참고 판례]

대법원 2015. 10. 15. 선고 2013다23914 판결
광주공군비행장의 비행은 T-50 이글, F-5 팬텀 전투기의 훈련이 주된 것인데, 감정인의 1차 측정 기간(2006. 9. 25. ~ 2006. 10. 1.)에 F-5 팬텀 전투기는 200회, T-50 이글 전투기는 5회, 2차 측정 기간(2007. 4. 2. ~ 2007. 4. 8.)에 F-5 팬텀 전투기는 179회, T-50 이글 전투기는 30회 각 출격하였다.

서울중앙지방법원 2011. 6. 29 선고 2009가합71652 판결
오산비행장의 비행은 1주일에 5일 정도 실시되고, 1일 운항횟수는 평균 149회 정도인데, 적게는 119회에서 많게는 179회 정도로 불규칙하다.

[예시 2]

사천공항 월 평균 항공기 이착륙횟수가 5,000회, 제작사의 시험비행 이착륙횟수가 월 평균 100회[53]인 경우, 제작사가 매월 부담하는 손해배상액은 전체 손실보상액 중 2%(=100÷5,000)가 된다.

---

52) 소음등고선에 차이가 없다는 것은 제작사가 운용하는 시제기로 인한 소음과 사천공항에서 이착륙하는 다른 항공기로 인한 소음에 질적인 차이가 없다는 것을 의미한다.
53) KAI의 KF-X 시험비행은 3년 8개월 동안 약 2,200소티가 예정되어 있으므로, 평균적으로 매일 1.65소티가 예상된다. 소티는 이륙과 착륙을 모두 포함하는 개념이므로, 평균적으로 매일 약 3.3회의 이착륙이 예상된다.

소음대책지역	대상주민 수	손실보상액	제작사의 책임액 (2%)
제1종 구역	5,000명	300,000,000원 (= 5,000명 × 60,000원)	6,000,000원
제2종 구역	10,000명	450,000,000원 (= 10,000명 × 45,000원)	9,000,000원
제3종 구역	20,000명	600,000,000원 (= 20,000명 × 30,000원)	12,000,000원

아. 군소음보상법의 개정안

(1) 군용기운용법 개정의 부적절

제작사가 시제기를 개발하여 시험비행을 하는 것은 대한민국의 국방력을 강화하기 위한 것이다. 그런데 현행 「군용항공기 운용 등에 관한 법률」(이하 '군용기운용법')에 의하면, "군용항공기"란 군이 사용하는 비행기·회전익항공기·무인항공기·비행선(飛行船)·활공기(滑空機), 그 밖의 항공기기를 말하고(군용기운용법 제2조 제1호), 시제기는 제외된다. 군용기운용법은 군용항공기의 운용 등에 관하여 필요한 사항을 정함으로써 항공작전의 원활한 수행과 군용항공기의 비행 안전을 도모하여 국가안전보장에 이바지함을 목적으로 하는 법률이므로, 군용기운용법의 개정을 통하여 시제기의 운용으로 인한 소음에 관한 손실을 보상하게 하는 방안은 부적절하다. 그러므로 군소음보상법을 개정하여, 군용항공기 사업을 진행하는 과정에서 시제기를 운용하는 경우에도 군소음보상법이 적용되도록 규정하는 것이 바람직하다.

(2) 개정안

「군용항공기 비행안전성 인증에 관한 법률」 제2조 제4호에서는 '군용항공기를 연구·개발하는 사업'도 군용항공기 사업으로 규정하고 있다. 또한 연구·시험·수출·홍보 등을 위하여 한시적으로 운용하는 군용항공기에 대하여는 별도의 감항인증을 받도록 규정하고 있다.

[참고 조문]

「군용항공기 비행안전성 인증에 관한 법률」

제2조(정의) 이 법에서 사용하는 용어의 뜻은 다음과 같다.

   4. "군용항공기 사업"이란 다음 각 목의 어느 하나에 해당하는 사업을 말한다.

      가. 군용항공기를 연구·개발하는 사업

      나. 군용항공기를 구매하는 사업

      다. 군용항공기를 개조·개량하는 사업

      라. 군용항공기의 부품·구성품 및 무기·장비 등을 제작·개조 또는 개량하여 군용항공기에 장착하는 사업

   5. "사업관리기관"이란 개별 군용항공기 사업의 모든 과정을 관리하는 방위사업청 소속 기관, 육군·해군·공군(이하 "각 군"이라 한다), 정부출연기관 또는 군용항공기 관련 업체 등과 이들로부터 군용항공기 사업에 관한 권한을 위임·위탁받은 자를 말한다.

제4조의2(연구 등 목적의 감항인증) ① 제4조에도 불구하고 연구·시험·수출·홍보 등을 위하여 한시적으로 운용하는 군용항공기에 관하여 감항인증을 받고자 하는 사업관리기관의 장은 국방부령으로 정하는 바에 따라 방위사업청장에게 감항인증을 신청할 수 있다.

  ② 방위사업청장은 제1항에 따른 신청을 검토하여 군용항공기가 비행에 안전하다고 판단되는 경우 비행 제한사항 및 비행안전을 위한 조건 등 국방부령으로 정하는 사항을 포함한 감항인증서를 신청기관의 장에게 발급하여야 한다. 이 경우 군용항공기의 감항성에 중대한 영향을 미치게 될 경우에는 제7조에 따른 감항인증심의위원회의 심의·의결을 거쳐야 한다.

따라서 군소음보상법 제2조 제1호에 규정된 '군용항공기', 제6호에 규정된 '소음영향도'의 내용을 다음과 같이 개정하는 것이 바람직하다. 이 경우 제작사가 운용하는 시제기의 시험비행으로 인한 소음도 군소음보상법상 보상대상에 포함되고, 대한민국이 보상의 주체가 되는 이상 제작사는 별도로 구상권의 행사대상에서 제외된다고 보는 것이 타당하다.

현행 규정	개정안
제2조(정의) 이 법에서 사용하는 용어의 뜻은 다음과 같다. 1. "군용항공기"란 「군용항공기 운용 등에 관한 법률」 제2조제1호에 따른 군용항공기를 말한다.	제2조(정의) 이 법에서 사용하는 용어의 뜻은 다음과 같다. 1. "군용항공기"란 「군용항공기 운용 등에 관한 법률」 제2조제1호에 따른 군용항공기 및 「군용항공기 비행안전성 인증에 관한 법률」 제2조 제4호에 따른 군용항공기를 연구·개발하는 사업의 수행을 위하여 같은 조 제5호에 따른 사업관리기관이 연구·시험 등을 위하여 한시적으로 운용하는 항공기를 말한다.
6. "소음영향도"란 군용항공기의 운항 및 군사격장에서의 사격 훈련 시 측정된 소음도에 소음 발생 횟수 및 시간대 등을 고려하여 국방부령으로 정하는 방법에 따라 산정한 값을 말한다.	6. "소음영향도"란 군용항공기의 운항(「군용항공기 비행안전성 인증에 관한 법률」 제2조 제4호에 따른 군용항공기 사업의 수행을 위하여 같은 조 제5호에 따른 사업관리기관이 실시하는 시험비행 등을 포함한다) 및 군사격장에서의 사격 훈련 시 측정된 소음도에 소음 발생 횟수 및 시간대 등을 고려하여 국방부령으로 정하는 방법에 따라 산정한 값을 말한다.

Ⅱ. 군용비행장

1. 개 념

'항공작전기지'란 군의 항공작전의 근거지로서 (i) 전술항공작전기지(군의 전술항공기를 운용할 수 있는 기지), 지원항공작전기지(군의 지원항공기를 운용할 수 있는 기지), (ii) 헬기전용작전기지(군의 회전익항공기를 운용할 수 있는 기지), (iii)예비항공작전기지(전시·사변 또는 이에 준하는 비상시에 항공작전기지로 활용할 수 있는 비상활주로, 헬기예비작전기지 및 민간비행장)을 말한다(「군사기지 및 군사시설 보호법」 제2조 제4호).

본법상 군용비행장[54]이란 「군사기지 및 군사시설 보호법」 제2조 제4

---

54) 참고로 「군용항공기 운용 등에 관한 법률」에서 '군용비행장'이란 군용항공기의 이륙·착

호 가.목부터 다.목까지의 규정에 따른 전술항공작전기지(부산광역시 강서구에 위치한 전술항공작전기지는 제외한다), 지원항공작전기지 및 헬기전용작전기지를 말한다(법 제2조 제2호). 예비항공작전기지는 본법상 군용비행장에 포함되지 아니한다. 부산광역시 강서구 김해국제공항에 위치한 전술항공작전기지(K-1기지)는 본법의 적용대상에서 제외되는데, 이는 「공항소음 방지 및 소음대책지역 지원에 관한 법률」 제2조 제4호 단서에서 "다만, 「군사기지 및 군사시설 보호법」 제2조 제4호 가.목부터 다.목까지의 규정에 따른 항공작전기지를 겸하는 공항은 제외하되, 부산광역시 강서구에 있는 공항은 포함한다."고 규정하여, 부산광역시 강서구에 위치한 전술항공작전기지는 공항소음방지법의 적용대상이 되기 때문이다.

2. 군용비행장의 현황

가. 총 괄

2020. 11. 현재 작전기지(군용비행장)의 총괄표는 다음과 같다.[55]

구분	전술항공	지원항공	헬기전용	합계
개소수	15	11	22	48

나. 전술항공작전기지[56]

번호	구분	위치	번호	구분	위치
1	K-2	대구광역시 동구	9	K-46	강원도 원주시
2	K-3	경상북도 포항시	10	K-55	경기도 평택시
3	K-4	경상남도 사천시	11	K-57	광주광역시 광산구
4	K-6	경기도 평택시	12	K-58	경상북도 예천군
5	K-8	전라북도 군산시	13	K-59	충청북도 청원군

류(이수 및 착수를 포함한다)을 위하여 사용되는 육지 또는 수면의 일정한 구역을 말한다(「군용항공기 운용 등에 관한 법률」 제2조 제2호).

55) 「제1차 소음대책지역 소음 방지 및 소음피해 보상에 관한 기본계획」, 국방부(2020), 5면.

56) 「제1차 소음대책지역 소음 방지 및 소음피해 보상에 관한 기본계획」, 국방부(2020), 5면. K-6, K-8, K-55는 미군기지이다.

6	K − 13	경기도 수원시	14	K − 75	충청북도 충주시
7	K − 16	경기도 성남시	15	K − 76	충청남도 서산시
8	K − 18	강원도 강릉시			

다. 지원항공작전기지[57]

번호	구분	위치	번호	구분	위치
1	K − 10	경상남도 진해시	9	G − 404	강원도 양구군
2	K − 53	인천광역시 옹진군	10	G − 407	강원도 양양군
3	K − 60	충청북도 청원군	11	G − 505	충청남도 연기군
4	G − 113	경기도 고양시	12	G − 510	경기도 이천시
5	G − 217	경기도 포천시	13	G − 536	충청남도 논산시
6	G − 222	경기도 양주시			

라. 헬기전용작전기지[58]

번호	구분	위치	번호	구분	위치
1	G − 15	전라남도 목포시	12	G − 312	강원도 화천군
2	G − 103	인천광역시 부평구	13	G − 313	강원도 화천군
3	G − 110	경기도 파주시	14	G − 419	강원도 홍천군
4	G − 213	경기도 가평군	15	G − 420	강원도 인제군
5	G − 231	경기도 포천시	16	G − 501	경기도 용인시
6	G − 237	강원도 철원군	17	G − 532	충청남도 연기군
7	G − 280	경기도 하남시	18	G − 610	충청북도 음성군
8	G − 218	경기도 양주시	19	G − 801	경상북도 영천시
9	G − 290	경기도 남양주시	20	G − 107	경기도 김포시
10	G − 301	경기도 양평군	21	G − 703	전라북도 전주시
11	G − 307	강원도 춘천시	22	N − 234	경기도 평택시

---

57) 「제1차 소음대책지역 소음 방지 및 소음피해 보상에 관한 기본계획」, 국방부(2020), 5면.
58) 「제1차 소음대책지역 소음 방지 및 소음피해 보상에 관한 기본계획」, 국방부(2020), 6면.

Ⅲ. 군사격장

1. 개 념

'군사격장'이란 군이 활용할 목적으로 사격을 할 수 있도록 시설을 갖춘 특정 장소를 말한다.[59] '군사격장 소음'이란 화기에서의 사격(발사), 표적지, 군사격장 내에서의 이동(군용항공기, 전차 등), 피탄지(폭발) 등에서 발생하는 소음을 말한다(군용비행장·군사격장 소음영향도 조사 예규 제2조 제2호).

2. 군사격장 현황[60]

가. 군사격장 총괄표

구분	대형화기	소형화기	합계
개소수	130	1,004	1,134

나. 대형화기(20㎜ 이상 구경) 사격장

구분	항공기	포	전차	기타[61]	합계
개소수	9	49	3	69	130

다. 소형화기(20㎜ 미만 구경) 사격장

구분	공용화기	개인화기	영점			기타	합계
			실내	실외	소계		
개소수	57	287	25	595	620	40	1,004

---

59) 독일 항공기소음방지법상 군용비행장(militärische Flugplätze)에는 군사상 공중사격장과 지상사격장이 포함된다. 서울대학교 환경소음진동연구센터, 「해외주둔미군 비행장/사격장 소음대책에 관한 연구」, 국방부(2002), 64~65면.
60) 「제1차 소음대책지역 소음 방지 및 소음피해 보상에 관한 기본계획」, 국방부(2020), 6면.
61) 대전차화기, 대공화기, 박격포 등 공용화기.

Ⅳ. 소음대책지역

'소음대책지역'이란 군용비행장 및 군사격장의 운용으로 발생한 소음피해가 있는 지역으로서 소음피해 보상금 지급 등을 추진하기 위하여 국방부장관이 법 제5조 제1항에 따라 지정·고시한 지역을 말한다(법 제2조 제3호). 국방부장관은 중앙소음대책심의위원회의 심의를 거쳐 소음영향도를 기준으로 대통령령으로 정하는 바에 따라 제1종 구역, 제2종 구역 및 제3종 구역으로 소음대책지역을 지정·고시하여야 한다. 군용비행장 및 군사격장의 운용으로 인하여 아무리 중한 소음피해가 발생하더라도 국방부장관의 지정·고시행위가 있기 전에는 소음대책지역에 해당하지 아니한다.

Ⅴ. 소음피해 보상

'소음피해 보상'이란 소음대책지역 주민들 중 소음피해가 일정 수준을 넘어서는 주민들의 피해에 대하여 보상금을 지급하는 것을 말한다(법 제2조 제4호). 손실보상은 공공사업의 시행과 같이 적법한 공권력의 행사로 가하여진 재산상의 특별한 희생에 대하여 전체적인 공평부담의 입장에서 인정되는 것이다.[62] 이와 달리 손해배상은 위법한 행위로 인한 손해를 전보하는 것을 말한다. 군소음보상법은 소음피해가 일정 수준을 넘어서는 경우에는 위법한 것으로 인정하고, 주민이 입은 손해 중 정신적 손해에 대하여 법령이 정한 정액보상을 실시함으로써, 손해의 일부를 일률적으로 전보하는 제도를 도입하였기 때문에 '소음피해보상'이라는 용어를 사용하고 있다. 그러므로 이는 그 명칭에도 불구하고 손해배상의 성격을 지닌다.

---

62) 대법원 2014. 5. 29. 선고 2013두12478 판결.

VI. 소음영향도

1. 개 념

'소음영향도'란 군용항공기의 운항 및 군사격장에서의 사격 훈련 시 측정된 소음도에 소음 발생 횟수 및 시간대 등을 고려하여 국방부령으로 정하는 방법에 따라 산정한 값을 말한다(법 제2조 제6호). 시행규칙 제2조, [별표 1]에서 소음영향도의 산정방법을 자세히 규정하고 있다.

2. 개정안

시제기 운항에 따른 소음피해도 본법이 적용되도록 하려면 본조 제1호 군용기의 개정안에서 논의한 바와 같은 취지로, 현재의 "군용항공기의 운항"을 "군용항공기의 운항(「군용항공기 비행안전성 인증에 관한 법률」 제2조 제4호에 따른 군용항공기 사업의 수행을 위하여 같은 조 제5호에 따른 사업관리기관이 실시하는 시험비행 등을 포함한다)"으로 개정할 필요가 있다.

3. 소음영향도의 산정방법

가. 군용비행장

$$\text{WECPNL} = \overline{L}_{\max} + 10\log N - 27$$

$L_{\max}$는 항공기 소음에 대하여 하루 단위로 계산한 평균최고소음도로서 다음의 산정방법에 따라 계산한 값을 말한다. 이 경우 n은 하루 동안의 항공기 소음 측정 횟수를, L_i는 i번째 발생한 항공기 소음의 최고소음도를 말한다.

$$\overline{L}_{\max} = 10\log\left[(1/n)\sum_{i=1}^{n}10^{0.1L_i}\right] dB(A)$$

N은 하루 동안 발생한 항공기 소음의 횟수로서 다음의 산정방법에

따라 계산한 값을 말한다. 이 경우 N_1은 오전 0시부터 오전 7시 전까지
의 횟수를, N_2는 오전 7시부터 오후 7시 전까지의 횟수를, N_3은 오후 7
시부터 오후 10시 전까지의 횟수를, N_4는 오후 10시부터 오후 12시 전
까지의 횟수를 말한다.

$$N = N_2 + 3N_3 + 10(N_1 + N_4)$$

나. 소형화기 군사격장

$$L_{\text{R dn}} = 10\log\left[\sum_{i=1}^{n} 10^{\frac{L_{RAE,di}}{10}} + \sum_{j=1}^{m} 10^{\frac{L_{RAE,nj}+10}{10}}\right] - 10\log T$$

T는 초 단위의 측정시간으로서 다음의 산정방법에 따라 계산한 값을
말한다. 이 경우 T_d는 오전 7시부터 오후 10시 전까지의 측정시간을, T_n
은 오후 10시부터 다음 날 오전 7시 전까지의 측정시간을 말한다.

$$T = T_d + T_n$$

$L_{RAE,di}$와 $L_{RAE,nj}$는 군사격장에서 각각 주간과 야간 시간대에 발생하는
소형화기의 소음노출레벨에 소형화기 충격소음 보정값($K_S = 12 dB$)을 더한
A－가중 평가소음노출레벨로서, di는 주간 시간대에 발생한 i번째 사격
이벤트를, nj는 야간 시간대에 발생한 j번째 사격 소음 이벤트를 말하
고, 다음의 산정방법에 따라 계산한다.

$$L_{RAE} = L_{AE} + K_S$$

$$L_{AE} = 10\log\left[\sum_{i=1}^{n} 10^{0.1 L_{Aeq,1s,i}}\right] dB(A)$$

이 경우 $L_{Aeq,1s,i}$는 i번째 사격 이벤트에서 발생한 소음이 배경소음보다

10dB 이상 큰 1초 단위의 A-가중 등가소음도를 말한다.

다. 대형화기 군사격장

$$L_{Rdn} = 10\log\left[\sum_{i=1}^{n} 10^{\frac{L_{RCE,di}}{10}} + \sum_{j=1}^{m} 10^{\frac{L_{RCE,nj}+10}{10}}\right] - 10\log T$$

$L_{RCE,di}$와 $L_{RCE,nj}$는 군사격장에서 각각 주간과 야간 시간대에 발생하는 대형화기의 소음노출레벨에 대형화기 충격소음 보정값($K_L = 18dB$)을 더한 C-가중 평가소음노출레벨로서, di는 주간 시간대에 발생한 i번째 사격 이벤트를, nj는 야간 시간대에 발생한 j번째 사격 소음 이벤트를 말하고, 다음의 산정방법에 따라 계산한다.

$$L_{RCE} = L_{CE} + K_L$$

$$L_{CE} = 10\log\left[\sum_{i=1}^{n} 10^{0.1L_{Cz,1s,i}}\right] dB(C)$$

이 경우 $L_{Ceq,1s,i}$는 i번째 사격 이벤트에서 발생한 소음이 배경소음보다 10dB 이상 큰 1초 단위의 C-가중 등가소음도를 말한다.

제3조(다른 법률과의 관계)

> **제3조(다른 법률과의 관계)** 이 법은 군용비행장 및 군사격장의 소음 방지 및 소음피해 보상에 관하여 다른 법률에 우선하여 적용한다.

Ⅰ. 의 의

법령적용에서는 상위법 우선의 원칙, 특별법 우선의 원칙, 신법 우선의 원칙 등이 적용된다. 본조에서는 군용비행장 및 군사격장의 소음 방지 및 소음피해 보상에 관하여 본법이 다른 법률에 대하여 특별법의 관계가 있다는 점을 선언하고 있다.

Ⅱ. 내 용

1. 특별법의 지위

군소음보상법은 군용비행장 및 군사격장의 소음 방지 및 소음피해 보상에 관하여 다른 법률에 우선하여 적용한다(법 제3조). 군용비행장과 군사격장의 운용에 따른 피해방지 및 손해배상에 관하여는 민법, 국가배상법 등이 적용된다. 국가가 운용하는 영조물 중 군용비행장과 군사격장의 운용과정에서 발생하는 소음에 관하여 소음의 방지조치와 소음으로 인한 피해 보상에 관하여는 본법이 특별법의 지위에 있으므로, 본법을 우선 적용하여야 한다. 이와 달리, 군용비행장 및 군사격장의 소음 방지 및 소음피해 보상 이외의 사항(예를 들면, 군용항공기 사고로 주민의 재산권에 손해가 발생한 경우)에 관하여는 본법에서 규정하고 있지 아니하므로, 위와 같은 사항에 대하여는 원칙으로 돌아가서 일반법인 민법, 국가배상법 등이 적용된다.

2. 상법 제6편 제3장은 적용되지 아니함

상법 제6편에서는 항공운송과 지상 제3자의 손해에 대한 책임에 관하여 규정하고 있다. 특히 제6편 제3장에서 항공기 운항자는 비행 중인 항공기 또는 항공기로부터 떨어진 사람이나 물건으로 인하여 사망하거나 상해 또는 재산상 손해를 입은 지상(지하, 수면 또는 수중을 포함한다)의 제3자에 대하여 손해배상책임을 지도록 규정하고 있는데, 상법 제6편은 군용항공기에 적용되지 아니한다.[1] 그러므로 군용기 또는 군용기로부터 떨어진 사람이나 물건으로 인하여 사망하거나 상해 또는 재산상 손해를 입은 지상의 제3자에 대한 손해배상에 관하여는 민법, 국가배상법이 적용된다.

---

1) 상법 제897조 단서, 상법 시행령 제48조 제1호.

제4조(국가와 지방자치단체의 책무)

제4조(국가와 지방자치단체의 책무)

① 국가와 지방자치단체는 소음대책지역에 거주하는 주민의 쾌적하고 건강한 생활환경을 조성하기 위하여 필요한 대책을 수립·시행하여야 한다.

② 국가와 지방자치단체는 제1항에 따른 대책에 드는 재원을 우선적으로 확보하기 위하여 노력하여야 한다.

I. 의 의

헌법 제35조 제1항은 "모든 국민은 건강하고 쾌적한 환경에서 생활할 권리를 가지며, 국가와 국민은 환경보전을 위하여 노력하여야 한다."고 규정하여 환경권을 헌법상의 기본권으로 명시함과 동시에 국가와 국민에게 환경보전을 위하여 노력할 의무를 부과하므로, 국가는 각종 개발·건설 계획을 수립하고 시행함에 있어 소중한 자연환경을 보호하여 그 자연환경 속에서 살아가는 국민들이 건강하고 쾌적한 삶을 영위할 수 있도록 보장하고 나아가 우리의 후손에게 이를 물려줄 수 있도록 적극적인 조치를 취하여야 할 책무를 부담한다.[1]

군용비행장과 군사격장의 운용은 국가의 존립과 번영을 위하여 반드시 필요하다. 그러나 군용비행장과 군사격장의 운용에 따른 소음으로 소음대책지역에 거주하는 주민이 건강하고 쾌적한 환경에서 생활할 권리를 방해받아서는 안 된다. 본조는 주민의 환경권을 실효적으로 보장하기 위하여 국가와 지방자치단체에게 쾌적하고 건강한 생활환경을 조성하기 위하여 필요한 대책과 재원의 우선적 확보 노력에 관하여 규정하고 있다.

[1) 대법원 2006. 6. 2.자 2004마1148 결정.

Ⅱ. 내 용

1. 쾌적하고 건강한 생활환경 조성 대책의 수립·시행

국가와 지방자치단체는 소음대책지역에 거주하는 주민의 쾌적하고 건강한 생활환경을 조성하기 위하여 필요한 대책을 수립·시행하여야 한다(법 제4조 제1항). 본법 제11조에서는 이륙·착륙 절차의 개선에 관하여, 제12조에서는 야간비행 및 야간사격 등의 제한에 관하여 규정하고 있다.

일반적인 항공기소음대책으로 크게는 소음발생원 대책, 공항주변 대책이 있는데, 소음발생원 대책으로는 저소음 항공기의 도입, 이·착륙 방식 및 절차의 개선, 야간비행제한 등이 있고, 공항주변 대책으로는 완충녹지 조성, 이주비 지원, 주택방음공사 보조, TV수신장애대책 보조, 순회건강진단 등이 있다.2) 군소음 경감 대책으로는 야간비행 또는 야간사격훈련의 감소, 급하강과 급상승의 규제, 고소음항공기의 운항제한, 비행항로 및 고도의 조정, 운항 전 철저한 항공기정비의 실시, 정비 방식 변경, 시설의 부대내 재배치, 저소음 장비의 채용 등이 있다.

본법 시행전 소음감소대책에 관한 사례를 살펴보면 다음과 같다. 대한민국은 광주공군비행장 인근 소음피해를 줄이기 위하여 주말 훈련이나 낮은 고도에서의 훈련을 자제하고, 방음정비고(Hush House)에서 전투기의 엔진을 점검하는 등 지속적으로 소음 감소대책을 시행하였다.3) 또한 1997. 12.경 상무대 산하 육군기계화학교 소속 전차포사격장에 소음방벽 108m를 설치하였고, 1998. 9.경부터는 야간사격을 21 : 00에 종료하도록 노력하였으며, 2001. 8. 26.부터 2002. 2. 28.까지 도비탄(유탄, 파편) 방지대책으로 피탄지 보강공사를 하였고, 도비방지용 신형탄 및 전차포 소음기 개발을 위한 계획을 수립하였다.4)

---

2) 서울고등법원 2012. 1. 12. 선고 2011나75982 판결.
3) 대법원 2015. 10. 15. 선고 2013다23914 판결.
4) 광주지방법원 2006. 7. 7. 선고 2002가합5868 판결.

2. 재원의 우선적 확보노력

쾌적하고 건강한 생활환경을 조성하기 위하여 필요한 대책을 수립하고 시행하기 위해서는 재원이 필요하다. 본조 제2항에서는 국가와 지방자치단체에게 대책의 수립·시행에 필요한 재원을 우선적으로 확보하기 위하여 노력할 의무를 부과하고 있다.

제5조(소음대책지역의 지정·고시 등)

① 국방부장관은 제20조에 따른 중앙소음대책심의위원회(이하 "중앙심
의위원회"라 한다)의 심의를 거쳐 소음영향도를 기준으로 대통령령
으로 정하는 바에 따라 제1종 구역, 제2종 구역 및 제3종 구역으로
소음대책지역을 지정·고시하여야 한다. 소음영향도에 중대한 변화
가 있어 소음대책지역을 변경 지정할 때에도 또한 같다.

② 국방부장관은 제1항에 따라 소음대책지역을 지정·고시하기 위하여
군용비행장 및 군사격장 주변지역의 소음영향도를 조사하여야 한다.

③ 국방부장관은 제2항에 따라 소음영향도를 조사하는 경우 소음 측
정·평가·분석 등에 관하여 공인된 기술능력이 있는 자에게 조사를
의뢰하여야 한다.

④ 제2항 및 제3항에 따른 소음영향도 조사의 주기·방법 및 기준 등
에 관하여 필요한 사항은 대통령령으로 정한다.

시행령 제2조(소음대책지역의 지정·고시)

① 「군용비행장·군사격장 소음 방지 및 피해 보상에 관한 법률」(이하
"법"이라 한다) 제5조제1항에 따라 국방부장관이 지정·고시하는 소
음대책지역의 구역별 소음영향도 기준은 별표와 같다.

② 국방부장관은 별표의 기준에 따라 소음대책지역을 구역별로 지정하
거나 변경 지정하려는 경우에는 다음 각 호의 사항을 고시해야 한다.

1. 각 구역의 위치 및 면적

2. 각 구역의 지적(地積)이 표시된 지형도

③ 국방부장관은 제2항에 따른 지정·고시를 했을 때에는 해당 구역을
관할하는 특별자치시장·시장·군수·구청장(구청장은 자치구의 구청
장을 말하며, 이하 "시장·군수·구청장"이라 한다)에게 해당 지역에
관한 도면 등을 송부하여 1개월 이상 일반인이 공람할 수 있게 해
야 한다.

④ 특별시장·광역시장·특별자치도지사·특별자치시장·시장 또는 군수
는「국토의 계획 및 이용에 관한 법률」제18조에 따른 도시·군기
본계획을 수립하거나 같은 법 제24조에 따른 도시·군관리계획을
입안할 때에는 법 제5조제1항에 따라 지정·고시된 사항을 반영해
야 한다.

제3조(소음영향도 조사의 방법 등)

① 법 제5조제2항에 따른 소음영향도 조사(이하 "소음영향도 조사"라
한다)는 군용비행장 및 군사격장의 소음 강도, 소음 발생 시간대
등을 고려하여 실시한다.

② 국방부장관은 소음영향도 조사를 위하여 필요한 자료를 해당 지역
을 관할하는 각 군 참모총장(해병대의 경우에는 해병대사령관을 말
하며, 이하 "각 군 참모총장"이라 한다)에게 요청할 수 있다.

③ 국방부장관은 소음영향도 조사를 하는 경우 조사 내용, 소음 측정
지점 또는 소음 측정 결과 등에 대하여 해당 지역의 주민대표 및
시장·군수·구청장의 의견을 들을 수 있다.

④ 국방부장관은 소음영향도 조사가 적합하게 수행되고 있는지를 검토
하기 위하여 시장·군수·구청장이 추천하는 2명 이내의 외부전문가
를 조사에 참여시킬 수 있다.

⑤ 시장·군수·구청장은 국방부장관이 제4항에 따른 외부전문가의 조
사 참여를 위하여 추천을 요청한 경우 그 요청일부터 30일 이내에
외부전문가를 추천해야 한다.

⑥ 소음영향도 조사는 5년마다 실시한다.

⑦ 제2항부터 제6항까지에서 규정한 사항 외에 소음영향도 조사의 방
법 등에 관하여 필요한 사항은 국방부령으로 정한다.

시행령 제4조(소음영향도 조사가 제외되는 군사격장)

① 제3조제1항에도 불구하고 국방부장관은 소형화기 군사격장(20㎜
미만의 구경을 갖는 화기로 사격하는 군사격장을 말한다. 이하 같
다)이 다음 각 호의 어느 하나에 해당하는 경우에는 해당 군사격장
을 소음영향도 조사 대상에서 제외할 수 있다.

1. 방음시설이 설치되어 있거나 사격실이 실내에 있는 경우
2. 주둔지 또는 일반전초(GOP: 전방 배치부대) 내인 경우
3. 군용비행장 안에 위치한 경우

4. 민간인 통제선 이북에 위치하는 등 소음영향도 조사의 실효성이 없는 것으로 판단되는 경우

② 국방부장관은 소형화기 군사격장이 제1항 각 호의 어느 하나에 해당한다고 판단하여 소음영향도 조사에서 제외하려는 경우에는 미리 해당 지역의 주민대표 및 시장·군수·구청장의 의견을 듣고, 법 제20조에 따른 중앙소음대책심의위원회(이하 "중앙심의위원회"라 한다)의 심의를 거쳐야 한다.

시행규칙 제4조(소음영향도 조사의 방법 등)

① 국방부장관은 법 제5조제2항에 따른 소음영향도 조사(이하 "소음영향도 조사"라 한다)를 하는 경우 다음 각 호의 사항을 고려하여 소음 측정지점을 정해야 한다.

1. 군용비행장 또는 군사격장의 소음 분포를 확인하기가 쉬울 것
2. 배경소음과 지형지물에 의한 영향이 작을 것

② 소음영향도 조사에 사용하는 소음계는「환경분야 시험·검사 등에 관한 법률」제9조제1항에 따른 형식승인 및 같은 법 제11조제1항에 따른 정도검사(精度檢査)를 받은 것이어야 한다.

③ 제1항 및 제2항에서 규정한 사항 외에 소음영향도 조사 및 소음 측정 등에 필요한 사항은 국방부장관이 정한다.

I. 의 의

'소음대책지역'이란 군용비행장 및 군사격장의 운용으로 발생한 소음피해가 있는 지역으로서 소음피해 보상금 지급 등을 추진하기 위하여 국방부장관이 법 제5조 제1항에 따라 지정·고시한 지역을 말한다(법 제2조 제3호). 군용비행장 및 군사격장의 운용으로 인하여 아무리 중한 소음피해가 발생하더라도 국방부장관의 지정·고시행위가 있기 전에는 소음대책지역에 해당하지 아니한다. 그러므로 본법에 의한 보호를 받기 위해서는 소음대책지역에 거주하는 주민일 것이 요구된다. 본조는 국방부장관의 소음대책지역의 지정·변경·고시와 소음영향도 조사에 관하여 규정하고 있다.

Ⅱ. 소음대책지역의 종류

시행령 제2조 제1항 [별표 1]에 의하면 소음대책지역은 아래와 같은데, 이는 대법원 판례에 의하여 인정된 농촌지역과 도시지역에 따른 손해배상 지역의 구분과 동일하지만,[1] 소음대책지역 중 제3종 구역을 소음영향도(WECPNL) 75 이상 90 미만으로 규정하고 있는 「공항소음 방지 및 소음대책지역 지원에 관한 법률」과는 다르다.[2]

1. 군용비행장

가. 제1종 구역

소음영향도(WECPNL)[3] 95 이상

나. 제2종 구역

소음영향도(WECPNL) 90 이상 95 미만

다. 제3종 구역

(1) 대구광역시, 광주광역시, 수원시에 소재한 군용비행장

소음영향도(WECPNL) 85 이상 90 미만

(2) 세종특별자치시, 강릉시, 군산시, 서산시, 오산시, 원주시, 청주시, 충주시, 평택시, 예천군에 소재한 군용비행장

소음영향도(WECPNL) 80 이상 90 미만

---

1) 대법원 2010. 11. 25. 선고 2007다20112 판결(농촌지역); 대법원 2015. 10. 15. 선고 2013다23914 판결(도시지역).
2) 본법에 규정된 군용비행장 관련 제1종 구역, 제2종 구역의 기준은 공항소음방지법상 제1종 구역, 제2종 구역의 기준과 동일하다.
3) "WECPNL(웨클, Weighted Equivalent Continuous Perceived Noise Level)"이란 항공기 소음이 발생할 때마다 측정된 최고 소음도를 에너지 평균한 값에 일일평균 운항횟수를 시간대별로 가중하여 산출한 소음도를 말한다.

(3) (1)과 (2) 외의 군용비행장 중 대구광역시, 광주광역시, 수원시에 소재한 군용비행장 각각의 평균 배경소음도[4]의 최솟값보다 평균 배경소음도가 큰 군용비행장

소음영향도(WECPNL) 85 이상 90 미만

(4) (1)과 (2) 외의 군용비행장 중 세종특별자치시, 강릉시, 군산시, 서산시, 오산시, 원주시, 청주시, 충주시, 평택시, 예천군에 소재한 군용비행장 각각의 평균 배경소음도의 최댓값보다 평균 배경소음도가 작은 군용비행장

소음영향도(WECPNL) 80 이상 90 미만

(5) (3)과 (4)에도 불구하고 (3)과 (4) 모두에 해당하는 군용비행장과 (3)과 (4) 모두에 해당하지 않는 군용비행장

소음영향도(WECPNL) 80 이상 90 미만

2. 소형화기 군사격장

소형화기란 구경이 20mm 미만인 화기를 말한다.[5]

가. 제1종 구역

소음영향도[dB(A)][6] 82 이상

나. 제2종 구역

소음영향도[dB(A)] 77 이상 82 미만

---

4) "배경소음(Background Noise)"이란 한 장소에 있어서의 특정의 음에 대한 소음이 없을 때 그 장소의 소음을 말한다. "평균 배경소음도"란 국방부장관이 정하는 방법에 따라 소음 측정 기간 동안 측정지점별로 측정한 배경소음도를 산술평균하여 산출한 소음도를 말한다.
5) 「군용비행장·군사격장 소음영향도 조사 예규」[별표 1] 24.
6) "dB(A)"란 하루 동안의 사격 소음 전체를 에너지 평균한 값에 소형화기 사격 소음의 특성과 사격 시간대를 고려한 보정값을 부여하여 산출한 소음도를 말한다.

다. 제3종 구역

소음영향도[dB(A)] 69 이상 77 미만

3. 대형화기 군사격장(제2호의 군사격장 외의 군사격장)

대형화기란 소형화기에 속하지 않는 화기로 구경이 20mm 이상인 화기를 말한다.[7]

가. 제1종 구역

소음영향도[dB(C)][8] 94 이상

나. 제2종 구역

소음영향도[dB(C)] 90 이상 94 미만

다. 제3종 구역

소음영향도[dB(C)] 84 이상 90 미만

4. 군용항공기를 이용하여 사격하는 군사격장

제1호 및 제3호에도 불구하고 대형화기 군사격장 중 군용항공기를 이용하여 사격하는 군사격장의 소음대책지역의 구역별 소음영향도 기준은 WECPNL과 dB(C)를 조합한 방안에 따르며, 구체적인 조합 방법은 국방부령으로 정한다.

---

7) 「군용비행장·군사격장 소음영향도 조사 예규」 [별표 1] 25.
8) "dB(C)"란 하루 동안의 사격 소음 전체를 에너지 평균한 값에 대형화기 사격 소음의 특성과 사격 시간대를 고려한 보정값을 부여하여 산출한 소음도를 말한다.

Ⅲ. 소음대책지역의 지정·고시

1. 국방부장관의 지정·고시

가. 처분청

국방부장관은 소음대책지역을 구역별로 지정하거나 변경 지정하려는 경우에는 (i) 각 구역의 위치 및 면적, (ii) 각 구역의 지적(地積)이 표시된 지형도의 사항을 고시해야 한다(시행령 제2조 제2항). 소음대책지역의 지정과 고시의 처분청은 군용비행장과 군사격장을 관리하는 중앙행정청인 국방부장관이 된다.

나. 지정처분의 법적 성질

행정청의 어떤 행위를 행정처분으로 볼 것이냐의 문제는 추상적·일반적으로 결정할 수 없고, 구체적인 경우 행정처분은 행정청이 공권력의 주체로서 행하는 구체적 사실에 관한 법집행으로서 국민의 권리의무에 직접적으로 영향을 미치는 행위라는 점을 염두에 두고, 관련 법령의 내용 및 취지와 그 행위가 주체·내용·형식·절차 등에 있어서 어느 정도로 행정처분으로서의 성립 내지 효력요건을 충족하고 있는지 여부, 그 행위와 상대방 등 이해관계인이 입는 불이익과의 실질적 견련성, 그리고 법치행정의 원리와 당해 행위에 관련한 행정청 및 이해관계인의 태도 등을 참작하여 개별적으로 결정하여야 한다.[9]

소음대책지역의 지정·고시행위는 위 지역 내의 주민 등에게 개별적인 통지를 요하지는 아니한다는 점에서 행정입법적 성격이 있더라도, 개인의 권리 내지는 법률상 이익을 개별적·구체적으로 규제하는 효과를 가져온다는 점에서 도시계획법상의 '도시계획결정고시'와 그 성격을 달리한다고 볼 수는 없다.[10] "도시계획법 제12조 소정의 고시된 도시계획결정은 특

---

9) 대법원 2007. 6. 14. 선고 2005두4397 판결.
10) 군사시설보호구역의 지정에 관한 같은 취지의 견해로는 박영만, 「군사상 필요에 의한 사인의 토지재산권에 대한 공용침해와 그 구제」, 경북대 법학박사 학위논문(2000), 106~107면.

정 개인의 권리 내지 법률상의 이익을 개별적이고 구체적으로 규제하는 효과를 가져오게 하는 행정청의 처분이라 할 것이고, 이는 행정소송의 대상이 된다."[11]는 판례의 취지에 비추어 보면, 군사시설보호구역 설정·고시행위도 행정처분으로서 항고소송의 대상이 된다고 보아야 한다. 즉, 소음대책지역의 지정처분은 행정청인 국방부장관이 행하는 구체적 사실에 대한 법집행으로서의 공권력의 행사에 해당하므로 행정처분에 해당한다 (행정소송법 제2조 제1항 제1호).

다. 기속행위

(1) 기속행위와 재량행위

행정행위는 행정청에 자유가 있는지 여부에 따라 기속행위와 재량행위로 나누며, 기속행위(gebundener Akt)란 행정행위의 요건과 효과에 관하여 법이 일의적으로 규정하고 있어서 행정청은 법이 명한 그대로를 행하여야 하고 행정청에 재량(Ermessen)의 여지를 남겨놓지 않고 있어 법의 기계적 집행만을 요구하는 행위이고, 재량행위(Ermessensakt)란 법이 그 행정행위의 요건과 효과에 대한 기속을 완화하여 행정청에 재량을 부여함으로써 행정청이 그 완화된 범위 내에서 독자적인 판단 내지 행위를 할 수 있는 행위라고 일반적으로 설명되고 있다.[12]

(2) 구별기준

그 구별기준에 관하여 학설은 (i) 행정법규의 적용이란 ① 먼저 사실을 인정하고, ② 그 인정사실이 요건에 해당되는가를 맞추어 보아서(포섭, Subsumption), ③ 거기에 따르는 법률효과를 결정 또는 선택하는 3단계의 논리적 조작과정이라고 전제한 후, 재량을 행정행위의 요건에 대한 사실인정과 인정사실의 요건해당여부에 대한 판단으로 보는 요건재량(Tatbestandsermessen)설, (ii) 재량이 행정행위의 요건인정이 아니라 법률

---

11) 대법원 1982. 3. 9. 선고 80누105 판결.
12) 「행정소송실무편람」(제2판), 서울고등법원 재판실무개선위원회, 한국사법행정학회(2003), 477~478면.

효과의 선택에 있다는 것을 전제로 하는 효과재량(Rechtsfolgenermessen) 설, (iii) 재량은 행정행위의 효과 면에서만 인정되며 요건과 관련해서는 '판단여지'(Beurteilungsspielraum)라는 다른 이름으로 불려야 한다면서 요 건에서의 불확정개념의 해석은 일정한 경우 행정의 정책이나 전문기술성 을 존중하는 의미에서 법원이 행정청의 판단을 존중하여야 한다는 판단 여지설 등이 있다.[13)]

이와 달리, 요건판단과 효과결정에 관하여 다 같이 인식적 · 의지적 · 평가적 요소가 함께 작용한다면 양자를 인식의 문제와 의지의 문제로 구 분할 수 없고, 오히려 요건판단과 효과결정은 법의 구체화작업이라는 점 에서 일원적 내지 연속적 구조를 갖고, 다만 그 구체화작업을 위한 작용 요소들의 상대적 비중이 다를 뿐인 것으로 이해하는 것이 타당하다는 유 력한 견해가 제기되고 있다.[14)]

(3) 판 례

판례는 "어느 행정행위가 기속행위인지 재량행위인지 나아가 재량행위 라고 할지라도 기속재량행위인지 또는 자유재량에 속하는 것인지의 여부 는 이를 일률적으로 규정지을 수 없는 것이고, 당해 처분의 근거가 된 규 정의 형식이나 체제 또는 문언에 따라 개별적으로 판단하여야 한다."[15)]는

---

13) ① 독일의 경우 전통적으로 요건재량설, 효과재량설의 견해 등이 있었으나, 현재에는 재량행위와 기속행위의 구별은 대상적격유무의 문제가 아니라 본안심사의 방법 내지 강 도의 문제가 되었다. 판단여지설은 불확정개념에 관하여는 재량은 있을 수 없지만, 일정 한 조건하에서는 행정청에게 판단여지가 인정됨으로써 법원의 전면적 심사가 제한되는 경우가 있다는 견해이다. ② 프랑스의 경우 판례와 학설에서 법규의 요건과 효과를 구 별하지 않고 법규 전체의 불확정성(indétermination), 다시 말해 법규에 의해 행정결정 의 내용이 명확하게 확정되지 아니함으로써 행정청이 갖는 행동의 자유를 재량(pouvoir discrétionnaire)이라고 한다. ③ 영국에서는 행정의 재량(discretion) 개념이 주로 입법 자에 의한 수권이라는 관점에서 파악되는데, 입법자는 법규의 요건과 효과의 양 부분에 서 행정청에게 재량을 부여할 수 있는 것으로 이해된다. ④ 미국에서는 재량 (discretion)은 법규의 요건과 효과의 양 부분에서 인정되는데, 영국에서와는 달리 입법 자에 의한 재량수권이라는 관점보다는 법원의 사법심사가 제한됨으로써 행정청이 갖는 자유여지라는 관점에서 재량이 논의된다. 박정훈, "불확정개념과 판단여지", 「행정작용 법」, 김동희 편, 박영사(2005), 252~263면.

14) 박정훈, 앞의 글, 266~267면.

15) 대법원 1995. 12. 12. 선고 94누12302 판결; 대법원 2002. 8. 23. 선고 2002두820 판 결. 판례는 기속행위와 재량행위, 기속재량행위와 자유재량행위를 각각 구분하되, 그 구

입장을 취하고 있다.

판례는 처분의 근거법령이 "과징금을 부과할 수 있다."라고 규정되어 있는 경우에는 행정청의 과징금부과처분을 재량행위로 보고 있다. 예를 들면, "중고자동차매매사업정지처분이 당해 사업의 이용자들에게 심한 불편을 주거나 기타 공익을 해할 우려가 있는 때에 해당하는 것으로 보여지지는 아니하므로, 피고가 이 사건 사업정지처분에 갈음하여 과징금을 부과하지 아니하고 곧바로 사업정지처분을 하였다고 하여 재량권을 남용하거나 그 범위를 일탈한 것이라고 할 수는 없다."[16]거나, "공정거래위원회는 공정거래법 위반행위에 대하여 과징금을 부과할 것인지 여부와 만일 과징금을 부과할 경우 공정거래법과 같은 법 시행령이 정하고 있는 일정한 범위 안에서 과징금의 액수를 구체적으로 얼마로 정할 것인지에 관하여 재량을 가지고 있으므로, 공정거래위원회의 공정거래법 위반행위자에 대한 과징금 부과처분은 재량행위"[17]라거나, "영유아보육법 제45조 제1항 각 호의 사유가 인정되는 경우, 행정청에는 운영정지 처분이 영유아 및 보호자에게 초래할 불편의 정도 또는 그 밖에 공익을 해칠 우려가 있는지 등을 고려하여 어린이집 운영정지 처분을 할 것인지 또는 이에 갈음하여 과징금을 부과할 것인지를 선택할 수 있는 재량이 인정된다."고 판시하여, 행정청의 선택재량을 긍정하고 있다.[18]

이와 달리 "과징금을 부과한다." 또는 "부과하여야 한다."고 규정되어

분은 획일적인 기준에 의하지 않고 개별 사안에서 문제된 행정행위와 관련하여 여러 가지 기준을 원용하고, 또 기속재량행위에 대한 사법심사에서도 재량권의 일탈·남용 외에 그 위법성 여부가 전면적으로 심사대상이 된다고 보면서도 그 심사방식은 문제된 행정행위의 성질에 따라 일반적인 기속행위에 대한 사법심사와는 달리 할 수 있음을 내비치는 한편, 기속재량행위에서의 재량이 이른바 불확정개념에 대한 판단여지 등과 구분되는 것인지 여부에 관하여는 그다지 명백한 입장을 보이지 않았던 것으로 정리할 수가 있다는 견해가 있다. 김동건, "대법원 판례상의 재량행위 -기속행위와 재량행위의 구분과 그에 대한 사법심사방식을 중심으로-", 「행정판례연구 Ⅶ」, 박영사(2002), 58면.

16) 대법원 1995. 2. 14. 선고 94누10085 판결. 구 자동차관리법 제61조 제1항에서 "과징금을 부과할 수 있다."고 규정하였다.

17) 대법원 2011. 6. 30. 선고 2009두12631 판결. 독점규제 및 공정거래에 관한 법률 제6조에서 "과징금을 부과할 수 있다."고 규정하고 있다.

18) 대법원 2015. 6. 24. 선고 2015두39378 판결. 영유아보육법 제45조의2 제1항에서 "과징금을 부과할 수 있다."고 규정하고 있다.

있는 경우에는 기속행위로 보고 있다. 즉 "부동산 실권리자명의 등기에 관한 법률 제3조 제1항, 제5조 제1항, 같은 법 시행령 제3조 제1항의 규정을 종합하면, 명의신탁자에 대하여 과징금을 부과할 것인지 여부는 기속행위에 해당하므로, 명의신탁이 조세를 포탈하거나 법령에 의한 제한을 회피할 목적이 아닌 경우에 한하여 그 과징금을 일정한 범위 내에서 감경할 수 있을 뿐이지 그에 대하여 과징금 부과처분을 하지 않거나 과징금을 전액 감면할 수 있는 것은 아니다."[19]고 판시한 사례가 있는바, 이는 부동산실명법 제5조 제1항이 "다음 각 호의 어느 하나에 해당하는 자에게는 해당 부동산 가액(價額)의 100분의 30에 해당하는 금액의 범위에서 과징금을 부과한다."라고 규정되어 있어, "부과한다."를 "부과하여야 한다."로 해석한 결과에서 비롯된 것이라고 생각한다.

(4) 검 토

본법 제5조 제1항에서는 "국방부장관은 소음대책지역을 지정·고시하여야 한다."고 규정하고 있으므로, 소음대책지역 지정·고시처분은 기속행위에 해당한다.

2. 지방자치단체장에게 도면 송부

국방부장관은 제2항에 따른 지정·고시를 했을 때에는 해당 구역을 관할하는 특별자치시장·시장·군수·구청장(구청장은 기치구의 구성상을 말하며, 이하 "시장·군수·구청장"이라 한다)에게 해당 지역에 관한 도면 등을 송부하여 1개월 이상 일반인이 공람할 수 있게 해야 한다(시행령 제2조 제3항). 주민이 소음대책지역지정처분의 정당성을 확인할 수 있도록, 법은 국방부장관에게 관할 지방자치단체장에게 도면 등을 송부하고, 일반인이 1개월 이상 도면 등을 열람할 수 있도록 하는 의무를 부과하였다.

3. 도시·군기본계획 수립과 입안시 지정·고시된 사항의 반영

특별시장·광역시장·특별자치도지사·특별자치시장·시장   또는   군수는

---

19) 대법원 2007. 7. 12. 선고 2005두17287 판결.

「국토의 계획 및 이용에 관한 법률」 제18조에 따른 도시·군기본계획을 수립하거나 같은 법 제24조에 따른 도시·군관리계획을 입안할 때에는 본법 제5조 제1항에 따라 지정·고시된 사항을 반영해야 한다(시행령 제2조 제4항). 소음대책으로 지정되면 본법 제6조에 의하여 시설물설치 및 용도제한 등 공용제한을 부담하게 되므로, 지방자치단체장은 도시·군기본계획을 수립하거나 입안할 때 소음대책지정된 사항을 반영하도록 규정한 것이다.

Ⅳ. 소음영향도의 조사

1. 국방부장관의 소음영향도 조사 의무

국방부장관은 소음대책지역을 지정·고시하기 위하여 군용비행장 및 군사격장 주변지역의 소음영향도를 조사하여야 한다(법 제5조 제2항). 국방부장관은 소음영향도를 조사하는 경우 소음 측정·평가·분석 등에 관하여 공인된 기술능력이 있는 자에게 조사를 의뢰하여야 한다(법 제5조 제3항). 소음영향도 조사의 주기·방법 및 기준 등에 관하여 필요한 사항은 대통령령으로 정한다(법 제5조 제4항).

2. 소음영향도 조사의 방법

소음영향도 조사는 군용비행장 및 군사격장의 소음 강도, 소음 발생 시간대 등을 고려하여 실시한다(시행령 제3조 제1항). 국방부장관은 소음영향도 조사를 위하여 필요한 자료를 해당 지역을 관할하는 각 군 참모총장(해병대의 경우에는 해병대사령관을 말하며, 이하 "각 군 참모총장"이라 한다)에게 요청할 수 있다(동조 제2항).

국방부장관은 법 제5조 제2항에 따른 소음영향도 조사를 하는 경우 (i) 군용비행장 또는 군사격장의 소음 분포를 확인하기가 쉬울 것, (ii) 배경소음과 지형지물에 의한 영향이 작을 것의 사항을 고려하여 소음 측정지점을 정해야 한다(시행규칙 제4조 제1항). 소음영향도 조사에 사용하는 소음계는 「환경분야 시험·검사 등에 관한 법률」 제9조 제1항에 따른 형식승인 및 같은 법 제11조 제1항에 따른 정도검사(精度檢査)를 받은 것이어야 한다(시행규칙 제4조 제2항).

시행령 제3조 제2항부터 제6항까지에서 규정한 사항 외에 소음영향도 조사의 방법 등에 관하여 필요한 사항은 국방부령으로 정한다(시행령 제3조 제7항, 시행규칙 제4조 제3항). 위 규정에 의하여 「군용비행장·군사격장 소음영향도 조사 예규」(국방부예규 제615호, 이하 '조사예규')가 제정되어 2020. 3. 25.부터 시행되고 있다.

3. 주민 등의 참여권

국방부장관은 소음영향도 조사를 하는 경우 조사 내용, 소음 측정지점 또는 소음 측정 결과 등에 대하여 해당 지역의 주민대표 및 시장·군수·구청장의 의견을 들을 수 있다(시행령 제3조 제3항). 국방부장관은 소음영향도 조사가 적합하게 수행되고 있는지를 검토하기 위하여 시장·군수·구청장이 추천하는 2명 이내의 외부전문가를 조사에 참여시킬 수 있다(동조 제4항). 시장·군수·구청장은 국방부장관이 제4항에 따른 외부전문가의 조사 참여를 위하여 추천을 요청한 경우 그 요청일부터 30일 이내에 외부전문가를 추천해야 한다(동조 제5항).

4. 소음영향도 조사의 주기

소음영향도 조사는 5년마다 실시한다(시행령 제3조 제6항). 군용비행장이나 군사격장에 소음영향도에 중대한 영향을 주는 변경이 있는 경우에는 위 규정에도 불구하고 변경이 완료된 연도의 다음해에 소음영향도를 조사할 필요가 있다.[20]

---

20) 군사시설 재배치, 전력의 보강 등 소음영향도에 중대한 변화가 있는 경우에는 타당성 재검토 주기 도래 전이라도 재조사 등을 통해 소음대책지역 변경 지정 가능하다. 「제1차 소음대책지역 소음 방지 및 소음피해보상에 관한 기본계획」, 국방부(2020. 11.), 35면.

5. 소음영향도 조사 및 작성

가. 조사의 절차

군용비행장 및 군사격장 소음영향도 조사의 절차는 아래 표와 같다(조사예규 제4조 제1항, 별표 2).

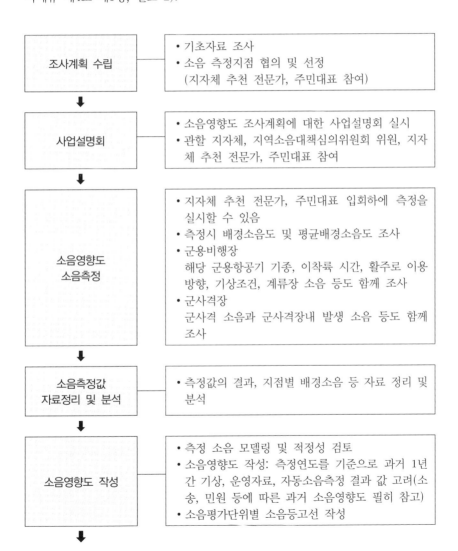

조사계획 수립	• 기초자료 조사 • 소음 측정지점 협의 및 선정 　(지자체 추천 전문가, 주민대표 참여)
사업설명회	• 소음영향도 조사계획에 대한 사업설명회 실시 • 관할 지자체, 지역소음대책심의위원회 위원, 지자체 추천 전문가, 주민대표 참여
소음영향도 소음측정	• 지자체 추천 전문가, 주민대표 입회하에 측정을 실시할 수 있음 • 측정시 배경소음도 및 평균배경소음도 조사 • 군용비행장 　해당 군용항공기 기종, 이착륙 시간, 활주로 이용 방향, 기상조건, 계류장 소음 등도 함께 조사 • 군사격장 　군사격 소음과 군사격장내 발생 소음 등도 함께 조사
소음측정값 자료정리 및 분석	• 측정값의 결과, 지점별 배경소음 등 자료 정리 및 분석
소음영향도 작성	• 측정 소음 모델링 및 적정성 검토 • 소음영향도 작성: 측정연도를 기준으로 과거 1년간 기상, 운영자료, 자동소음측정 결과 값 고려(소송, 민원 등에 따른 과거 소음영향도 필히 참고) • 소음평가단위별 소음등고선 작성

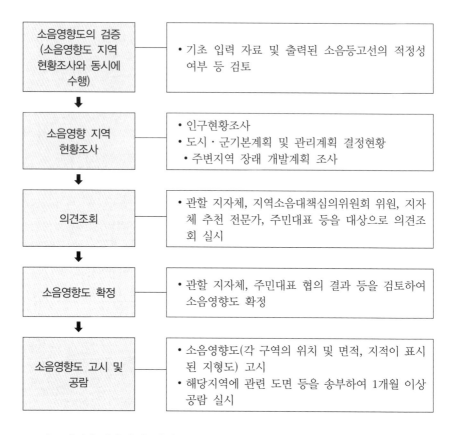

소음영향도의 검증 (소음영향도 지역 현황조사와 동시에 수행)	• 기초 입력 자료 및 출력된 소음등고선의 적정성 여부 등 검토
소음영향 지역 현황조사	• 인구현황조사 • 도시·군기본계획 및 관리계획 결정현황 • 주변지역 장래 개발계획 조사

의견조회	• 관할 지자체, 지역소음대책심의위원회 위원, 지자
	  체 추천 전문가, 주민대표 등을 대상으로 의견조
	  회 실시

소음영향도 확정	• 관할 지자체, 주민대표 협의 결과 등을 검토하여 소음영향도 확정

소음영향도 고시 및
공람
	• 소음영향도(각 구역의 위치 및 면적, 지적이 표시
	  된 지형도) 고시
	• 해당지역에 관련 도면 등을 송부하여 1개월 이상
	  공람 실시

나. 의견수렴절차의 이행

소음영향도 조사계획과 결과에 대해서는 본법에 따라 지역주민과 관할 지방자치단체(이하 '지자체'라 한다)의 의견을 듣는 절차를 거쳐야 한다(조사예규 제4조 제2항).

다. 조사계획에서 소음측정지점의 선정

소음영향도 조사계획에서 소음측정지점을 선정할 때에는 측정지점 선정원칙, 자동소음측정망 설치위치, 과거 소음영향도 조사에서 측정된 위치 등을 종합적으로 고려하여야 한다(조사예규 제4조 제3항).

라. 소음영향도 작성방법

군용비행장 및 군사격장 소음영향도 작성방법의 세부적인 사항은 아래
와 같다(조사예규 제5조, 별표 3).

(1) 조사계획 수립

기초조사는 (i) 자동소음측정망 측정값 분석, (ii) 군용항공기 종류, 운
항, 항로 등의 운항자료 또는 화기, 사격 횟수 등의 사격자료 분석, (iii)
향후 군용비행장 또는 군사격장 운영여건 및 장래 개발계획, (iv) 기상자
료 분석 등 기타 소음 분석에 필요한 자료를 포함한다. 조사계획은 소음
대책지역 주민대표, 관할 지자체에서 추천하는 전문가(2인 이내)의 의견
을 수렴하여 수립할 수 있다.

(2) 사업설명회

소음대책지역의 지자체, 지역소음대책심의위원회, 지자체 추천 전문가
및 주민대표 등에 소음영향도 조사계획(측정방법, 측정지점 등)에 대하여
권역별 등 사업설명회를 실시하여 의견을 수렴한다.

(3) 군용비행장 또는 군사격장 소음측정

소음 측정 시 관할 지자체 추천 전문가, 주민대표 등의 입회하에 실시
할 수 있다. 군용비행장 소음측정 시 해당 군용항공기 기종별, 이·착륙
시간, 활주로 이용 방향, 기상조건, 계류장 소음 등도 함께 조사한다. 군
사격장 소음측정 시 화기의 종류, 사격위치, 포탄의 폭발소음, 기상조건,
군사격장내의 발생소음 등도 함께 조사한다. 측정값의 결과, 지점별 배경
소음 등의 자료를 정리하고 분석한다. 측정결과는 관련 전문가의 검토 및
의견 등을 반영하여 확정한다.

(4) 측정 소음 모델링 및 적정성 검토

㈎ 소음 측정결과를 바탕으로 분석프로그램[21]을 이용하여 모델링을

---

21) FAA(미연방항공국)에서 항공기 소음 예측시 사용하고 있는 프로그램인 소음예측모델

한다.

㈏ 소음영향도 작성 및 분석프로그램은 (i) 국내에서 소음예측에 대한 보편화된 프로그램, (ii) 해당 군용비행장 또는 군사격장에 기존 소음영향도 조사에서 사용되었던 프로그램, (iii) 군용비행장 및 군사격장의 최신 장비(비행기 및 화기)와 주변 환경을 고려할 수 있는 프로그램, (iv) 해당 군용비행장 또는 군사격장의 소음영향 예측조건(기종별, 운항절차, 사격, 지향성 등)을 설정할 수 있는 프로그램의 조건을 고려하여 선정한다.

㈐ 입력 자료는 측정 당시 상황을 반영할 수 있도록 (i) 군용비행장 또는 군사격장 자료(위치, 표고, 기상현황 등), (ii) 활주로 방향별 항로 등 운항자료, (iii) 군용항공기 기종별, 이·착륙 방향별 운항횟수, (iv) 군용비행장 시운전, 계류 소음, (v) 군사격장 운용시의 화기 종류 및 사격발수, (vi) 군사격장 운용시의 사용 중인 장비 및 포탄의 폭발 소음 등을 기재하여 작성한다.

㈑ 측정 소음 모델링은 실측값 등과 비교·검토하여 최적화한다.

(5) 소음영향도 작성

㈎ 측정 소음 모델링 및 적정성 검토시 입력된 자료를 바탕으로 측정 연도를 기준으로 과거 1년간 평균조건(기상, 군용비행장 또는 군사격장 운용자료 등), 자동소음측정망 결과 및 기존 주민 소송에 따른 소음도 조사결과(주민 소송을 통한 보상 사례가 있는 경우에 한하며 관련 자료는 대상 주민 또는 관일 시사체 능을 통해 확보) 등을 종합적으로 고려하여 당해 연도 소음영향도를 작성한다.

(i) 제4호(측정 소음 모델링 및 적정성 검토)에서 검토된 소음도와 소음모 델링을 고려하여 소음등고선을 작성

가) 비행기의 시운전, 계류 및 화기의 사격, 폭발 소음 등은 측정자료와 모델링 자료에서 검토된 음향파워레벨 및 음의 전파 특성을 고려하여 적용

나) 비행기 운항에 따른 비행기 관련 인자(엔진, 비행기 종류 등)는

(INM, Integrated Noise Model)이 국내에서도 주로 사용된다.

측정자료와 모델링 자료에 검토된 인자 적용

(ii) 기상조건은 측정시기의 최근 1년간 기상청 자료 사용

(iii) 군용비행장은 최근 1년간 항적자료의 분산 분포를 고려한 대표항로 또는 군에서 제공하는 대표항로 입력. 단, 자료 미제공시 소음측정 시의 항로 입력

(iv) 군용항공기 기종, 장주, 운항 절차, 운항시간, 활주로 이용, 훈련방법 등을 분석하여 입력. 단, 군용항공기의 노후화, 중량, 엔진 등 표준화 하기 어려운 기종은 가장 유사한 기종을 설정하여 입력 가능

(v) 군사격장은 최근 1년간 운용화기, 사격위치, 포탄, 장약 등을 분석하여 입력

(vi) 소음영향도는 연간 운영일 평균으로 작성

가) 군용항공기는 연간 운영일 평균 운행대수를 적용

나) 군용비행장은 시운전, 계류 소음 고려하여 작성

다) 군사격장은 연간 운영일 평균 사격 발수 적용

라) 피탄지는 폭발 소음을 고려하여 작성

마) 제병협동(諸兵協同) 또는 복합화기 군사격장은 운용화기를 고려하여 복합 소음영향도 작성, 단, 단위가 다른 화기가 운영될 경우 각각 작성하여 소음영향도에 중첩 적용

(나) 군용비행장의 소음등고선은 75, 80, 85, 90, 95 WECPNL, 대형화

연번	소음도			색	색상 형태
	군용비행장 WECPNL	대형화기 L_{Rdn}	소형화기 L_{Rdn}		
1	95	94	82		빨간 실선(255.0.0)
2	90	90	77		주황 실선(247.144.21)
3	85	84	69		청록 실선(53.135.145)
4	80	82	67		초록 실선(0.128.0)
5	75	78	62		파란 실선(0.0.255)

* 상기 소음도의 구간 구분 수치는 참고치이며, 「군소음보상법」 시행령의 규정에 따름

기 군사격장의 소음등고선은 L_{Rdn} 78, 82, 86, 90, 94 dB(C), 소형화기 군사격장의 소음등고선은 L_{Rdn} 62, 67, 72, 77, 82 dB(A)의 레벨로 구분한다.

㈐ 소음등고선 작성에는 1:5,000 이하의 축적지도를 사용한다.

㈑ 소음등고선의 색상은 아래의 색상을 이용하여 표시한다.

(6) 소음영향도의 검증

작성된 소음영향도의 적절성 여부 등을 검증하여야 하며, 검증 결과 보완이 필요한 사항은 조사 결과에 반영하여야 한다. 검증 시기는 소음영향도가 작성된 후, 소음영향도 확정 이전으로 하며, 필요시 조사계획 시점부터 실시할 수 있다. 소음영향도의 검증을 실시하고자 하는 경우 군용비행장/군사격장의 소음영향도 조사에 대하여 관련 전문가에게 검증을 의뢰한다.

작성된 소음영향도 검증은 소음지도 작성 시 적용한 각종 영향인자 값을 확인할 수 있는 자료, 군용비행장 또는 군사격장 소음 측정자료(실측치, 자동소음측정망 자료 등) 등을 바탕으로 (i) 군용비행장 현황(대표항로 선정, 운항횟수 산정, 군용항공기 운용 관련 정보 등) 또는 군사격장 현황(포탄종류, 이용발수, 군사격장 운용관련 정보 등), 기상 현황, 기초 입력 자료의 적절성, (ii) 출력된 소음등고선의 입력 자료와의 정합성 여부, (iii) 출력된 소음등고선과 소음 실측치의 비교·검증의 적절성, (iv) 출력된 소음등고선의 보정 시 보정 항목과 내용의 적절성, (v) 기타 검증을 위하여 필요한 사항에 대하여 검토한다.

(7) 소음영향 지역 현황조사

(i) 토지이용현황 조사(지목별 면적 포함)

(ii) 수치지도에 따른 현황 조사(가옥수, 세대수, 인구수)

(iii) 도시·군기본계획 및 관리계획 결정 현황

(iv) 군용비행장/군사격장 주변지역 장래 개발계획 조사

(8) 의견조회

관할 자치단체, 지역소음대책심의위원회 위원, 지자체 추천 전문가 및 주민대표 등을 대상으로 관련 전문가 검증 등을 통해 마련된 소음영향도 에 대해 최종 확정 전 의견을 듣도록 한다.

(9) 소음영향도 확정

관할 지자체, 주민대표 협의 결과 등을 검토하여 소음영향도를 확정 한다.

(10) 소음영향도 고시 및 공람

(i) 소음영향도(각 구역의 위치 및 면적, 지적이 표시된 지형도)를 고시한다.

(ii) 공시된 도면을 관할 지자체에 송부하여 관할 지자체가 이용규제에 활용토록 한다.

(iii) 해당지역에 관한 관련 도면 등을 송부 받은 관할 지자체는 1개월 이상 공람을 실시한다.

마. 평균 배경소음도 조사

군용비행장 또는 군사격장의 평균 배경소음도($L_{A,avg}$)는 소음대책지역 지정·고시를 위한 소음영향도 조사 과정에서 비행장 또는 사격장 별로 각각 조사한다(조사예규 제6조 제1항).

평균 배경소음도($L_{A,avg}$)의 산정은 소음측정 전체 기간 동안 측정지점 별로 측정된 배경소음도($L_{A,avg,p}$)를 산술평균하여 산정한다(동조 제2항).

제2항에서의 측정지점별 배경소음도($L_{A,avg,p}$)는 매 시간대 별로 측정된 L95 소음통계레벨(dB(A))의 평균값으로 하며 다음의 식으로 구한다(동조 제3항).

$$\overline{L}_{A,avg,p} = 10\log\left[(1/n)\sum_{i=1}^{n}10^{0.1L_i}\right]dB(A)$$

여기서, n은 1시간 단위 L95 소음통계레벨 산출횟수, L_i는 매시간대별로 측정된 L95 소음통계레벨 값이며, 군용비행장 또는 군사격장 소음이 1시간 동안 지속적으로 발생한 경우에는 그 값을 포함하지 아니한다.

바. 현황조사

소음대책지역에 대한 현황조사는 법 제5조 제1항에 따른 지역에 대하여 각각 구분하여 실시한다(조사예규 제7조 제1항). 현황조사 내용은 (i) 토지이용현황 조사(지목별 면적 포함), (ii) 인구현황 조사(가옥수, 세대수, 인구수), (iii) 도시·군기본계획 및 관리계획 결정 현황 조사, (iv) 군용비행장 및 군사격장 주변지역 장래 개발계획 조사 등이다(조사예규 제7조 제2항).

6. 군용비행장 소음 일반측정

가. 측정범위

군용비행장 소음의 일반측정 범위는 (i) 자동소음측정망이 없는 지역의 소음측정, (ii) 지역주민 또는 관할 지자체의 요구에 의한 소음측정, (iii) 소음등고선 작성을 위한 소음측정, (iv) 소음 실태조사를 위한 소음측정 등이다(조사예규 제8조).

나. 측정조건

군용비행장 소음의 일반측정 조건은 다음과 같다(조사예규 제9조).

(1) 옥외측정을 원칙으로 하며, 소음계의 마이크로폰은 측정위치에 받침장치(삼각대 등)를 설치하여 측정하는 것을 원칙으로 한다. 다만, 현장 여건상 손으로 소음계를 잡고 측정할 경우 소음계는 측정자의 몸으로부터 0.5m 이상 떨어져야 한다.

(2) 소음계의 마이크로폰은 소음원 방향으로 향하여 설치하는 것을 원칙으로 하며, 무지향성 마이크로폰을 사용할 경우 지면과 수직한 상부 방향으로 설치할 수 있다

(3) 소음 측정시에는 반드시 방풍망을 부착하여야 하며, 풍속이 5m/s 를 초과할 때는 측정하여서는 아니 된다.

(4) 1일의 소음 측정시간은 24시간 연속 측정하는 것으로 하며, 특정 지점의 단순 실태조사 등 국지적인 소음측정일 경우에는 군용비행장 및 군용항공기 운용시간에 따라 측정시간을 줄일 수 있다.

(5) 진동이 많은 장소 또는 전자장(대형 전기기계, 고압선 근처 등)의 영향을 받는 곳에서는 측정하지 아니하거나 적절한 방지책(방진, 차폐 등)을 마련하여 측정하여야 한다.

(6) 측정은 일평균 기온이 −10℃ 이하 또는 35℃ 이상의 경우에는 원칙적으로 실시하지 아니한다. 다만, 소음계의 허용온도 범위 내에 있는 경우에는 그러하지 아니한다.

다. 측정지점 선정원칙

(1) 군용비행장 소음의 일반측정에 대한 측정지점 선정원칙

군용비행장 소음의 일반측정에 대한 측정지점 선정원칙은 다음과 같다 (조사예규 제10조 제1항).

(i) 군용비행장 소음분포의 확인이 쉬운 장소로 한다.

(ii) 배경소음의 영향이 적은 장소로 한다.

(iii) 해당지역의 군용비행장 소음을 대표할 수 있는 장소이어야 하며, 측정지점 반경 3.5m 이내는 가급적 평활하고, 수풀, 수림, 관목 등에 의한 흡음의 영향이 없는 장소로 한다.

(iv) 군용비행장 소음 민원이 많이 발생되는 지역 또는 민원발생 가능성이 있는 지역으로 한다.

(v) 군용항공기의 이·착륙 방향, 장주 및 활주로 방향별·지역별 안배를 고려할 수 있는 지역으로 한다.

(vi) 주민 또는 관할 지자체의 요구에 따라 측정할 때에는 특별한 사유가 없는 한 주민들이 요구하는 지점을 선정하여야 한다.

(vii) 소음측정지점 간의 최소 이격거리는 300m 이상을 원칙으로 한다. 다만, 건물, 지형 등 주변환경 상 불가피할 경우에는 조정할 수 있다.

(2) 소음등고선 작성을 위한 측정지점 선정방법

소음등고선 작성을 위한 측정지점 선정방법은 제1항을 따르되, 세부 선정원칙은 다음과 같다(조사예규 제10조 제2항).

(가) 소음등고선 작성을 위한 측정지점은 별표 4에 따라 아래와 같이 선정한다. (i) 군용비행장 소음등고선 작성 시의 최소측정지점은 6지점으로 한다. (ii) 최소측정지점은 군용비행장을 기준으로 상·하·좌·우의 방향으로 4지점을 기본 선정하고, 2지점은 항공기의 이·착륙 방향을 고려하여 선정한다. (iii) 군용항공기 장주, 이·착륙 방향 및 활주로 방향별·지역별 및 소음도를 고려하여 선정한다. (iv) 주민 또는 관할 지자체의 요구에 따라 측정위치를 선정할 때에는 측정위치간 최소 300m 이격되는 지점을 선정한다. (v) 현장 여건에 따라 측정지점은 가감할 수 있으며, 관련 전문가의 의견을 토대로 최종측정지점을 선정(위도, 경도, 높이)한다.

(나) 각 군용비행장별 측정지점은 최소측정지점을 포함하여 10지점을 원칙으로 한다. 다만, 지역주민 및 관련 전문가의 의견 수렴 등을 통하여 가감할 수 있다.

(다) 소음원의 위치, 방향, 풍향, 온도 등으로 인하여 계절별 소음측정이 필요한 경우, 이를 고려하여 지점을 선정하여야 한다.

(라) 소음측정지점은 최종적으로 관련 전문가의 기문을 통하여 선정힌다.

라. 측정방법

(1) 군용비행장 소음의 일반측정 방법(조사예규 제11조 제1항).

(i) 군용비행장 소음의 측정기간은 연간 훈련일정, 군용항공기의 운항상황, 풍향 등의 기상조건을 감안하여 각 측정지점에서 군용비행장 소음을 대표할 수 있는 시기를 선정하여 원칙적으로 연속 7일간 측정하여야 한다. 다만, 주말 등 시간대에 비행이나 시운전 등이 없는 경우에는 2일의 범위 내에서 측정일수를 줄일 수 있다.

(ii) 최고소음도는 군용항공기가 운항될 때마다 배경소음보다 높은 상황에서 측정하여야 하고, 군용항공기의 결항 및 기상 악화 등 특별한 사유가 없는 한 연속 측정하여야 한다.

(iii) 측정지점의 배경소음을 측정하고 군용항공기의 운항 상황을 기록하여야 한다.

(iv) 각 측정지점마다 군용비행장의 소음 레벨을 확인할 수 있도록 군용비행장 소음의 연속 기록이 유지되어야 한다.

(v) 주민 또는 관할 지자체의 요구에 따라 선정된 지점에서 측정할 때에는 가능한 한 주민이 참여하도록 하여야 한다.

(vi) 측정지점은 지면 또는 바닥면에서 1.2m~1.5m 높이로 하여야 한다.

(vii) 측정위치를 정점으로 한 원추형 상부 공간 내에는 측정치에 영향을 줄 수 있는 장애물이 있어서는 아니 된다. 여기서, 원추형 상부 공간이란 측정위치를 지나는 지면 또는 바닥면의 법선에 반각 80°의 선분이 지나는 공간을 말한다.

(2) 소음등고선 작성을 위한 소음측정 방법(조사예규 제11조 제2항).

(i) 제1항에 따르되, 마이크로폰은 원칙적으로 장애물(건물, 담장, 기타 반사성 구조물 등)로부터 3.5m이상 떨어진 지점의 바닥면 또는 지면 위 1.2m~1.5m의 높이로 설치한다.

(ii) 소음의 측정횟수는 연간 훈련일정과 기상 상황, 계절별 특성 등을 고려하여 특별한 사유가 없는 한 비행장별 2회 이상 측정하는 것을 원칙으로 한다.

(3) 배경소음도의 측정방법(조사예규 제11조 제3항).

(i) 배경소음도는 원칙적으로 군용비행장 소음이 발생하기 직전 또는 직후의 소음수준을 말하며 최소 5분 이상의 등가소음도로 한다.

(ii) 배경소음의 변동(±5dB 이상)이 심하거나, 이상소음 발생 또는 편대비행 등으로 5분 이상 배경소음도를 측정할 수 없는 경우에는 매 시간의 L95 소음통계레벨을 배경소음도로 사용하도록 한다.

(iii) 제1호 내지 제2호의 규정에도 불구하고 군용비행장 소음이 1시간 이상 지속적으로 발생하여 배경소음을 측정하기 곤란한 경우에는 소음 발생 직전 또는 직후 시간대의 L95 소음통계레벨을 사용할 수 있다.

마. 측정자료 분석(조사예규 제12조)

(1) 분석방법의 종류

군용비행장 소음 측정자료는 제2항의 $\overline{\text{WECPNL}}$과 제3항의 $\overline{L_{den}}$방법으로 분석한다.

(2) WECPNL 분석방법

WECPNL 분석방법은 다음과 같다.

(i) 군용비행장 소음측정 자료는 제2호 내지 제3호에 따라 분석·정리하여 군용항공기 평가소음도인 $\overline{\text{WECPNL}}$을 구하며, 소수점 첫째 자리에서 반올림한다. 다만, 헬리포트 주변 등과 같이 배경소음보다 10dB 이상 큰 항공기 소음의 일일 지속시간 평균치 $\overline{D}$가 30초 이상일 경우에는 보정량 $[+10\log(\overline{D}/20)]$을 $\overline{\text{WECPNL}}$에 반영하여야 한다.

(ii) 소음측정계의 측정 샘플주기를 1초 이내에서 결정하고, 연속 m일간 측정하여 제3호의 절차에 따라 $\overline{\text{WECPNL}}$을 구한다. 여기서, m일은 제11호 제1항 제1호에 의한 소음 측정일수를 말한다

(iii) 측정일(m일)간 다음 각 목의 방법으로 연속 측정·기록하여 그 지점의 $\overline{\text{WECPNL}}$을 구한다.

(가) 1일 단위로 매 군용비행장 소음 발생 시에 측정·기록한 기록지상의 최고치를 판독·기록하여, 다음 식으로 당일의 평균 최고소음도 $\overline{L}_{\max}$를 구한다.

$$\overline{L}_{\max} = 10\log\left[(1/n)\sum_{i=1}^{n} 10^{0.1L_i}\right] dB(A)$$

여기서, n은 1일 중의 군용항공기 소음 측정횟수

L_i는 i번째 군용비행장 소음 발생시 측정·기록한 소음도의 최고치

(나) 1일 단위의 WECPNL을 다음 식으로 구한다.

$$\text{WECPNL} = \overline{L}_{\max} + 10\log N - 27$$

여기서, N은 1일간 군용비행장소음 측정횟수

$$N = N_2 + 3N_3 + 10(N_1 + N_4)$$

N_1 : 00:00:00~06:59:59(야간)까지의 소음 측정회수

N_2 : 07:00:00~18:59:59(주간)까지의 소음 측정회수

N_3 : 19:00:00~21:59:59(저녁)까지의 소음 측정회수

N_4 : 22:00:00~23:59:59(야간)까지의 소음 측정회수

(다) 측정일간의 평균인 $\overline{\text{WECPNL}}$은 다음 식으로 구한다.

$$\overline{WECPNL} = 10\log\left[(1/m)\sum_{i=1}^{m}10^{0.1\,WECPNL_i}\right]$$

여기서, m은 군용항공기 소음 측정일수이며, $WECPNL_i$는 i일째 WECPNL값이다.

(라) 가목 및 나목의 대상 군용비행장 소음은 원칙적으로 배경소음보다 10dB 이상 크고, 군용비행장 소음의 지속시간이 10초 이상인 것으로 한다.

(마) 배경소음도 산정방법은 제11조 제3항에 따른다.

(3) L_{den} **분석방법**

$\overline{L}_{den}$ 분석방법은 다음 각 호와 같다.

(i) 군용비행장 소음측정 자료는 제2호 내지 제3호에 따라 분석·정리하여 군용비행장 평가소음도인 $\overline{L}_{den}$을 구하며, 소수점 첫째 자리에서 반올림한다.

(ii) 샘플주기를 1초 이내에서 결정하고, 연속 m일간 측정하여 제3호

의 절차에 따라 $\overline{L_{den}}$을 구한다. 여기서, m일은 제11조 제1항 제1호에 의한 소음 측정일수를 말한다.

(iii) 측정일(m일)간 다음 각목의 방법으로 연속 측정·기록하여 그 지점의 $\overline{L_{den}}$을 구한다.

(가) 1일 단위로 군용비행장 소음 발생시에 측정·기록된 1초 단위의 등가소음도($L_{Aeq,1s}$) 판독·기록하여 다음 식으로 소음노출레벨(L_{AE})을 구한다.

$$L_{AE} = 10\log\left[\sum_{i=1}^{n} 10^{0.1 L_{Aeq,1s,i}}\right] dB(A)$$

여기서, n은 1초 단위의 등가소음도 측정횟수

$L_{Aeq,1s,i}$는 i번째 군용비행장 소음 발생시 측정·기록한 1초 단위의 등가소음도

(나) 소음노출레벨(L_{AE})은 시간대별로 구분하여 조사하여야 하며 주간시간대는 07:00:00~18:59:59, 저녁시간대는 19:00:00~21:59:59, 야간시간대는 22:00:00~06:59:59를 말한다.

(다) 1일 단위의 $\overline{L_{den}}$을 다음 식으로 구한다.

$$L_{den} = 10\log\left[\frac{T_0}{T}\left(\sum_{i=1}^{n} 10^{\frac{L_{AE,di}}{10}} + \sum_{j=1}^{n} 10^{\frac{L_{AE,ej}+5}{10}} + \sum_{k=1}^{n} 10^{\frac{L_{AE,nk}+10}{10}}\right)\right]$$

여기서, T는 군용비행장 소음 측정 시간($=86,400$초)

T_0는 기준시간($=1$초)

$L_{AE,di}$는 주간 시간대 i번째 측정 또는 계산된 소음노출레벨

$L_{AE,ej}$는 저녁 시간대 j번째 측정 또는 계산된 소음노출레벨

$L_{AE,nk}$는 야간 시간대 k번째 측정 또는 계산된 소음노출레벨

(라) 측정일간의 평균인 $\overline{L_{den}}$을 다음 식으로 구한다.

$$L_{den} = 10\log\left[(1/m)\sum_{i=1}^{m}10^{0.1_{den,i}}\right]$$

여기서, m은 군용비행장 소음 측정일수이며, $L_{den,i}$는 i일째 L_{den}값이다.

(마) 가목 및 나목 대상 군용비행장 소음은 원칙적으로 배경소음보다 10dB 이상 큰 것으로 한다.

(바) 배경소음도 산정방법은 제11조 제3항에 따른다.

바. 평가 및 측정자료의 기록

군용비행장 소음측정 자료는 제12조에서 분석한 평가소음도를 군용비행장 소음도의 한도와 비교하여 평가한다(조사예규 제13조 제1항). 군용비행장 소음평가를 위한 측정자료는 별지 서식 1에 따라 기록한다(동조 제2항). 소음등고선 작성시 주민 또는 관할 지자체의 요구에 따라 선정되는 지점의 소음측정 및 평가 값은 관련 전문가가 이상 유무를 판단하여야 한다(동조 제3항).

7. 군용비행장 소음 자동측정

가. 자동소음측정망

(1) 자동소음측정망의 구성

자동소음측정망의 구성은 (i) 소음 자동측정기기, (ii) 통신장치, (iii) 군용비행장 소음, 항로의 감지 및 분석 등을 기록하는 장비, (iv) 군용비행장 소음, 항로의 감지 및 분석 등을 제어하는 소프트웨어, (v) 소음 관리 서버 및 웹서버 등이다(조사예규 제14조 제1항).

(2) 소음 자동측정기기의 구성

소음 자동측정기기의 구성은 (i) 마이크로폰, (ii) 전천후 방풍망, (iii) 소음계 및 소음기록장비, (iv) 기상측정 및 기록장비, (v) 통신장치 등, (vi) 그 외 소음 자동측정기기 등이며, 그 규격은 별표 6에 따른다(조사예규 제14조 제2항).

(3) 측정지점 및 장소 등

군용비행장 소음을 측정하기 위한 측정지점 및 장소는 자동소음측정망 설치계획에 따른다(동조 제3항). 자동소음측정망은 전용회선을 통한 자료 전송이 되도록 하여야 한다(동조 제4항). 군용비행장 자동소음측정망은 항적자료, 모니터링 및 분석을 위해 기상자료, 자동소음측정망 자체 항로 분석자료 또는 군용항공기 자료, 레이더 자료 등과 연계하여 구성할 수 있다(동조 제5항).

나. 측정항목 및 대상지역

(1) 자동소음측정망의 측정항목

자동소음측정망의 측정항목은 (i) A-가중 최고 소음도(L_{max}), (ii) A-가중 1초 등가소음도($L_{Aeq,1s}$), (iii) A-가중 대상 이벤트 등가소음도 ($L_{Aeq,event}$), (iv) 주간, 저녁, 야간시간대 군용비행장 소음 감지횟수(회), (v) 개별 군용비행장 소음 발생시 소음 지속시간(초), (vi) 온·습도 및 풍향 풍속 등이다(조사예규 제15조 제1항).

(2) 자동소음측정망의 분석항목

자동소음측정망의 분석항목은 (i) 배경소음도(dB(A)), (ii) 등가소음도 (dB(A)), (iii) 이벤트 등가소음도(dB(A)), (iv) L_{den}, (v) WECPNL, (vi) 가동률(%), (vii) 소음감지횟수 등이다(조사예규 제15조 제2항).

(3) 자동소음측정망 설치 대상 군용비행장

자동소음측정망 설치 대상 군용비행장은 (i) 군소음보상법에 따라 대상지역으로 지정·고시된 군용비행장, (ii) 그 밖에 소음 자동측정이 필요하다고 인정되는 군용비행장이다(조사예규 제15조 제3항).

다. 측정지점 선정

(1) 소음 자동측정 지점의 선정원칙

소음 자동측정 지점의 선정원칙은 (i) 군용비행장별 소음대책지역을 대표할 수 있는 지점, (ii) 군용비행장 소음분포의 확인이 쉬운 지점, (iii) 군용항공기의 항로감시가 용이한 지점, (iv) 배경소음과 지형지물에 의한 영향이 적은 지점, (v) 임대가 쉽고 장기간 사용이 가능한 지점, (vi) 유지보수를 위한 접근이 쉬운 지점, (vii) 측정장비의 보호가 쉬운 지점, (viii) 군용항공기의 이·착륙 방향 및 활주로 방향의 지역별 안배 지점, (ix) 군용비행장 소음 민원다발 지역 또는 민원발생 가능성이 있는 지역 등이다(조사예규 제16조 제1항).

(2) 소음 자동측정 지점의 선정방법(조사예규 제16조 제2항)

(가) 조사예규 제16조 제1항에 따라 후보지를 선정한다.

(나) 후보지 선정은 해당 지역주민의 의견을 수렴하여 향후 위치선정에 대하여 민원이 발생하지 않도록 한다.

(다) 후보지를 선정함에 있어서 고려할 사항은 다음과 같다.

(i) 측정지점 간의 이격은 최소 300m 이상의 거리를 두어 선정하는 것을 원칙으로 한다. 다만, 건물, 지형 등 주변환경 상 불가피할 경우에는 조정할 수 있다.

(ii) 소음 자동측정기기는 소음대책지역 내에 설치하는 것을 원칙으로 한다. 다만, 특정 지점의 소음실태 파악 등 소음관리 상 필요한 경우 그 외 지역에 설치할 수 있다.

(iii) 측정지점은 관할 지자체의 주민의견 수렴 내용, 관련 전문가의 자문 등을 받아 변경할 수 있다.

(라) 각 후보지에 대한 소음측정, 항로 및 주변여건을 조사하여 평가를 실시하여야 한다.

(마) 최종 측정지점은 필요시 관련 전문가에게 후보지에 대한 자문을 받아 선정한다.

(바) 자동소음측정망 설치 후 기기의 작동 및 측정자료의 적합성 여부는 관련 전문가에게 평가받아야 하며 세부절차는 별표 7과 같다.

라. 측정방법

소음 측정은 소음 자동측정기기에 의하여 연중 계속 측정한다. 다만, (i) 점검이나 보수 등을 위해 소음 자동측정기기가 중지된 경우, (ii) 기온(일평균) -10℃ 이하 또는 35℃ 이상의 경우, (iii) 상대습도(일평균) 30% 이하 또는 90% 이상의 경우, (iv) 대상 이벤트 소음 발생시 풍속이 5m/s 이상일 경우에는 예외로 한다(조사예규 제17조).

마. 측정결과 분석 및 통지

(1) 측정결과 분석

군용비행장 소음 측정결과의 분석 내용에는 평가소음도인 WECPNL, L_{den}과 대상 이벤트 소음 감지횟수 자료, 항적자료(제공될 경우에 한한다)가 포함되어야 하며, 수집된 자료의 분석 방법은 다음과 같다(조사예규 제18조 제1항).

(i) 군용비행장 소음은 소음 자동측정기기에서 24시간 측정된 자료를 소음감시센터에서 데이터관리프로그램에 따라 분석한다.

(ii) 수집된 측정자료는 자료검색용 프로그램을 이용하여 1차 검색한 후 개별 지점 및 지점별 연관성 분석을 시행하고 분석자료(군용비행장 소음도 등)가 평소와 다를 때에는 수작업으로 분석하여 자료의 사용여부를 판단한다.

(iii) 측정자료는 군용비행장 운영일 대비 90% 이상 측정된 경우에만 월평균 자료로 인정한다.

(2) 백업체계의 유지 및 통지

자동소음측정망 시설관리자는 측정된 자료의 백업(Back-up) 체계를 유지하여 손실을 방지하여야 하고, 측정결과는 각군 총장에게 (i) 매월 측정결과를 다음달 15일까지 별지 서식 2에 따라 통지, (ii) 내분기 종료

후 1개월 이내에 월별 측정값의 변화 원인이 반영된 분석자료를 통지, (iii) 매년 1월말까지 지난 해의 자동소음측정망 운영 및 분석결과를 종합하여 통지하여야 한다(조사예규 제18조 제2항).

8. 군사격장 소음 일반측정

가. 측정범위

군사격장 소음의 일반측정 범위는 (i) 자동소음측정망이 없는 지역의 소음측정, (ii) 주민 또는 관할 지자체의 요구에 의한 소음측정, (iii) 소음 등고선 작성을 위한 소음측정, (iv) 소음 실태조사를 위한 소음측정 등이다(조사예규 제19조).

나. 측정조건

군사격장 소음의 일반측정 조건은 다음과 같다(조사예규 제20조).

(1) 옥외측정을 원칙으로 하며, 소음계의 마이크로폰은 측정위치에 반침장치(삼각대 등)를 설치하여 측정하는 것을 원칙으로 한다. 다만, 현장 여건상 손으로 소음계를 잡고 측정할 경우 소음계는 측정자의 몸으로부터 0.5m 이상 떨어져야 한다.

(2) 소음계의 마이크로폰은 소음원 방향으로 향하여 설치하는 것을 원칙으로 하며, 무지향성 마이크로폰을 사용할 경우 지면과 수직한 상부 방향으로 설치할 수 있다.

(3) 소음 측정시에는 반드시 방풍망을 부착하여야 하며, 풍속이 5m/s를 초과할 때는 측정하여서는 아니 된다.

(4) 1일의 소음 측정시간은 24시간 연속 측정하는 것으로 하며, 특정 지점의 단순 실태조사 등 국지적인 소음측정일 경우에는 군사격장의 운용시간에 따라 측정시간을 줄일 수 있다.

(5) 진동이 많은 장소 또는 전자장(대형 전기기계, 고압선 근처 등)의 영향을 받는 곳에서는 측정하지 아니하거나 적절한 방지책(방진, 차폐 등)을 마련하여 측정하여야 한다.

(6) 측정은 일평균 기온이 −10℃ 이하 또는 35℃ 이상의 경우에는 원칙적으로 실시하지 아니한다. 다만, 소음계의 허용온도 범위 내에 있는 경우에는 그러하지 아니한다.

다. 측정지점 선정원칙

(1) 일반측정에 대한 측정지점 선정원칙

군사격장 소음의 일반측정에 대한 측정지점 선정원칙은 다음과 같다 (조사예규 제21조 제1항).

(i) 군사격장 소음분포의 확인이 쉬운 장소로 한다.

(ii) 배경소음의 영향이 적은 장소로 한다.

(iii) 해당지역의 군사격장 소음을 대표할 수 있는 장소이어야 하며, 측정지점 반경 3.5m 이내는 가급적 평활하고, 수풀, 수림, 관목 등에 의한 흡음의 영향이 없는 장소로 한다.

(iv) 군사격장 소음 민원이 많이 발생되는 지역 또는 민원발생 가능성이 있는 지역으로 한다.

(v) 사격 방향별·지역별 안배를 고려할 수 있는 지역으로 한다.

(vi) 주민 또는 관할 지자체의 요구에 따라 측정할 때에는 특별한 사유가 없는 한 주민들이 요구하는 지점을 선정하여야 한다.

(vii) 소음측정지점 간의 최소 이격거리는 300m 이상을 원칙으로 한다. 다만, 건물, 지형 등 주변환경 상 불가피할 경우에는 조정할 수 있다.

(2) 소음등고선 작성을 위한 측정지점 선정방법

소음등고선 작성을 위한 측정지점 선정방법은 제21조 제1항을 따르되, 세부 선정원칙은 다음과 같다(조사예규 제21조 제2항).

(i) 소음등고선 작성을 위한 측정지점은 별표 5에 따라 선정한다.

(ii) 각 군사격장(또는 피탄지)별 측정지점은 최소측정지점을 포함하여 10지점을 원칙으로 한다. 다만, 지역주민 및 관련 전문가의 의견 수렴 등을 통하여 가감할 수 있다.

(iii) 소음원의 위치, 방향, 풍향, 온도 등으로 인하여 계절 별 소음측

정이 필요한 경우, 이를 고려하여 지점을 선정하여야 한다.

(iv) 소음측정지점은 최종적으로 관련 전문가의 자문을 통하여 선정한다.

라. 측정방법

(1) 군사격장 소음의 일반측정 방법

군사격장 소음의 일반측정 방법은 다음과 같다(조사예규 제22조 제1항).

(i) 군사격장 소음의 측정기간은 연간 훈련일정, 군사격장의 운영 상황, 풍향 등의 기상조건을 감안하여 각 측정지점에서 사격 소음을 대표할 수 있는 시기를 선정하여 원칙적으로 1일 이상 측정하여야 한다.

(ii) 제병협동(諸兵協同) 또는 복합화기 군사격장의 경우에는 해당 군사격장에서 운영되는 화기별로 측정하여야 한다. 이 경우 화기의 분류는 군용항공기, 전차, 포(이와 유사한 것을 포함한다), 소형화기 등 4종으로 한다.

(iii) 최고 등가소음도($L_{eq,max,1s}$)는 사격이 발생할 때마다 배경소음보다 높은 상황에서 측정하여야 하고, 화기 종류 전환 및 기상 등 특별한 사유가 없는 한 연속 측정하여야 한다.

(iv) 측정지점의 배경소음을 측정하고 사격 운영(횟수) 상황을 기록하여야 한다.

(v) 각 측정지점마다 사격 소음 레벨을 확인할 수 있도록 사격 소음의 연속 기록이 유지되어야 한다.

(v) 주민 또는 관할 지자체의 요구에 따라 선정된 지점에서 측정할 때에는 가능한 주민이 참여하도록 하여야 한다.

(vii) 측정지점은 지면 또는 바닥면에서 1.2m~1.5m 높이로 하여야 한다.

(2) 소음등고선 작성을 위한 소음측정 방법

소음등고선 작성을 위한 소음측정 방법은 다음과 같다(조사예규 제22조 제2항).

(i) 제1항에 따르되, 마이크로폰은 원칙적으로 장애물(건물, 담장, 기타 반사성 구조물 등)로부터 3.5m이상 떨어진 지점의 바닥면 또는 지면 위 1.2m~1.5m의 높이로 설치한다.

(ii) 소음의 측정횟수는 연간 훈련일정과 기상 상황, 계절별 특성 등을 고려하여 특별한 사유가 없는 한 사격장별 2회 이상 측정하는 것을 원칙으로 한다.

(3) 배경소음도의 측정방법

배경소음도의 측정방법은 다음과 같다(조사예규 제22조 제3항).

(i) 배경소음도는 원칙적으로 군사격장 소음이 발생하기 직전 또는 직후의 소음수준을 말하며 최소 5분 이상의 등가소음도로 한다.

(ii) 배경소음의 변동(±5dB 이상)이 심하거나, 이상소음 발생 또는 연속사격 등으로 5분 이상 배경소음도를 측정할 수 없는 경우에는 매 시간대의 L95 소음통계레벨을 배경소음도로 사용하도록 한다.

(iii) 제1호 내지 제2호의 규정에도 불구하고 군사격장 소음이 1시간 이상 지속적으로 발생하여 배경소음을 측정하기 곤란한 경우에는 소음 발생 직전 또는 직후 시간의 L95 소음통계레벨을 사용할 수 있다.

마. 측정자료 분석

(1) 분석방법의 구분

군사격장 소음측정 자료는 대형화기와 소형화기로 구분하여 분석한다. 이 경우, 대형화기의 포탄 및 군용항공기의 폭탄, 미사일 사격 등으로 인한 피탄지의 폭발 소음은 대형화기로 구분하여 분석한다(조사예규 제23조 제1항).

(2) 대형화기의 L_{Rdn} 분석방법

대형화기의 L_{Rdn} 분석방법은 다음과 같다(조사예규 제23조 제2항).

(i) 군사격장 소음측정 자료는 제2호 내지 제3호에 따라 분석·정리하여 군사격장 평가소음도인 L_{Rdn}을 구하며, 소수점 첫째 자리에서 반올림

한다.

(ii) 샘플주기를 1초 이내에서 결정하고, 1일 이상 측정하여 제3호의 절차에 따라 L_{Rdn}를 구한다. 다만, 사격이 주간 또는 야간 시간대에만 발생하는 경우에는 해당 시간대만을 고려하여 L_{Rd} 또는 L_{Rn}을 구한다.

(iii) 1일간 다음 각 목의 방법으로 연속 측정하여 L_{Rdn}을 구한다.

(가) 1일 단위로 군사격장 소음 발생시에 측정·기록된 1초 단위의 등가소음도($L_{Ceq,1s}$)를 판독·기록하여 다음 식으로 소음노출레벨(L_{CE})을 구한다.´

$$L_{CE} = 10\log\left[\sum_{i=1}^{n} 10^{0.1L_{Qz,1s,i}}\right] dB(C)$$

여기서, n은 1초 단위의 등가소음도 측정횟수

$L_{Ceq,1s,i}$는 i번째 군사격장 소음 발생시 측정·기록한 1초 단위의 C-가중 등가소음도

(나) 가.목에서 구한 소음노출레벨에 대형화기 보정치 K_L을 보정하여 L_{RCE}을 구한다.

$$L_{RCE} = L_{CE} + K_L \ dB(C)$$

여기서, K_L은 대형화기 충격소음 보정치(+18dB)

(다) 1일 단위의 L_{Rdn}을 다음 식으로 구한다.

$$L_{Rdn} = 10\log\left[\sum_{i=1}^{n} 10^{\frac{L_{RCE,di}}{10}} + \sum_{j=1}^{m} 10^{\frac{L_{RCE,nj}+10}{10}}\right] - 10\log T$$

여기서, T는 소음 측정 시간(=86,400초)

$L_{RCE,di}$는 주간 시간대(07:00:00~21:59:59) i번째 측정 또는 계산된 평가소음노출레벨

$L_{RCE,nj}$는 야간 시간대(22:00:00~06:59:59) j번째 측정 또는 계산된 평가소음노출레벨

(라) 군사격정 소음이 주간에만 발생할 경우에는 L_{Rd}는 다음 식으로 구한다.

$$L_{Rd} = L_{RCE,d} - 10\log T_d$$

여기서 T_d는 주간 시간대 측정시간(= 54,000초)

$L_{RCE,d}$는 주간 시간대 군사격장 소음의 총합 평가소음노출레벨

(마) 군사격장 소음이 야간에만 발생할 경우에는 L_{Rn}은 다음 식으로 구한다.

$$L_{Rn} = L_{RCE,n} - 10\log T_n + 10$$

여기서 T_n은 야간 시간대 측정시간(= 32,400초)

$L_{RCE,n}$은 야간 시간대 군사격장 소음의 총합 평가소음노출레벨

다만, 가.목에서 마.목까지의 대상 군사격장 소음은 원칙적으로 배경소음보다 10dB 이상인 것으로 한다.

(바) 배경소음도 산정방법은 제22조 제3항에 따른다.

(3) 소형화기의 L_{Rdn} 분석방법

소형화기의 L_{Rdn} 분석방법은 다음과 같다(조사예규 제23조 제3항).

(i) 군사격장 소음측정 자료는 제2호 내지 제3호에 따라 분석·정리하여 군사격장 평가소음도인 L_{Rdn}을 구하며, 소수점 첫째 자리에서 반올림한다.

(ii) 샘플주기를 1초 이내에서 결정하고, 1일 이상 측정하여 제3호의 절차에 따라 L_{Rdn}을 구한다. 다만, 사격이 주간 또는 야간 시간대에만 발생하는 경우에는 해당 시간대만을 고려하여 L_{Rd} 또는 L_{Rn}을 구한다.

(iii) 1일간 다음 각 목의 방법으로 연속 측정하여 L_{Rdn}을 구한다.

(가) 1일 단위로 군사격장 소음 발생시에 측정·기록된 1초 단위의 등가소음도($L_{Aeq,1s}$)를 판독·기록하여 다음 식으로 소음노출레벨(L_{AE})을 구한다.

$$L_{\mathrm{AE}} = 10\log\left[\sum_{i=1}^{n}10^{0.1L_{Aeq,1s,i}}\right]dB(A)$$

여기서, n은 1초 단위의 등가소음도 측정횟수

$L_{Aeq,1s,i}$는 i번째 군사격장 소음 발생시 소음을 측정·기록한 1초 단위의 A-가중 등가소음도

(나) 가.목에서 구한 소음노출레벨에 소형화기 보정치 K_S를 보정하여 L_{RAE}을 구한다.

$$L_{RAE} = L_{AE} + K_S \quad dB(A)$$

여기서, K_S는 소형화기 충격소음 보정치(+ 12dB)

(다) 1일 단위의 L_{Rdn}을 다음 식으로 구한다.

$$L_{\mathrm{Rdn}} = 10\log\left[\sum_{i=1}^{n}10^{\frac{L_{RAE,di}}{10}} + \sum_{j=1}^{m}10^{\frac{L_{RAE,nj}+10}{10}}\right] - 10\log T$$

여기서, T는 소음 측정 시간(= 86,400초)

$L_{RAE,di}$는 주간 시간대(07:00:00~21:59:59) i번째 측정 또는 계산된 평가 소음노출레벨

$L_{RAE,nj}$는 야간 시간대(22:00:00~06:59:59) j번째 측정 또는 계산된 평가 소음노출레벨

(라) 군사격장 소음이 주간에만 발생할 경우에는 L_{Rd}는 다음 식으로 구한다.

$$L_{Rd} = L_{RAE,d} - 10\log T_d$$

여기서 T_d는 주간 시간대 측정시간(= 54,000초)

$L_{RAE,d}$는 주간 시간대 군사격장 소음의 총합 평가소음노출레벨

(마) 군사격장 소음이 야간에만 발생할 경우에는 L_{Rn}는 다음 식으로

구한다.

$$L_{Rn} = L_{RAE,n} - 10\log T_n + 10$$

여기서 T_n은 야간 시간대 측정시간(=32,400초)

$L_{RAE,n}$은 야간 시간대 군사격장 소음의 총합 평가소음노출레벨

다만, 가.목에서 마.목까지의 대상 군사격장 소음은 원칙적으로 배경소음보다 10dB 이상인 것으로 한다.

(바) 배경소음도 산정방법은 제22조 제3항에 따른다.

바. 군용항공기 사격장의 소음 측정

군용항공기 전용 사격장 또는 제22조 제1항 제2호에 따른 군사격장의 군용항공기 소음에 대해서는 항공기 소음과 사격 소음을 제12조 내지 제13조, 제23조 및 제25조의 규정에 따라 각각 분석·평가한다(조사예규 제24조).

사. 평가 및 측정자료의 기록

군사격장 소음측정 자료는 제23조에서 분석한 평가소음도를 군사격장 소음도의 한도와 비교하여 평가한다(조사예규 제25조 제1항). 군사격장 소음 평가를 위한 측정자료는 별지 서식 3에 따라 기록한다(동조 제2항). 소음도 고선 작성시 주민 또는 관할 지자체의 요구에 따라 선정되는 지점의 소음측정 및 평가 값은 관련 전문가가 이상 유무를 판단하여야 한다(동소 제3항).

9. 군사격장 소음 자동측정

가. 자동소음측정망의 구성

자동소음측정망의 구성은 (i) 소음 자동측정기기, (ii) 통신장치, (iii) 군사격장 소음의 감지 및 분석 등을 기록하는 장비, (iv) 군사격장 소음의 감지 및 분석 등을 제어하는 소프트웨어, (v) 소음 관리 서버 및 웹서

버 등이다(조사예규 제26조 제1항).

소음 자동측정기기의 구성은 제14조 제2항과 같다(동조 제2항). 군사격장 소음을 측정하기 위한 측정지점 및 장소는 자동소음측정망 설치계획에 따른다(동조 제3항). 자동소음측정망은 전용회선을 통한 자료 전송이 되도록 하여야 한다(동조 제4항). 군사격장 자동소음측정망은 소음 분석을 위해 자동소음측정망 자체 분석자료 또는 군사격 발수 관리자료, 기상자료 등과 연계하여 구성할 수 있다(동조 제5항).

나. 측정항목 및 대상지역

(1) 대형화기에 대한 자동소음측정망의 측정항목

대형화기에 대한 자동소음측정망의 측정항목은 (i) C-가중 1초 등가소음도($L_{Ceq,1s}$), (ii) C-가중 대상 이벤트 등가소음도($L_{Ceq,event}$), (iii) C-가중 최고 등가소음도($L_{Ceq,max,1s}$), (iv) 주간, 야간시간대 군사격장 소음 감지횟수(회), (v) 개별 군사격장 소음 발생시 지속시간(초), (vi) 온·습도 및 풍향 풍속 등이다(조사예규 제27조 제1항).

(2) 소형화기에 대한 자동소음측정망의 측정항목

소형화기에 대한 자동소음측정망의 측정항목은 (i) A-가중 1초 등가소음도($L_{Aeq,1s}$), (ii) A-가중 대상 이벤트 등가소음도($L_{Aeq,event}$), (iii) A-가중 최고 등가소음도($L_{Aeq,max,1s}$), (iv) 주간, 야간시간대 군사격장 소음 감지횟수(회), (v) 개별 군사격장 소음 발생시 지속시간(초), (vi) 온·습도 및 풍향 풍속 등이다(조사예규 제27조 제2항).

(3) 대형화기에 대한 자동소음측정망의 분석항목

대형화기에 대한 자동소음측정망의 분석항목은 (i) 배경소음도(dB(C)), (ii) 주간 평균소음도(L_d dB(C)), (iii) 야간 평균소음도(L_n dB(C)), (iv) 주야 평균소음도(L_{dn} dB(C)), (v) 주간 평가소음도(L_{Rd} dB(C)), (vi) 야간 평가소음도(L_{Rn} dB(C)), (vii) 주야 평가소음도(L_{Rdn} dB(C)), (viii) 가동률(%), (ix) 소음감지횟수 등이다(조사예규 제27조 제3항).

(4) 소형화기에 대한 자동소음측정망의 분석항목

소형화기에 대한 자동소음측정망의 분석항목은 (i) 배경소음도(dB(A)), (ii) 주간 평균소음도(L_d dB(A)), (iii) 야간 평균소음도(L_n dB(A)), (iv) 주야 평균소음도(L_{dn} dB(A)), (v) 주간 평가소음도(L_{Rd} dB(A)), (vi) 야간 평가소음도(L_{Rn} dB(A)), (vii) 주야 평가소음도(L_{Rdn} dB(A)), (viii) 가동률 (%), (ix) 소음감지횟수 등이다(조사예규 제27조 제4항).

(5) 자동소음측정망 설치 대상 군사격장

자동소음측정망 설치 대상 군사격장은 (i) 군소음보상법에 따라 대상지역으로 지정·고시된 군사격장, (ii) 그 밖에 소음 자동측정이 필요하다고 인정되는 군사격장 등이다(조사예규 제27조 제5항).

다. 측정지점 선정

(1) 소음 자동측정 지점의 선정원칙

소음 자동측정 지점의 선정원칙은 (i) 군사격장별 소음대책지역을 대표함, (ii) 군사격장 소음분포의 확인이 쉬운 저점, (iii) 배경소음과 지형지물에 의한 영향이 적은 지점, (iv) 임대가 쉽고 장기간 사용이 가능한 지점, (v) 유지보수를 위한 접근이 쉬운 지점, (vi) 측정장비의 보호가 쉬운 지점, (vii) 사격 방향의 지역별 안배 지점, (viii) 군사격장 소음 민원다발 지역 또는 민원발생 가능성이 있는 지역 등이다(조사예규 제28조 제1항).

(2) 소음 자동측정 지점의 선정방법

소음 자동측정 지점의 선정방법은 다음과 같다(조사예규 제28조 제2항).

(가) 제1항에 따라 후보지를 선정한다.

(나) 후보지 선정은 해당 지역주민의 의견을 수렴하여 향후 위치선정에 대하여 민원이 발생하지 않도록 한다.

(다) 후보지를 선정함에 있어서 다음과 같은 사항을 고려하여야 한다.
(i) 사격을 확인할 수 있는 군사격장 내의 1지점을 포함한다. 이 지점은

측정기기의 소음측정범위 내에서 측정지점을 선정하여야 한다. (ii) 측정지점 간의 이격은 최소 300m 이상의 거리를 두어 선정하는 것을 원칙으로 한다. 다만, 건물, 지형 등 주변환경 상 불가피할 경우에는 조정할 수 있다. (iii) 소음 자동측정기기는 소음대책지역 내에 설치하는 것을 원칙으로 한다. 다만, 특정 지점의 소음실태 파악 등 소음관리 상 필요한 경우 그 외 지역에 설치할 수 있다. (iv) 측정지점은 관할 지자체의 주민의견 수렴 내용, 관련 전문가의 자문 등을 받아 변경할 수 있다.

(라) 각 후보지에 대한 소음측정, 사격방향 및 주변여건을 조사하여 평가를 실시하여야 한다.

(마) 최종 측정지점은 필요시 관련 전문가에게 후보지에 대한 자문을 받아 선정한다.

(바) 자동소음측정망 설치 후 기기의 작동 및 측정자료의 적합성 여부는 관련 전문가에게 평가받아야 하며 세부절차는 별표 7과 같다.

(i) 자동소음측정망의 적합성 판단은 관련 전문가가 시행한다. (ii) 자동소음측정망 성능의 이상여부 및 측정자료 분석방법 준수 여부를 확인한다. (iii) 자동소음측정망의 성능이 미달될 경우 적합장비로 교체한다. (iv) 소음 자동측정기기의 설치 지점에서 주변 이상소음으로 인하여 측정결과에 이상이 있을 경우 측정위치 변경을 고려한다.

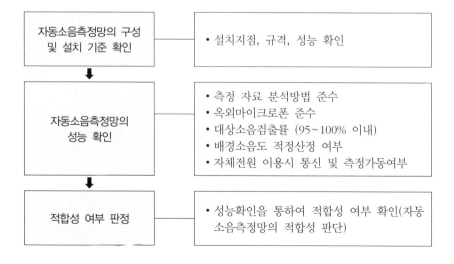

라. 측정방법

소음 측정은 소음 자동측정기기에 의하여 연중 계속 측정한다. 다만, (i) 점검이나 보수 등을 위해 소음 자동측정기기가 중지된 경우, (ii) 기온(일평균) -10℃ 이하 또는 35℃ 이상의 경우, (iii) 상대습도(일평균) 30% 이하 또는 90% 이상의 경우, (iv) 대상 이벤트 소음 발생시 풍속이 5m/s 이상일 경우에는 예외로 한다(조사예규 제29조).

마. 측정결과 분석 및 통지

(1) 측정결과 분석

군사격장 소음측정 결과의 분석 내용은 평가소음도인 L_{Rd}, L_{Rn}, L_{Rdn}과 시간대별 사격 대상 이벤트 감지 횟수 자료가 포함되어야 하고, 수집된 자료의 분석 방법은 다음과 같다(조사예규 제30조 제1항).

(i) 군사격장 소음은 소음 자동측정기기에서 24시간 측정된 자료를 소음감시센터에서 데이터관리프로그램에 따라 분석한다.

(ii) 수집된 측정자료는 자료검색용 프로그램을 이용하여 1차 검색한 후 개별 지점 및 지점별 연관성 분석을 시행하고 분석자료(군사격장 소음도 등)가 평소와 다를 때에는 수작업으로 분석하여 자료의 사용여부를 판단한다.

(iii) 측정자료는 군사격장 운영일 대비 90% 이상 측정된 경우에만 월평균 자료로 인정한다.

(2) 측정결과 통지

소음 자동측정 시설관리자는 측정된 자료를 백업(Back-up)체계를 유지하여 손실을 방지하여야 하고, 측정결과는 다음과 같이 각군 총장에게 통지하여야 한다(조사예규 제30조 제2항).

(i) 매월 측정결과를 다음달 15일까지 별지 서식 4에 따라 통지

(ii) 매분기 종료 후 1개월 이내에 월별 측정값의 변화 원인이 반영된 분석자료를 통지

(iii) 매년 1월말까지 지난해의 자동소음측정망 운영 및 분석결과를 종합하여 통지

10. 소음측정기기 관리

가. 규격 및 관리

(1) 소음측정에 사용하는 기기의 규격

소음측정에 사용하는 기기의 규격은 (i) 소음계는 KS C IEC 61672-1에서 정한 클래스 2의 소음계 또는 동등 이상의 성능을 가져야 하고, '환경분야 시험·검사 등에 관한 법률 시행규칙'에 따라 소음측정기기 또는 소음연속자동측정기기로 형식승인 받은 것, (ii) 자동소음측정망의 소음자동측정기기는 제1호의 규정에도 불구하고 소음연속자동측정기기로 형식승인을 받은 것이어야 하며, KS C IEC 61672-1에서 정한 클래스 1을 만족할 것, (iii) 소음측정기기는 '환경분야 시험·검사 등에 관한 법률 시행규칙' 제7조에 따라 정도검사를 받은 장비로 정도검사 주기 이내일 것, (iv) 소음계의 마이크로폰은 무지향성을 사용할 것, (v) 소음도 기록의 주파수 범위는 소음계의 주파수 범위를 만족할 것 등이다(조사예규 제31조 제1항).

(2) 소음측정기기의 조작 방법

소음측정기기의 조작 방법은 (i) 소음계의 내부에 연속(1초 이하)으로 자료를 저장하는 것을 원칙으로 하며, 별도의 소음 기록기를 사용할 경우 연속(1초 이하) 측정소음도 자료를 저장할 것, (ii) 소음계 및 소음도 기록기의 전원과 기기의 동작을 점검하고 측정 시작 전 매회 교정을 실시(별도의 소음기록계를 사용할 경우 소음계의 출력단자와 소음도 기록기의 입력단자 연결), (iii) 소음계의 레벨레인지 변환기는 측정지점의 소음도를 예비조사한 후 고정할 것 등이다(조사예규 제31조 제2항).

(3) 소음 자동측정기기의 기능

소음 자동측정기기의 기능은 다음 각 호와 같이 설정한다(조사예규 제

31조 제3항).

(i) 군용비행장 소음레벨의 주파수 특성: A특성

(ii) 군사격장 소음레벨의 주파수 특성: C특성(대형화기) 또는 A특성(소형화기)

(iii) 시스템의 동특성: 느림(Slow)

(iv) 설정레벨: 배경소음보다 약 10dB 높게 설정

(4) 휴대용 소음 측정기기의 기능

휴대용 소음 측정기기의 기능은 다음과 같이 설정한다(조사예규 제31조 제4항).

(i) 군용비행장 소음레벨의 주파수 특성: A특성

(ii) 군사격장 소음레벨의 주파수 특성: C특성(대형화기) 또는 A특성(소형화기)

(iii) 시스템의 동특성: 느림(Slow)

(5) 소음 자동측정기기의 신규 설치장비의 성능검사

소음 자동측정기기의 신규 설치장비의 성능검사는 소음 자동측정기기의 최초 설치 또는 이전 시 소음 자동측정기기가 정상적으로 가동하는지 여부를 파악하기 위하여 정도검사 기관에 성능검사를 의뢰할 수 있으며, 정도검사의 방법은 다음과 같다(조사예규 제31조 제5항).

(i) 마이크로폰 등 소음 자동측정기기는 정확성과 통일성을 유지하기 위하여 국립환경과학원에서 고시(환경측정기기 정도검사)하는 측정기기에 따라 측정기기의 정도검사를 받아야 한다.

(ii) 정도검사는 지정 검사기관에 의뢰하여야 한다.

(6) 감지기준 설정 등

측정지점별 소음 감지기준 설정은 측정지점별 배경소음의 정도에 따라 군용비행장 소음 또는 군사격장 소음으로 감지할 수 있는 최저 한계치를 설정하며 주변 여건의 변화에 따라 조정할 수 있다(조사예규 제31조 제6항). 소음 자동측정기기의 마이크로폰은 정도검사 범위내의 기준을 유지

할 수 있도록 관리하여야 한다(동조 제7항). 자동소음측정망의 정상가동을 위해 소음 자동측정기기 및 소음감시센터의 장비와 전원 및 통신회선의 안전상태를 수시 점검하고, 소음 자동측정기기 및 소음감시센터 등의 전산실에는 무정전전원장치를 설치하여 전산장비 기능에 지장을 초래하지 않도록 하여야 한다(동조 제8항). 자동소음측정망 시설관리자는 월 1회 이상 측정지점을 방문하여 소음 자동측정기기의 상태를 확인하고 측정에 오류를 일으킬 수 있는 요소를 제거 또는 정비하여 자동소음측정망이 정상적으로 운영되도록 하여야 한다(동조 제9항). 자동소음측정망의 필요한 부품은 미리 확보하여야 한다(동조 제10항).

나. 네트워크 관리

자동소음측정망의 통신회선은 항상 최적의 상태로 유지하여야 한다(조사예규 제32조).

Ⅴ. 소음영향도 조사가 제외되는 군사격장

(1) 시행령 제3조 제1항에도 불구하고 국방부장관은 소형화기 군사격장(20㎜ 미만의 구경을 갖는 화기로 사격하는 군사격장을 말한다. 이하 같다)이 (i) 방음시설이 설치되어 있거나 사격실이 실내에 있는 경우, (ii) 주둔지 또는 일반전초(GOP: 전방 배치부대) 내인 경우, (iii) 군용비행장 안에 위치한 경우, (iv) 민간인 통제선 이북에 위치하는 등 소음영향도 조사의 실효성이 없는 것으로 판단되는 경우의 어느 하나에 해당하는 경우에는 해당 군사격장을 소음영향도 조사 대상에서 제외할 수 있다(시행령 제4조 제1항).

(2) 국방부장관은 소형화기 군사격장이 제1항 각 호의 어느 하나에 해당한다고 판단하여 소음영향도 조사에서 제외하려는 경우에는 미리 해당 지역의 주민대표 및 시장·군수·구청장의 의견을 듣고, 법 제20조에 따른 중앙소음대책심의위원회(이하 "중앙심의위원회"라 한다)의 심의를 거쳐야 한다(동조 제2항).

제6조(소음대책지역에서의 시설물의 설치 제한 등)

제6조(소음대책지역에서의 시설물의 설치 제한 등)

① 특별시장·광역시장·도지사·특별자치도지사(이하 "시·도지사"라 한다) 또는 특별자치시장·시장·군수·구청장(자치구의 구청장을 말한다. 이하 "시장·군수·구청장"이라 한다)은 소음피해 확산을 방지하기 위하여 소음대책지역 지정·고시 이후 소음대책지역 내의 토지를 취득하게 된 자 등에게 소음대책지역에서의 시설물의 설치 및 용도를 제한하여야 한다. 다만, 방음시설 설치 등 일정한 조건을 붙여 시설물의 설치를 허용할 수 있다.

② 시·도지사 또는 시장·군수·구청장은 제1항에 따른 조건을 이행하지 아니한 자에게 다음 각 호의 사항을 명할 수 있다.

1. 시설물의 용도변경
2. 소음피해 방지시설의 보완

③ 제1항에 따른 설치 및 용도 제한 대상 시설물의 종류와 제한조건 등에 필요한 사항은 국방부령으로 정한다.

시행규칙 제5조(소음대책지역에서의 시설물의 설치 제한)

법 제6조제1항에 따라 소음대책지역에서 설치가 제한되는 시설물의 종류 및 제한조건은 별표 2와 같다.

Ⅰ. 의 의

1. 취 지

소음대책지역으로 지정·고시되기 전에 부동산 소유권을 취득하였거나 거주하던 주민은 소음대책지역의 지정·고시로 인하여 기존에 취득하였던 권리가 제한될 이유는 없다. 이와 달리, 소음대책지역으로 지정·고시된 이후에 토지를 취득하거나 시설물을 설치하고자 하는 주민은 이미 소음대책지역으로 지정·고시된 것을 인식하였으므로, 소음피해 확산을 방지하고 본법의 목적을 달성하기 위하여 지방자치단체장이 부과하는 공법상 의무를 수용하여야 한다. 본조는 본법의 목적을 달성하기 위하여 지방자치단체장에게 소음대책지역에서의 시설물의 설치 및 용도를 제한할 수 있는 권한을 부여하고 있다.

2. 법적 성질

군사제한(軍事制限)이란 군사행정의 목적을 위하여 국민에게 일정한 작위·부작위·수인의 의무부를 부과하는 것을 말하는데,[1] 본조가 규정하는 시설물의 설치 및 용도 제한처분은 군사제한에 해당한다.

Ⅱ. 시설물의 설치 및 용도제한

1. 처분청

소음대책지역의 지정·고시는 국방부장관의 소관이지만, 건축법 등 관련 법령에 의하여 시설물의 설치 및 용도를 제한하는 권한은 지방자치단체장에게 있다. 따라서 소음대책지역 내에서 시설물의 설치 및 용도를 제한하는 처분청은 국방부장관이 아니라 특별시장·광역시장·도지사·특별자치도지사 또는 특별자치시장·시장·군수·구청장(자치구의 구청장을 말한다)이 된다.

2. 대상자

시설물의 설치용도 제한처분의 대상자는 소음대책지역 지정·고시 이후 소음대책지역 내의 토지를 취득하게 된 자이다. 토지의 소유자는 승계취득자가 일반적이지만, 시설물의 소유자는 승계취득 이외에도 신축 등으로 원시취득하는 경우도 포함된다. 국가나 지방자치단체, 공법인 등도 대

---

1) 홍정선, 「행정법(하)」(제30판), 박영사(2022), 1028면.

상자에 포함된다.

3. 처분의 내용

가. 시설물의 설치 및 용도제한

(1) 지방자체단체장의 시설물 설치 및 용도 제한처분

지방자치단체장은 소음피해 확산을 방지하기 위하여 소음대책지역 지정·고시 이후 소음대책지역 내의 토지를 취득하게 된 자 등에게 소음대책지역에서의 시설물의 설치 및 용도를 제한하여야 한다(법 제6조 제1항 본문).

소음대책지역에서의 시설물 설치 제한에 관한 내용은 아래 표 기재와 같다(법 제6조 제3항, 시행규칙 별표 2).

구분 대상 시설	소음대책지역		
	제1종	제2종	제3종
주거용 시설	방음시설 설치조건으로 신축 허가	제한 없음	제한 없음
교육 및 의료시설	방음시설 설치조건으로 신축 허가	제한 없음	제한 없음
공공시설	방음시설 설치조건으로 신축 허가	제한 없음	제한 없음

(2) 주거용 시설

위 표에서 '주거용 시설'이란 다음 각 목의 어느 하나에 해당하는 시설을 말한다.

(가) 「건축법 시행령」 별표 1 제1호 및 제2호에 해당하는 건축물

(나) 다음의 건축물 중 주거용도로 사용하는 공간

1) 「건축법 시행령」 별표 1 제3호에 따른 제1종 근린생활시설 중 다음의 어느 하나에 해당하는 것

가) 일용품(식품·잡화·의류·완구·서적·건축자재·의약품·의료기기 등)을 판

매하는 소매점, 휴게음식점, 제과점으로서 같은 건축물 안에서 해당 용도로 쓰이는 바닥면적의 합계가 300㎡ 미만인 것

　나) 이용원, 미용원, 일반목욕장 및 세탁소(공장에 부설된 것은 제외한다)

　2)「건축법 시행령」별표 1 제4호에 따른 제2종 근린생활시설 중 일반음식점, 기원, 휴게음식점, 제과점으로서 제1종 근린생활시설에 해당하지 않는 것

　3)「건축법 시행령」별표 1 제21호에 따른 동물 및 식물 관련 시설 중 축사(양잠·양봉·양어 시설 및 부화장 등을 포함한다), 가축시설[가축용 운동시설, 인공수정센터, 관리사(管理舍), 가축용 창고, 가축시장, 동물검역소, 실험동물 사육시설, 그 밖에 이와 비슷한 것을 말한다]

　(3) 위 표에서 '교육 및 의료시설'이란「건축법 시행령」별표 1 제9호 및 제10호에 따른 의료시설 및 교육연구시설을 말한다.

　(4) 위 표에서 '공공시설'이란「건축법 시행령」별표 1 제11호 및 제12호에 따른 노유자시설 및 수련시설(제1종 근린생활시설에 해당하지 않는 것을 말한다)을 말한다.

　(5) 위 표에서 방음시설은 창의 경우 복층창 16㎜ + 복층창 16㎜, 출입문의 경우 강철제 문 60㎜와 같은 수준 이상의 소리 차단 성능을 갖춘 것을 의미하며, 창은 외부 공기에 직접 접하는 경우에 한정한다.

나. 조건부 시설물 설치 허용

(1) 의 의

　지방자치단체장은 방음시설 설치 등 일정한 조건을 붙여 시설물의 설치를 허용할 수 있다(법 제6조 제1항 단서). 시설물을 설치하더라도 방음시설 등 소음피해 확산을 방지할 수 있는 조치를 취한다면 본법의 목적을 달성할 수 있기 때문에, 일정한 조건을 붙여 시설물 설치를 허용할 수 있도록 규정한 것이다.

(2) 조건불이행자에 대한 조치

　지방자치단체장은 제1항에 따른 조건을 이행하지 아니한 자에게 (i)

시설물의 용도변경, (ii) 소음피해 방지시설의 보완을 명할 수 있다(법 제 6조 제2항). 시설물의 용도변경은 '일반음식점'을 '차고지'로 변경[2]하도록 하는 것과 같이 수범자에게 사실행위의 이행을 명하는 것을 의미한다. 소음피해 방지시설을 설치하는 것을 조건으로 시설물설치를 허용하였음에 도, 소음피해 방지시설을 전혀 설치하지 아니한 경우(행정상 의무불이행)에 는 원처분에서 명한 시설을 설치하도록 하명(下命)하는 것도 가능하고, 소음피해 방지시설을 설치하였으나 원처분에서 명한 대로 설치하지 아니 한 경우(행정의무의 불완전이행)에도 원처분에서 명한 대로 설치하도록 하 명하는 것도 가능하다.

다. 개발행위가 불허가된 사례[3]

(1) 인정사실

(가) 원고들은 화성시 (주소 생략) 외 4필지 합계 8,392㎡(이 사건 토 지)에 버스차고지 부지 조성을 위한 개발행위(토지형질변경) 허가를 신청 하였다. 이 사건 토지의 용도지역은 자연녹지지역으로 그 현황은 농지이 고, 이 사건 토지보다 탄약고에 더 가까운 지역에 촌락과 주거시설 등이 위치하고 있다. 이 사건 토지는 「군사기지 및 군사시설 보호법」(이하 '군 사기지법') 상의 제한보호구역(폭발물 관련 1km 이내)과 비행안전구역(제2 구역)에 해당하고, 피고(화성시 동부출장소장)는 관할부대장인 공군 제○○ 전투비행단장에게 원고들에 대한 개발행위허가 여부에 관한 협의를 요청 하였다.

(나) 피고는 2014. 5. 19. 비행안전에 영향을 주고, 탄약고와의 안전거 리가 충분하지 않다는 취지의 공군 제○○전투비행단장의 부동의 의견을 이유로 원고들에 대하여 이 사건 처분을 하였다. 공군 제○○전투비행단 장의 부동의 의견의 내용은 아래와 같다.

(i) 항공유도등 인근에서 대형버스들이 운행할 때에 조종사의 시야를 방해하고 활주로와의 혼동을 유발할 우려가 있고, 기상이 나쁜 경우 항공

---

2) 대전지방법원 2009. 9. 30. 선고 2008구합4123 판결.
3) 대법원 2020. 7. 9. 선고 2017두39785 판결.

등화로 오인될 가능성이 있으며, 야간 비행 시 차고지의 조명시설, 차량의 전조등 등이 조종사의 목측 판단 저해, 비행착각 등을 야기할 수 있다. 대형버스들이 활주로 끝에서 650m 떨어져 있는 △△교를 이동할 경우 착륙에 지장을 초래하는 등 비행안전에 영향을 줄 수 있고, 한미 공동 운영기지로 운영되고 있는 □□기지에도 1구역부터 3,000ft(914m) 이내에는 시설물 설치를 엄격히 금지하는 미군 연합시설물 규정을 적용하는 것이 타당하다.

(ii) 이 사건 토지는 제한보호구역(폭발물 관련 1km 이내)에 위치하여 신규 건축물 및 공작물의 설치가 금지되고, 이 사건 토지는 탄약고에서 약 800m 정도 떨어진 거리에 위치하여 공군교범 3-5-6 '탄약 및 폭발물 안전 관리 기준'(이하 '공군교범'이라 한다)에 위배된다[□□기지 탄약고의 양거리(폭발물 안전거리)는 960m이다].

(다) 공군교범에 의하면, 공로거리는 공공도로와 폭발물 위험지역 사이에 유지해야 할 최소 허용 거리를 의미하고, 건축물은 고정되어 있어 위험에 계속 노출되는 반면, 열차나 차량은 위험에 대한 노출이 일시적이기 때문에 공로거리는 주거시설거리(폭발물 저장 및 작업시설과 주거시설 간에 유지해야 할 최소 허용거리이다)의 60%에 해당하는 거리가 된다.

(라) 공군 제○○전투비행단이 주둔하고 있는 □□기지는 미군과 공동으로 사용하는 한미 공동운영기지이고, 1976. 7. 28. 제한보호구역(폭발물관련시설 1km 이내)이, 2001. 3. 2. 비행안전구역이 각각 지정되었다. 공군은 비행안전구역(제2구역) 내에 제한고도 이내로 건축허가가 이루어진 건물에 대하여 미군 연합시설물 규정[4])에 근거하여 그 철거를 요청하기도 하였다.

(마) 공군 제○○전투비행단 소속 전투기 조종사인 증인 소외인은 원심에서 '기상이 좋지 않을 때 활주로 연장선 부근의 등화 1~2개를 보고

---

4) 미국 통합시설표준(Unified Facilities Criteria)을 의미하는 것으로 보인다. UFC(UFC 3-260-01, 4 February 2019)는 1-2.2 적용범위에 관하여 "위 규정은 특별한 규정이 없는 한 미군이 주둔하는 해외기지에도 적용된다. 미국 국방부와 주둔국 사이에 서면합의가 있다면 그에 의하여 적용되어야 하지만, 주둔국과 서면합의가 없는 경우에도 국방부는 위 규정을 가능한 한 최대로 적용하도록 하여야 한다."고 규정하고 있다.

진행하다가 활주로를 확인하고 착륙을 시도하게 되는데, 차고지 조명, 버스 전조등 등을 항공등화로 오인하여 착륙을 시도할 위험성이 있다'는 취지로 증언하였다.

(2) 판 단

(가) 기상악화 시 조종사의 눈에 띄는 활주로 주변의 불빛이 항공유도등으로 오인될 수 있다는 증인 소외인의 증언은 합리적이고 이를 배척할 만한 사정을 찾기 어렵다.

(나) 한미 공동운영기지라는 □□기지의 특수성을 고려할 때 미군과의 연합작전 등에 대비하여 미군 연합시설물 규정을 기초로 판단하는 것이 위법·부당하다고 볼 수 없다.

(다) 원고들이 이 사건 토지를 버스차고지로 조성할 뿐 건축물을 건축하지 않는다고 하더라도, 다수의 대형버스가 주정차하고 그 과정에서 운전기사 등 다수의 인원이 차고지에 상주할 것이 예상되므로 이 사건 토지는 공군교범이 규정하는 공공도로보다 위험도가 높다고 보인다. 따라서 이 사건 토지에 대하여 공로거리를 그대로 적용해야 한다고 볼 수 없다.

(라) 이 사건 토지 인근의 촌락, 주거시설 등이 어떠한 경위로 형성되었는지, 그 과정에서 관할부대장이 동의 의견을 통보하였는지, 그 이유가 무엇인지 등을 확인할 수 없는 상황에서, 이 사건 토지 인근에 이미 촌락, 주거시설 등이 형성되어 있다는 사정만으로 이 사건 토지의 개발로 인하여 탄약 폭발에 의한 위험성이 증대되지 않는다고 단정할 수 없다.

(마) 이 사건 토지에 버스차고지가 설치될 경우 인근 토지에 동일한 내용의 개발행위허가 신청이 증가할 가능성이 크고, 그로 인해 비행안전에 심각한 우려가 발생할 수 있다는 점도 고려하여야 한다.

(바) 이 사건 토지는 군사기지법상 제한보호구역 및 비행안전구역에 해당한다. 이러한 구역 지정에 따라 이 사건 토지의 이용가능성이 제한되었다고 하더라도, 종래 허용된 용도대로 계속 사용할 수 있는 한 공익 목적을 위한 토지이용제한은 토지소유자가 수인하여야 하는 사회적 제약에 해당한다(헌법재판소 1998. 12. 24. 선고 89헌마214 등 전원재판부 결정 등

참조). 이 사건 처분으로 인해 원고들이 이 사건 토지의 이용이 제한되는 불이익을 입게 되더라도, 그 불이익이 군사 분야에서 비행안전에 영향을 미칠 위험을 제거하여 군사작전의 원활한 수행을 확보하고 인명과 재산에 대한 피해 발생을 사전에 예방하는 등의 공익상의 필요보다 크다고 보기는 어렵다.

(사) 결국 공군 제○○전투비행단장은 고도의 전문적·군사적 판단에 따라 피고에게 부동의 의견을 통보한 것이고, 그 판단에 사실적 기초가 없거나 그 판단의 기준과 절차, 방법, 내용 등에 객관적으로 불합리하거나 부당하다고 볼 만한 사정은 없다. 따라서 공군 제○○전투비행단장의 부동의 의견을 기초로 한 이 사건 처분이 비례의 원칙을 위반하거나 사회통념상 현저하게 타당성을 잃어 재량권을 일탈·남용한 것이라고 단정할 수 없다.

라. 시설물 용도변경이 불허가된 사례5)

(1) 피고 대한민국 소유의 대전 서구 (주소 1 생략) 대 2,926㎡ 지상에는 1985. 9. 16. 설치된 충남지방경찰청 항공대(航空隊)가 위치하고 있으며, 위 항공대에는 헬기가 이·착륙하는 헬기장(이하 '이 사건 헬기장')이 있다.

(2) 이 사건 헬기장은 남동쪽 한 면이 대전 서구 (주소 2 생략) 대 3,212㎡(이하 '이 사건 토지')에 접하고 있고, 그 반대쪽인 북서쪽 한 면은 자동차정비업소와 접해 있으며, 남서쪽은 2차로 도로에 접해 있고, 그 도로 반대편에는 갑천이 흐르며, 갑천 너머로 넓은 농경지가 있는 반면, 이 사건 헬기장의 북동쪽으로는 명암마을과 도솔산이 있어 그 방면으로는 헬기가 이·착륙을 할 수 없게 되어 있다. 한편 '충남지방경찰청 항공대의 국지비행 절차도'에 기재된 '장주요도(場周要圖)'에는, 헬기가 좌선회를 하면서 이 사건 토지의 상공을 거쳐서 이 사건 헬기장에 착륙하고, 이륙 시에는 갑천 방향으로 이륙하도록 주요 항로가 그려져 있다.

(3) 충남지방경찰청 항공대는 소형 헬기(7인승) 한 대를 보유하고 있

---

5) 대법원 2016. 11. 10. 선고 2013다71098 판결.

고, 이 사건 헬기장은 응급환자 이송 또는 각종 공공 업무를 위하여 위 헬기뿐만 아니라 다른 경찰청 소속 헬기(15인승, 7인승), 충남·충북소방헬기(14인승) 등의 이·착륙 장소로도 사용되어 왔다. 이 사건 헬기장이 사용된 횟수는 2004년경부터 2008년경까지 충남지방경찰청 소속 헬기가 약 571회, 다른 지방경찰청 및 충남·충북소방헬기가 약 51회(그중 충남소방헬기가 2005. 1. 1.부터 2009. 8. 13.까지 약 27회이다)이고, 이·착륙 당시의 풍향과 지상 및 공중의 장애물을 고려하여 이 사건 토지의 상공을 통과하여 접근하는 방식 또는 갑천 쪽에서 접근하는 방식 등을 선택하여 헬기가 이·착륙하여 왔다.

(4) 이 사건 토지는 이 사건 헬기장이 설치되기 전부터 금남교통운수 주식회사의 차고지로 사용되어 왔으며, 이 사건 토지에 있는 제1심판결 별지 목록 기재 건축물(이하 '이 사건 건축물')은 이 사건 헬기장이 설치되기 약 1년 전인 1984. 7. 10.경부터 위 금남교통운수의 차고지 및 주유소, 정비소로 이용되어 왔다.

(5) 원고는 2008. 2. 13. 대전광역시 서구청장에게 이 사건 토지 지상에 10실의 분향소를 갖춘 지상 4층, 지하 1층 건축면적 640.95㎡, 연면적 3,465.91㎡ 규모로 장례식장 건물을 신축하기 위한 건축허가를 신청하였고, 2008. 8. 19. 서구청장으로부터 이 사건 토지에 관하여 장례식장 건축을 목적으로 한 토지거래허가를 받은 다음, 금남교통운수 주식회사로부터 이 사건 토지를 매수하여 2008. 9. 18. 소유권이전등기를 마쳤다.

(6) 서구청장은 2008. 10. 31. 원고에게, (i) 충남지방경찰청장으로부터 헬기 운항시 하강풍(下降風)으로 인하여 장례식장을 이용하는 사람들의 인명 피해 등이 우려되어 건축허가를 제한할 중대한 공익상 필요가 있다는 의견이 제시되었고, (ii) 명암마을 주민 107명으로부터 이 사건 토지에 장례식장이 입지할 경우 소음, 악취, 주차난, 교통사고 위험, 지가하락 등으로 주거환경이 저해된다는 이유로 집단민원이 지속적으로 발생되고 있다는 등의 사유로 위 건축을 불허가하는 처분(이하 '건축불허가 처분')을 하였다.

(7) 이에 원고는 2008. 11. 25. 서구청장을 상대로 대전지방법원 2008

구합4123호로 건축불허가 처분의 취소를 구하는 소를 제기하였다. 법원은 2009. 9. 30. "이 사건 토지에 장례식장이 입지하게 된다면 이 사건 헬기장에 헬기가 이·착륙하는 경우 발생하는 하강풍으로 인하여 장례식장 이용객들의 인명 피해 우려가 매우 심각할 것으로 판단되고, 이 사건 토지와 민가는 8m 도로를 사이에 두고 있을 뿐이어서 장례식장이 들어설 경우 소음으로 인한 거주환경의 피해가 참을 한도를 넘을 것으로 판단되는 등으로 이 사건 토지에 장례식장의 건축을 제한하여야 할 중대한 공익상 필요가 인정된다."는 이유로 원고의 청구를 기각하는 판결을 선고하였다. 이에 대한 원고의 항소와 상고가 모두 기각되어 그 판결이 그대로 확정되었다.

(8) 원고는 2009. 11. 13. 및 같은 달 19일 이 사건 토지에 관하여 소매점, 일반음식점, 사무소 용도로 건축허가(증축) 및 공작물축조 신청을 하였다. 그러나 서구청장은 2009. 12. 1. 원고에게, (i) 충남지방경찰청장으로부터 헬기 운항 시 하강풍으로 인하여 장례식장을 이용하는 사람들의 인명 피해 등이 우려되어 건축허가를 제한할 중대한 공익상의 필요가 있다는 의견이 제시되었고, (ii) 이 사건 토지는 대전광역시장이 명암마을 거주자의 보건·휴양 및 정서생활의 향상을 위하여 국토의 계획 및 이용에 관한 법률 제25조의 규정에 따라 대전 도시관리계획(공원) 결정을 위한 행정절차를 거쳐 2009. 12. 중에 대전 도시관리계획(공원) 결정 및 고시가 예정되어 있는 지역이므로 위 공익사업의 추진을 위하여 건축허가를 제한할 중대한 공익상의 필요가 있다는 이유로 불허가 처분을 하였다. 이에 원고는 2009. 12. 10. 이 사건 토지에 관하여 단독 주택 용도의 건축허가(증축) 신청을 하였는데, 대전광역시 서구청장은 2009. 12. 17. 위와 같은 이유로 다시 불허가 처분을 하였다.

(9) 원고는 2010. 4. 7. 대전광역시 서구청장에게 이 사건 건축물을 그대로 둔 채, 이 사건 건축물의 용도를 제2종 근린생활시설(사무소)에서 장례식장으로 변경해 달라는 내용의 허가신청을 하였다. 대전광역시 서구청장은 2010. 4. 13. 충남지방경찰청장으로부터 장례식장을 이용하는 이용객들의 안전을 보호하기 위하여 허가를 제한하여야 할 중대한 공익상

필요가 있어 부동의한다는 의견이 있다는 등의 이유로 위 건축물용도변경 허가신청을 불허가한다는 내용의 처분(이하 '용도변경 불허가처분')을 하였다.

(10) 이에 원고는 2010. 10. 11. 서구청장을 상대로 대전지방법원 2010구합4089호로 용도변경 불허가처분의 취소를 구하는 소를 제기하였다. 법원은 2011. 8. 10. "헬기의 하강풍으로 인하여 장례식장에 왕래하는 사람들이나 물건들에 심각한 피해를 입힐 우려가 큰 것으로 보이고, 이는 이 사건 건축물의 용도를 장례식장으로 변경하는 것을 거부할 중대한 공익상의 필요가 있는 경우에 해당된다."는 등의 이유로 원고의 청구를 기각하는 판결을 선고하였다. 이에 대한 원고의 항소와 상고가 모두 기각되어 위 판결이 그대로 확정되었다.

Ⅲ. 처분에 대한 불복

1. 시설물의 설치 및 용도제한처분에 대한 불복

수범자는 행정청의 시설물 설치 및 용도제한처분이 위법 또는 부당하다는 것을 이유로 행정심판 또는 행정소송법상 항고소송에 의하여 불복할 수 있다.

2. 조건에 대한 불복

가. 부관(附款)의 개념

방음시설 설치 등 일정한 조건을 붙여 시설물의 설치한 경우 조건은 강학상 부관에 속한다. 행정실무상 조건·부담·기간·기한 또는 부관 등이나 허가조건·조건부허가·내인가 혹은 부담부허가 등의 용어가 빈번하게 사용되고 있다. 이들을 총칭하여 넓은 의미의 부관이라고 부를 수 있다. 행정처분에서 부관이라 함은 당해 행정처분의 법률적 효과의 일부 또는 전부를 제한하기 위하여 또는 당해 행정처분을 전제로 일정의무를 부과하기 위하여 그 주된 의사표시에 부가하는 종적인 의사표시를 말한다.

나. 구별개념

행정처분상 부관은 구체적으로 조건, 기한, 부담, 철회권의 유보, 법률효과의 일부배제, 보충권의 유보 등으로 구분하여 볼 수 있다.

(1) 조건(條件)이라 함은 행정처분의 효과의 발생 또는 소멸을 장래의 발생불확실한 사실에 맡기는 행정권한자의 의사표시를 말한다.6) 조건인 사실의 성부(成否)가 미정인 동안은 행정처분의 효력이 불확정상태에 있다가 조건의 성취에 의하여 비로소 그 법률적 효력이 발생되거나 그 때부터 법률적 효력이 소멸된다. 앞의 경우를 해제조건부 행정처분이라 하고 뒤의 경우를 정지조건부 행정처분이라고 한다.

(2) 기한(期限)이라 함은 행정처분 효력의 발생 또는 소멸을 확실한 장래의 사실에 의존하게 하는 행정청의 의사표시를 말한다. 그 장래 사실의 도래가 확실하다는 점에서 조건과 구별된다.7) 기한의 도래로 행정처분의 효력이 당연히 발생하는 경우에는 이를 시기(始期)로, 그 효력이 당연히 소멸하는 경우에는 이를 종기(終期)라고 한다.

(3) 부담(負擔)이라 함은 행정처분의 주된 의사표시에 부가하여 당해 행정처분의 상대방에게 그에 부수되는 일정한 작위·부작위·수인·급부의 의무를 명하는 행정청의 의사표시를 말하며, 통상 수익적 행정처분에서 많이 볼 수 있다. 부담은 실정법상 조건이라는 용어와 혼용될 때가 많으나, 부담과 조건은 그 성질상 명확히 구별하여야 한다. 즉 정지조건부 행정처분은 조건이 미정인 동안은 그 효력이 불확정상태에 있는데 반하여,

---

6) 구 수산업법(1990. 8. 1. 법률 제4252호로 전부 개정되기 전의 것) 제15조에 의하면 공익상 필요하다고 인정할 때에는 어업의 면허 또는 허가를 할 때에 제한 또는 조건을 붙일 수 있는바, 어업권자가 면허를 받을 때 및 기간연장허가를 받을 때 개발사업의 시행으로 인한 일체의 보상청구를 포기하겠다고 하여 그러한 취지의 부관이 어업권등록원부에 기재된 경우 부관의 효력은 유효하고, 이는 그 후의 양수인에게도 미친다. 대법원 2014. 5. 29. 선고 2011다57692 판결.

7) 부관이 붙은 법률행위에서 부관에 표시된 사실이 발생하지 아니하면 채무를 이행하지 아니하여도 된다고 보는 것이 상당한 경우에는 조건으로 보아야 하고, 표시된 사실이 발생한 때에는 물론이고 반대로 발생하지 아니하는 것이 확정된 때에도 그 채무를 이행하여야 한다고 보는 것이 상당한 경우에는 표시된 사실의 발생 여부가 확정되는 것을 불확정기한으로 정한 것으로 보아야 한다. 대법원 2014. 10. 15. 선고 2012두22706 판결.

부담부 행정처분은 처분시점부터 완전한 효력을 발생하되, 이와 관련하여 일정한 의무가 부과되는 점에서 다르다. 해제조건부 행정처분은 조건성취에 의하여 당연히 그 효력이 소멸되는 데 반하여, 부담부 행정처분은 처분의 상대방이 그 의무를 불이행한 경우에 당연히 그 효력이 소멸되지 아니한다.

(4) 철회권(또는 취소권)의 유보란 행정처분의 주된 의사표시에 부가하여 일정한 사유에 해당하는 경우 행정처분을 철회할 수 있는 권리를 유보하는 행정청의 의사표시를 말하며, 수익적 행정처분의 경우에 많이 볼 수 있다. 이 경우 설사 철회권이 유보되었다고 하더라도 무조건적으로 철회권을 행사할 수 있는 것이 아니고, 철회를 하지 아니하면 안 될 만한 공익상 필요성이 있는 경우에 한하여 철회권을 행사할 수 있다.

(5) 법률효과의 일부배제란 행정처분의 주된 의사표시에 부가하여 법령에서 일반적으로 그 행위에 부여하고 있는 법률효과 일부의 발생을 배제하는 뜻을 명시하는 행정청의 의사표시를 말한다. 법령상의 효과를 특정한 경우에 배제하는 것이므로, 원칙적으로 법령상 별도의 근거가 있을 때에 한하여 붙일 수 있다.

(6) '보충권의 유보' 또는 '행정처분 사후변경의 유보'라 함은 당해 행정처분의 사후보충 또는 변경의 권리를 미리 유보하는 부관이나 부담의 사후적 변경의 권리를 미리 알리고 유보하는 부관을 말하며, 이는 예외적인 것으로서 행정처분의 효력이 장기간 계속되는 경우에 이 같은 유형의 부관을 두는 사례가 있을 수 있다.

(7) 법정부관이라 함은 법령상에서 행정처분을 하는 처분청에게 일정한 부관을 붙일 수 있는 권한을 부여함에 따라 그에 근거하여 행정처분에 종된 의사표시를 부가하는 것을 말하며, 따라서 이는 강학상 협의의 부관과는 법적 성질을 달리 한다고 본다.

다. 재량행위와 수익적 행정처분에서 부관

(1) 행정청은 처분에 재량이 있는 경우에는 부관을 붙일 수 있다(행정기본법 제17조 제1항). 이와 같이 재량행위에는 법령에 부관을 붙일 수 있

도록 한 별도의 근거가 없더라도 행정목적상 필요한 경우에는 부관을 붙일 수 있다. 재량적 행정처분에서 부관을 붙일 것인가의 여부를 정하는 것은 당해 행정청의 재량에 속한다.[8] 부관부 행정처분에서 그 부관의 내용은 적법하여야 하고 이행가능하여야 하며 비례의 원칙 및 평등의 원칙에 적합하고 행정처분의 본질적 효력을 해하지 아니하는 한도의 것이어야 한다.[9] 허가처분을 하면서 기부채납을 받을 수 있는 경우를 특별히 제한하고 있지 아니하고, 그와 같은 조건을 누구에게나 공평하게 붙여야 하는 것은 아니므로 유사한 경우의 다른 사람에 대하여 기부채납의 조건을 붙인 경우들이 없다 하더라도 기부채납의 조건이 평등을 규정한 헌법 제11조를 위반한 조치라고 할 수 없다.[10]

(2) 수익적 행정처분에서는 법령에 특별한 근거규정이 없다고 하더라도 그 부관으로 부담을 붙일 수 있고, 그와 같은 부담은 행정청이 행정처분을 하면서 일방적으로 부가할 수도 있지만 부담을 부가하기 이전에 상대방과 협의하여 부담의 내용을 협약의 형식으로 미리 정한 다음 행정처분을 하면서 이를 부가할 수도 있다.[11] 행정처분의 상대방이 수익적 행정처분을 얻기 위하여 행정청과 사이에 행정처분에 부가할 부담에 관한 협약을 체결하고 행정청이 수익적 행정처분을 하면서 협약상의 의무를 부담으로 부가하였으나 부담의 전제가 된 주된 행정처분의 근거 법령이 개정됨으로써 행정청이 더 이상 부관을 붙일 수 없게 된 경우에도 곧바로 그 전에 행하여진 협약의 효력이 소멸하게 되는 것은 아니다.[12]

라. 기속처분에서 부관

기속처분에는 부관을 붙일 수 없다는 것이 통설이다. 일반적으로 기속처분이나 기속적 재량처분에는 부관을 붙일 수 없고, 부관을 붙였다고 하

---

8) 대법원 1979. 8. 28. 선고 79누74 판결; 하천부지 점용허가 여부는 관리청의 재량에 속하고 재량행위에서는 법령상 근거가 없어도 부관을 붙일 것인가의 여부는 당해 행정청의 재량에 속한다(대법원 2008. 7. 24. 선고 2007두25930 판결).
9) 대법원 2004. 3. 25. 선고 2003두12837 판결; 대법원 1992. 4. 28. 선고 91후4300 판결.
10) 대법원 1992. 2. 14. 선고 91다36062 판결.
11) 대법원 2009. 2. 12. 선고 2005다65500 판결.
12) 대법원 2009. 2. 12. 선고 2008다56262 판결.

더라도 위 처분은 무효이다.[13] 기속처분은 행정청이 당해 처분을 함에 있어 법령에 의한 기속을 받기 때문에 자유로운 판단과 의사에 따라 행정처분의 내용을 설정할 수 없기 때문이다.[14] 다만, 예외적으로 행정청은 처분에 재량이 없는 경우에는 법률에 근거가 있는 경우에 부관을 붙일 수 있다(행정기본법 제17조 제2항).

마. 부관의 사후변경

행정처분이 발하여진 후 새로운 부담을 부가하거나 이미 부가되어 있는 부담의 범위 또는 내용 등을 변경하는 이른바 사후부담은, (i) 법률에 근거가 있는 경우, (ii) 당사자의 동의가 있는 경우, (iii) 사정이 변경되어 부관을 새로 붙이거나 종전의 부관을 변경하지 아니하면 해당 처분의 목적을 달성할 수 없다고 인정되는 경우에 허용된다(행정기본법 제17조 제3항).[15]

바. 부관의 요건과 한계

(1) 부관은 (i) 해당 처분의 목적에 위배되지 아니할 것, (ii) 해당 처분과 실질적인 관련이 있을 것, (iii) 해당 처분의 목적을 달성하기 위하여 필요한 최소한의 범위일 것 등의 요건에 적합하여야 한다(행정기본법 제17조 제4항).

(2) 부관은 그것이 법률에 위반되거나, 이행 불가능하거나, 비례 또는 평등의 원칙에 크게 어긋나기나 또는 행정처분의 본질적인 효력을 해하는 등 그 한계를 일탈하였다고 볼 만한 특별한 사정이 없는 한 쉽게 효력을 부정하여서는 안 된다.[16] 공무원이 인·허가 등 수익적 행정처분을

---

13) 대법원 1995. 6. 13. 선고 94다56883 판결.
14) 관리처분계획 및 그에 대한 인가처분의 의의와 성질, 그 근거가 되는 도시 및 주거환경정비법과 그 시행령상의 위와 같은 규정들에 비추어 보면, 행정청이 관리처분계획에 대한 인가 여부를 결정할 때에는 그 관리처분계획에 도시정비법 제48조 및 그 시행령 제50조에 규정된 사항이 포함되어 있는지, 그 계획의 내용이 도시정비법 제48조 제2항의 기준에 부합하는지 여부 등을 심사·확인하여 그 인가 여부를 결정할 수 있을 뿐 기부채납과 같은 다른 조건을 붙일 수는 없다. 대법원 2012. 8. 30. 선고 2010두24951 판결.
15) 대법원 2007. 12. 28. 선고 2005다72300 판결.
16) 대법원 2014. 5. 29. 선고 2011다57692 판결.

하면서 상대방에게 그 처분과 관련하어 이른바 부관으로서 부담을 붙일 수 있다 하더라도, 그러한 부담은 법치주의와 사유재산 존중, 조세법률주의 등 헌법의 기본원리에 비추어 비례의 원칙이나 부당결부의 원칙에 위반되지 않아야만 적법한 것인바, 행정처분과 부관 사이에 실제적 관련성이 있다고 볼 수 없는 경우 공무원이 위와 같은 공법상 제한을 회피할 목적으로 행정처분의 상대방과 사이에 사법상 계약을 체결하는 형식을 취하였다면 이는 법치행정의 원리에 반하는 것으로서 위법하다.[17]

(3) 부당결부금지의 원칙이란 행정주체가 행정작용을 함에 있어서 상대방에게 이와 실질적인 관련이 없는 의무를 부과하거나 그 이행을 강제하여서는 아니 된다는 원칙을 말한다.[18]

사. 부관의 효력

(1) 부관은 본체인 행정처분의 상대방의 동의 여부에 관계없이 그 효력이 발생한다.[19] 조건부 면허를 받은 자의 경우 부관인 조건을 고의로 위반한 경우에는 그 위반행위의 정도가 중하다고 보아 면허를 취소할 수 있다. 이는 비록 면허취소에 따르는 행정처분의 상대방의 경제적 손실 등 제반사정을 참작하더라도 처분청에 의하여 재량을 가지고 정당하게 행사할 수 있다.

(2) 부관 중 취소권 즉 이미 성립한 행정처분을 그 후에 발생한 새로운 사정에 의하여 취소할 것을 유보한 경우 그 취소사유는 법령에 명시적인 근거가 있는 경우에 해당되지 아니하더라도 의무위반이 있는 경우, 사정변경이 있는 경우, 좁은 의미의 취소권이 유보된 경우, 또는 중대한 공익상의 필요가 발생한 경우에는 당해 행정처분을 한 행정청이 이를 취소할 수 있다.

(3) 면허취소·정지 등의 행정처분은 사업면허처분에 붙인 부관의 위반 즉 그 처분 이후에 발생한 위반행위에 한하여 가능하다. 따라서 사업정지

---

17) 대법원 2009. 12. 10. 선고 2007다63966 판결.
18) 대법원 2009. 2. 12. 선고 2005다65500 판결.
19) 대법원 1977. 9. 13. 선고 76누146 판결.

또는 면허취소 등의 처분을 할 때 사업면허 등의 처분에 붙인 부관위반 사유에 해당하는 행위가 당해 면허처분을 받는 과정에서 발생한 경우에는 이를 면허처분 이후에 발생한 부관위반사유로 볼 수는 없으므로 부관에 위반되었다는 사유를 들어 취소·정지 등의 불이익처분을 행할 수는 없다.

아. 부관의 하자와 본행정처분의 관계

부관은 그 스스로의 흠이나 본체인 행정처분과의 관계에서 무효가 될 수 있다. 원칙적으로 본체인 행정처분만 효력이 발생하지만, 그 부관이 당해 행정처분에 있어서 없어서는 안 될 본질적 요소를 담고 있어 불가분적인 관계가 성립되는 것이라면 그 부관의 무효는 본체인 행정처분까지도 무효가 되게 한다.[20] 면허처분을 하면서 사업범위를 제한하고 이를 위반할 때에는 취소한다는 취지의 취소권을 유보하였다면 이를 근거로 당연히 면허를 취소할 수 있다.[21] 행정법규에 행정처분을 할 수 있는 근거규정만 있고, 이를 거부할 수 있는 근거에 관하여 명문의 규정이 없더라도 공익을 실현하여야 하는 행정의 합목적성에 비추어 신청된 행정처분의 내용이 중요한 공익을 침해하는 것으로 인정되면 이를 거부할 수 있으므로, 광업권자가 제출한 채광계획안이 광업권설정허가가 당시 공익적 합성을 고려하여 붙여진 조건에 위배되는 것인 이상 이를 인가하지 아니한 것은 적법하다.[22]

자. 부관에 대한 행정쟁송

행정처분의 부관은 행정처분의 일반적인 효력이나 효과를 제한하기 위하여 의사표시의 주된 내용에 부가되는 종된 의사표시이며, 그 자체로서 직접 법적 효과를 발생하는 독립처분이 아니므로 현행 행정쟁송제도 하에서는 부관만을 독립된 쟁송의 대상으로 삼을 수 없음이 원칙이나, 행정

---

20) 대법원 1985. 7. 9. 선고 84누604 판결.
21) 대법원 1984. 11. 13. 선고 84누269 판결.
22) 대법원 1993. 4. 23. 선고 92누7726 판결.

처분의 부관 중에서 행정처분에 부수하어 그 상대방에게 일정한 의무를 부과하는 행정청의 의사표시인 부담의 경우에는 다른 부관들과는 달리 행정처분의 불가분적인 요소가 아니고 그 존속이 본체인 행정처분의 존재를 전제로 하는 것일 뿐이어서 부담 그 자체로서 행정쟁송의 대상이 될 수 있다.[23]

---

23) 대법원 1992. 1. 21. 선고 91누1264 판결.

제7조(소음대책지역 소음 방지 및 소음피해 보상에 관한 기본계획의 수립)

① 국방부장관은 소음대책지역에 대하여 5년마다 소음 방지 및 소음
피해 보상 등에 관한 기본계획(이하 "기본계획"이라 한다)을 수립
하여야 한다.

② 기본계획에는 다음 각 호의 사항을 포함하여야 한다.

   1. 군용비행장 및 군사격장의 운용에 따라 발생하는 소음 대책의
기본방향

   2. 군용비행장 및 군사격장의 운용에 따라 발생하는 소음 저감 방안

   3. 소음피해 보상 방안

   4. 재원조달 방안

   5. 그 밖에 국방부장관이 필요하다고 인정하는 사항

③ 국방부장관은 기본계획을 수립할 때에는 미리 소음대책지역의 주
민, 전문가 등의 의견을 수렴한 후 그 의견이 타당하다고 인정할
때에는 이를 반영하여야 한다.

④ 제3항에 따른 의견수렴의 절차·방법, 그 밖에 필요한 사항은 대통
령령으로 정한다.

**시행령 제5조(소음대책지역 소음 방지 및 소음피해 보상에 관한 기본계획
의 수립 및 시행)**

① 국방부장관은 법 제7조제1항에 따른 소음 방지 및 소음피해 보상
등에 관한 기본계획(이하 "기본계획"이라 한다)을 수립할 때 필요
한 자료를 각 군 참모총장에게 요청할 수 있다.

② 각 군 참모총장은 기본계획에 반영된 각종 소음 저감 방안의 이행
을 위한 연도별 시행계획을 수립하여 매년 1월 31일까지 국방부장
관에게 제출해야 한다.

③ 각 군 참모총장은 제2항에 따른 연도별 시행계획의 추진 실적을
다음 연도 1월 31일까지 국방부장관에게 보고해야 한다.

> **제6조(기본계획 수립 시 의견수렴의 절차·방법 등)**
> ① 국방부장관은 법 제7조제3항에 따라 소음대책지역의 주민, 전문가 등의 의견을 수렴할 때에는 해당 기본계획안을 관보에 공고하고 인터넷 홈페이지에 게시해야 한다. 이 경우 소음대책지역의 주민 및 전문가 등이 14일 이상 열람할 수 있도록 공고·게시해야 한다.
> ② 소음대책지역의 주민, 전문가 등은 기본계획안이 관보에 공고된 날부터 그 공고가 끝나는 날까지 해당 기본계획안에 대한 의견을 제출할 수 있다.

Ⅰ. 의 의

1. 취 지

소음대책지역에 대한 소음방지와 소음피해보상에는 많은 노력과 예산이 필요하다. 본법의 목적을 효율적으로 달성하기 위하여, 본조에서는 국방부장관에게 소음 방지 및 소음피해 보상 등에 관한 기본계획(이하 '기본계획') 수립의무를 부과하고 있다.

2. 법적 성질

가. 행정계획

기본계획은 행정계획에 해당한다. 행정계획은 특정한 행정목표를 달성하기 위하여 행정에 관한 전문적·기술적 판단을 기초로 관련되는 행정수단을 종합·조정함으로써 장래의 일정한 시점에 일정한 질서를 실현하기 위하여 설정한 활동기준이나 그 설정행위를 말한다.[1] 행정청은 구체적인 행정계획을 입안·결정할 때 비교적 광범위한 형성의 재량을 가진다. 다만 행정청의 이러한 형성의 재량이 무제한적이라고 할 수는 없고, 행정계획에서는 그에 관련되는 자들의 이익을 공익과 사익 사이에서는 물론이고 공익 사이에서나 사익 사이에서도 정당하게 비교·교량하여야 한다는 제한이 있으므로, 행정청이 행정계획을 입안·결정할 때 이익형량을 전혀 행

---

1) 대법원 2021. 7. 29. 선고 2021두33593 판결.

하지 아니하거나 이익형량의 고려 대상에 마땅히 포함시켜야 할 사항을 누락한 경우 또는 이익형량을 하였으나 정당성과 객관성이 결여된 경우에는 그 행정계획 결정은 이익형량에 하자가 있어 위법하게 될 수 있다.[2]

나. 행정처분

행정계획 등의 이른바 일반처분은 그로써 바로 국민의 권리를 제약하거나 의무를 부과하는 것이 아니므로 원칙적으로 항고소송의 대상이 되지 아니하나, 그 자체로 특정인의 법률상 이익을 개별적·구체적으로 규제하는 효과가 있는 경우에는 항고소송의 대상이 된다. 국토의 계획 및 이용에 관한 법률에 의하여 수립한 도시기본계획,[3] 농어촌도로 정비법에 의하여 수립한 농어촌도로기본계획,[4] 하수도법에 의하여 수립한 하수도정비기본계획[5] 등은 그에 후속되는 하위 계획의 지침이나 근거가 되는 것일 뿐 그 자체로 국민의 권리의무를 개별적·구체적으로 규제하는 직접적인 구속력이 없으므로 항고소송의 대상이 되는 행정처분에 해당하지 아니한다. 도시개발법상 환지예정지 지정이나 환지처분은 그에 의하여 직접 토지소유자 등의 권리의무가 변동되므로 이를 항고소송의 대상이 되는 처분이라고 볼 수 있으나, 환지계획은 위와 같은 환지예정지 지정이나 환지처분의 근거가 될 뿐 그 자체가 직접 토지소유자 등의 법률상의 지위를 변동시키거나 또는 환지예정지 지정이나 환지처분과는 다른 고유한 법률효과를 수반하는 것이 아니어서 이를 항고소송의 대상이 되는 처분에 해당한다고 할 수가 없다.[6]

그러나 국토의 계획 및 이용에 관한 법률상 도시관리계획결정에 해당하는 구 도시계획법상 도시계획결정,[7] 도시 및 주거환경정비법상 사업시행계획[8] 및 관리처분계획,[9] 댐건설 및 주변지역지원 등에 관한 법률 7조

---

2) 대법원 2020. 9. 3. 선고 2020두34346 판결; 대법원 2021. 7. 29. 선고 2021두33593 판결.
3) 대법원 2002. 10. 11. 선고 2000두8226 판결.
4) 대법원 2000. 9. 5. 선고 99두974 판결.
5) 대법원 2002. 5. 17. 선고 2001두10578 판결.
6) 대법원 1999. 8. 20. 선고 97누6889 판결.
7) 대법원 1982. 3. 9. 선고 80누105 판결.

에 따른 댐건설기본계획[10] 등은 이해관계인의 재산상 권리의무에 구체적이고 직접적인 영향을 미치는 구속적 행정계획으로서 독립된 행정처분에 해당한다.

도시계획과 같은 행정계획 자체가 행정처분에 해당하는지 여부는 그것이 국민의 권리의무에 영향을 미치는 공권력의 행사인지를 검토하는 문제로서 이미 확정된 행정계획에 대한 변경신청을 거부하는 행위가 행정처분에 해당하는지 여부와 구별하여야 하는 문제이다.

II. 국방부장관의 기본계획 수립의무

1. 5년마다 기본계획의 수립

국방부장관은 소음대책지역에 대하여 5년마다 소음 방지 및 소음피해 보상 등에 관한 기본계획을 수립하여야 한다(법 제7조 제1항). 소음영향도의 조사주기가 5년인 점, 「소음·진동관리법」상 소음·진동관리종합계획의 수립주기가 5년인 점(「소음·진동관리법」 제2조의3 제1항)을 감안하여 기본계획의 수립주기도 5년으로 규정하고 있다.

2. 각 군 참모총장의 의무

국방부장관은 기본계획을 수립할 때 필요한 자료를 각 군 참모총장에게 요청할 수 있다(시행령 제5조 제1항). 각 군 참모총장은 기본계획에 반영된 각종 소음 저감 방안의 이행을 위한 연도별 시행계획을 수립하여 매년 1월 31일까지 국방부장관에게 제출해야 한다(시행령 제5조 제2항). 각 군 참모총장은 연도별 시행계획의 추진 실적을 다음 연도 1월 31일까지 국방부장관에게 보고해야 한다(시행령 제5조 제3항).

---

8) 대법원 2009. 11. 2.자 2009마596 결정.
9) 대법원 2009. 9. 17. 선고 2007다2428 전원합의체 판결.
10) 서울고등법원 2007. 8. 14. 선고 2006누29210 판결; 서울고등법원 2008. 12. 19. 선고 2008누19620 판결.

Ⅲ. 기본계획의 내용

기본계획에는 (ⅰ) 군용비행장 및 군사격장의 운용에 따라 발생하는 소음 대책의 기본방향, (ⅱ) 군용비행장 및 군사격장의 운용에 따라 발생하는 소음 저감 방안, (ⅲ) 소음피해 보상 방안, (ⅳ) 재원조달 방안, (ⅴ) 그 밖에 국방부장관이 필요하다고 인정하는 사항을 포함하여야 한다(법 제7조 제2항).

Ⅳ. 주민의 참여

1. 주민과 전문가 등의 의견수렴

국방부장관은 기본계획을 수립할 때에는 미리 소음대책지역의 주민, 전문가 등의 의견을 수렴한 후 그 의견이 타당하다고 인정할 때에는 이를 반영하여야 한다(법 제7조 제3항). 국방부장관은 소음대책지역의 주민, 전문가 등의 의견을 수렴할 때에는 해당 기본계획안을 관보에 공고하고 인터넷 홈페이지에 게시해야 한다. 이 경우 소음대책지역의 주민 및 전문가 등이 14일 이상 열람할 수 있도록 공고·게시해야 한다(시행령 제6조 제1항). 소음대책지역의 주민, 전문가 등은 기본계획안이 관보에 공고된 날부터 그 공고가 끝나는 날까지 해당 기본계획안에 대한 의견을 제출할 수 있다(시행령 제6조 제2항).

2. 주민참여권의 효력[11]

국가나 지방자치단체가 공익사업을 시행하는 과정에서 해당 사업부지 인근 주민들은 의견제출을 통한 행정절차 참여 등 법령에서 정하는 절차적 권리를 행사하여 환경권이나 재산권 등 사적 이익을 보호할 기회를 가질 수 있다. 그러나 법령에서 주민들의 행정절차 참여에 관하여 정하는 것은 어디까지나 주민들에게 자신의 의사와 이익을 반영할 기회를 보장

---

11) 대법원 2021. 7. 29. 선고 2015다221668 판결.

하고 행정의 공정성, 투명성과 신뢰성을 확보하며 국민의 권익을 보호하기 위한 것일 뿐, 행정절차에 참여할 권리 그 자체가 사적 권리로서의 성질을 가지는 것은 아니다. 이와 같이 행정절차는 그 자체가 독립적으로 의미를 가지는 것이라기보다는 행정의 공정성과 적정성을 보장하는 공법적 수단으로서의 의미가 크므로, 관련 행정처분의 성립이나 무효·취소 여부 등을 따지지 않은 채 주민들이 일시적으로 행정절차에 참여할 권리를 침해받았다는 사정만으로 곧바로 국가나 지방자치단체가 주민들에게 정신적 손해에 대한 배상의무를 부담한다고 단정할 수 없다.

이와 같은 행정절차상 권리의 성격이나 내용 등에 비추어 볼 때, 국가나 지방자치단체가 행정절차를 진행하는 과정에서 주민들의 의견제출 등 절차적 권리를 보장하지 않은 위법이 있다고 하더라도 그 후 이를 시정하여 절차를 다시 진행한 경우, 종국적으로 행정처분 단계까지 이르지 않거나 처분을 직권으로 취소하거나 철회한 경우, 행정소송을 통하여 처분이 취소되거나 처분의 무효를 확인하는 판결이 확정된 경우 등에는 주민들이 절차적 권리의 행사를 통하여 환경권이나 재산권 등 사적 이익을 보호하려던 목적이 실질적으로 달성된 것이므로 특별한 사정이 없는 한 절차적 권리 침해로 인한 정신적 고통에 대한 배상은 인정되지 않는다. 다만 이러한 조치로도 주민들의 절차적 권리 침해로 인한 정신적 고통이 여전히 남아 있다고 볼 특별한 사정이 있는 경우에 국가나 지방자치단체는 그 정신적 고통으로 인한 손해를 배상할 책임이 있다. 이때 특별한 사정이 있다는 사실에 대한 주장·증명책임은 이를 청구하는 주민들에게 있고, 특별한 사정이 있는지는 주민들에게 행정절차 참여권을 보장하는 취지, 행정절차 참여권이 침해된 경위와 정도, 해당 행정절차 대상사업의 시행경과 등을 종합적으로 고려해서 판단해야 한다.

제8조(자동소음측정망의 설치)

① 국방부장관은 군용비행장 및 군사격장의 운용에 따라 발생하는 소음 실태를 파악하여 소음피해 보상금 지급 등에 활용하기 위하여 자동소음측정망을 설치하여야 한다. 다만, 「소음·진동관리법」 제3조제1항에 따라 설치된 측정망을 이용하여 소음 실태를 파악할 수 있는 경우에는 그러하지 아니하다.

② 제1항에 따라 자동소음측정망을 설치하고자 할 때에는 미리 환경부장관 및 관계 행정기관의 장과 협의하여야 한다.

③ 시장·군수·구청장은 관할 구역의 소음 실태를 조사하기 위하여 필요한 경우에는 자동소음측정망을 추가로 설치하거나 설치 위치를 변경할 것을 국방부장관에게 요청할 수 있다.

시행령 제7조(자동소음측정망의 설치 등)

① 국방부장관은 법 제8조제1항 본문에 따른 자동소음측정망의 설치를 위하여 군용비행장 및 군사격장의 특성, 지형 및 환경 등 필요한 자료를 각 군 참모총장에게 요청할 수 있다.

② 자동소음측정망의 설치 기준, 방법 등에 관하여 필요한 사항은 국방부령으로 정한다.

시행규칙 제6조(자동소음측정망의 설치기준 등)

① 국방부장관은 법 제8조제1항 본문에 따른 자동소음측정망(이하 "자동소음측정망"이라 한다)을 설치하는 경우 소음을 측정하는 기기는 특별한 사유가 없으면 소음대책지역 내에 설치해야 하고, 다음 각 호의 사항을 고려하여 그 위치를 정해야 한다.

1. 군용비행장 또는 군사격장의 소음을 적절히 측정할 수 있고 소음 분포를 확인하기가 쉬울 것
2. 배경소음과 지형지물에 의한 영향이 작을 것

3. 유지·보수가 쉽고 상기간 사용이 가능할 것

② 제1항에 따른 소음을 측정하는 기기는 「환경분야 시험·검사 등에 관한 법률」 제9조제1항에 따른 형식승인 및 같은 법 제11조제1항에 따른 정도검사를 받은 것이어야 한다.

③ 제1항 및 제2항에서 규정한 사항 외에 자동소음측정망 설치에 필요한 사항은 국방부장관이 정한다.

I. 의 의

본법에서 정한 소음대책지역을 지정·고시하거나 소음대책의 대상자 또는 소음피해보상금 수령자가 되기 위해서는 본법이 정한 소음기준을 충족하여야 한다.[1] 그러므로 대한민국과 지방자치단체뿐만 아니라 주민에게도 정확한 소음피해를 측정하는 것은 매우 중요하다. 이에 따라 본조는 군용비행장 및 군사격장의 운용에 따라 발생하는 소음 실태를 파악하여 소음피해 보상금 지급 등에 활용하기 위하여 자동소음측정망 설치에 관한 내용을 규정하고 있다.

II. 자동소음측정망의 설치

1. 국방부장관의 자동소음측정망 설치의무

국방부장관은 군용비행장 및 군사격장의 운용에 따라 발생하는 소음 실태를 파악하여 소음피해 보상금 지급 등에 활용하기 위하여 자동소음측정망을 설치하여야 한다(법 제8조 제1항 본문). 다만, 「소음·진동관리법」 제3조 제1항에서는 "환경부장관은 전국적인 소음·진동의 실태를 파악하기 위하여 측정망을 설치하고 상시(常時) 측정하여야 한다."고 규정하고

---

1) 공항소음 발생원 저감 대책은 크게 고소음 항공기 운항규제 및 저소음 항공기 도입 촉진 방안으로 나눌 수 있다. 이를 위한 수단(tool)은 저소음운항절차 수립, 소음기준 수립, 야간운항 제한, 위반 항공기 벌과금 부과, 고소음 항공기의 제한, 고소음 항공기에 대한 소음부담금 할증 등이 있다. 위 수단을 시행하기 위해서는 자동소음측정망(NMS, Noise Monitering System)의 적정한 운용방안이 반드시 모색되어야 한다. 「공항소음대책 계획 수립에 관한 연구」, 항공교통연구원(2009), 92면.

있다. 따라서 위 법령에 따라 설치된 측정망을 이용하여 소음 실태를 파악할 수 있는 경우에는 국방부장관이 자동소음측정망을 설치할 의무가 없다(법 제8조 제1항 단서). 국방부장관은 자동소음측정망의 설치를 위하여 군용비행장 및 군사격장의 특성, 지형 및 환경 등 필요한 자료를 각 군 참모총장에게 요청할 수 있다(시행령 제7조 제1항).

2. 사전협의

국방부장관이 제1항에 따라 자동소음측정망을 설치하고자 할 때에는 미리 환경부장관 및 관계 행정기관의 장과 협의하여야 한다(법 제8조 제2항). 「소음·진동관리법」 제3조 제3항에서도 환경부장관, 시·도지사가 측정망을 설치하려면 관계 기관의 장과 미리 협의하도록 규정하고 있는데, 본항도 위 규정과 취지를 같이 한다.

3. 시장·군수·구청장의 요청

시장·군수·구청장은 관할 구역의 소음 실태를 조사하기 위하여 필요한 경우에는 자동소음측정망을 추가로 설치하거나 설치 위치를 변경할 것을 국방부장관에게 요청할 수 있다(법 제8조 제3항). 시장·군수·구청장은 군소음으로 인한 민원을 자주 접할 수 있고, 소음피해보상금을 지급하는 행정청이므로, 군소음의 실태와 문제점을 가장 잘 알 수 있기 때문에, 자동소음측정망의 설치의무자인 국방부장관에게 자동소음측정망의 추가 설치나 설치위치 변경을 요청할 수 있도록 규정한 것이다.

Ⅲ. 자동소음측정망의 설치기준

1. 소음측정기의 설치기준

국방부장관은 자동소음측정망을 설치하는 경우 소음을 측정하는 기기는 특별한 사유가 없으면 소음대책지역 내에 설치해야 하고, (i) 군용비행장 또는 군사격장의 소음을 적절히 측정할 수 있고 소음 분포를 확인하기가 쉬울 것, (ii) 배경소음과 지형지물에 의한 영향이 작을 것, (iii) 유지·보수가 쉽고 장기간 사용이 가능할 것 등을 고려하여 그 위치를 정해야 한다(시행규칙 제6조 제1항).

2. 소음측정기기의 요건

소음을 측정하는 기기는 「환경분야 시험·검사 등에 관한 법률」 제9조 제1항에 따른 형식승인 및 같은 법 제11조 제1항에 따른 정도검사를 받은 것이어야 한다(시행규칙 제6조 제2항).

3. 기타 사항

자동소음측정망 설치에 필요한 기타 사항은 「군용비행장·군사격장 소음영향도 조사 예규」 제3장 제2절(군용비행장)과 제4장 제2절(군사격장)에 자세히 규정되어 있다(자세한 내용은 제5조 Ⅳ. 7. 9. 부분 참조).

제9조(자동소음측정망 설치계획의 수립·고시 등)

제9조(자동소음측정망 설치계획의 수립·고시 등)

① 국방부장관은 제8조제1항에 따라 자동소음측정망을 설치할 때에는 자동소음측정망의 위치 및 범위 등을 구체적으로 밝힌 자동소음측정망 설치계획을 수립하여야 한다.

② 제1항에 따라 자동소음측정망의 설치계획을 수립한 경우에는 국방부령으로 정하는 바에 따라 이를 고시하고, 그 도면을 누구든지 열람할 수 있게 하여야 한다. 이를 변경하는 경우에도 또한 같다.

③ 국방부장관이 제1항 또는 제2항에 따라 자동소음측정망 설치계획을 수립·고시한 경우에는 다음 각 호의 허가를 받은 것으로 본다.

  1. 「하천법」 제30조에 따른 하천공사의 시행허가 및 같은 법 제33조에 따른 하천의 점용허가

  2. 「도로법」 제61조에 따른 도로의 점용허가

  3. 「공유수면 관리 및 매립에 관한 법률」 제8조에 따른 공유수면의 점용허가 또는 사용허가

④ 국방부장관은 제1항 및 제2항에 따라 자동소음측정망 설치계획을 수립하거나 변경하는 경우 제3항 각 호의 어느 하나에 해당하는 허가사항이 포함되어 있으면 미리 관계 행정기관의 장과 협의하여야 한다.

시행령 제8조(자동소음측정망 설치계획의 수립)

국방부장관은 법 제9조제1항에 따른 자동소음측정망 설치계획의 수립에 필요한 자료를 각 군 참모총장에게 요청할 수 있다.

시행규칙 제7조(자동소음측정망 설치계획의 고시)

국방부장관이 법 제9조제2항에 따라 고시하는 자동소음측정망 설치계획에는 다음 각 호의 사항이 포함돼야 한다.

  1. 자동소음측정망의 설치 시기

2. 자동소음측정망을 설치할 토지나 건축물의 위치 및 면적
3. 자동소음측정망의 배치도

Ⅰ. 자동소음측정망 설치계획의 수립·고시

1. 국방부장관의 자동소음측정망 설치계획의 수립

국방부장관은 자동소음측정망을 설치할 때에는 자동소음측정망의 위치 및 범위 등을 구체적으로 밝힌 자동소음측정망 설치계획을 수립하여야 한다(법 제9조 제1항). 「소음·진동관리법」 제4조 제1항에서 "환경부장관은 측정망의 위치, 범위, 구역 등을 명시한 측정망 설치계획을 결정하여 환경부령으로 정하는 바에 따라 고시"하도록 규정하고 있는데, 본항과 같은 취지이다.

2. 자동소음측정망 설치계획의 내용

자동소음측정망 설치계획에는 (i) 자동소음측정망의 설치시기, (ii) 자동소음측정망을 설치할 토지나 건축물의 위치 및 면적, (iii) 자동소음측정망의 배치도 등이 포함되어야 한다(시행규칙 제7조). 이는 「소음·진동관리법 시행규칙」 제7조 제1항에서 규정하고 있는 측정망설치계획에 포함될 내용과 동일하다.

3. 고시와 열람에 제공

(1) 자동소음측정망의 설치계획을 수립한 경우에는 국방부령으로 정하는 바에 따라 이를 고시하고, 그 도면을 누구든지 열람할 수 있게 하여야 하며, 이를 변경하는 경우에도 같다(법 제9조 제2항). 이는 주민과 관계 행정기관에게 알 권리를 보장하여, 자동소음측정망의 설치계획에 의견을 제출하거나 행정적 구제에 필요한 자료를 수집할 수 있는 기회를 보장함으로써 권리구제의 실효성을 확보하기 위한 것이다.

(2) 한편 「소음·진동관리법 시행규칙」 제7조 제2항에서는 "측정망설

치계획의 고시는 최초로 측정소를 설치하게 되는 날의 3개월 이전에 하여야 한다."고 규정하고 있는데, 본법에는 위와 같은 내용이 규정되어 있지 않다.

Ⅱ. 허가의 의제

1. 인·허가의제

가. 의 의

주된 인·허가에 관한 사항을 규정하고 있는 어떠한 법률에서 주된 인·허가가 있으면 다른 법률에 의한 인·허가를 받은 것으로 의제(擬制)한다는 규정을 둔 경우를 인허가 의제 제도라고 한다. 행정법에서 인·허가 의제 제도를 둔 취지는, 인·허가의제사항과 관련하여 관할 행정청으로 그 창구를 단일화하고 절차를 간소화하며 비용과 시간을 절감함으로써 국민의 권익을 보호하려는 것이다.[1] 주된 인·허가가 있으면 다른 법률에 의한 인·허가가 있는 것으로 보는 데 그치고, 거기에서 더 나아가 다른 법률에 의하여 인·허가를 받았음을 전제로 한 다른 법률의 모든 규정들까지 적용되는 것은 아니다.[2]

나. 심사의 대상

(1) 건축법에서 인·허가의제 제도를 둔 취지는, 인·허가의제사항과 관련하여 건축허가 또는 건축신고의 관할 행정청으로 그 창구를 단일화하고 절차를 간소화하며 비용과 시간을 절감함으로써 국민의 권익을 보호하려는 것이지, 인·허가의제사항 관련 법률에 따른 각각의 인·허가 요건에 관한 일체의 심사를 배제하려는 것으로 보기는 어렵다.[3] 왜냐하면, 건축법과 인·허가의제사항 관련 법률은 각기 고유한 목적이 있고, 건축신고

---

1) 대법원 2011. 1. 20. 선고 2010두14954 전원합의체 판결.
2) 대법원 2016. 12. 15. 선고 2014두40531 판결; 대법원 2015. 4. 23. 선고 2014두2409 판결.
3) 대법원 2011. 1. 20. 선고 2010두14954 전원합의체 판결.

와 인·허가의제사항도 각각 별개의 제도적 취지가 있으며 그 요건 또한 달리하기 때문이다.

나아가 인·허가의제사항 관련 법률에 규정된 요건 중 상당수는 공익에 관한 것으로서 행정청의 전문적이고 종합적인 심사가 요구되는데, 만약 건축신고만으로 인·허가의제사항에 관한 일체의 요건 심사가 배제된다고 한다면, 중대한 공익상의 침해나 이해관계인의 피해를 야기하고 관련 법률에서 인·허가 제도를 통하여 사인의 행위를 사전에 감독하고자 하는 규율체계 전반을 무너뜨릴 우려가 있다. 또한 무엇보다도 건축신고를 하려는 자는 인·허가의제사항 관련 법령에서 제출하도록 의무화하고 있는 신청서와 구비서류를 제출하여야 하는데, 이는 건축신고를 수리하는 행정청으로 하여금 인·허가의제사항 관련 법률에 규정된 요건에 관하여도 심사를 하도록 하기 위한 것으로 볼 수밖에 없다.

따라서 인·허가의제 효과를 수반하는 건축신고는 일반적인 건축신고와는 달리, 특별한 사정이 없는 한 행정청이 그 실체적 요건에 관한 심사를 한 후 수리하여야 하는 이른바 '수리를 요하는 신고'로 보는 것이 옳다.

(2) 국토계획법 제56조에 따른 개발행위허가는 그 금지요건·허가기준이 불확정개념으로 규정된 부분이 많아 그 요건·기준에 부합하는지를 판단하는 데 행정청에 재량이 부여되어 있으므로, 개발행위허가의 요건을 충족하는지 여부는 행정청의 재량판단의 영역에 속한다. 그리고 국토계획법이 정한 일정한 용도지역 안에서 토지의 형질변경행위를 수반하는 건축신고의 수리는 건축법 제14조 제2항, 제11조 제5항, 제6항의 인·허가의제로 인해 건축법상 건축신고와 국토계획법상 개발행위허가의 성질을 아울러 갖게 되므로, 국토계획법상의 개발행위허가를 받은 것으로 의제되는 건축신고가 국토계획법령이 정하는 개발행위허가기준을 갖추지 못한 경우 행정청으로서는 이를 이유로 그 수리를 거부할 수 있다.[4]

(3) 도시계획시설인 주차장에 대한 건축허가신청을 받은 행정청으로서는 건축법상 허가 요건뿐 아니라 국토의 계획 및 이용에 관한 법령이 정

---

4) 대법원 2017. 10. 26. 선고 201?두50188 판결.

한 도시계획시설사업에 관한 실시계획인가 요건도 충족하는 경우에 한하여 이를 허가해야 한다.[5]

다. 승인기간 도과와 승인의 의제

A 주식회사가 식료품 제조업을 하고자 공장건물과 부대건물을 건설하겠다는 내용으로 중소기업 창업사업계획 승인신청을 하였으나 관할 시장이 30여 일이 지나서 그 신청을 불승인하는 처분을 한 경우, 중소기업창업 지원법 제33조 제3항에서 정한 창업사업계획 승인기간인 20일에는 그 승인으로 의제되는 다른 법률에 의한 인·허가의 처리기간이 포함되는 점 등에 비추어 보면, 관할 시장이 위 승인신청을 받은 날부터 20일 이내에 A 회사에 승인 여부를 알리지 않았으므로 위 창업사업계획은 승인된 것으로 의제된다.[6]

라. 의제되는 공유수면점용허가의 거부와 원처분의 불인가

채광계획이 중대한 공익에 배치된다고 할 때에는 인가를 거부할 수 있고, 채광계획을 불인가 하는 경우에는 정당한 사유가 제시되어야 하며 자의적으로 불인가를 하여서는 아니 되므로 채광계획인가는 기속재량행위에 속하는 것으로 보아야 한다. 구 광업법(1999. 2. 8. 법률 제5893호로 개정되기 전의 것) 제47조의2 제5호에 의하여 채광계획인가를 받으면 공유수면 점용허가를 받은 것으로 의제되고, 이 공유수면 점용허가는 공유수면 관리청이 공공 위해의 예방 경감과 공공복리의 증진에 기여함에 적당하다고 인정하는 경우에 그 자유재량에 의하여 허가의 여부를 결정하여야 하므로, 공유수면 점용허가를 필요로 하는 채광계획 인가신청에 대하여도 공유수면 관리청이 재량적 판단에 의하여 공유수면 점용 허가 여부를 결정할 수 있고, 그 결과 공유수면 점용을 허용하지 않기로 결정하였다면, 채광계획 인가관청은 이를 사유로 하여 채광계획을 인가하지 아니할 수 있는 것이다.[7]

---

5) 대법원 2015. 7. 9. 선고 2015두39590 판결.
6) 대법원 2013. 3. 14. 선고 2012두23785 판결.

마. 의제된 인허가에 대한 쟁송

(1) 대법원 2018. 11. 29. 선고 2016두38792 판결

구 주택법(2016. 1. 19. 법률 제13805호로 전부 개정되기 전의 것) 제17조 제1항에 따르면, 주택건설사업계획 승인권자가 관계 행정청의 장과 미리 협의한 사항에 한하여 승인처분을 할 때에 인허가 등이 의제될 뿐이고, 각 호에 열거된 모든 인허가 등에 관하여 일괄하여 사전협의를 거칠 것을 주택건설사업계획 승인처분의 요건으로 규정하고 있지 않다. 따라서 인허가 의제 대상이 되는 처분에 어떤 하자가 있더라도, 그로써 해당 인허가 의제의 효과가 발생하지 않을 여지가 있게 될 뿐이고, 그러한 사정이 주택건설사업계획 승인처분 자체의 위법사유가 될 수는 없다. 또한 의제된 인허가는 통상적인 인허가와 동일한 효력을 가지므로, 적어도 '부분 인허가 의제'가 허용되는 경우에는 그 효력을 제거하기 위한 법적 수단으로 의제된 인허가의 취소나 철회가 허용될 수 있고, 이러한 직권 취소·철회가 가능한 이상 그 의제된 인허가에 대한 쟁송취소 역시 허용된다. 따라서 주택건설사업계획 승인처분에 따라 의제된 인허가가 위법함을 다투고자 하는 이해관계인은, 주택건설사업계획 승인처분의 취소를 구할 것이 아니라 의제된 인허가의 취소를 구하여야 하며, 의제된 인허가는 주택건설사업계획 승인처분과 별도로 항고소송의 대상이 되는 처분에 해당한다.

(2) 대법원 2018. 7. 12. 선고 2017두48734 판결

구 중소기업창업 지원법(2017. 7. 26. 법률 제14839호로 개정되기 전의 것, 이하 '중소기업창업법') 제35조 제1항, 제33조 제4항, 중소기업창업 지원법 시행령 제24조 제1항, 중소기업청장이 고시한 '창업사업계획의 승인에 관한 통합업무처리지침'(이하 '업무처리지침')의 내용, 체계 및 취지 등에 비추어 보면 다음과 같은 이유로 중소기업창업법에 따른 사업계획승인의 경우 의제된 인허가만 취소 내지 철회함으로써 사업계획에 대한 승인의 효력은 유지하면서 해당 의제된 인허가의 효력만을 소멸시킬 수 있다.

---

7) 대법원 2002. 10. 11. 선고 2001두151 판결.

(i) 중소기업창업법 제35조 제1항의 인허가의제 조항은 창업자가 신속하게 공장을 설립하여 사업을 개시할 수 있도록 창구를 단일화하여 의제되는 인허가를 일괄 처리하는 데 입법 취지가 있다. 위 규정에 의하면 사업계획승인권자가 관계 행정기관의 장과 미리 협의한 사항에 한하여 승인 시에 그 인허가가 의제될 뿐이고, 해당 사업과 관련된 모든 인허가의제 사항에 관하여 일괄하여 사전 협의를 거쳐야 하는 것은 아니다. 업무처리지침 제15조 제1항은 협의가 이루어지지 않은 인허가사항을 제외하고 일부만을 승인할 수 있다고 규정함으로써 이러한 취지를 명확히 하고 있다.

(ii) 사업계획을 승인할 때 의제되는 인허가 사항에 관한 제출서류, 절차 및 기준, 승인조건 부과에 관하여 해당 인허가 근거 법령을 적용하도록 하고 있으므로(업무처리지침 제5조 제1항, 제8조 제5항, 제16조), 인허가의제의 취지가 의제된 인허가 사항에 관한 개별법령상의 절차나 요건 심사를 배제하는 데 있다고 볼 것은 아니다.

(iii) 사업계획승인으로 의제된 인허가는 통상적인 인허가와 동일한 효력을 가지므로, 그 효력을 제거하기 위한 법적 수단으로 의제된 인허가의 취소나 철회가 허용될 필요가 있다. 특히 업무처리지침 제18조에서는 사업계획승인으로 의제된 인허가 사항의 변경 절차를 두고 있는데, 사업계획승인 후 의제된 인허가 사항을 변경할 수 있다면 의제된 인허가 사항과 관련하여 취소 또는 철회 사유가 발생한 경우 해당 의제된 인허가의 효력만을 소멸시키는 취소 또는 철회도 할 수 있다고 보아야 한다.

(iv) 이와 같이 사업계획승인으로 의제된 인허가 중 일부를 취소 또는 철회하면, 취소 또는 철회된 인허가를 제외한 나머지 인허가만 의제된 상태가 된다. 이 경우 당초 사업계획승인을 하면서 사업 관련 인허가 사항 중 일부에 대하여만 인허가가 의제되었다가 의제되지 않은 사항에 대한 인허가가 불가한 경우 사업계획승인을 취소할 수 있는 것처럼(업무처리지침 제15조 제2항), 취소 또는 철회된 인허가 사항에 대한 재인허가가 불가한 경우 사업계획승인 자체를 취소할 수 있다.

(3) 대법원 2018. 10. 25. 선고 2018두43095 판결

구 항공법(2002. 2. 4. 법률 제6655호로 개정되기 전의 것) 제96조 제1항, 제3항은 건설교통부장관이 공항개발사업의 실시계획을 수립하거나 이를 승인하고자 하는 때에는 제1항 각 호의 규정에 의한 관계 법령상 적합한 지 여부에 관하여 소관행정기관의 장과 미리 협의하여야 하고, 건설교통부장관이 공항개발사업의 실시계획을 수립하거나 이를 승인한 때에는 제1항 각 호의 승인 등을 받은 것으로 본다고 규정하면서, 제1항 제9호에서 '농지법 제36조 규정에 의한 농지전용의 허가 또는 협의'를 규정하고 있다. 이러한 규정들의 문언, 내용, 형식에다가 인허가 의제 제도는 목적사업의 원활한 수행을 위해 창구를 단일화하여 행정절차를 간소화하는 데 입법 취지가 있고 목적사업이 관계 법령상 인허가의 실체적 요건을 충족하였는지에 관한 심사를 배제하려는 취지는 아닌 점 등을 아울러 고려하면, 공항개발사업 실시계획의 승인권자가 관계 행정청과 미리 협의한 사항에 한하여 그 승인처분을 할 때에 인허가 등이 의제된다고 보아야 한다.

2. 허가의제의 내용

가. 의제의 범위

국방부장관이 자동소음측정망 설치계획을 수립·고시한 경우에는 (i) 하천법 제30조에 따른 하천공사의 시행허가 및 같은 법 제33조에 따른 하천의 점용허가, (ii) 도로법 제61조에 따른 도로의 점용허가, (iii) 공유수면 관리 및 매립에 관한 법률 제8조에 따른 공유수면의 점용허가 또는 사용허가를 받은 것으로 본다(법 제9조 제3항).

나. 관계 행정기관의 장과 협의

(1) 국방부장관은 자동소음측정망 설치계획을 수립하거나 변경하는 경우 법 제9조 제3항 각 호의 어느 하나에 해당하는 허가사항이 포함되어 있으면 미리 관계 행정기관의 장과 협의하여야 한다(법 제9조 제4항).

(2) 구 주한미군 공여구역주변지역 등 지원 특별법(2008. 3. 28. 법률 제9000호로 개정되기 전의 것, 이하 '구 법') 제29조의 인허가의제 조항은 목적사업의 원활한 수행을 위해 행정절차를 간소화하고자 하는 데 입법 취지가 있는데, 만일 사업시행승인 전에 반드시 사업 관련 모든 인허가의제 사항에 관하여 관계 행정기관의 장과 협의를 거쳐야 한다고 해석하면 일부의 인허가의제 효력만을 먼저 얻고자 하는 사업시행승인 신청인의 의사와 맞지 않을 뿐만 아니라 사업시행승인 신청을 하기까지 상당한 시간이 소요되어 그 취지에 반한다. 또한 '주한미군 공여구역주변지역 등 지원 특별법'이 2009. 12. 29. 법률 제9843호로 개정되면서 제29조 제1항에서 인허가의제 사항 중 일부만에 대하여도 관계 행정기관의 장과 협의를 거치면 인허가의제 효력이 발생할 수 있음을 명확히 하고 있다. 따라서 구 법 제11조에 의한 사업시행승인을 하는 경우 같은 법 제29조 제1항에 규정된 사업 관련 모든 인허가의제 사항에 관하여 관계 행정기관의 장과 일괄하여 사전 협의를 거칠 것을 요건으로 하는 것은 아니고, 사업시행승인 후 인허가의제 사항에 관하여 관계 행정기관의 장과 협의를 거치면 그때 해당 인허가가 의제된다고 보는 것이 타당하다.[8]

---

8) 대법원 2012. 2. 9. 선고 2009두16305 판결.

제10조(타인의 토지에의 출입 등)

제10조(타인의 토지에의 출입 등)

① 국방부장관은 자동소음측정망의 설치나 이를 위한 현지조사, 측량 또는 자동소음측정망의 유지·보수를 위하여 필요한 경우에는 다음 각 호의 행위를 할 수 있다.

1. 타인의 토지에 출입하는 행위
2. 타인의 토지 또는 이에 정착된 건물이나 그 밖의 인공구조물(이하 "토지 등"이라 한다)을 사용하는 행위
3. 타인의 식물이나 그 밖의 장애물을 변경하거나 제거하는 행위

② 국방부장관은 제1항 각 호의 행위로 인하여 발생한 손실에 대하여는 정당한 보상을 하여야 한다.

③ 국방부장관은 토지 등의 사용이 끝난 경우에는 토지 등을 원상회복하거나 원상회복에 필요한 비용을 대통령령으로 정하는 바에 따라 토지 등의 소유자 또는 점유자에게 지급하여야 한다.

시행령 제9조(손실보상 산정 방법 및 절차)

① 법 제10조제2항에 따른 손실보상을 받으려는 자(국가 및 지방자치단체는 제외한다)는 국방부령으로 정하는 손실보상 신청서에 다음 각 호의 서류를 첨부하여 국방부장관에게 제출해야 한다.

1. 손실 산출서
2. 재산 손실을 증명할 수 있는 자료

② 국방부장관은 제1항에 따른 신청을 받은 경우 신청인과 보상금액에 관하여 협의해야 하며, 협의에 필요한 자료를 각 군 참모총장 또는 「국방시설본부령」 제3조에 따른 국방시설본부장에게 요청할 수 있다.

③ 국방부장관은 보상금액을 결정하기 위하여 필요한 경우에는 감정인, 참고인 또는 이해관계인의 의견을 들을 수 있다.

> **제10조(원상회복 비용의 지급 등)**
> ① 국방부장관이 법 제10조제3항에 따라 원상회복에 필요한 비용을 지급하기 위해서는 토지 등의 원상회복 전에 해당 토지 등의 소유자 또는 점유자와 협의해야 한다.
> ② 제1항에 따른 협의 결과 원상회복 비용을 지급받기로 한 토지 등의 소유자 또는 점유자는 원상회복에 드는 비용을 증명할 수 있는 자료 등을 첨부하여 국방부장관에게 그 비용을 청구할 수 있다. 이 경우 원상회복 비용의 청구절차는 제9조에 따른다.

Ⅰ. 의 의

(1) 국가 또는 지방자치단체 등이 일정한 공익목적을 달성하기 위하여 사인의 재산권을 침해하는 것을 공용침해(公用侵害)라 하는데, 이러한 공용침해는 공용수용, 공용사용, 공용제한으로 분류된다.[1] 헌법은 재산권보장의 원칙을 선언하고, 재산권의 내용과 한계에 대한 법률유보와 그 행사의 공공복리적합의무를 채택하며, 일정한 요건을 갖춘 경우 공용침해의 정당화를 허용하고 있다(헌법 제23조). 이는 헌법이 사유재산권과 사유재산제를 보장하는 전제하에 공공필요, 법률규정, 정당보상의 정당화 사유를 구비하면 공용사용 등과 같은 공용침해도 인정된다는 규정을 한 것이다.

(2) 공용사용(公用使用)이란 특정한 공익사업을 위하여 그 사업자가 니인의 소유에 속하는 토지 기타의 재산권에 대하여 공법상 사용권을 취득하고, 상대방인 소유자 기타의 권리자는 그 공익사업을 위한 사용을 수인하여야 할 공법상 의무를 부담하는 것을 내용으로 하는 공용침해를 말한다.[2] 공익사업의 목적을 수행하기 위하여 타인의 재산을 사용할 필요가 있는 경우의 공용사용은 사업주체가 민법상의 계약에 의하여 타인의 재산에 대한 사용권을 취득하는 것이 보통이지만, 권리자의 승낙을 얻지 못하거나 긴급하여 그 승낙을 얻을 여유가 없는 때에는 권리자의 의사를 묻지 아니하고 직접 법률에 의하여 또는 법률에 의거한 행정행위에 의하

---

[1] 서울고등법원 2013. 5. 3. 선고 2012나34247 판결.
[2] 박평준, "공용사용과 손실보상", 「사법행정」 제464호(1999), 10면.

여 사용권이 설정된다.

국민의 재산권은 국가안전보장을 위하여 법률로 제한할 수 있는바(헌법 제37조 제2항),[3] 국방부장관이 군용비행장 및 군사격장의 운용에 따라 발생하는 소음 실태를 파악하여 소음피해 보상금 지급 등에 활용하기 위하여 자동소음측정망을 설치하는 것은, 군사활동의 안정된 기반을 조성하고 주민의 환경권을 보장하기 위한 것이다. 자동소음측정망 설치를 위하여 국방부장관이 자동소음측정망 설치를 위하여 인근 주변의 재산권을 사용한다는 점에서 공용제한의 일종인 군사부담(軍事負擔)에 해당한다.[4]

(3) 본조는 국방부장관이 자동소음측정망의 설치나 이를 위한 현지조사, 측량 또는 자동소음측정망의 유지·보수를 위하여 필요한 경우에는 타인의 재산권을 침해할 수 있도록 규정하여 입법목적을 달성하고, 아울러 재산권 사용에 대한 정당한 보상과 토지 등의 사용이 끝난 경우에는 토지 등을 원상회복하거나 원상회복에 필요한 비용을 지급하도록 규정하여 국민의 재산권을 보장하려는 것이다.

Ⅱ. 공용사용

1. 국방부장관의 공용사용권

국방부장관은 자동소음측정망의 설치나 이를 위한 현지조사, 측량 또는 자동소음측정망의 유지·보수를 위하여 필요한 경우에는 (i) 타인의 토지에 출입하는 행위, (ii) 타인의 토지 또는 이에 정착된 건물이나 그 밖의 인공구조물을 사용하는 행위, (iii) 타인의 식물이나 그 밖의 장애물을

---

3) 헌법상의 재산권은 토지소유자가 이용가능한 모든 용도로 토지를 자유로이 최대한 사용할 권리나 가장 경제적 또는 효율적으로 사용할 수 있는 권리를 보장하는 것을 의미하지는 않는다. 입법자는 중요한 공익상의 이유로 토지를 일정 용도로 사용하는 권리를 제한할 수 있다. 따라서 토지의 개발이나 건축은 합헌적 법률로 정한 재산권의 내용과 한계내에서만 가능한 것일 뿐만 아니라 토지재산권의 강한 사회성 내지는 공공성으로 말미암아 이에 대하여는 다른 재산권에 비하여 보다 강한 제한과 의무가 부과될 수 있다. 헌법재판소 1998. 12. 24. 선고 89헌마214 결정.
4) 군사부담이란 국방목적을 위하여 국가가 국민에게 부과하는 국방지원의무를 밀한다. 정학진, 「군용항공기지법 개론」, 법률서원(2002), 44~45면.

변경하거나 제거하는 행위를 할 수 있다(법 제10조 제1항).

본법과 유사한 법령에 관하여 살펴보면 (i) 「공익사업을 위한 토지 등의 취득 및 보상에 관한 법률」(이하 '토지보상법') 제9조부터 제12조에서 사업준비를 위한 출입의 허가 등, 출입의 통지, 토지점유자의 인용의무, 장해물 제거등, 증표 등의 휴대에 관하여 자세히 규정하고 있고, (ii) 「철도건설법」 제12조에 의하면 철도건설사업의 사업시행자는 토지보상법이 정한 바에 따라 그 사업을 위하여 필요한 경우 토지를 수용 또는 사용할 수 있는 일반적인 권리가 있으며,[5] (iii) 전기사업법 제87조부터 제89조에서 전기사업자는 전기사업용전기설비의 설치나 이를 위한 실지조사·측량 및 시공 또는 전기사업용전기설비의 유지·보수를 위하여 필요한 경우에는 다른 자의 토지 또는 이에 정착된 건물이나 그 밖의 공작물을 사용하거나 다른 자의 식물 또는 그 밖의 장애물을 변경 또는 제거하거나 토지 등에 출입할 수 있도록 규정하고 있다.[6]

2. 토지점유자 등의 인용의무

토지보상법 제11조는 "토지점유자는 정당한 사유 없이 사업시행자가 제10조에 따라 통지하고 출입·측량 또는 조사하는 행위를 방해하지 못한다."고 규정하고 있다. 본법에는 위와 같은 규정은 존재하지 아니하지만, 국방부장관의 공용사용권은 공법상 권리이므로, 토지점유자 등은 적법한

---

5) 서울고등법원 2018. 7. 12. 선고 2018누35782 판결.
6) 한국전력공사가 345kV 신충주분기 송전선로 건설사업을 시행하기 위하여 송전철탑 부지 부근의 토지 중 일부를 재료적치장 등 작업장으로 사용하여야 하고, 그 부지로 통하는 필요 토지에 임시통로를 개설하여 일시 사용·출입하여야 하며, 재료적치장 또는 임시통로로 사용될 토지 위의 죽목, 토지, 기타의 장애물을 변경 또는 제거하여야 할 필요가 있다고 주장하면서 토지소유자들을 상대로 토지일시사용 등 지위보전 가처분을 신청하였다. 춘천지법 원주지원 2011. 6. 27.자 2010카합301 결정은 전원개발촉진법 제6조의3, 국토의 계획 및 이용에 관한 법률 제130조 제3항에 의해 토지의 소유자·점유자 또는 관리인의 동의를 얻어야 하는데, 같은 조 제7항에 의하면 토지의 소유자 등은 정당한 사유 없이 제1항의 규정에 의한 행위를 방해하거나 거부하지 못하므로, 채무자가 정당한 사유 없이 임야의 일시사용에 관한 동의를 거부할 경우에는 채권자는 이러한 채무자를 상대로 임야의 일시사용에 관한 동의를 의제할 수 있는 의사의 진술을 명하는 이행의 소와 임야의 일시사용을 구하는 소를 제기할 수 있고, 위 일시사용권을 피보전 권리로 하는 토지일시사용 등 지위보전 가처분을 구할 수 있다고 판시하였다.

공용사용을 수인할 의무가 인정된다.

3. 토지소유자 등의 동의가 필요한지 여부

가. 국토계획법상 동의[7]

(1) 「국토의 계획 및 이용에 관한 법률」(이하 '국토계획법') 제130조 제1항, 제3항은, 도시·군계획시설사업의 시행자는 도시·군계획 등에 관한 기초조사, 도시·군계획시설사업에 관한 조사·측량 또는 시행 등을 하기 위하여 필요하면 타인의 토지를 재료적치장 또는 임시통로로 일시 사용할 수 있고, 이에 따라 타인의 토지를 일시 사용하려는 자는 토지의 소유자·점유자 또는 관리인(이하 '소유자 등'이라 한다)의 동의를 받아야 한다고 규정하고 있다. 국토계획법 제130조의 체계와 내용, 입법 목적과 함께 공익사업의 성격을 종합하면, 도시·군계획시설사업의 사업시행자가 사업구역에 인접한 특정 토지를 재료적치장 또는 임시통로 용도로 한시적으로 이용할 필요가 있는 경우, 사업시행자는 위 규정에 따라 해당 토지 소유자 등의 동의를 받아야 하고, 토지 소유자 등은 이를 거부할 정당한 사유가 없는 한 사업시행자의 '일시 사용'을 수인하고 동의할 의무가 있다. 한편 국토계획법 제96조에 따라 공익사업을 위한 토지 등의 취득 및 보상에 관한 법률 제62조가 준용되는 수용·사용의 경우와 달리, 국토계획법 제130조에 따른 일시 사용의 경우에는 사전보상 원칙이 적용되지 않는다고 보아야 하므로, 그 손실보상금에 관한 다툼이 있다는 사정은 토지 소유자 등이 일시 사용에 대한 동의를 거부할 정당한 사유가 될 수 없다.

(2) 국토의 계획 및 이용에 관한 법률 제130조 제3항에서 정한 토지의 소유자·점유자 또는 관리인(이하 '소유자 등')이 사업시행자의 일시 사용에 대하여 정당한 사유 없이 동의를 거부하는 경우, 사업시행자는 해당 토지의 소유자 등을 상대로 동의의 의사표시를 구하는 소를 제기할 수 있다. 이와 같은 토지의 일시 사용에 대한 동의의 의사표시를 할 의무는 위 법률에서 특별히 인정한 공법상의 의무이므로, 그 의무의 존부를 다투

---

7) 대법원 2019. 9. 9. 선고 2016다262550 판결.

는 소송은 '공법상 법률관계에 관한 소송으로 그 법률관계의 한쪽 당사자를 피고로 하는 소송', 즉 행정소송법 제3조 제2호에서 규정한 당사자소송이라고 보아야 한다. 행정소송법 제39조는, "당사자소송은 국가·공공단체 그 밖의 권리주체를 피고로 한다."라고 규정하고 있다. 이것은 당사자소송의 경우 항고소송과 달리 '행정청'이 아닌 '권리주체'에게 피고적격이 있음을 규정하는 것일 뿐, 피고적격이 인정되는 권리주체를 행정주체로 한정한다는 취지가 아니므로, 이 규정을 들어 사인을 피고로 하는 당사자소송을 제기할 수 없다고 볼 것은 아니다.

(3) 당사자소송에 대하여는 행정소송법 제8조 제2항에 따라 민사집행법상 가처분에 관한 규정이 준용되므로, 사업시행자는 민사집행법 제300조 제2항에 따라 현저한 손해를 피하기 위해 필요한 경우 '임시의 지위를 정하기 위한 가처분'을 통하여 공익사업을 신속하고 원활하게 수행할 수 있다.[8]

나. 전기사업법상 협의

전기사업자는 그 사업을 수행하기 위하여 필요한 경우에는 현재의 사용방법을 방해하지 아니하는 범위에서 다른 자의 토지의 지상 또는 지하 공간에 전선로를 설치할 수 있다. 이 경우 전기사업자는 전선로의 설치방법 및 존속기간 등에 대하여 미리 그 토지의 소유자 또는 점유자와 협의하여야 한다(전기사업법 제89조 제1항).

---

8) 본안판결의 확정 전에 본안판결의 확정과 사실상 동일한 효과가 인정되는 '의사표시를 명하는 가처분'이 허용되는지 여부가 문제된다. 의사의 진술을 명하는 가처분은 단행가처분의 일종으로 허용된다는 견해, 의사표시를 명하는 가처분이 허용되지만 보전의 필요성에 대하여 극히 신중하게 판단하여야 한다는 견해 등이 긍정설의 입장이다. 이에 대하여 가처분에 의해 의사표시를 명해도 이를 강제하는 방법이 없고, 의사표시가 된 것으로 의제하는 규정이 없는 이상 가처분은 실효성이 없기 때문에, 의사표시청구권의 피보전권리 적격이라는 면에서 보아도, 의사표시를 구하는 가처분의 필요성이라는 점에서 보아도 의사표시를 명하는 가처분신청을 인용하는 것은 불가능하다는 것이 부정설의 입장이다. 실무상으로는 종래 부정설의 입장을 취하다가, 서울중앙지법 2009. 9. 18.자 2009카합3368 결정; 서울중앙지법 2009. 12. 9.자 2009카합4385 결정; 서울고법 2013. 10. 7.자 2013라916 결정; 서울중앙지법 2014. 9. 1.자 2014카합80628 결정에서 긍정설을 취하였고, 대법원 2019. 9. 9. 선고 2016다262550 판결에 의하여 긍정설의 입장이 확립되었다. 자세한 논의는 권창영, "의사표시를 명하는 가처분", 「사법논집」, 제52집 (2011), 63~106면 참조.

다. 본법상 토지소유자등의 동의나 협의는 불필요함

본법에는 국토계획법상 토지소유자등의 동의가 필요하다는 규정은 없으므로, 국방부장관이 본법의 집행을 위하여 (i) 타인의 토지에 출입하는 행위, (ii) 타인의 토지 또는 이에 정착된 건물이나 그 밖의 인공구조물을 사용하는 행위, (iii) 타인의 식물이나 그 밖의 장애물을 변경하거나 제거하는 경우에도 타인의 동의를 받거나 타인과 협의할 필요는 없다고 해석하는 것이 타당하다. 다만 원활한 본법의 집행을 위해서는 토지소유자등과 사전에 협의하는 것이 바람직하다.

Ⅲ. 손실보상

1. 정당한 보상의 필요성

헌법 제23조 제3항은 "공공의 필요에 의한 재산권의 수용·사용 또는 제한 및 그에 대한 보상은 법률로써 하되 정당한 보상을 지급하여야 한다."고 하여 재산권에 대한 구체적인 제한의 요건과 동시에 그 한계를 규정하였다. 위 규정상 '공공의 필요'를 군사행정분야에서 구체화한 대표적인 개념이 '군사상 필요'이다.[9] 본법이 규정하고 있는 자동소음측정망의 설치는 주민과의 마찰을 줄임으로써 원활한 군용비행장과 군사격장의 운영에 필수적이므로 군사상 필요가 인정된다. 또한 소음방지 및 피해보상을 위해서도 필요하므로 공공의 필요도 인정된다.

헌법재판소는 도시계획법 제2조에 대한 위헌소원 사건에서, "이 사건 법률조항은 원칙적으로는 토지재산권의 사회적 제약을 합헌적으로 구체화한 규정이지만, 토지소유자가 수인해야 할 사회적 제약의 정도를 넘는 경우에도 아무런 보상없이 재산권의 과도한 제한을 감수해야 하는 의무를 부과하는 점에서는 위헌이다. 이러한 경우 입법자는 비례의 원칙을 충족시키고 이로써 법률의 위헌성을 제거하기 위하여 예외적으로 발생한

---

9) 박영만, 「군사상 필요에 의한 사인의 토지재산권에 대한 공용침해와 그 구제」, 경북대 법학박사 학위논문(2000), 1면.

특별한 부담에 대하여 보상규정을 두어야 한다."고 판시하여,[10] 특별한 희생이 인정되는 경우에는 손실보상규정을 두어야 한다고 보았다.

본조 제2항은 "국방부장관은 제1항 각 호의 행위로 인하여 발생한 손실에 대하여는 정당한 보상을 하여야 한다."고 규정하여, 정당한 보상의무를 선언하고 있다.

2. 손실보상 산정 방법 및 절차

가. 신청주의

손실보상을 받으려는 자(국가 및 지방자치단체는 제외한다)는 국방부령으로 정하는 손실보상 신청서에 (i) 손실 산출서, (ii) 재산 손실을 증명할 수 있는 자료를 첨부하여 국방부장관에게 제출해야 한다(시행령 제9조 제1항). 국가가 직권으로 손실보상금을 지급하는 것이 아니라, 보상권자가 국방부장관에게 손실보상을 신청하여야 한다.

나. 협 의

국방부장관은 제1항에 따른 신청을 받은 경우 신청인과 보상금액에 관하여 협의해야 하며, 협의에 필요한 자료를 각 군 참모총장 또는 「국방시설본부령」 제3조에 따른 국방시설본부장에게 요청할 수 있다(시행령 제9조 제2항). 국방부장관은 보상금액을 결정하기 위하여 필요한 경우에는 감정인, 참고인 또는 이해관계인의 의견을 들을 수 있다(동조 제3항).

Ⅳ. 원상회복 등

1. 원상회복의무

국방부장관은 토지 등의 사용이 끝난 경우에는 토지 등을 원상회복하거나 원상회복에 필요한 비용을 대통령령으로 정하는 바에 따라 토지 등의 소유자 또는 점유자에게 지급하여야 한다(법 제10조 제3항).

---

10) 헌법재판소 1998. 12. 24. 선고 89헌마214 결정.

2. 원상회복 비용의 지급

국방부장관이 원상회복에 필요한 비용을 지급하기 위해서는 토지 등의 원상회복 전에 해당 토지 등의 소유자 또는 점유자와 협의해야 한다(시행령 제10조 제1항). 제1항에 따른 협의 결과 원상회복 비용을 지급받기로 한 토지 등의 소유자 또는 점유자는 원상회복에 드는 비용을 증명할 수 있는 자료 등을 첨부하여 국방부장관에게 그 비용을 청구할 수 있다. 이 경우 원상회복 비용의 청구절차는 시행령 제9조에 따른다(동조 제2항).

제11조(이륙·착륙 절차의 개선)

> **제11조(이륙·착륙 절차의 개선)**
> 국방부장관은 소음대책지역에서 소음으로 인한 영향을 저감하기 위하여 필요한 경우 군사작전·훈련 및 안전운항에 지장을 주지 아니하는 범위에서 군용항공기의 이륙·착륙 절차의 개선을 위하여 노력하여야 한다.

I. 의 의

(1) 항공소음을 저감하는 방법으로는 저소음엔진의 개발, 새로운 항공기재료의 개발, 항공역학적으로 소음이 저감된 항공기 동체 설계, 항공기 소음대책 등이 있다.[1] 그중 항공기 소음대책을 자세히 살펴보면, (i) 장주 변경(주거지역, 학교, 축사 등 상공 지역 비행 금지), (ii) 비행 고도 조정(이착륙시 정상고도보다 높게 비행, 활주로 중앙 패드 이용), (iii) 항공 운항 시간대 제한(심야(21:00-06:00) 비행 축소), (iv) 앱터 버너 사용 규제(앱터 버너의 사용 제한), (v) 소음 경감 시설 사용(허쉬 하우스 설치), (vi) 비행 훈련 지역(양성교육 제외한 숙달 비행시 주외 비행 실시), (vii) 훈련 감축(훈련 시간 숙소) 등이 있다.[2] 본조는 그중에서 군용항공기를 운용하는 대한민국이 시행할 수 있는 이륙·착륙절차의 개선노력에 관하여 규정하고 있다.

---

1) 민간항공에서도 저소음 항공기의 조기도입의 필요성이 제기되고 있다. 저소음 항공기는 일반적으로 ICAO의 부속서 16에 따른 항공기 소음기준의 분류 중 최신 기종(현재는 Chapter 14에 속하는 항공기)을 의미한다. 또한 ICAO는 소음원 감소를 위해 항공기 소음표준을 권고 중인데, 현재 2017년 이후 신형 항공기에 대해서는 Chapter 14 기준(2017년 이후 형식증명을 받은 항공기로, Ch. 4 대비 7dB, Ch 3. 대비 17dB 낮은 기준이며, Chapter 14 시행으로 2020~2036년간 소음영향 인구가 약 100만 명 이상 감소 예상하고 있다)을 적용하고 있다. 「제3차 공항소음 방지 및 주민지원 중기계획」, 국토교통부(2020), 15, 24면.

2) 강한구·이근수·남창희, "한국의 군용 항공기 소음 문제와 대책 방향", 「국방정책연구」 2001년 봄/여름, 113면.

(2) 대한민국은 웅천사격장을 운용하면서 (i) 2000. 5. 이후 저고도 전술의 훈련비행 고도를 저공비행 1,000ft(304.8m)에서 고공비행 3,000ft (914.4m)로 변경하고, 중저고도 사격훈련에서 훈련장주고도를 1.3㎞(4,265ft)에서 4㎞(13,123ft)로, 사격시 최저고도를 0.7㎞(2,296ft)에서 1㎞(3,280ft)로 상향조정하였는데, 그 결과 평균 등가소음도가 14.0dB(A)만큼 줄었다.[3]

(3) 참고로 아래 표는 AIP에 고시된 공항의 저소음운항 절차를 정리한 것이다.[4]

저소음 운항절차 적용 방안	
우선활주로 또는 비행로	1. 우선활주로 운영
	2. 중간이륙
	3. 활주로 시단 이설 운영
	4. 우선비행로 설정 운영
접근 비행	5. CDA(Continuous Descent Approach, 연속하강접근방식)
	6. 급각도 진입
	7. Delayed/reduced Flap
	8. 역 추력 제한
출발비행	9. NADP(저소음이륙절차) 2 or NADP 1
	10. Rolling take−off
	11. 시계비행절차
운항 제한	12. 엔진 Run−up test/APU 제한
	13. 야간 운항 금지·제한(Curfew)

---

3) 서울고등법원 2008. 7. 4. 선고 2004나25934 판결.
4) 「공항소음대책 계획 수립에 관한 연구」, 항공교통연구원(2009), 102면.

Ⅱ. 내 용

1. 기본계획상 소음저감활동 노력

국방부가 2020. 11.에 발표한 제1차 소음대책지역 소음 방지 및 소음 피해보상에 관한 기본계획에 의하면, 소음저감활동은 다음과 같다.[5]

가. 이륙·착륙 절차 개선추진

(1) 인구밀집지역을 고려한 이·착륙 및 장주비행 경로 설정

(2) 이·착륙 및 장주비행 경로 매년 재검토 실시

(3) 장주비행 고도 상향 조정(단, 기지별 환경 등 고려 관할 지휘관이 판단)

(4) 이륙 전 엔진 최대치 출력(After Burner) 점검 가급적 생략(안전고 려 판단)

(5) 이륙 상승각 조정으로 소음 영향 범위 최소화(상황별 지휘관이 판단)

(6) 저고도(1,000FT 이하) 및 고속(400KTS 이상) 전술 출항 훈련 가급 적 지양-출항 시 이륙 간격 가능한 최대한 분산 실시

(7) 편대 이·착륙 비행 가능한 한 지양

나. 일반(시험), 야간 비행훈련 관련

(1) 소음 통제 시간 설정 및 운영(기지/부대별 상황 고려)

(2) 시험비행 임무시 초음속 비행설차 및 규성 순수

(3) 비행 시뮬레이터 훈련 활성화로 실전 비행 저감 도모

(4) 항법도 상 인구밀집지역 등 소음 회피지역 표시 운용

(5) 인구밀집지역 상공 최저 비행 고도 설정 운용

(6) 심야시간(22시 이후) 비행 자제 및 장주비행 최소화

(7) 기본비행술 외의 훈련은 가급적 전술훈련장 위주로 실시

(8) 야간비행 시 사전예고 실시

---

5) 「제1차 소음대책지역 소음 방지 및 소음피해보상에 관한 기본계획」, 국방부(2020. 11.), 20~23면.

다. 공대지·공대공 비행훈련 관련

(1) 저고도 항법 경로상의 인구밀집지역 분리 기준 준수

(2) 특정 사격장(옹천·황죽도, 미여도 등) 하계 성수기 저고도 임무 제한

(3) 음속돌파 비행 훈련 시 공역별 최저 고도 엄수

라. 엔진 점검 등 정비 관련

(1) 주말 및 공휴일 정비·점검은 원칙적으로 금지(불가피한 경우 제외)

(2) 엔진 점검 시 방음·방호시설 필수 이용(불가피한 경우 제외)

(3) 야외 정비 불가피 시 가급적 일과시간대로 제한 운영

(4) 항공기 엔진 시동 후 불필요한 대기시간 최소화

마. 기지 내 제자리 비행 관련

(1) 방음벽이 설치된 장소 위주로 실시(현장 여건에 따라 적용)

(2) 지상 소음 영향 최소화 고도에서 운용(현장 여건에 따라 적용)

(3) 다수의 군용항공기 동시 시동 및 훈련 지양

바. 비행장 내 조류퇴치 활동 관련

(1) 로켓형 폭음통, LPG 폭음기는 주간비행 시에만 적용

(2) 야간은 차량 사이렌·경적 활용, 엽총은 불가피 시에만 적용

(3) 주말 및 공휴일 원칙적으로 금지(비행 등 불가피한 경우 제외)

사. 소음저감시설 사업 분야

(1) 비행장 주변 방음시설 설치 추진

비행장 정비고, 활주로 등 주변의 소음 취약 및 민원다발지역 등을 고려하여, 방음시설 순차적이고 지속적으로 설치를 추진한다.

(2) 방음정비고 등 소음저감시설 설치 추진

비행장 내 방음·방호시설 등 설치로 정비·점검시 발생하는 소음의

저감을 도모한다(시설 미설치 기지 순차 추진).

아. 군용비행장 이전 및 통폐합 추진

(1) 「군 공항 이전 및 지원에 관한 특별법」에 따라, 지자체 요구에 의해 이전사업을 추진한다. 적용대상은 16개의 전술항공작전기지이며, 현재 대구, 수원, 광주의 군 공항 이전을 추진 중에 있다.

(2) 연기비행장(G-532)을 조치원비행장(G-505)으로 통폐합 추진하고, 중장기적 관점에서 군 전력 재배치, 「군공항 이전 및 지원에 관한 특별법」 등과 연계하여 통폐합 대상 시설 지속적으로 발굴한다.

자. 사유지 매입 추진

비행안전구역(제1구역) 내 사유지 매입 추진 검토한다. 중장기적 관점에서 지역 주민 안전, 군 전력 재배치 등과 연계하여 사유지 등 매입·교환을 지속적으로 검토한다.

2. 오키나와 주둔 제18항공단의 항공기 소음경감 대책[6]

구 분		내 용
비행 규제	이륙시	• 활주로 이동시 저파워(엔진 4개 중 2개 사용)로 이동(P3C) • 앱터 버너 사용, 주택가 인접 활주로 및 휴일 활주로 사용 최소화
	비행시	• 수택지 상공 훈련 자제, 야산 비행시 엔진출력 쇠소와, 예비행 금지
	착륙시	• 선회비행 자제, 순차적으로 일부 엔진 작동 중지 및 엔진 회전수 축소 • 가능한 역추력 사용 규제, 고속 착륙 및 항공기의 복수 착륙 규제
	착륙 후	• 지상 착륙후 일부 엔진 즉시 정지 및 저파워로 주기장 진입

---

6) 강한구·이근수·남창희, "한국의 군용 항공기 소음 문제와 대책 방향", 「국방정책연구」 2001년 봄/여름, 122면.

3. 김포국제공항 항공기 저소음운항절차

김포국제공항 항공기 저소음운항절차[7]는 야간비행제한, 이륙절차, 시
계비행절차, 항공기 ENGINE RUN-UP 절차 등으로 구성된다. 이하에서
는 야간비행제한을 제외한 나머지 사항에 관하여 살펴보기로 한다.

가. 김포국제공항 이륙절차

(1) 김포국제공항을 이륙하는 조종사는 인접한 소음 민감 지역의 소음
감소를 목적으로 제정된 ICAO NADP(Noise Abatement Departure Pro-
cedures)를 적용하되, 기존 AIP에 수립되어 있는 SID 절차 및 회사자체
의 지역별 특정절차를 가미하여 이륙한다.

(i) NADP 1[8]은 이륙시 End of Runway로부터 인접한 소음 민감 지
역의 소음감소를 목적으로 제정

(ii) NADP 2[9]는 활주로로 부터 원거리에 위치한 소음 민감 지역의
소음감소를 목적으로 제정

(2) 자세한 내용은 항공정보간행물(AIP)를 참조한다.

나. 김포국제공항 착륙절차

(1) 김포국제공항을 착륙하는 조종사는 항공정보간행물(AIP)에 고시된
계기비행절차를 따르되, 안전에 영향이 없는 범위 내에서 다음의 절차에
명기된 소음감소 절차를 따른다.

(가) Delayed Flap Setting Procedures 적용

모든 도착항공기는 다음과 같이 Delayed Flap 접근절차를 적용하여야
하며, 특별한 이유없이 이 절차를 수행할 수 없는 경우에는 반드시 관제
기관에 이를 통보하여야 한다.

---

7) 서울지방항공청고시 제2016-71호, 2017. 5. 1. 시행.
8) "ICAO NADP 1"이라 함은 이륙 시 활주로 말단으로부터 인접한 소음민감지역의 소음
   감소를 목적으로 ICAO가 제정한 항공기 이륙절차를 말한다.
9) "ICAO NADP 2"이라 함은 이륙 시 활주로로부터 원거리에 위치한 소음민감지역의 소
   음감소를 목적으로 ICAO가 제정한 항공기 이륙절차를 말한다.

활주로 14 사용	가) LLZ가 인터셉트된 후, LANDING GEAR Down 나) FAF까지 중간단계 FLAP 유지 다) FAF지점에서 LANDING FLAP Set, 최종접근속도 유지 ※ AIP(RKSS AD 2−14)참조
활주로 32 사용	가) 7ILS/DME(KIP로부터 8DME) 이후, L/G DOWN 나) FAF까지 중간단계 FLAP 유지 다) FAF지점에서 LANDING FLAP Set, 최종접근속도 유지
예외 적용	다만, 위에 기술된 절차는 IAF(R/W 32)를 통과하는 항공기나, 다음과 같은 운항조건에서 LLZ를 인터셉트할 경우, 적용할 필요가 없다. 가) 활주로가 눈으로 질퍽(Slush)거리거나, 얼음 또는 다른 물질에 의해 영향을 받을 경우 나) 구름의 Ceiling 이 지상으로부터 500ft 이하 또는 수평시계 가시거리가 1.9NM이하인 경우 다) Cross Wind가 Gust를 포함하여 15kts를 초과하는 경우 라) Tail Wind가 Gust를 포함하여 5kts를 초과하는 경우 마) Wind Shear가 예보된 경우

(나) Reduced Power/Drag Technique 적용(권고)

가) L/D Weight 및 R/W Length가 충분하고, 나) 활주로 표면이 DRY Condition이고, 다) 접근 시 배풍성분이 없을 때, 기장의 판단에 따라 최종착륙 프랩각(Final landing flaps setting)을 사용할 수 있다. 최종착륙 프랩각은 항공기의 비행교범(Flight manual)에서 승인된 최저치를 적용한다.

(2) 착륙 후 조종사의 역추진장치의 사용은 해기종 POM[10) 절차를 따른다.

(i) 역추진장치는 고속일 때 효과가 좋으므로 접지되면 즉시 사용해야 한다. 다만, 활주로 길이가 충분하고 활주로의 표면상태가 DRY일 때는 소음감소를 위해 조종사의 판단에 따라 IDLE THRUST를 사용할 수 있다.

(ii) 조종사는 역추진장치를 사용 시 해기종의 역추진장치 제한사항을 준수해야 한다.

---

10) "POM"이라 함은 조종사의 운항절차를 명시한 매뉴얼을 말한다.

(iii) 조종사는 필요할 때는 Taxi Speed까지 Idle Reverse 사용이 허용되나 비상시를 제외하고는 80kts 이하에서 High Reverse Thrust의 사용을 금한다.

(iv) 활주로를 개방할 때는 역추진장치를 원상(Stowed)의 상태로 유지시켜야 한다.

다. 시계비행절차

(1) 시계비행상태에서는 NOISE LEVEL을 줄이기 위해서 MINIMUM DRAG/POWER APPROACH를 사용한다.

(2) 시계비행 기상 최저치

(i) 지상시계: 최소 5km(3SM) 이상

(ii) Ceiling: 450m 이상(1,500ft)

(3) 시계비행장주: AIP(RKSS AD2-18) 참조

(4) 시계비행 보고지점: AIP(RKSS AD2-19) 참조

(5) 시계비행 장주고도

(i) 회전익 항공기: 1,000ft

(ii) 일반 항공기: 1,000ft

(6) 시계비행절차

(i) 시계비행 항공기는 반드시 two-way radio communication장비를 장착하여야 하며 Class B지역을 출입 시 서울접근관제소로부터 허가를 받아야 하나 다음의 경우는 제외한다.

가) 시계비행보고지점을 경유하여 김포공항관제권내 내에 이착륙할 경우

나) 김포공항관제권 내를 통과하여 Transit 할 경우

(ii) 관제기관의 특별한 지시가 없는 한 또는 기상으로 인한 항공기의 위험요소가 발생하거나 항공기 안전이 필요로 하는 경우를 제외하고 시계비행 항공기는 반드시 K 지점을 2000ft 이상으로 지나야 한다.

(iii) 항공기는 사용 중인 각 활주로의 비행코스로 비행토록 지시되어진다.

(iv) 헬리콥터는 배풍 5kts 이하에서 공항주변 소음감소를 위하여 H3 헬리패드 사용이 권고되며, 교통소통 및 긴급사항 발생시 또는 조종사 요구시 변경할 수 있다.

(v) 시계보고지점 F와W는 김포공항과 인천공항관제권 사이의 RADIO 교신 교체지역이다.

(vi) 가능한 한, 조종사는 인구밀집지역, 병원, 학교주변을 피해 비행하여야 한다.

라. 항공기 ENGINE RUN-UP[11] 절차

(1) 항공기 ENGINE RUN-UP 시는 항공사별로 제반절차를 규정하여 지상사고를 방지하고 불필요한 RUN-UP을 억제하여 소음감소 및 효과적인 ENGINE RUN-UP을 도모하여야 한다.

(2) 모든 항공기의 ENGINE RUN-UP은 당해 항공기의 자격보유자가 수행하여야 하며, 수행자는 사전 승인을 득한 후 ENGINE RUN-UP을 실시하여야 한다.

(3) ENGINE RUN-UP 허용지역은 공항당국에서 지정한 곳을 사용한다.

(4) 기체는 가능한 한 풍향에 정대하도록 하여야 하며, 부득이한 경우라도 풍속이 10knot 이상일 때는 풍향에 대하여 ± 30°이내에 위치토록 한다.

(5) ENGINE 시동 전 및 RUN UP 중에는 지상감시원을 반드시 배치하여야 하며 L.H 및 R.H 양쪽의 ENGINE 을 동시에 RUN-UP할 시에는 양쪽에 각각 1인 이상의 감시자를 배치하여야 한다.

(6) ENGINE RUN-UP 중 화재 등의 비상사태가 발생할 경우에는 당해 항공기의 EMERGENCY PROCEDURE에 의거 조치한다.

(7) 기타 ENGINE RUN-UP 시의 안전사항은 항공사별 제반절차를 따른다.

---

11) "ENGINE RUN-UP"이라 함은 항공기 엔진의 성능, 각 계통 또는 부분품의 기능점검을 위하여 ENGINE을 작동시킬 때를 말한다.

제12조(야간비행 및 야간사격 등의 제한)

제12조(야간비행 및 야간사격 등의 제한)

① 국방부장관은 군용항공기로부터 발생하는 소음이 소음대책지역에 미치는 영향을 방지하거나 저감하기 위하여 군사작전 및 훈련에 지장을 주지 아니하는 범위에서 지휘계통을 통하여 군용항공기의 야간비행을 제한할 수 있다. 민군공용비행장에서 민간항공기의 경우 국방부장관은 국토교통부장관에게 운항횟수나 야간비행의 제한을 요청할 수 있고, 이 경우 국토교통부장관은 특별한 사유가 없는 한 이에 따라야 한다.

② 국방부장관은 사격으로 인한 소음이 소음대책지역에 미치는 영향을 방지하거나 저감하기 위하여 군사작전 및 훈련에 지장을 주지 아니하는 범위에서 지휘계통을 통하여 야간사격을 제한할 수 있다.

Ⅰ. 의 의

야간소음은 주민의 수면을 방해하므로 주간소음에 비하여 주민의 건강에 미치는 영향이 더 크다. 전체 삶의 1/3을 차지하는 수면은 인간의 기본 욕구로써 인간이 정상적인 활동을 영위하는데 필수적이고,[1] 활력을 회복하는 수단이 된다. 또한, 스트레스와 불안을 완화시켜 주고, 대처능력과 집중력, 기억력에 영향을 미치는 중요한 요소이다. 성인의 1일 평균 적정 수면시간은 7-9시간이고, 적정 수면군보다 그렇지 않은 군은 1.5~1.8배 사망확률이 높으며 적당한 수면을 취하지 못하면 체온과 근육의 힘이 저하되고, 혈액의 화학적 변화 및 각성 능력 및 집중력의 감퇴가 일어나게 된다.[2] 수면의 질은 다양한 수면장애에 의하여 흐트러질 수 있으

---

1) 이선옥, 안숙희, 김미옥, "성인여성의 피로와 수면장애에 관한 연구", 「여성건강간호학회지」 제11권 제2호, 한국여성건강간호학회(2005), 163-168면.

2) 김선아, 「항공안전법상 객실승무원의 피로관리제도 개선방안에 관한 연구」, 한국항공대 법학박사학위논문(2022), 19면.

며, 수면을 취할 충분한 시간이 있음에도 회복을 위한 수면조차 불가능하게 한다. 수면장애는 불면증에서부터 고혈압, 뇌졸중, 심근경색증 등과 심각한 성인병을 유발할 수 있는 폐쇄성 무호흡증, 심한 주간졸음증을 일으키는 기면증까지 매우 다양하다. 또한 효율적이고 정확한 수행능력의 손상을 가져옴은 물론 지속적이며 만성적인 피로와 행동변화, 소화불량 및 우울, 기분변화 등의 증상을 일으킨다.

이러한 점을 감안하여 본조에서는 야간비행과 야간사격 등에 제한에 관하여 규정함으로써, 야간에 주민의 쾌적한 생활환경을 보장하고자 한다.

Ⅱ. 야간비행의 제한

1. 국방부장관의 야간비행제한 조치

(1) 국방부장관은 군용항공기로부터 발생하는 소음이 소음대책지역에 미치는 영향을 방지하거나 저감하기 위하여 군사작전 및 훈련에 지장을 주지 아니하는 범위에서 지휘계통을 통하여 군용항공기의 야간비행을 제한할 수 있다. 민군공용비행장에서 민간항공기의 경우 국방부장관은 국토교통부장관에게 운항횟수나 야간비행의 제한을 요청할 수 있고, 이 경우 국토교통부장관은 특별한 사유가 없는 한 이에 따라야 한다(법 제12조 제1항).

(2) 야간의 개념에 관하여는 별도의 규정이 존재하지 아니한다. 항공소음에 적용되지 아니하는 「환경정책기본법 시행령」 [별표 1] 2. 소음에서는 밤을 22:00부터 다음날 06:00으로 규정하고 있다. 「공항소음 방지및 소음대책지역 지원에 관한 법률 시행령」 제10조 제4항은 "심야시간은 당일 오후 11시부터 다음날 오전 6시까지로 한다."고 규정하고 있다. 이에 따라 김포국제공항의 경우에는 심야비행통제시간(curfew)을 23시부터 익일 06시로 규정하고 있다. 영국 히드로 공항은 2001년도 상반기에 이륙항공기 최대허용 소음도를 변경하였는데, 한계소음을 원래 수립기준보다 주간에는 3dB(A), 야간에는 2dB(A) 낮춰서 설정하여 주간(07:00~23:00)

은 94dB(A), 야간(23:30~06:00)은 87dB(A), 야간 최대허용 소음도인 89dB
(A)를 새로운 시간대인 shoulder time(23:00~23:30, 06:00~07:00)에 적용
하였다.[3)]

(3) 일본 요코하마 지방재판소는 아쓰기 기지 사건에서 2014. 5. 21.
선고한 판결에서, 오후 8시부터 다음날 오전 8시까지에 대해서는 수면방
해의 피해 정도는 상당히 심각하며, 다른 해상자위대는 오후 10시부터
오전 6시까지의 시간대에서는 자율규제를 이미 실시하고 있기 때문에, 운
항을 금지하더라도 공공성이 크게 손상되는 것은 아니라고 보았다. 다음
으로 오후 8시부터 10시까지와 오전 6시부터 8시까지에 대해서는 일어나
서 활동을 하고 있는 사람이 적지 않다고 생각되며, 금지된다면 비행장의
공공성은 일정 정도 손상을 입는다고 보았다. 또한 자위대의 행동은 그
특성상 필요한 경우 언제 어떠한 경우에서도 실시해야 함을 이유로(자위
대법 제76조 이하), "부득이하다고 인정하는 경우를 제외하고"라는 제한을
부과하여 매일 오후 10시부터 다음날 오전 6시까지의 비행금지를 인용하
였다.

(4) 야간주거침입절도죄에 대하여 정하는 형법 제330조에서 '야간에'라
고 함은 일몰 후부터 다음날 일출 전까지를 말한다.[4)]

(5) 이러한 점에 비추어 보면, 국방부장관이 비행을 제한하는 야간시
간대는 일몰 후 일출 전의 범위 내에서 군용비행장의 사정에 따라 탄력
적으로 규정할 수 있다고 보아야 한다. 국방부가 2020. 11.에 발표한 제1
차 소음대책지역 소음 방지 및 소음피해보상에 관한 기본계획에 의하면,
야간비행훈련 관련 소음저감활동은 (i) 심야시간(22시 이후) 비행 자제 및
장주비행 최소화, (ii) 야간비행 시 사전예고 실시 등이 있다.[5)]

---

3) 「공항소음대책 계획 수립에 관한 연구」, 한국교통연구원(2009), 108면.
4) 대법원 2015. 8. 27. 선고 2015도5381 판결.
5) 「제1차 소음대책지역 소음 방지 및 소음피해보상에 관한 기본계획」, 국방부(2020. 11.),
21면.

2. 김포국제공항 야간비행제한

(1) 김포국제공항 항공기 저소음운항절차[6]에서 규정하고 있는 야간비행제한의 내용은 아래 (2), (3)항 기재와 같다. 이와 별도로 「공항소음방지 및 소음대책지역 지원에 관한 법률」 제17조 제2항에 따라 심야시간에 운항하는 항공기의 소유자와 소음기준을 위반하는 항공기의 소유자등에게 제2항의 각 호에서 정한 금액의 2배를 추가 소음부담금으로 부과 징수한다(김포국제공항 항공기 저소음운항절차 제9조 제3항). 다만 군용항공기는 위 저소음운항절차가 적용되지 아니한다(저소음운항절차 제15조 제1호).

(2) 공항지역 주민의 소음피해방지를 위해 아래의 비상상황 등을 제외한 모든 항공기의 김포국제공항 이·착륙을 금지하는 심야비행통제시간(23시~익일 06시)을 운영한다(단, 훈련항공기에 대한 심야비행통제시간은 이륙 18시~익일 06시, 착륙 20시~익일 06시로 한다).

(i) 비상상황

가) 엔진의 화재 등 비상상태 하의 항공기

나) 긴급환자를 수송하는 항공기

다) 태풍 및 강설 대피를 위하여 김포공항으로 이·착륙하는 항공기

(ii) 특수임무 수행

가) 수색·구조 항공기

나) 국가목적 업무수행 인가 항공기

(3) 심야비행통제시간은 서울지방항공청장의 지시에 따라 조정 가능하다.

(i) 심야비행통제시간대에는 가급적 인천국제공항을 대체공항으로 사용하는 것을 원칙으로 한다.

(ii) 다만, 자연재해등으로 인천국제공항의 사용이 불가능할 시 또는 상황에 따라 서울지방항공청장의 지시에 의하여 탄력적으로 공항운영시간을 조정할 수 있다.

---

6) 서울지방항공청고시 제2016-71호, 2017. 5. 1. 시행.

3. 소음부담금 부과의 불허용

(1) 국토교통부장관은 소음대책지역으로 지정된 공항에 착륙하는 항공기의 소유자등에게 항공기 소음등급에 따라「공항시설법」제32조에 따른 사용료 중 착륙료(부가가치세는 제외한다)의 100분의 30을 넘지 아니하는 범위에서 부담금(이하 "소음부담금"이라 한다)을 부과·징수할 수 있고(「공항소음 방지 및 소음대책지역 지원에 관한 법률」제17조 제1항), 국토교통부장관은 대통령령으로 정하는 심야시간에 운항하는 항공기의 소유자등과 제9조 제2항에 따라 소음기준의 위반을 통보받은 항공기의 소유자등에게는 추가로 제1항에 따른 부담금의 2배를 소음부담금으로 부과·징수할 수 있다(동조 제2항).

(2) 그러나 군용기의 운용자는 대한민국이고 소음부담금의 부과주체도 대한민국이므로, 양자의 지위는 혼동된다. 따라서 군용항공기에 대하여 소음부담금을 부과하는 것은 허용되지 아니한다.

Ⅲ. 야간사격의 제한

(1) 국방부장관은 사격으로 인한 소음이 소음대책지역에 미치는 영향을 방지하거나 저감하기 위하여 군사작전 및 훈련에 지장을 주지 아니하는 범위에서 지휘계통을 통하여 야간사격을 제한할 수 있다(법 제12조 제2항).

(2) 국방부가 2020. 11.에 발표한 제1차 소음대책지역 소음 방지 및 소음피해보상에 관한 기본계획에 의하면, 야간사격제한 조치로는 (i) 야간사격 시 훈련시간 제한(22:00 이전 완료, 불가피한 경우 제외), (ii) 일몰후 사격시간 총량제 도입(부대별 상황에 맞게 설정·운용), (iii) 야간 또는 일몰후 사격시 소음기 활용 검토(개인화기, 부대별 상황 고려) 등이 있다.[7]

---

7) 「제1차 소음대책지역 소음 방지 및 소음피해보상에 관한 기본계획」, 국방부(2020. 11.), 25면.

제13조(소음피해 보상금 재원 마련 의무)

> **제13조(소음피해 보상금 재원 마련 의무)**
> 국방부장관은 소음대책지역에 거주하는 주민들에게 소음피해 보상금
> (이하 "보상금"이라 한다)을 지급할 수 있도록 재원을 마련하여야 한다.

Ⅰ. 의 의

국방부장관이 소음피해보상금을 지급하기 위해서는 재원이 필요하다. 본조는 이러한 점을 감안하여 국방부장관에게 재원마련의무를 부과하고 있다. 소음피해보상금에 관한 재원은 일반회계에 속한다(국가재정법 제4조 제2항). 국방부에 따르면, 80웨클 이상 소음대책지역 내 거주하는 주민수 33만 5천 명에 지역 주민 1인당 소음피해보상금 지급 단가 월 평균 22,000원을 1년간 지급하는 경우 연간 약 884억 원의 예산이 필요하다.[1] 범정부 차원의 별도 재원 마련 대책이 수립될 때까지 본조에 따라 전액을 국비로 편성한다.[2]

Ⅱ. 내 용

1. 행정부

국방부장관은 예산안편성지침에 따라 다음 연도의 세입세출예산·계속비·명시이월비 및 국고채무부담행위 요구서(이하 '예산요구서')를 작성하여 매년 5월 31일까지 기획재정부장관에게 제출하여야 한다(국가재정법 제31

---

1) 강대식 의원 대표발의(의안번호 제2101250호)에 대한 검토보고서, 국방위원회(2020. 11.), 6면. 다만 2022년도의 경우에는 본법 시행령 부칙 제2조에 의하여 2020. 11. 27.부터 2021. 12. 31.까지 기간에 대한 보상을 진행하므로 969억 원의 예산이 필요하다[「제1차 소음대책지역 소음 방지 및 소음피해보상에 관한 기본계획」, 국방부(2020. 11.), 40면].
2) 「제1차 소음대책지역 소음 방지 및 소음피해보상에 관한 기본계획」, 국방부(2020. 11.), 42면.

조 제1항). 기획재정부장관은 제31조 제1항의 규정에 따른 예산요구서에 따라 예산안을 편성하여 국무회의의 심의를 거친 후 대통령의 승인을 얻어야 한다(동법 제32조). 정부는 제32조의 규정에 따라 대통령의 승인을 얻은 예산안을 회계연도 개시 120일 전까지 국회에 제출하여야 한다(동법 제33조). 본법에 의한 예산은 법령에 따라 추진하여야 하는 사업이므로 예비타당성조사 대상에서 제외된다(동법 제38조 제2항 제8호).

2. 국 회

국회는 국가의 예산안을 심의·확정한다(「헌법」 제54조 제1항). 정부는 회계연도마다 예산안을 편성하여 회계연도 개시 90일 전까지 국회에 제출하고, 국회는 회계연도 개시 30일 전까지 이를 의결하여야 한다(동조 제2항). 새로운 회계연도가 개시될 때까지 예산안이 의결되지 못한 때에는 본법에 의한 손실보상재원은 법률상 지출의무의 이행에 해당하는 경비이므로 정부는 국회에서 예산안이 의결될 때까지 전년도 예산에 준하여 집행할 수 있다(동조 제3항 제2호).

제14조(보상금 지급기준 및 신청절차 등)

제14조(보상금 지급기준 및 신청절차 등)
① 보상금은 소음영향도, 실제 거주기간 등에 따라 차등 지급하되, 전입 시기 등에 따라 보상금에서 필요한 금액을 공제하거나 감액하여 지급할 수 있다.
② 국방부장관은 보상금 지급 대상지역 및 기준 등을 관할 시장·군수·구청장에게 통보하여야 하며, 관할 시장·군수·구청장은 보상금을 지급받을 주민들에게 보상금에 관한 사항을 안내 또는 공지하여야 한다.
③ 제2항의 안내 또는 공지에 따라 보상금을 지급받고자 하는 자는 대통령령으로 정하는 관련 증빙서류를 첨부하여 서면으로 관할 시장·군수·구청장에게 보상금 지급을 신청하여야 한다.
④ 제3항에 따라 보상금 지급 신청을 접수한 시장·군수·구청장은 제21조에 따른 지역소음대책심의위원회(이하 "지역심의위원회"라 한다)의 심의를 거쳐 보상금 지급대상, 보상금액 등을 결정하고 그 결과를 인터넷 홈페이지에 공고하거나 보상금 지급신청자에게 통보하여야 한다.
⑤ 제4항에 따라 홈페이지에 공고되거나 통보받은 보상금 지급대상자가 제13조제1항에 따라 이의신청을 하지 아니한 경우에는 제4항에 따라 공고되거나 통보받은 결과에 동의한 것으로 본다.
⑥ 제1항부터 제5항까지에 따른 보상금의 지급대상, 지급기준, 보상금액, 구체적인 신청절차 및 시기 등은 대통령령으로 정한다.

시행령 제11조(소음피해 보상금 지급대상 및 산정기준)
① 법 제14조에 따라 소음피해 보상금(이하 "보상금"이라 한다)을 지급받을 수 있는 주민은 보상금을 지급하려는 해의 전년도 1월 1일부터 12월 31일까지의 기간 중 소음대책지역에 주민등록지를 두고 실제 거주한 사실이 있는 사람으로 한다.

② 소음대책지역의 구역별로 지급하는 보상금의 기준 금액은 다음 각
호와 같다.

1. 제1종 구역: 월 6만원
2. 제2종 구역: 월 4만 5천원
3. 제3종 구역: 월 3만원

③ 제2항에도 불구하고 군사격장의 운용에 따른 소음대책지역의 경우
에는 월별 실제 사격 일수를 고려하여 다음 각 호의 구분에 따라
해당 월의 보상금의 기준 금액을 산정한다.

1. 사격이 없는 경우: 보상금 미지급
2. 사격 일수가 1일 이상 8일 미만인 경우: 제2항에 따른 보상금의
   3분의 1 지급
3. 사격 일수가 8일 이상 15일 미만인 경우: 제2항에 따른 보상금
   의 3분의 2 지급
4. 사격 일수가 15일 이상인 경우: 제2항에 따른 보상금 전액 지급

④ 제2항 및 제3항에 따른 보상금의 기준 금액은 법 제14조제1항에
따라 다음 각 호의 사항을 적용하여 공제하거나 감액한다.

1. 소음대책지역으로 전입한 시기
   가. 1989년 1월 1일부터 2010년 12월 31일까지의 기간 중에 전
      입한 경우(1989년 1월 1일 전에 소음대책지역에 거주하다가
      소음대책지역 외의 지역으로 전출한 뒤 1년 이내에 종전 거
      주지에 다시 전입한 경우는 제외한다): 30퍼센트 감액
   나. 2011년 1월 1일 이후에 전입한 경우(2010년 1월 1일부터
      2010년 12월 31일까지의 기간 중에 소음대책지역에 거주하
      다가 소음대책지역 외의 지역으로 전출한 뒤 1년 이내에 종
      전 거주지에 다시 전입한 경우는 가목에 해당하는 것으로
      본다): 50퍼센트 감액
   다. 가목 및 나목에도 불구하고 군용비행장이나 군사격장을 설
      치하기 전에 소음대책지역으로 전입하였거나, 소음대책지역
      에 전입한 당시 미성년자(전입일이 2013년 7월 1일 전인
      경우에는 20세 미만을 말한다)였던 경우 또는 혼인으로 배
      우자의 기존 거주지인 소음대책지역에 전입한 경우는 감액
      하지 않는다.

2. 보상금을 지급받을 수 있는 주민의 근무지나 사업장(사업자등록
   을 한 경우로 한정한다. 이하 같다)의 위치
   가. 근무지나 사업장이 해당 소음대책지역 밖에 위치하고 군용
       비행장 또는 군사격장 정문으로부터의 최단거리가 100킬로
       미터 이내인 경우: 30퍼센트 감액
   나. 근무지나 사업장이 해당 소음대책지역 밖에 위치하고 군용
       비행장 또는 군사격장 정문으로부터의 최단거리가 100킬로
       미터를 초과하는 경우: 100퍼센트 감액
⑤ 제2항부터 제4항까지의 규정에 따라 산정한 보상금은 보상금을 지
   급받을 수 있는 주민이 실제 거주한 날수에 비례하여 지급한다. 이
   경우 다음 각 호의 기간은 실제 거주한 날수에서 제외한다.
   1. 현역병(의무경찰대원, 의무소방원 및 대체복무요원을 포함한다)
      으로 복무한 기간
   2. 이민 등 국외체류 기간
   3. 교도소 등에 수용된 기간
   4. 그 밖의 사유로 소음대책지역 내에 실제 거주하지 않은 기간
⑥ 제1항에 따른 보상금을 받을 수 있는 주민을 결정할 때에는 해당
   주민이 주민등록지를 두고 있는 건축물을 기준으로 판단하며, 해당
   건축물이 소음대책지역의 구역 간 경계에 걸쳐 있는 경우에는 보
   상금 기준이 더 큰 구역에 속하는 것으로 본다.
⑦ 제5항제4호에 해당되는지 및 제6항에 따라 해당 건축물이 소음대
   책지역의 구역 간 경계에 걸쳐 있는지에 관하여는 법 제21조에 따
   른 지역소음대책심의위원회(이하 "지역심의위원회"라 한다)가 심의
   하여 결정한다.

제12조(보상금 지급 대상지역 등의 통보)

① 법 제14조제2항에 따라 국방부장관이 보상금 지급 대상지역 및 기
   준 등을 관할 시장·군수·구청장에게 통보하는 경우 「토지이용규제
   기본법」 제8조제2항에 따라 지적이 표시된 지형도에 소음대책지역
   을 구역별로 명시한 도면을 작성하여 통보해야 한다.
② 제1항에 따라 통보를 받은 시장·군수·구청장은 그 내용을 「토지이
   용규제 기본법」 제8조제9항에 따라 같은 법 제12조에 따른 국토이
   용정보체계에 등재하여 소음대책지역의 지정 효력이 발생한 날부

터 일반 국민이 볼 수 있도록 해야 한다.

③ 각 군 참모총장은 제11조제3항의 기준에 따라 산정한 각 군사격장의 해당 연도 월별 보상금 기준을 매년 12월 31일까지 국방부장관에게 보고해야 하며, 국방부장관은 그 내용을 관할 시장·군수·구청장에게 통보해야 한다.

제13조(보상금 신청 안내 등)

① 시장·군수·구청장은 법 제14조제2항에 따라 보상금에 관한 사항을 안내하기 위하여 보상금 지급 대상지역, 산정기준 및 지급절차 등에 관한 안내 자료를 작성하여 매년 1월 31일까지 관할하는 소음대책지역에 배포해야 한다.

② 시장·군수·구청장은 보상금에 관한 사항을 주민들에게 효과적으로 안내하기 위하여 소음대책지역 각 구역에 속하는 지번의 주소 등을 인터넷 홈페이지에 게시할 수 있다.

제14조(보상금의 지급 신청)

① 법 제14조제3항에 따라 보상금 지급을 신청하려는 사람(세대원 또는 세대원의 법정대리인 간에 합의하여 세대원 중 성년자를 세대 대표자로 선정한 경우에는 세대 대표자를 말하고, 신청인이 이민·입원·수감 또는 그 밖의 부득이한 사유로 보상금을 직접 신청할 수 없어 대리인을 선임한 경우에는 대리인을 말한다)은 국방부령으로 정하는 보상금 지급 신청서에 다음 각 호의 서류를 첨부하여 매년 2월 말일까지 관할 시장·군수·구청장에게 제출해야 한다.

1. 보상금을 지급받을 수 있는 신청인 명의의 금융회사 거래통장 사본 1부

2. 국방부령으로 정하는 세대 대표자 선정서 1부(세대 대표자를 선정해 신청하는 경우만 해당한다)

3. 다음 각 목의 구분에 따른 사람이 확인한 국방부령으로 정하는 보상금 신청 위임장 1부(대리인을 선임해 신청하는 경우만 해당한다)

　　가. 이민 등 국외체류의 경우: 재외공관의 장

　　나. 입원한 경우: 의료기관의 장

　　다. 교도소 등에 수용된 경우: 수용기관의 장

　　라. 그 밖의 부득이한 사유가 있는 경우: 읍·면·동장

    4. 직장 소재지, 재직기간을 증명할 수 있는 재직증명서 등의 서류 1부(보상금을 받으려는 사람이 근로자 또는 공무원인 경우만 해당한다)

    5. 피상속인의 제적 등본(가족관계증명서로 부양의무자를 확인할 수 없는 경우만 해당한다), 주민등록말소자 초본, 상속인의 주민등록 초본, 상속인이 여럿인 경우 청구 대표자를 제외한 다른 상속인의 위임장 및 인감증명서 각 1부(보상금 지급대상 주민이 사망하거나 실종된 경우만 해당한다)

② 제1항에 따라 보상금의 지급 신청을 받은 시장·군수·구청장은 제1항 각 호의 서류가 첨부되어 있지 않은 경우에는 신청인에게 보완하게 해야 한다.

③ 제1항에 따라 보상금의 지급 신청을 받은 시장·군수·구청장은 「전자정부법」 제36조제1항에 따른 행정정보의 공동이용을 통하여 신청인의 주민등록표 등본 및 초본, 건강보험자격득실확인서, 사업자등록증명, 출입국에 대한 사실증명의 내용을 확인해야 한다. 다만, 신청인이 확인에 동의하지 않는 경우에는 해당 서류를 첨부하게 해야 한다.

④ 제1항에 따라 보상금의 지급 신청을 받은 시장·군수·구청장은 제11조제5항제1호 및 제3호의 내용을 확인하기 위하여 다음 각 호의 구분에 따라 관계 기관의 장에게 관련 자료 제출을 요청해야 한다. 이 경우 해당 기관은 특별한 사유가 없으면 그 요청에 따라야 한다.

    1. 현역병의 복무기간: 각 군 참모총장

    2. 의무경찰대원의 복무기간: 경찰청장 또는 해양경찰청장

    3. 의무소방원의 복무기간: 소방청장

    4. 대체복무요원의 복무기간: 소관 중앙행정기관장의 장

    5. 교도소 등에 수용된 기간: 법무부장관

⑤ 제1항에도 불구하고 같은 항에 따른 기한까지 보상금을 신청하지 않은 사람은 다음 연도의 같은 기간에 보상금을 신청할 수 있다. 이 경우 보상금 지급이 지연된 기간에 대한 이자는 지급하지 않는다.

제15조(보상금의 지급 결정 공고 또는 통보)

① 시장·군수·구청장은 법 제14조제4항에 따라 보상금 지급을 결정하고 매년 5월 31일까지 그 결과를 보상금 신청인에게 통보해야 하

고, 인터넷 홈페이지에도 이를 게시할 수 있다.

② 제1항에 따라 보상금 지급 결정을 보상금 신청인에게 통보할 때에는 국방부령으로 정하는 보상금 결정 통지서에 다음 각 호의 사항을 포함해야 한다.

1. 성명, 주소 및 생년월일

2. 대리인의 성명, 주소 및 생년월일(대리인이 신청한 경우만 해당한다)

3. 보상금 지급 여부 및 이유

4. 보상금 및 그 산출방법

5. 보상금 지급 결정 연월일

6. 지급절차

7. 이의신청 절차

제18조(보상금의 지급방법)

시장·군수·구청장은 법 제14조제5항 또는 제15조제5항에 따라 보상금 지급 결정에 동의한 사람에게 제14조제1항제1호의 거래통장에 입금하는 방법으로 보상금을 지급한다. 다만, 보상금을 지급받을 사람이 금융회사가 없는 지역에 거주하는 등 부득이한 사유가 있는 경우에는 그 보상금을 받을 사람의 신청에 따라 현금으로 지급할 수 있다.

I. 의 의

1. 취 지

본법은 국가가 직권으로 소음대책지역에 거주하는 주민에게 일률적으로 보상금을 지급하는 것이 아니라, 일정한 기간내에 보상신청을 제기한 주민에 한하여 법령이 정한 보상금을 지급하는 신청주의를 채택하고 있다. 본조는 이러한 본법의 취지에 따라 보상금의 지급기준 및 지급절차에 관하여 규정하고 있다.

2. 국가사무

자치사무는 지역의 이익에 관한 사무로 지역적 특성에 따라 달리 다루어야 할 필요성이 있는 사무임에 반하여(지방자치법 제9조 제2항 참조), 국가사무는 국가적 이익에 관한 사무로 국가의 존립에 필요하거나 전국 적인 통일을 기할 필요성이 있는 사무 등을 일컫는다(지방자치법 제11조 참조). 법령상 지방자치단체가 처리하도록 규정하고 있는 사무가 자치사 무인지 또는 국가사무인 기관위임사무인지를 판단할 때에는, 그에 관한 법령의 규정 형식과 취지를 우선 고려하여야 하지만, 그 밖에도 그 사무 의 성질이 전국적으로 통일적인 처리가 요구되는 사무인지 여부나 그에 관한 경비부담과 최종적인 책임귀속의 주체 등도 아울러 고려하여 판단 하여야 한다.[1)]

국방과 같이 국가의 존립에 필요한 사무는 국가사무에 해당하는데(지 방자치법 제11조 제1호), 군소음보상에 관한 사무도 국방에 관한 사무이므 로 그 성격상 국가사무임이 분명하다.

II. 보상금의 지급대상

1. 보상금을 지급받을 수 있는 주민

소음피해 보상금을 지급받을 수 있는 주민은 보상금을 지급하려는 해 의 전년도 1월 1일부터 12월 31일까지의 기간 중 소음대책지역에 주민등 록지를 두고 실제 거주한 사실이 있는 사람으로 한다(시행령 제11조 제1 항).[2)] 보상금을 받을 수 있는 주민을 결정할 때에는 해당 주민이 주민등 록지를 두고 있는 건축물을 기준으로 판단하며, 해당 건축물이 소음대책 지역의 구역 간 경계에 걸쳐 있는 경우에는 보상금 기준이 더 큰 구역에 속하는 것으로 본다(시행령 제11조 제6항). 해당 건축물이 소음대책지역의

---

1) 대법원 2018. 8. 1. 선고 2016추5131 판결; 지방자치단체가 조례를 제정할 수 있는 사 항은 지방자치단체의 고유사무인 자치사무와 개별 법령에 따라 지방자치단체에 위임된 단체위임사무에 한정되고, 국가사무가 지방자치단체의 장에게 위임되거나 상위 지방자 치단체의 사무가 하위 지방자치단체의 장에게 위임된 기관위임사무에 관한 사항은 원칙 적으로 조례의 제정범위에 속하지 않는다(대법원 2017. 12. 5. 선고 2016추5162 판결).
2) 미국 항공 안전 및 소음방지법(Aviation Safety and Noise Abatement Act of 1979) 제107조 (a)는 소음지도(noise exposure map)가 고시된 이후 부동산을 취득한 사람에 게는 손해배상을 하지 않도록 규정하고 있다.

구역 산 경계에 걸쳐 있는지에 관하여는 지역소음대책심의위원회가 심의하여 결정한다(시행령 제11조 제7항). 위 요건을 충족하지 아니하는 주민은 보상금의 지급대상에서 제외되기 때문에, 종전과 같이 대한민국을 상대로 손해배상을 청구하여야 한다. 이와 같이 군소음보상법은 소음대책지역에 거주하는 주민을 보상금의 지급대상으로 규정하고 있기 때문에, 보호법익은 재산권이 아니라 인격권으로 파악하는 것이 타당하다.[3]

2. 보상금 지급 대상지역 등의 통보

가. 국방부장관의 통보

국방부장관은 보상금 지급 대상지역 및 기준 등을 관할 시장·군수·구청장에게 통보하여야 한다(법 제14조 제2항 전단). 국방부장관이 보상금 지급 대상지역 및 기준 등을 관할 시장·군수·구청장에게 통보하는 경우 토지이용규제 기본법 제8조 제2항에 따라 지적이 표시된 지형도에 소음대책지역을 구역별로 명시한 도면을 작성하여 통보해야 한다(시행령 제12조 제1항).

나. 국토이용정보체계에 등재

제1항에 따라 통보를 받은 시장·군수·구청장은 그 내용을 토지이용규제 기본법 제8조 제9항에 따라 같은 법 제12조에 따른 국토이용정보체계에 등재하여 소음대책지역의 지정 효력이 발생한 날부터 일반 국민이 볼 수 있도록 해야 한다(시행령 제12조 제2항).

다. 참모총장의 보고와 국방부장관의 통보

각 군 참모총장은 제11조 제3항의 기준에 따라 산정한 각 군사격장의 해당 연도 월별 보상금 기준을 매년 12월 31일까지 국방부장관에게 보고

해야 하며, 국방부장관은 그 내용을 관할 시장·군수·구청장에게 통보해야 한다(시행령 제12조 제3항).

Ⅲ. 보상금의 지급기준

1. 원 칙

(1) 보상금은 소음영향도, 실제 거주기간 등에 따라 차등 지급하되, 전입 시기 등에 따라 보상금에서 필요한 금액을 공제하거나 감액하여 지급할 수 있다(법 제14조 제1항). 법령이 정하고 있는 보상액은 종전 법원 실무에서 인정된 위자료 금액과 같다.

(2) 소음대책지역의 구역별로 지급하는 보상금의 기준 금액은, (i) 제1종 구역은 월 60,000 원, (ii) 제2종 구역은 월 45,000 원, (iii) 제3종 구역은 월 30,000 원이다(시행령 제11조 제2항).

(3) 군사격장의 운용에 따른 소음대책지역의 경우에는 월별 실제 사격 일수를 고려하여, (i) 사격이 없는 경우에는 보상금 미지급, (ii) 사격 일수가 1일 이상 8일 미만인 경우에는 제2항에 따른 보상금의 3분의 1 지급, (iii) 사격 일수가 8일 이상 15일 미만인 경우에는 제2항에 따른 보상금의 3분의 2 지급, (iv) 사격 일수가 15일 이상인 경우에는 제2항에 따른 보상금 전액 지급한다(시행령 제11조 제3항).

(4) 이상의 논의를 표로 정리하면 다음과 같다.

[소음대책지역 및 보상금 기준][4]

구 분		소음대책지역		
		제3종	제2종	제1종
비행장	대도시지역	85이상 90미만(웨클)	90이상 95미만(웨클)	95 이상(웨클)
	기타지역	80이상 90미만(웨클)		

---

4) 현행법 제정시 국방위원회(제369회 국회 제1차 국방소위, 2019. 7. 15.)에서 소음기준을 대법원 판례를 기준으로 정하도록 논의하였고, 법률에서 대통령령으로 정하도록 한 보상금 지급기준 및 보상금액은 2010년 대법원 판례를 기준으로 국방부가 책정하였다.

		84이상 90미만(dB(C))	90이상 94미만(dB(C))	94 이상(dB(C))
사격장	대형화기	84이상 90미만(dB(C))	90이상 94미만(dB(C))	94 이상(dB(C))
	소형화기	69이상 77미만(dB(A))	77이상 82미만(dB(A))	82 이상(dB(A))
보상금 (1인당)		월 30,000원	월 45,000원	월 60,000원

2. 보상금의 공제와 감액

제2항 및 제3항에 따른 보상금의 기준 금액은 법 제14조 제1항에 따라 다음의 사항을 적용하여 공제하거나 감액한다(시행령 제11조 제4항, 제5항). 전입한 시기에 따라 보상금을 감액하도록 한 것은 종래 판례에서 인정된 '위험에의 접근이론'을 반영한 것이다.

가. 소음대책지역으로 전입한 시기

(1) 1989. 1. 1.부터 2010. 12. 31.까지의 기간 중에 전입한 경우 (1989. 1. 1. 전에 소음대책지역에 거주하다가 소음대책지역 외의 지역으로 전출한 뒤 1년 이내에 종전 거주지에 다시 전입한 경우는 제외한다): 30% 감액

(2) 2011. 1. 1. 이후에 전입한 경우(2010. 1. 1.부터 2010. 12. 31.까지의 기간 중에 소음대책지역에 거주하다가 소음대책지역 외의 지역으로 전출한 뒤 1년 이내에 종전 거주지에 다시 전입한 경우는 가.목에 해당하는 것으로 본다): 50%

(3) 가.목 및 나.목에도 불구하고 군용비행장이나 군사격장을 설치하기 전에 소음대책지역으로 전입하였거나, 소음대책지역에 전입한 당시 미성년자(전입일이 2013. 7. 1. 전인 경우에는 20세 미만을 말한다)였던 경우 또는 혼인으로 배우자의 기존 거주지인 소음대책지역에 전입한 경우는 감액하지 않는다.

나. 보상금을 지급받을 수 있는 주민의 근무지나 사업장(사업자등록을 한 경우로 한정한다)의 위치

(1) 근무지나 사업장이 해당 소음대책지역 밖에 위치하고 군용비행장 또는 군사격장 정문으로부터의 최단거리가 100km 이내인 경우: 30% 감액

(2) 근무지나 사업장이 해당 소음대책지역 밖에 위치하고 군용비행장 또는 군사격장 정문으로부터의 최단거리가 100㎞를 초과하는 경우: 100% 감액

3. 실거주일수에 의한 감액

제2항부터 제4항까지의 규정에 따라 산정한 보상금은 보상금을 지급받을 수 있는 주민이 실제 거주한 날수에 비례하여 지급한다. 이 경우 (i) 현역병(의무경찰대원, 의무소방원 및 대체복무요원을 포함한다)으로 복무한 기간, (ii) 이민 등 국외체류 기간, (iii) 교도소 등에 수용된 기간, (iv) 그 밖의 사유로 소음대책지역 내에 실제 거주하지 않은 기간은 실제 거주한 날수에서 제외한다(시행령 제11조 제5항).

4. 최초로 지급하는 보상금에 관한 특례

시행령 제11조 제1항에도 불구하고 최초 보상대상 기간은 2020. 11. 27.부터 2021. 12. 31.까지로 하고, 해당 기간에 대한 보상금은 제11조부터 제19조까지의 규정에 따라 2022년에 지급한다(시행령 부칙 제2조 제1항). 제1항에 따라 지급하는 보상금 중 2020. 11. 27.부터 2020. 12. 31.까지의 기간에 대한 부분은 「민법」 제379조의 법정이율에 따른 1년분 이자를 더하여 지급한다(동조 제2항).

Ⅳ. 보상금의 지급절차

1. 보상금에 관한 지급 안내 또는 공지

관할 시장·군수·구청장은 보상금을 지급받을 주민들에게 보상금에 관한 사항을 안내 또는 공지하여야 한다(법 제14조 제2항 후단). 시장·군수·구청장은 보상금에 관한 사항을 안내하기 위하여 보상금 지급 대상지역, 산정기준 및 지급절차 등에 관한 안내 자료를 작성하여 매년 1월 31일까지 관할하는 소음대책지역에 배포해야 한다(시행령 제13조 제1항). 시장·

군수·구청장은 보상금에 관한 사항을 주민들에게 효과적으로 안내하기 위하여 소음대책지역 각 구역에 속하는 지번의 주소 등을 인터넷 홈페이지에 게시할 수 있다(시행령 제13조 제2항).

2. 보상금의 지급 신청

가. 서면에 의한 신청

안내 또는 공지에 따라 보상금을 지급받고자 하는 자는 시행령 제14조 제1항으로 정하는 관련 증빙서류를 첨부하여 서면으로 관할 시장·군수·구청장에게 보상금 지급을 신청하여야 한다(법 제14조 제3항). 보상금 지급을 신청하려는 사람(세대원 또는 세대원의 법정대리인 간에 합의하여 세대원 중 성년자를 세대 대표자로 선정한 경우에는 세대 대표자를 말하고, 신청인이 이민·입원·수감 또는 그 밖의 부득이한 사유로 보상금을 직접 신청할 수 없어 대리인을 선임한 경우에는 대리인을 말한다)은 국방부령으로 정하는 보상금 지급 신청서에 다음 각 호의 서류를 첨부하여 매년 2월 말일까지 관할 시장·군수·구청장에게 제출해야 한다(시행령 제14조 제1항).

(1) 보상금을 지급받을 수 있는 신청인 명의의 금융회사 거래통장 사본 1부

(2) 국방부령으로 정하는 세대 대표자 선정서 1부(세대 대표자를 선정해 신청하는 경우만 해당한다)

(3) 다음 각 목의 구분에 따른 사람이 확인한 국방부령으로 정하는 보상금 신청 위임장 1부(대리인을 선임해 신청하는 경우만 해당한다)

(i) 이민 등 국외체류의 경우: 재외공관의 장

(ii) 입원한 경우: 의료기관의 장

(iii) 교도소 등에 수용된 경우: 수용기관의 장

(iv) 그 밖의 부득이한 사유가 있는 경우: 읍·면·동장

(4) 직장 소재지, 재직기간을 증명할 수 있는 재직증명서 등의 서류 1부(보상금을 받으려는 사람이 근로자 또는 공무원인 경우만 해당한다)

(5) 피상속인의 제적 등본(가족관계증명서로 부양의무자를 확인할 수 없

는 경우만 해당한다), 주민등록말소자 초본, 상속인의 주민등록 초본, 상속인이 여럿인 경우 청구 대표자를 제외한 다른 상속인의 위임장 및 인감증명서 각 1부(보상금 지급대상 주민이 사망하거나 실종된 경우만 해당한다)

나. 서류의 보완과 내용의 확인

보상금의 지급 신청을 받은 시장·군수·구청장은 제1항 각 호의 서류가 첨부되어 있지 않은 경우에는 신청인에게 보완하게 해야 한다(시행령 제14조 제2항). 보상금의 지급 신청을 받은 시장·군수·구청장은 「전자정부법」 제36조 제1항에 따른 행정정보의 공동이용을 통하여 신청인의 주민등록표 등본 및 초본, 건강보험자격득실확인서, 사업자등록증명, 출입국에 대한 사실증명의 내용을 확인해야 한다. 다만, 신청인이 확인에 동의하지 않는 경우에는 해당 서류를 첨부하게 해야 한다(시행령 제14조 제3항).

다. 자료 제출의 요청과 협조

보상금의 지급 신청을 받은 시장·군수·구청장은 제11조 제5항 제1호 및 제3호의 내용을 확인하기 위하여 다음 각 호의 구분에 따라 관계 기관의 장에게 관련 자료 제출을 요청해야 한다. 이 경우 해당 기관은 특별한 사유가 없으면 그 요청에 따라야 한다(시행령 제14조 제4항).

(1) 현역병의 복무기간: 각 군 참모총장
(2) 의무경찰대원의 복무기간: 경찰청장 또는 해양경찰청장
(3) 의무소방원의 복무기간: 소방청장
(4) 대체복무요원의 복무기간: 소관 중앙행정기관장의 장
(5) 교도소 등에 수용된 기간: 법무부장관

라. 기한의 도과와 이자의 불인정

(1) 시행령 제14조 제1항에 따른 기한까지 보상금을 신청하지 않은 사람은 다음 연도의 같은 기간에 보상금을 신청할 수 있다. 이 경우 보상금 지급이 지연된 기간에 대한 이자는 지급하지 않는다(시행령 제14조 제5항).

(2) '다음 연도'가 특정연도의 다음 연도에 한정되므로, 1회만 연장 신청할 수 있는지 문제된다. 이러한 입장에 따르면, 2022년도 소음보상금은 신청기간인 2023. 2. 28.까지 신청하여야 하는데, 위 기간에 보상금을 신청하지 아니한 사람은 2024. 2. 29.까지 2022년도 소음보상금을 신청할 수 있고, 2024. 3. 1. 이후에는 2022년도 소음보상금은 더 이상 신청할 수 없다.

그러나 법 제17조에서 "보상금의 지급을 받을 권리는 제14조 제4항에 따른 공고기간이 끝난 날 또는 통보받은 날부터 5년간 행사하지 아니하면 시효의 완성으로 소멸한다."고 규정하여, 5년의 소멸시효를 인정하고 있으므로, '다음 연도'는 특정연도의 보상금의 소멸시효가 완성되지 아니한 상태에 있는 연도를 의미한다고 해석하는 것이 타당하다. 따라서 2022년도 소음보상금은 신청기간인 2023. 2. 28.까지 신청하여야 하는데, 위 기간에 보상금을 신청하지 아니한 사람은 2027. 2. 28.까지 2022년도 소음보상금을 신청할 수 있다고 보아야 한다.

3. 보상금의 지급결정

가. 행정청의 결정과 통보

보상금 지급 신청을 접수한 시장·군수·구청장은 지역소음대책심의위원회(이하 '지역심의위원회')의 심의를 거쳐 보상금 지급대상, 보상금액 등을 결정하고 매년 5월 31일까지 그 결과를 인터넷 홈페이지에 공고하거나 보상금 지급신청자에게 통보하여야 한다(법 제14조 제4항, 시행령 제15조 제1항). 이와 같이 본법의 주무 중앙행정청은 국방부장관이지만, 보상금의 지급에 관한 결정은 시장·군수·구청장이 수행하므로, 보상금지급결정처분의 처분청은 국방부장관이 아니라 시장·군수·구청장이 된다.

나. 보상금결정통지의 형식과 기재사항

보상금 지급 결정을 보상금 신청인에게 통보할 때에는 시행규칙 제10조, 별지 제5호 서식으로 정하는 보상금 결정 통지서에 (i) 성명, 주소 및 생년월일, (ii) 대리인의 성명, 주소 및 생년월일(대리인이 신청한 경우만 해당한다), (iii) 보상금 지급 여부 및 이유, (iv) 보상금 및 그 산출방법, (v) 보상금 지급 결정 연월일, (vi) 지급절차, (vii) 이의신청 절차의 사항을 포함해야 한다(시행령 제15조 제2항).

다. 결정의 확정

홈페이지에 공고되거나 통보받은 보상금 지급대상자가 이의신청을 하지 아니한 경우에는 공고되거나 통보받은 결과에 동의한 것으로 본다(법 제14조 제5항).

제15조(이의신청 등)

제15조(이의신청 등)

① 보상금 지급대상에서 제외된 자 또는 보상금액을 다투는 자는 제
14조제4항에 따라 홈페이지에 공고하거나 통보한 날부터 60일 이
내에 관할 시장·군수·구청장에게 대통령령으로 정하는 방법에 따
라 이의를 신청할 수 있다. 이 경우 보상금액이 부당하다는 사실은
이를 주장하는 자가 입증하여야 한다.

② 시장·군수·구청장은 제1항에 따른 이의신청이 있는 때에는 지역심
의위원회의 심의를 거쳐 이의신청일부터 30일 이내에 이의신청에
대하여 결정하고, 그 결과를 이의신청인에게 통보하여야 한다.

③ 제2항에 따른 결정에 이의가 있는 자는 이의신청 결과를 통보받은
날부터 30일 이내에 국방부장관에게 재심의를 신청할 수 있다.

④ 제3항의 재심의에 관하여는 제1항 후단 및 제2항을 준용한다. 이
경우 제2항 중 "시장·군수·구청장"은 "국방부장관"으로, "지역심의
위원회"는 "중앙심의위원회"로, "이의신청인"은 "재심의신청인 및
관할 시장·군수·구청장"으로 본다.

⑤ 제1항에 따른 이의신청인이나 제3항에 따른 재심의신청인이 제2항
또는 제4항에 따라 통보받은 이의신청 또는 재심의 결과에 따라
보상금을 지급받으려는 경우 지체 없이 그 결정에 대한 동의서를
관할 시장·군수·구청장에게 서면으로 제출하여야 한다.

시행령 제16조(이의신청 및 보상금 결정 동의 등)

① 법 제15조제1항에 따라 이의신청을 하려는 사람(세대 대표자 및
대리인을 포함한다)은 국방부령으로 정하는 이의신청서를 관할 시
장·군수·구청장에게 제출해야 한다.

② 법 제15조제2항에 따라 이의신청에 대하여 결정한 시장·군수·구청
장은 국방부령으로 정하는 이의신청 결정 통지서를 그 결정을 한
날부터 7일 이내에 그 이의신청을 한 사람에게 송달하여 통보해야

한다.

③ 제2항에 따라 결정된 보상금을 지급받으려는 사람(세대 대표자 및 대리인을 포함한다)은 국방부령으로 정하는 보상금 결정 동의서를 매년 10월 15일까지 관할 시장·군수·구청장에게 제출해야 한다.

④ 법 제15조제3항에 따라 재심의를 신청하려는 사람(세대 대표자 및 대리인을 포함한다)은 국방부령으로 정하는 재심의신청서를 관할 시장·군수·구청장을 거쳐 국방부장관에게 제출해야 한다. 이 경우 관할 시장·군수·구청장은 재심의에 필요한 서류가 갖춰졌는지를 확인해야 하며, 이의신청에 대한 결정을 했을 때 검토했던 서류를 함께 제출해야 한다.

⑤ 국방부장관은 법 제15조제4항에 따라 재심의신청에 대하여 결정을 했을 때에는 국방부령으로 정하는 재심의 결정 통지서를 그 결정을 한 날부터 7일 이내에 그 재심의신청을 한 사람 및 관할 시장·군수·구청장에게 송달하여 통보해야 한다.

⑥ 제5항에 따라 결정된 보상금을 지급받으려는 사람(세대 대표자 및 대리인을 포함한다)은 국방부령으로 정하는 보상금 결정 동의서를 매년 12월 15일까지 관할 시장·군수·구청장에게 제출해야 한다.

시행규칙 제11조(이의신청 및 보상금 결정 동의 등)

① 법 제15조제1항 및 영 제16조제1항에 따라 이의신청을 하려는 사람은 별지 제6호서식의 이의신청서에 다음 각 호의 서류를 첨부하여 관할 특별자치시장·시장·군수·구청장(구청장은 자치구의 구청장을 말하며, 이하 "시장·군수·구청장"이라 한다)에게 제출해야 한다.

1. 이의신청 취지 및 사유를 증명할 수 있는 자료 1부
2. 세대 대표자가 신청하는 경우에는 별지 제3호서식의 세대 대표자 선정서 1부
3. 대리인이 신청하는 경우에는 별지 제4호서식의 보상금 신청 위임장 1부

② 영 제16조제2항에 따른 이의신청 결정 통지서는 별지 제7호서식과 같다.

③ 법 제15조제3항 및 영 제16조제4항에 따라 재심의를 신청하려는 사람은 별지 제8호서식의 재심의신청서에 다음 각 호의 서류를 첨

부하여 관할 시장·군수·구청장을 거쳐 국방부장관에게 제출해야
한다.

1. 이의신청 결정 통지서 정본 1부
2. 재심의신청 취지 및 사유를 증명할 수 있는 자료 1부
3. 세대 대표자가 신청하는 경우에는 별지 제3호서식의 세대 대표
   자 선정서 1부
4. 대리인이 신청하는 경우에는 별지 제4호서식의 보상금 신청 위
   임장 1부

④ 영 제16조제5항에 따른 재심의 결정 통지서는 별지 제9호서식과
같다.

⑤ 법 제15조제5항 및 영 제16조제3항·제6항에 따라 보상금을 지급받
으려는 사람은 별지 제10호서식의 보상금 결정 동의서에 다음 각
호의 서류를 첨부하여 관할 시장·군수·구청장에게 제출해야 한다.

1. 이의신청 결정 통지서 또는 재심의 결정 통지서 정본 1부
2. 세대 대표자가 신청하는 경우에는 별지 제3호서식의 세대 대표
   자 선정서 1부
3. 대리인이 제출하는 경우에는 별지 제4호서식의 보상금 신청 위
   임장 1부

I. 의 의

행정구제는 법치국가원리를 실질적으로 구현하는 동시에 그 필수적인
구성요소이다. 이는 잘못된 법적용으로 인한 권리침해를 구제함과 아울러
국가작용의 적법성이 확보될 때 비로소 법치주의는 실현될 수 있기 때문
이다.[1]

본조는 주민이 시장·군수·구청장의 보상금지급결정에 불복하는 경우
에는 이의 또는 재심의를 신청할 수 있도록 규정하여, 행정청에게 스스로
시정할 기회를 마련하여 주어 행정청이 전문지식을 활용하여 자율적이고

---

[1] 박정훈, "공정거래법의 공적 집행", 『공정거래와 법치』, 권오승 편, 법문사(2004), 1003
면.

능률적으로 행정작용을 하도록 하는 한편, 법원의 부담을 줄이려는 데에 그 취지가 있다.

Ⅱ. 이 의

1. 이의신청

보상금 지급대상에서 제외된 자 또는 보상금액을 다투는 자는 홈페이지에 공고하거나 통보한 날부터 60일 이내에 관할 시장·군수·구청장에게 시행령 제16조 제1항으로 정하는 방법에 따라 이의를 신청할 수 있다. 이의신청을 하려는 사람은 별지 제6호 서식의 이의신청서에 (i) 이의신청 취지 및 사유를 증명할 수 있는 자료 1부, (ii) 세대 대표자가 신청하는 경우에는 별지 제3호 서식의 세대 대표자 선정서 1부, (iii) 대리인이 신청하는 경우에는 별지 제4호 서식의 보상금 신청 위임장 1부를 첨부하여 관할 특별자치시장·시장·군수·구청장(구청장은 자치구의 구청장을 말하며, 이하 "시장·군수·구청장"이라 한다)에게 제출해야 한다(시행규칙 제11조 제1항).

2. 증명책임

보상금액이 부당하다는 사실은 이를 주장하는 자가 입증하여야 한다 (법 제15조 제1항). 판례는 보상금 증액청구의 소에서 이의재결에서 정한 보상금액보다 정당한 보상금액이 더 많다는 점에 대한 증명책임은 원고 (신청인)에게 있다는 입장을 취하고 있는데,[2] 본조는 위와 같은 판례 법리를 입법화하였다.

다만 본조에서 규정하고 있는 증명책임은 보상금증액을 신청하는 사건에 한하여 적용되는 것이고, 보상금을 신청하였으나 행정청이 보상금지급을 거부하였고 주민이 이에 대하여 보상금지급거부처분취소를 구하는 사건에서는 원칙으로 돌아가 거부처분의 적법성은 행정청이 증명하여야 한

---

2) 대법원 2004. 10. 15. 선고 2003두12226 판결.

다.[3]

3. 이의신청에 대한 결정

시장·군수·구청장은 이의신청이 있는 때에는 지역심의위원회의 심의를 거쳐 이의신청일부터 30일 이내에 이의신청에 대하여 결정하고, 그 결과를 이의신청인에게 통보하여야 한다(법 제15조 제2항). 시장·군수·구청장은 국방부령으로 정하는 이의신청 결정 통지서를 그 결정을 한 날부터 7일 이내에 그 이의신청을 한 사람에게 송달하여 통보해야 한다(시행령 제16조 제2항).

4. 보상금 결정에 대한 동의

이의신청인이 통보받은 이의신청의 결과에 따라 보상금을 지급받으려는 경우 지체 없이 그 결정에 대한 동의서를 매년 10월 15일까지 관할 시장·군수·구청장에게 서면으로 제출하여야 한다(법 제15조 제5항, 시행령 제16조 제3항). 보상금을 지급받으려는 사람은 별지 제10호 서식의 보상금 결정 동의서에 (i) 이의신청 결정 통지서 또는 재심의 결정 통지서 정본 1부, (ii) 세대 대표자가 신청하는 경우에는 별지 제3호 서식의 세대 대표자 선정서 1부, (iii) 대리인이 제출하는 경우에는 별지 제4호 서식의 보상금 신청 위임장 1부를 첨부하여 관할 시장·군수·구청장에게 제출해야 한다(시행규칙 제11조 제5항).

III. 재 심 의

1. 재심의신청

이의신청에 대한 결정에 이의가 있는 자는 이의신청 결과를 통보받은 날부터 30일 이내에 국방부장관에게 재심의를 신청할 수 있다(법 제15조

---

3) 증명책임 분배의 일반원칙에 따라 일반적으로 항고소송에서는 처분의 적법성을 주장하는 피고 행정청에게 그 처분사유의 존재에 관한 증명책임이 있다(대법원 2020. 6. 25. 선고 2019두52980 판결).

제3항). 본법이 이와 같이 재심의제도를 둔 취지는 (i) 보상금에 관한 분쟁의 해결은 가능한 한 전문적인 지식과 경험을 가진 국방부장관과 중앙심의위원회를 통하여 해결하고, (ii) 지역심의위원회 사이의 상이(相異)한 기준을 통일하여 불필요한 분쟁을 사전에 예방하는 기능을 가지도록 하고자 함에 있다.

재심의를 신청하려는 사람(세대 대표자 및 대리인을 포함한다)은 국방부령으로 정하는 재심의신청서를 관할 시장·군수·구청장을 거쳐 국방부장관에게 제출해야 한다. 이 경우 관할 시장·군수·구청장은 재심의에 필요한 서류가 갖춰졌는지를 확인해야 하며, 이의신청에 대한 결정을 했을 때 검토했던 서류를 함께 제출해야 한다(시행령 제16조 제4항). 재심의를 신청하려는 사람은 별지 제8호 서식의 재심의신청서에 (i) 이의신청 결정 통지서 정본 1부, (ii) 재심의신청 취지 및 사유를 증명할 수 있는 자료 1부, (iii) 세대 대표자가 신청하는 경우에는 별지 제3호 서식의 세대 대표자 선정서 1부, (iv) 대리인이 신청하는 경우에는 별지 제4호 서식의 보상금 신청 위임장 1부를 첨부하여 관할 시장·군수·구청장을 거쳐 국방부장관에게 제출해야 한다(시행규칙 제11조 제3항).

2. 재심의 결정

국방부장관은 재심의신청이 있는 때에는 중앙심의위원회의 심의를 거쳐 재심의신청일부터 30일 이내에 재심의신청에 대하여 결정하고, 그 결과를 이의신청인 및 관할 시장·군수·구청장에게 통보하여야 한다(법 제15조 제4항). 국방부장관은 국방부령으로 정하는 재심의 결정 통지서를 그 결정을 한 날부터 7일 이내에 그 재심의신청을 한 사람 및 관할 시장·군수·구청장에게 송달하여 통보해야 한다(시행령 제16조 제5항). 국방부장관의 결정은 수임인인 시장·군수·구청장을 기속하므로(행정심판법 제37조 제1항 참조), 시장·군수·구청장은 국방부장관의 재심의결정에 기속되고, 이에 불복하여 행정소송을 제기할 수 없다.

3. 재심의 결정에 대한 동의

재심의신청인이 통보받은 재심의 결과에 따라 보상금을 지급받으려는 경우 지체 없이 그 결정에 대한 동의서를 매년 12월 15일까지 관할 시장·군수·구청장에게 서면으로 제출하여야 한다(법 제15조 제5항, 시행령 제16조 제6항).

Ⅳ. 행정심판

1. 의 의

본법에는 국방부장관의 재심의결정에 대한 불복방법에 관하여는 별도의 규정이 존재하지 아니하는바, 신청인은 국방부장관의 재심의결정에 대하여 행정심판법상 행정심판[4]을 제기할 수 있는지 여부가 문제된다. 법치주의의 완성은 행정처분의 적법성이 독립된 기관에 의해 심사·통제되어야 한다는데 있다. 위법 또는 부당한 행정행위로 인하여 권익을 침해당한 자가 제기할 수 있는 행정상 쟁송제도는 행정심판과 행정소송이 있다.

행정심판의 존재이유는 (i) 자율적 행정통제, 즉 행정의 자기통제 및 행정감독을 가능케 하고, (ii) 행정의 전문·기술성이 날로 증대됨에 따라 법원의 판단능력의 불충분성이 의문시되는 문제영역에서 행정의 전문지식을 활용할 수 있도록 함으로써 사법기능을 보완할 수 있으며, (iii) 분쟁을 행정심판단계에서 해결할 수 있다면 이를 통하여 법원부담의 경감, 행정능률의 고려, 시간과 비용의 절감을 기할 수 있다는 것 등에 있다.[5]

2. 검 토

이는 국방부장관의 재심의결정에 대하여 행정심판법의 적용이 배제되는지 여부의 문제로 귀결되는데, 아래와 같은 이유로 행정심판법의 적용

---

[4] 넓은 의미의 행정심판은 행정상 법률관계의 분쟁을 행정기관이 심리·재결하는 행정쟁송 절차를 말한다. 홍정선, 「행정법원론(상)」(제30판), 박영사(2022), 950면.

[5] 홍준형, 「행정구제법」(제4판), 도서출판 한울(2001), 364면.

을 긍정하는 것이 타당하다고 생각한다.

(1) 국방부장관의 재심의결정에 대한 행정심판에 관하여는 본법 등에 특별한 규정이 없는 한 행정심판법이 보충적으로 적용된다고 보아야 한다.

(2) "행정청의 처분 또는 부작위에 대하여는 다른 법률에 특별한 규정이 있는 경우 외에는 이 법에 따라 행정심판을 청구할 수 있다."고 규정하고 있는 행정심판법 제3조 제1항에 의하면, 국방부장관의 재심의결정에 대하여 당사자가 임의로 행정심판을 제기하는 것 금지하는 것으로 해석할 수 없다.

따라서 재심신청인은 국방부장관의 재심의결정에 대하여 임의적으로 행정심판법에 의한 행정심판을 제기할 수 있다고 보아야 한다.

3. 재결청

행정심판법 제6조 제2항 제1호에 의하여, 국방부장관의 재심의결정에 대한 심판청구는 「부패방지 및 국민권익위원회의 설치와 운영에 관한 법률」에 따른 국민권익위원회에 두는 중앙행정심판위원회에서 심리·재결한다.

4. 심판청구기간

본법에는 국방부장관의 재심의결정에 대한 불복절차가 규정되어 있지 아니하므로, 행정심판에 관한 일반법인 행정심판법이 적용된다. 행정심판 청구의 제기기간은 처분(국방부장관의 재심의결정)이 있음을 알게 된 날부터 90일 이내에 청구하여야 한다(행정심판법 제27조 제1항). 청구인이 천재지변, 전쟁, 사변(事變), 그 밖의 불가항력으로 인하여 제1항에서 정한 기간에 심판청구를 할 수 없었을 때에는 그 사유가 소멸한 날부터 14일 이내에 행정심판을 청구할 수 있다. 다만, 국외에서 행정심판을 청구하는 경우에는 그 기간을 30일로 한다(동조 제2항). 행정심판은 처분이 있었던 날부터 180일이 지나면 청구하지 못한다. 다만, 정당한 사유가 있는 경우에는 그러하지 아니하다(동조 제3항).

Ⅴ. 행정소송

1. 의 의

행정소송의 주된 목적 및 기능은 민사소송과 마찬가지로 국민의 권익구제, 즉 위법한 행정작용으로 말미암아 권리·이익을 침해당한 국민으로 하여금 쟁송절차를 통하여 구제받도록 함으로써 실질적 법치행정의 원리를 구현하려는 데 있고, 더 나아가 부수적으로 실질적 법치행정의 구현을 통하여 행정의 적법성과 합목적성을 보장하는 기능까지도 수행하게 된다.

대법원은 행정소송은 행정청의 위법한 처분등을 취소·변경하거나 그 효력 유무 또는 존재 여부를 확인함으로써 국민의 권리 또는 이익의 침해를 구제하고, 공법상 권리관계 또는 법 적용에 관한 다툼을 적정하게 해결함을 목적으로 하는 것이므로, 대등한 주체 사이의 사법상 생활관계에 관한 분쟁을 심판대상으로 하는 민사소송과는 그 목적·취지·기능 등을 달리한다는 점을 분명히 하였다.[6)]

주민이 보상금을 신청하였으나 행정청으로부터 거부처분을 받거나 보상금지급처분을 받았으나 위 처분이 위법(소음대책지역의 결정이 위법하거나, 보상금이 법령이 정한 금액보다 적다고 주장하는 경우 등)하다고 주장하는 경우에는 처분의 취소를 구하는 행정소송법상 항고소송을 제기할 수 있다.

2. 항고소송

가. 종 류

행정소송은 크게 국민의 권리 또는 이익을 보호하고 공법상 권리관계에 관한 분쟁을 해결하기 위한, 즉, 주관적 권리·이익의 보호를 목적으로 하는 주관적 소송과 개인의 권익구제가 아닌 순수 행정작용의 적법성 확

---

6) 대법원 2008. 3. 20. 선고 2007두6342 전원합의체 판결.

보를 위한 객관적 소송으로 나뉜다. 전자에 속하는 것으로는 항고소송과 당사자소송이, 후자에 속하는 것으로는 민중소송과 기관소송이 있다. 그 중 항고소송은 행정청의 위법한 처분등이나 부작위로 인하여 권리·이익을 침해받은 자가 그 위법을 다투기 위하여 제기하는 소송이다(행정소송법 제3조 제1호). 여기에는 취소소송, 무효등 확인소송 및 부작위위법확인소송이 포함된다(행정소송법 제4조). 본법상 행정소송은 주로 취소소송의 형태로 제기되는 경우가 일반적이므로 이하에서는 취소소송을 중심으로 논의를 진행하기로 한다.

나. 취소소송

(1) 의 의

행정소송 중 가장 대표적인 소송으로, 행정청의 위법한 처분등을 취소 또는 변경하는 소송이다(행정소송법 제4조 제1호). 행정처분은 행정법관계의 안정과 행정의 원활한 운영을 도모하려는 필요에서 그것이 비록 위법하다 하더라도 무효가 아닌 이상, 정당한 권한을 가진 기관에 의하여 취소되기 전까지는 일단 유효한 것으로 취급되는 특수한 효력을 가지는데, 취소소송은 이러한 우선의 통용력, 이른바 공정력을 배제하여 처분의 효력을 실효시키기 위한 소송이다. 소송의 성질도 형성의 소로 보는 것이 판례이고, 소송물은 처분등의 실체적·절차적 위법성 일반이라고 본다.

(2) 무효를 선언하는 의미의 취소소송

취소소송은 엄밀한 의미에서는 하자가 있으나 일단 유효한 행정처분의 효력을 판결을 통하여 배제하는 소로서 당초부터 무효인 행정처분[7]에 대하여 그 무효확인을 구하는 무효확인의 소와 구분된다. 그러나 취소사유인 하자와 무효사유인 하자의 구분은 상대적인 데다 그 구분이 쉽지 아

---

7) 행정처분이 당연무효라고 하기 위하여는 처분에 위법사유가 있다는 것만으로는 부족하고 하자가 법규의 중요한 부분을 위반한 중대한 것으로서 객관적으로 명백한 것이어야 하며, 하자의 중대·명백 여부를 판별함에 있어서는 법규의 목적, 의미, 기능 등을 목적론적으로 고찰함과 동시에 구체적 사안 자체의 특수성에 관하여도 합리적으로 고찰함을 요한다. 대법원 2004. 11. 26. 선고 2003두2403 판결.

니하고, 소를 제기하는 당사자의 의도는 취소든 무효든, 그 행정처분의 효력을 부인하는 데 중점이 있는 것이며, 대(大)는 소(小)를 포함하는 것이므로, 위법한 행정처분으로 말미암아 권리·이익을 침해받은 자는 설령 그 행정처분에 취소사유를 넘은 무효사유의 하자가 있더라도 행정처분 무효확인의 소가 아닌 취소의 소를 제기할 수 있다. 이러한 경우의 취소소송을 통상 무효를 선언하는 의미의 취소소송이라 하며, 이 소송도 형식상 취소소송에 속하는 이상 제소기간 등 취소소송의 소송요건을 갖추어야 한다.[8]

3. 항고소송의 당사자적격

가. 당사자적격의 의의

당사자적격이란 특정한 소송사건에서 당사자로서 소송을 수행하고 본안판결을 받기에 적합한 자격을 말한다. 당사자적격은 소송요건에 해당하므로, 법원이 당사자의 주장에 구애되지 않고 직권으로 심리 판단하여 흠결이 있는 경우에는 소를 각하하여야 한다. 모든 국민은 재판을 받을 권리를 가지므로(헌법 제27조), 법률에 특별한 규정이 없더라도 그것이 법률상 쟁송인 한 제소가 가능하여야 하나, 아무런 법적 가치가 없는 제소까지도 허용한다면 법원으로서는 사건의 홍수 속에서 보호할 가치가 있는 소송조차 적정하게 심판할 수 없을 뿐만 아니라 피고도 부당하게 강요된 응소에 시달리는 폐단이 있어 이를 막기 위하여 인정된 제도이다.

당사자적격은 본안판단을 구하는 것을 정당화시킬 수 있는 이익 내지 필요, 즉 넓은 의미에서의 소의 이익 개념에 포함되는 것으로, 당사자의 측면에서 본 주관적 이익이라는 점에서 좁은 의미의 소의 이익인 권리보호의 자격과 권리보호의 필요 내지 이익과 관념상 구별된다. 그러나 양자는 서로 밀접하게 관계되어 있어 그 한계가 분명하지 아니하고, 특히 확인의 소에서는 당사자적격과 권리보호의 이익이 불가분의 관계에 있다.

---

8) 대법원 1976. 2. 24. 선고 75누128 진원합의체 판결; 대법원 1990. 8. 28. 선고 90누 1892 판결.

나. 취소소송의 원고 적격

(1) 법률상 이익을 가진 자

행정처분등의 직접 상대방이 그 처분등의 취소를 구할 수 있는 점에 대하여는 다른 견해가 없다. 그러나 행정처분등의 직접 상대방이 아닌 제3자에 대하여는 어느 범위까지 원고적격을 인정할 것인지에 관하여, 행정소송의 기능 내지 목적과 관련하여 여러 견해의 대립이 있다.

(i) 권리를 침해받은 자만이 원고가 될 수 있다는 권리구제설, (ii) 권리뿐만 아니라 법률에 의하여 보호되는 이익을 침해받은 자도 원고가 될 수 있다는 법률상 보호이익설, (iii) 법률상 보호되고 있지 않더라도 보호할 가치가 있는 이익을 침해받은 자도 원고가 될 수 있다는 보호할 가치 있는 이익구제설, (iv) 개인의 이익침해 여부와는 관계없이 처분의 위법을 주장하는 모든 자에 대하여 원고적격을 인정하여야 한다는 적법성 보장설이 그것이다.[9]

판례는 행정소송법 제12조 전문이 "취소소송은 처분등의 취소를 구할 법률상의 이익이 있는 자가 제기할 수 있다."고 규정하고 있음에 터잡아 '법률상 보호이익설'을 취하고 있다.[10]

(2) 법률상 보호이익설의 내용

법률상 보호이익설에 따를 경우, 처분등으로 권리뿐만 아니라 이익을 침해받은 자도 그 처분등의 취소를 구할 원고적격을 갖게 되나, 그 이익은 법에 의하여 보호되고 있는 직접적이고 구체적인 이익이어야 하고, 공익보호의 결과로 국민 일반이 공통적으로 가지는 추상적·평균적·일반적 이익이나 반사적 이익과 같이 간접적이거나 사실적·경제적 이익까지 포함하는 것은 아니다. 법에 의하여 보호되는 이익을 침해받은 자가 원고적격을 갖는다고 할 때, 그 법이 당해 처분의 근거법규만을 말하는지 관련법규까지 포함하는지 또는 헌법 등 상위법이나 법의 일반원리까지 포함

---

9) 「법원실무제요 행정」, 법원행정처(2016), 51면.
10) 대법원 2006. 3. 16. 선고 2006두330 전원합의체 판결.

되는지에 관하여 다시 견해의 대립이 있다.

판례는 해당 처분의 근거 법규를 기본으로 하되, 개인의 이익을 보호하는 명문의 규정이 없더라도 근거 법규와 관련 법규의 합리적 해석상 처분의 근거가 된 법규에 행정청을 제약하는 이유가 순수 공익이 아닌 개인적·구체적 이익을 보호하는 취지가 포함되어 있다고 해석되는 경우에는 법률상 보호되는 이익으로 취급하는 태도를 취하고 있다.

그런데 순수 공익만을 위한 행정법규나 관계자의 사익만을 위한 행정법규는 오히려 드물고 행정법규는 대부분 공익 및 사익을 함께 보호하기 위한 것이어서, 행정법규가 행정권행사에 일정한 법적 제한을 가하는 경우, 그것이 관계자의 개인적 이익을 보장하기 위한 것인지, 직접적 목적은 공익 보호를 위한 것이고 그로 인한 관계자의 이익은 공익보호로 인한 반사적 이익에 불과한 것인지 여부의 판단 자체도 쉽지 아니할 뿐만 아니라, 양자의 구별은 상대적이며 유동적이기까지 한다. 따라서 실제에서 법에 의하여 보호되는 이익을 침해받았는지 여부는 일률적으로 말할 수 없고, 해당 행정법규의 취지·목적, 그 처분으로 침해되는 이익의 내용·성질·태양 등을 종합하여 개별법규의 해석에 의하여 구체적으로 판단할 수밖에 없다.

오늘날에는 환경권과 소비자권리, 문화적 생활을 누릴 권리 등의 중요성이 커짐으로써 과거 공익 내지 단순한 반사적 이익에 불과한 것으로 여겨졌던 것들이 법에 의하여 보호되는 이익으로 해석되는 등 법적 이익의 개념이 확대되고 당사자적격을 인정하는 범위가 넓어져 가는 추세이다.

(3) 본법상 원고 적격

보상금지급거부처분 또는 보상금지급처분의 취소를 구하는 항고소송에서는 보상금지급신청을 한 주민이 원고 적격을 가진다.

다. 피고 적격

(1) 행정청이란 국가 또는 공공단체의 기관으로서 국가나 공공단체의 의견을 결정하여 외부에 나타낸 기관을 말한다. 의사결정 표시기관이라는

점에서 행정조직법상의 행정청 개념과 반드시 일치하는 것은 아니다(행정소송법에는 행정청에 관한 정의규정을 두고 있지 아니하나, 행정절차법 제2조 제1호[11])에는 '행정청'에 관한 정의규정을 두고 있다). 입법·사법기관은 물론 법령에 의하여 행정처분을 할 권한을 위임받은 공공단체 및 그 기관을 포함하는 개념이며 행정부의 기관만을 말하는 것도 아니다. 항고소송은 다른 법률에 특별한 규정이 없는 한 그 처분등을 행한 행정청을 피고로 한다(행정소송법 제13조 제1항, 제38조 제1항).

(2) 외부적 의사표시기관이 아닌 내부기관은 실질적인 의사가 그 기관에 의하여 결정되더라도 피고적격을 갖지 못한다. 예를 들면, 처분심의위원회는 행정청이 아니므로, 항고소송에서 피고적격을 갖지 못한다. 권한의 위임이나 위탁이 있으면 위임청은 위임사항 처리에 관한 권한을 잃고 그 사항은 수임청의 권한이 되는 것이므로, 수임행정청이 위임받은 권한에 기하여 수임행정청 명의로 한 처분에 대하여는 당연히 수임행정청이 정당한 피고가 된다.[12] 반면에, 권한의 대리나 내부위임의 경우에는 처분권한이 이관되는 것이 아니므로, 그 처분권한을 가진 원행정청의 이름으로 처분등을 하여야 하고, 이 경우에는 원행정청이 피고 적격을 갖는다.[13]

(3) 본법에 따른 취소소송의 피고적격은 보상금지급처분 또는 부지급처분을 한 시장·군수·구청장이 된다. 국방부장관에게 재심의를 신청하고, 재심의결정에 불복하는 경우에도 원처분청인 시장·군수·구청장이 피고 적격을 가지고(原處分主義), 예외적으로 재심의결정에 고유한 하자가 있는 경우에는 국방부장관이 피고 적격을 가진다(행정소송법 제19조 단서).

4. 관할법원

가. 일반법원으로서 행정법원

헌법은, 모든 국민은 헌법과 법률이 정한 법관에 의하여 법률에 따른

---

11) 행정에 관한 의사를 결정하여 표시하는 국가 또는 지방자치단체의 기관, 그 밖에 법령 또는 자치법규에 따라 행정권한을 가지고 있거나 위임 또는 위탁받은 공공단체 또는 그 기관이나 사인(私人).
12) 대법원 2009. 7. 9. 선고 2007두16608 판결.
13) 대법원 1991. 10. 8. 선고 91누520 판결.

재판을 받을 권리를 가진다(헌법 제27조 제1항)고 규정하는 한편, 사법권은 법관으로 구성된 법원에 속하고, 법원은 최고법원인 대법원과 각급법원으로 조직된다(헌법 제101조 제1항, 제2항)고 규정하면서, 특별법원으로는 군사법원에 관한 규정을 두고 있을 뿐이므로 행정사건도 민사·형사사건과 함께 헌법과 법률이 정한 법관으로 구성된 일반법원의 권한에 속하고, 최고법원인 대법원이 최종심이 된다.

1998. 3. 1.부터 시행된 개정 행정소송법과 법원조직법은 종래 2심제로 되어 있던 행정사건을 3심제로 하면서, 일반법원의 하나로 행정법원을 설치하여, 행정법원은 행정소송법에서 정한 행정사건과 다른 법률에 따라 행정법원의 권한에 속하는 사건을 제1심으로 심판하도록 하였다(법원조직법 제40조의4). 행정법원을 설치하여 행정사건의 제1심을 담당하도록 한 것은 순전히 법원 간 업무 분담 문제이므로, 그 구성원인 판사의 자격·신분 등은 일반 지방법원 판사의 자격·신분 등과 같다. 다만, 행정법원이 설치되지 아니한 지역에서는 행정법원이 설치될 때까지 해당 지방법원 본원 및 춘천지방법원 강릉지원이 행정법원의 권한에 속하는 사건을 관할하도록 되어 있다[법원조직법 부칙(1994. 7. 27.) 제2조, 같은 법 부칙(2005. 3. 24.) 제4항].

나. 행정법원 관할의 전속성 여부

가사소송법 제2조는 가사사건이 가정법원의 전속관할임을 명문으로 규정하고 있는 데 반하여 행정소송법에는 행정사건이 행정법원의 전속관할에 속함을 밝히는 규정이 없어 논란의 여지가 있으나, 성질상 행정사건은 행정법원의 전속관할에 속하고, 행정법원의 관할에 속하는 사건을 지방법원이나 가정법원이 행함은 전속관할 위반이 되고, 절대적 상고이유가 된다. 다만, 민사소송이 지방법원의 전속관할에 속하는 것은 아니므로, 민사소송이 행정법원에 제기되었는데도 피고가 관할위반의 항변을 하지 아니하고 본안에 대하여 변론하였다면 변론관할이 생기게 된다.[14]

---

14) 대법원 2013. 2. 28. 선고 2010두22368 판결.

행정법원이 설치되지 아니하여 지방법원 본원이 행정법원의 역할까지 하는 지역에서, 지방법원 본원이 행정사건으로 취급하여야 할 것을 민사사건으로 접수하여 처리하였다 하더라도 이는 단순한 사무분담의 문제일 뿐 관할위반의 문제가 아니므로, 행정소송법이 정한 절차에 의한 심리를 하지 아니한 경우, 절차위반의 문제가 발생할 뿐 전속관할 위반이라 할 수는 없다.

다. 항고소송의 토지관할

(1) 보통재판적

항고소송의 제1심 관할법원은 피고의 소재지를 관할하는 행정법원이다. 다만, 중앙행정기관, 중앙행정기관의 부속기관과 합의제행정기관 또는 그 장 및 국가의 사무를 위임 또는 위탁받은 공공단체 또는 그 장에 대한 항고소송은 대법원 소재지의 행정법원에 제기할 수 있다(행정소송법 제9조 제1항, 제2항, 제38조 제1항, 제2항). 그런데 행정법원이 설치되지 아니한 지역에서는 행정법원이 설치될 때까지 해당 지방법원 본원 및 춘천지방법원 강릉지원이 행정법원의 권한에 속하는 사건을 관할하도록 되어 있으므로, 결국 행정법원이 설치된 서울을 제외하고는 피고의 소재지를 관할하는 지방법원 본원 및 춘천지방법원 강릉지원이 항고소송의 제1심 관할법원이다.

본법에 관한 항고소송은 처분청인 시장·군수·구청장이 속한 지방자치단체의 소재지를 관할하는 지방법원 본원 및 춘천지방법원 강릉지원이 관할법원이 된다.

(2) 특별재판적

토지의 수용 기타 부동산 또는 특정의 장소에 관계되는 처분등에 대한 항고소송은 그 부동산 또는 장소의 소재지를 관할하는 행정법원에도 이를 제기할 수 있다(행정소송법 제9조 제3항, 제38조 제1항, 제2항). 2개 이상의 관할구역에 걸쳐있을 때는 어느 구역을 관할하는 법원도 관할을 가진다. '기타 부동산에 관계되는 처분'이라 함은 부동산에 관한 권리의 설정·변경을 목적으로 하는 처분, 또는 부동산에 관한 권리행사의 강제·제한·금지를 명하거나 직접 실현하는 처분을 말한다.[15] '특정의 장소에 관한 처분'이라 함은 특정구역에서 일정한 행위를 할 수 있는 권리를 부여하는 처분, 또는 특정구역을 정하여 일정 행위를 제한·금지하는 처분등을 말하는바, 본법에서 규정하고 있는 소음대책지역의 지정처분이 이에 해당한다.

(3) 토지관할의 성질

행정소송법은 제소의 편의를 위하여 항고소송이나 당사자소송의 토지관할에 관하여 전속관할로 규정하지 아니함으로써 임의관할임을 간접적으로 밝히고 있다.[16] 그러므로 당사자의 합의에 따른 합의관할이나 변론관할도 생기며, 항소심에서는 제1심법원의 관할위반을 주장할 수 없다(민사소송법 제411조). 다만, 행정법원의 역할을 할 수 있는 것은 지방법원 본원 및 춘천지방법원 강릉지원이므로, 다른 지방법원의 지원은 비록 합의지원이라 하더라도 행정사건을 다룰 수 없고, 합의관할 등이 생길 여지도 없다.

라. 사물관할

행정법원의 심판권은 판사 3인으로 구성된 합의부에서 행한다(법원조직법 제7조 제3항). 합의부 부장판사는 그 부의 재판에 있어 재판장이 되고 행정법원장의 지휘에 따라 그 부의 사무를 감독한다(법원조직법 제40조의3, 제27조 제2항, 제3항). 행정법원이 설치되지 아니한 지역에서 지방법원 본원 및 춘천지방법원 강릉지원이 행정법원 역할을 대신하는 경우에도 행정사건은 원칙적으로 합의부 관장사항이다. 다만, 단독판사가 심판할 것으로 행정법원 합의부가 결정한 사건의 심판권은 단독판사가 이를 행한다(법원조직법 제7조 제3항).

---

15) 대법원 2010. 1. 7.자 2009무146 결정.
16) 대법원 1994. 1. 25. 선고 93누18655 판결.

5. 행정심판과의 관계

(1) 행정소송법 제18조 제1항은 "취소소송은 법령의 규정에 의하여 당해 처분에 대한 행정심판을 제기할 수 있는 경우에도 이를 거치지 아니하고 제기할 수 있다. 다만, 다른 법령에 당해 처분에 대한 행정심판의 재결을 거치지 아니하면 취소소송을 제기할 수 없다는 규정이 있는 때에는 그러하지 아니하다."고 규정하여, 1998. 3. 1.부터 행정심판전치주의를 폐지하고 행정심판절차를 임의화하고 있다.

(2) 행정심판의 필요적 전치주의는 신속한 권리구제를 위한 국민의 재판청구권을 제한하는 제도이므로, 행정소송의 제기에 앞서 필요적으로 행정심판을 거치도록 하기 위해서는 처분의 근거가 되는 형식적 의미의 법률에 "행정심판의 재결을 거치지 아니하면 취소소송을 제기할 수 없다."는 취지의 명시적인 규정이 있어야 한다는 것을 의미한다.[17] 현행법상 필요적 전치주의를 규정하고 있는 법률은 "행정심판의 재결을 거치지 아니하면 행정소송을 제기할 수 없다."고 명시적으로 규정하고 있다.[18] 따라서 위와 같은 명문의 규정이 없는 법률에서 행정심판에 관한 규정을 두더라도, 행정심판절차는 임의적인 것으로 보아야 한다.[19]

(3) 따라서 주민은 본법 제15조에 의한 이의절차나 행정심판법상 행정심판절차를 거치지 아니하고도 행정소송을 제기할 수 있다고 해석하는 것이 타당하다. 구체적으로 주민은 저문청의 보상금에 관한 처분에 대하여 불복하는 경우에는 (i) 이의절차와 재심의절차를 모두 거친 후 행정소송을 제기하는 방법, (ii) 이의절차만 거치고 행정소송을 제기하는 방법,

---

17) 전정증보 「법원실무제요 -행정-」, 법원행정처(1997), 128면.

18) 국가공무원법 제16조 제1항, 국세기본법 제56조 제2항 등.

19) 「독점규제 및 공정거래에 관한 법률」은 1999. 2. 5. 법률 제5813호로 개정되기 이전은 물론 그 이후에 있어서도 같은 법 제53조에서 공정거래위원회의 처분에 대하여 불복이 있는 자는 그 처분의 고지 또는 통지를 받은 날부터 30일 이내에 공정거래위원회에 이의신청을 할 수 있다고 규정하고 있을 뿐, 달리 그에 대한 재결을 거치지 아니하면 취소소송을 제기할 수 없다는 규정을 두고 있지 아니하므로, 행정소송법 제18조 제1항 개정 조항이 같은 법 부칙(1994. 7. 27.) 제1조에 의하여 1998. 3. 1.자로 시행된 이후에는 공정거래위원회의 처분에 대하여도 이의신청을 제기함이 없이 바로 취소소송을 제기할 수 있다. 대법원 1999. 12. 20.자 99무42 결정.

(iii) 이의절차도 거치지 아니하고 곧바로 행정소송을 제기하는 방법 중 하나를 선택할 수 있다.

6. 제소기간

가. 의 의

공법상의 법률관계는 일반공중의 이해와 관련된 것으로서 장기간 불안정한 상태에 두는 것은 바람직하지 않으므로, 행정처분에 하자가 있더라도 그 효력을 다툴 수 있는 기간을 제한함으로써 행정법관계의 조속한 안정을 꾀할 필요가 있다. 이에 따라 행정소송법 제20조는 취소소송을 일정 기간 내에 제기하도록 제소기간(提訴期間)을 제한하고 있고, 그 밖의 개별법에서도 행정소송법과 다른 특별제소기간을 두고 있는 경우가 많다. 제소기간을 어떻게 정하느냐는 입법정책의 문제로 개별 법률에서 행정소송법과 달리 정할 수 있으나, 지나치게 짧은 제소기간은 사실상 재판의 거부로서 헌법이 보장한 재판청구권을 침해하여 위헌의 문제가 발생할 수 있다. 제소기간이 정하여져 있는 소송에서 제소기간의 준수는 소송요건으로 직권조사사항이므로 그 경과 여부를 명백히 한 다음 본안판결을 하여야 한다.

나. 이의를 제기하지 아니한 경우

시장·군수·구청장은 보상금 지급대상, 보상금액 등을 결정하고 그 결과를 인터넷 홈페이지에 공고하거나 보상금 지급신청자에게 통보하여야 하고(법 제14조 제4항), 제4항에 따라 홈페이지에 공고되거나 통보받은 보상금 지급대상자가 제15조 제1항에 따라 이의신청을 하지 아니한 경우에는 제4항에 따라 공고되거나 통보받은 결과에 동의한 것으로 본다(법 제14조 제5항). 한편 보상금 지급대상에서 제외된 자 또는 보상금액을 다투는 자는 제14조 제4항에 따라 홈페이지에 공고하거나 통보한 날부터 60일 이내에 관할 시장·군수·구청장에게 대통령령으로 정하는 방법에 따라 이의를 신청할 수 있다(법 제15조 제1항).

위와 같은 규정을 종합하면, 지급대상자가 공고 또는 통보받은 날로부터 60일 이내에 이의를 제기하지 아니하면 지급결정은 확정된다. 따라서 보상금지급에 관한 처분에 대하여 취소소송을 제기하려는 당사자는 지급결정의 확정을 저지하기 위하여 '공고·통보일로부터 60일 이내'에 관할 행정법원에 소장을 접수하여야 한다.

다. 이의를 제기한 경우

시장·군수·구청장의 결정에 대하여 이의가 있는 자는 행정청으로부터 이의신청 결과를 통보받은 날부터 30일 이내에 국방부장관에게 재심의를 신청할 수 있다(법 제15조 제3항). 그러므로 이의신청 결과에 대하여 취소소송을 제기하려는 당사자는 지급결정의 확정을 저지하기 위하여 '이의신청 결과를 통보받은 날로부터 30일 이내'에 관할 행정법원에 소장을 접수하여야 한다.

라. 재심의를 신청한 경우

국방부장관의 재심의결정에 대하여 불복하는 경우 본법에는 국방부장관의 재심의결정에 대한 불복절차가 규정되어 있지 아니하므로, 행정소송에 관한 일반법인 행정소송법이 적용된다. 국방부장관에 의한 재심의절차는 넓은 의미의 행정심판에 해당한다. 행정심판 청구를 한 경우에는 행정심판 재결서 정본을 송달받은 날부터 90일, 재결이 있는 날부터 1년 내에 소를 제기하여야 한다(행정소송법 제20조 제1항 단서, 제2항). 따라서 당사자는 국방부장관으로부터 재심의결정을 통보받은 날부터 90일, 재심의결정이 있는 날부터 1년 내에 취소소송을 제기하여야 한다.

마. 제소기간의 성질

제소기간은 불변기간이다(행정소송법 제20조 제3항). 그러므로 당사자가 책임질 수 없는 사유로 기간을 준수할 수 없었을 때는 추후보완이 허용되어 사유가 소멸된 때부터 2주 내에 소를 제기하면 된다(민사소송법 제173조).

7. 집행정지

판결절차는 일반적으로 많은 시간이 걸리기 때문에 본안판결을 받기 전에 권리이익의 보호를 위하여 임시구제제도가 요청된다. 행정소송법은 제23조 제1항에서 남소를 예방하고 행정목적의 원활한 실현을 도모하려는 정책적 배려에서 집행부정지(執行不停止)의 원칙을 채택하고 있다. 그러나 집행부정지 원칙으로 인하여 취소소송 등이 제기되어도 처분의 효력 등이 정지되지 않는다면 회복할 수 없는 손해가 발생하여 권리구제를 받을 수 없는 경우가 있게 된다. 이를 방지하기 위하여 행정소송법 제23조 제2항, 제3항에서 잠정적 구제제도로서 집행정지를 예외적으로 인정하고 있다.[20]

그러나 보상금지급을 거부하는 처분이나 보상금을 과소 지급하는 처분에 불복하는 경우에는 집행이 정지되지 않더라도 이로 인하여 당사자에게는 어떠한 손해도 발생하지 아니하므로, 위와 같은 처분에 대한 집행정지신청은 신청의 이익이 없어서 허용되지 아니한다.[21]

8. 재　판

가. 위법여부 판단의 기준시점

당사자의 신청에 따른 처분은 법령등에 특별한 규정이 있거나 처분당시의 법령등을 적용하기 곤란한 특별한 사정이 있는 경우를 제외하고

---

20) 민사집행법상의 보전처분은 민사판결절차에 의하여 보호받을 수 있는 권리에 관한 것이므로, 행정소송법이 정한 소송 중 행정처분의 취소 또는 변경을 구하는 항고소송에 있어서는 행정소송법 제8조의 규정에 불구하고 민사집행법상의 가처분에 관한 규정은 준용되지 않는다. 대법원 2005. 4. 22.자 2005무13 결정.

21) 「법원실무제요 행정」, 법원행정처(2016), 292면. 대법원은 이러한 법리에 의하여 불허가처분에 대한 집행정지신청을 부적법하다고 보고 있다(국립학교불합격처분: 대법원 1962. 6. 29.자 62두9 결정, 투전기업소허가갱신불허처분: 대법원 1992. 2. 13.자 91두47 결정, 대법원 1993. 2. 10.자 92두72 결정, 교도소장의 접견허가거부처분: 대법원 1991. 5. 2.자 91두15 결정, 사단법인 한국컴퓨터게임인산업중앙회의 점검필증교부거부처분: 대법원 1995. 6. 21.자 95두26 결정, 신기술 보호기간 연장신청 거부처분: 대법원 2005. 1. 17.자 2004무48 결정, 사법시험 2차 시험 불합격처분: 대법원 2005. 4. 22.자 2005무13 결정).

는 처분 당시의 법령등에 따른다(행정기본법 제14조 제2항). 판례도 일반적으로 행정처분의 위법여부는 처분 당시를 기준으로 판단하여야 한다는 입장을 취하고 있다.[22]

나. 선결문제

보상금지급처분취소소송에서 원고는 소음대책지역의 지정·고시(선행처분)의 위법사유를 가지고 다툴 수 있는가? 이는 행정법에서 위법성 승계의 문제로 다루어지는 것인바, 판례[23]의 태도에 따르면, 선행처분이 무효가 아닌 한 원고는 원칙적으로 선행처분의 위법사유를 가지고 보상금지급처분(후행처분)의 당부에 대하여 다툴 수 없고, 예외적으로 선행처분의 불가쟁력이나 구속력이 그로 인하여 불이익을 입게 되는 사용자에게 수인한도를 넘는 가혹함을 가져오며 그 결과가 당사자에게 예측가능한 것이 아닌 경우에 한하여 구속력을 인정할 수 없게 된다.[24]

---

22) 행정처분의 적법 여부는 특별한 사정이 없는 한 그 처분이 있을 때의 법령과 사실상태를 기준으로 하여 판단하여야 한다. 대법원 2002. 10. 25. 선고 2002두4464 판결.

23) 두 개 이상의 행정처분이 연속적으로 행하여지는 경우 선행처분과 후행처분이 서로 결합하여 1개의 법률효과를 완성하는 때에는 선행처분에 하자가 있으면 그 하자는 후행처분에 승계되므로 선행처분에 불가쟁력이 생겨 그 효력을 다툴 수 없게 된 경우에도 선행처분의 하자를 이유로 후행처분의 효력을 다툴 수 있는 반면, 선행처분과 후행처분이 서로 독립하여 별개의 법률효과를 목적으로 하는 때에는 선행처분에 불가쟁력이 생겨 그 효력을 다툴 수 없게 된 경우에는 선행처분의 하자가 중대하고 명백하여 당연무효인 경우를 제외하고는 선행처분의 하자를 이유로 후행처분의 효력을 다툴 수 없는 것이 원칙이나, 선행처분과 후행처분이 서로 독립하여 별개의 효과를 목적으로 하는 경우에도 선행처분의 불가쟁력이나 구속력이 그로 인하여 불이익을 입게 되는 자에게 수인한도를 넘는 가혹함을 가져오며, 그 결과가 당사자에게 예측가능한 것이 아닌 경우에는 국민의 재판받을 권리를 보장하고 있는 헌법의 이념에 비추어 선행처분의 후행처분에 대한 구속력은 인정될 수 없다. 대법원 1994. 1. 25. 선고 93누8542 판결.

24) 독일에서는 다단계 행정절차(gestuftes Verwaltungsverfahren)에서 선행행위의 구속력 이론에 의거하여 하자승계를 원칙적으로 인정하지 않는다. 프랑스에서는 다단계 행정과정(operation complexe)에서 하자의 승계를 원칙적 인정하고 있는데, 이는 바로 프랑스 월권소송의 대상이 현저히 넓기 때문이다. 행정소송의 대상을 최대한 확대하고 있는 영국에서도 그 대상을 불문하고 제소기간(3월)을 제한하면서, 그로 인한 부작용은 부수적 탄핵(collateral attack) 또는 정당한 사유에 의거한 제소기간의 완화 등을 통해 해결하고 있다. 박정훈, "행정소송법 개정의 주요쟁점", 「공법연구」 제31집 제3호, 한국공법학회(2003. 3.), 70~71면.

다. 보상금 증액의 허용 여부

(1) 판례의 태도

법원은 행정청이 지급하기로 결정한 보상금이 과다하다고 하여 이를 감액하거나, 과소하다고 하여 이를 증액할 수 있는지 여부가 문제된다.

판례는 "영업정지처분이 재량권남용에 해당한다고 판단될 때에는 위법한 처분으로서 그 처분의 취소를 명할 수 있을 따름이고, 재량권의 범위 내에서 어느 정도가 적정한 영업정지기간인가를 가리는 일은 사법심사의 범위를 벗어난다."고 하면서,[25] "자동차운수사업면허조건 등을 위반한 사업자에 대하여 행정청이 행정제재수단으로 사업정지를 명할 것인지, 과징금을 부과할 것인지, 과징금을 부과키로 한다면 그 금액은 얼마로 할 것인지에 관하여 재량권이 부여되었다 할 것이므로 과징금부과처분이 법이 정한 한도액을 초과하여 위법할 경우 법원으로서는 그 전부를 취소할 수밖에 없고, 그 한도액을 초과한 부분이나 법원이 적정하다고 인정되는 부분을 초과한 부분만을 취소할 수 없다."는 이유로 100만 원을 부과한 당해 처분 중 10만 원을 초과하는 부분은 재량권 일탈·남용으로 위법하다며 그 일부분만을 취소한 원심판결을 파기하였다.[26] 결국, 판례의 확립된 견해는 조세부과처분과 달리 일반 행정처분에 대하여는 행정청에 처분의 유무나 처분의 정도에 대한 재량이 인정되고 있기 때문에 법원으로서는 행정청의 처분이 재량의 범위를 일탈했는지의 여부만을 판단할 수 있을 뿐이고 재량권의 범위내에서 어느 정도가 적정한 처분인지에 관하여 판단할 수 없다는 것이다.[27]

(2) 검 토

위와 같은 판례의 태도에 따르면, 보상금지급처분이 효력이 없거나 위법한 경우에는 보상금지급처분을 전부 취소할 수 있을 뿐이고, 법원은 판

---

25) 대법원 1982. 9. 28. 선고 82누2 판결.
26) 대법원 1998. 4. 10. 선고 98두2270 판결.
27) 박해식, "일부취소와 재량권의 일탈 또는 남용", 「행정재판실무편람 -자료집-」, 서울행정법원(2001), 80면.

결의 주문(主文)에서 그보다 적은 보상금을 인정하거나 그보다 많은 보상금을 인정할 수 없다.[28]

(3) 사실상 화해제도와 보상금의 증액

항고소송에서 재판상 화해가 가능한지에 대하여는 견해의 대립이 있으나,[29] 법원실무는 직권탐지주의·행정처분의 공익성·행정의 법률적합성·항고소송 확정판결의 대세효 등을 이유로 부정설의 입장을 취하고 있다.[30] 그러나 재판실무상 항고소송에서도 법원의 조정권고에 따라 행정청이 처분을 직권취소 또는 변경을 하고 이에 따라 원고가 소를 취하하는 소위 '사실상 화해'가 상당수 이루어지고 있다. 이와 같은 실무례에 따라 법원에서 심리한 결과 행정청이 부과한 보상금이 과소하다고 인정되면, 아래와 같은 형태의 조정권고안을 제시한다.[31]

조 정 권 고 안

1. 피고는 2023. 5. 31. 원고에 대하여 한 보상금 30,000원의
   지급처분을 보상금 60,000원으로 변경한다.
2. 피고가 제1항 기재 변경(증액처분)한 뒤에 원고는 곧바로 이 사건
   소를 취하하고, 피고는 이에 동의한다.
3. 소송비용은 각자의 부담으로 한다.

피고가 조정권고에 따라 처분을 변경하였음에도 원고가 소를 취하하지 아니할 경우, 법원은 소의 이익이 없는 것으로 보아 이를 각하하고 있

---

28) 대법원 2005. 11. 30.자 2005마1031 결정.
29) 한국에는 독일 행정절차법과 같이 행정행위에 갈음하는 공법상 계약을 명문으로 허용하는 법률이 없기 때문에 항고소송에 관하여 독일 행정법원법과 같이 당사자의 합의만으로 이루어지고 또한 실체법적 효력을 병유하는 소송상 화해는 허용될 수 없지만, 일정한 요건 하에서 법원의 권고결정을 전제로 소송법적 효력만을 갖는 화해는 민사소송법의 준용을 통해 인정될 수 있는 여지가 있다는 견해가 유력하다. 박정훈, "행정소송에 있어 소송상 화해", 「인권과 정의」 제279호(1999. 11.), 8~24면.
30) 「행정소송의 이론과 실무」, 서울행정법원 실무연구회, 사법연구지원재단(2008), 189면.
31) 「법원실무제요 행정」, 법원행정처(2016), 370~371면.

다.[32] 위와 같은 소정권고제도는 분쟁의 1회적 해결, 행정청의 권한 존중 등 장점을 가지고 있으므로, 보상금처분에 관한 취소소송에서도 적극적으로 활용할 필요가 있다.

---

32) 「행정소송의 이론과 실무」, 서울행정법원 실무연구회, 사법연구지원재단(2008), 196~197면.

제16조(보상금의 지급)

① 시장·군수·구청장은 제14조제5항에 따라 홈페이지에 공고되거나 통보받은 결과에 동의한 보상금 지급대상자와 제15조제2항에 따른 이의신청인 및 제15조제4항에 따른 재심의신청인에게 제14조제4항에 따라 공고되거나 통보받은 보상금액(이의신청인 또는 재심의신청인의 경우 이의신청 또는 재심의신청 결정결과에 따른 금액을 말한다)을 매년 대통령령으로 정하는 기간까지 지급하여야 한다.

② 제1항에 따른 보상금 지급절차에 필요한 사항은 대통령령으로 정한다.

시행령 제19조(보상금의 지급기한)

① 법 제16조에 따라 시장·군수·구청장은 다음 각 호의 사람에게 해당 구분에 따른 기간까지 보상금을 지급해야 한다.

1. 법 제14조제5항에 따라 보상금액이 확정된 사람: 보상금 지급을 신청한 해의 8월 31일까지

2. 제16조제3항에 따라 보상금 결정 동의서를 제출한 사람: 보상금 지급을 신청한 해의 10월 31일까지

3. 제16조제6항에 따라 보상금 결정 동의서를 제출한 사람: 보상금 지급을 신청한 해의 12월 31일(그 날이 공휴일 또는 토요일인 경우에는 그 해의 마지막 근무일)까지

② 시장·군수·구청장은 제1항에도 불구하고 보상금을 지급받으려는 사람이 제16조제3항 또는 제6항에 따른 기한까지 보상금 결정 동의서를 제출하지 않은 경우에는 제1항제2호 또는 제3호의 기한을 넘겨 보상금을 지급할 수 있다. 이 경우 지급이 지연된 기간에 대한 이자는 지급하지 않는다.

제25조(보상금 지급 관련 예산 확보)

국방부장관은 필요한 경우 법 제16조제1항에 따른 보상금 지급 업무

> 수행에 드는 예산을 확보해야 하며, 관계 중앙행정기관의 장은 예
> 산 확보에 적극 협조해야 한다.

제26조(보상금 지급 자료 관리)

> ① 시장·군수·구청장은 법 제16조에 따라 보상금을 지급한 경우 지급
> 관련 자료를 전산화하여 별도 관리해야 하며, 지급 결과를 법 제23
> 조에 따른 결산보고서에 포함하여 국방부장관에게 제출해야 한다.
> ② 국방부장관은 시장·군수·구청장이 보상금 지급 업무를 효율적으로
> 수행할 수 있도록 관계 중앙행정기관의 장과 협의하여 보상금 관
> 리시스템을 구축할 수 있다.
> ③ 국방부장관은 필요한 경우 제2항에 따른 보상금 관리시스템의 구
> 축 및 유지·관리를 「전자정부법」 제72조제1항에 따른 한국지역정
> 보개발원에 위탁할 수 있다.

Ⅰ. 의 의

보상금결정에 확정된 경우에는 행정청은 가급적 신속하게 보상금을 주
민에게 지급하는 것이 주민의 보호와 보상금지급사무의 조기종료를 위해
바람직하다. 본조는 이러한 점을 감안하여 보상금지급기한, 지급자료의
관리 등에 관하여 규정하고 있다.

Ⅱ. 보상금의 지급기한

1. 지급에 동의한 경우

시장·군수·구청장은 제14조 제5항에 따라 홈페이지에 공고되거나 통
보받은 결과에 동의한 보상금 지급대상자와 제15조 제2항에 따른 이의신
청인 및 제15조 제4항에 따른 재심의신청인에게 제14조 제4항에 따라 공
고되거나 통보받은 보상금액(이의신청인 또는 재심의신청인의 경우 이의신청
또는 재심의신청 결정결과에 따른 금액을 말한다)을 아래와 같이 시행령 제
19조 제1항으로 정하는 기간까지 지급하여야 한다(법 제16조 제1항).

 (i) 법 제14조 세5항에 따라 보상금액이 확정된 사람: 보상금 지급을

신청한 해의 8월 31일까지

　(ii) 시행령 제16조 제3항에 따라 보상금 결정 동의서를 제출한 사람: 보상금 지급을 신청한 해의 10월 31일까지

　(iii) 시행령 제16조 제6항에 따라 보상금 결정 동의서를 제출한 사람: 보상금 지급을 신청한 해의 12월 31일(그 날이 공휴일 또는 토요일인 경우에는 그 해의 마지막 근무일)까지

2. 동의서를 제출하지 아니한 경우

　시장·군수·구청장은 보상금을 지급받으려는 사람이 시행령 제16조 제3항 또는 제6항에 따른 기한까지 보상금 결정 동의서를 제출하지 않은 경우에는 제1항 제2호 또는 제3호의 기한을 넘겨 보상금을 지급할 수 있다. 이 경우 지급이 지연된 기간에 대한 이자는 지급하지 않는다(시행령 제19조 제2항).

Ⅲ. 예산의 확보

　국방부장관은 소음대책지역에 거주하는 주민들에게 보상금을 지급할 수 있도록 재원을 마련하여야 한다(법 제16조 제1항). 국방부장관은 필요한 경우 보상금 지급 업무 수행에 드는 예산을 확보해야 하며, 관계 중앙행정기관의 장은 예산 확보에 적극 협조해야 한다(시행령 제25조).

Ⅳ. 보상금 지급 자료 관리

　시장·군수·구청장은 법 제16조에 따라 보상금을 지급한 경우 지급 관련 자료를 전산화하여 별도 관리해야 하며, 지급 결과를 법 제23조에 따른 결산보고서에 포함하여 국방부장관에게 제출해야 한다(시행령 제26조 제1항). 국방부장관은 시장·군수·구청장이 보상금 지급 업무를 효율적으로 수행할 수 있도록 관계 중앙행정기관의 장과 협의하여 보상금 관리시스템을 구축할 수 있다(시행령 제26조 제2항). 국방부장관은 필요한 경우

제2항에 따른 보상금 관리시스템의 구축 및 유지·관리를 전자정부법 제
72조 제1항에 따른 한국지역정보개발원에 위탁할 수 있다(시행령 제26조
제3항).

제17조(소멸시효)

> **제17조(소멸시효)**
> 보상금의 지급을 받을 권리는 제14조제4항에 따른 공고기간이 끝난 날 또는 통보받은 날부터 5년간 행사하지 아니하면 시효의 완성으로 소멸한다.

Ⅰ. 의 의

권리에는 시간의 경과에 의해 영향을 받지 않는 것도 있지만(소유권, 점유권 등), 일정한 시간의 경과에 의해 권리를 취득하거나 권리가 소멸되는 제도가 있다. 전자에 속하는 것이 취득시효이고, 후자에 속하는 것으로 소멸시효(消滅時效)와 제척기간(除斥期間)이 있다. 소멸시효는 일정한 기간 권리행사를 하지 않은 것(권리불행사)에 초점을 맞추어, 증거법적 관점에서 너무 시일이 경과하면 권리의 증명이 곤란하게 된다는 점, 보상청구권이 있음을 알면서 오래도록 이를 방치한 자는 권리 위에 잠자는 자로서 법적 보호를 줄 필요가 없다는 점 등에서 그 이유를 찾고 있다. 본 조는 보상금을 지급받을 권리에 관한 소멸시효에 관하여 규정함으로써, 법적 안정성을 확보하고자 한다.

Ⅱ. 내 용

1. 5년의 소멸시효

보상금의 지급을 받을 권리는 본법 제14조 제4항에 따른 공고기간이 끝난 날 또는 통보받은 날부터 5년간 행사하지 아니하면 시효의 완성으로 소멸한다(법 제17조). 국가재정법 제96조 제2항은 국가에 대한 권리로서 금전의 급부를 목적으로 하는 것의 소멸시효를 5년으로 규정하고 있는데, 이와 같은 취지에서 소멸시효를 5년으로 규정한 것이다.

2. 기산일

소멸시효는 권리를 행사할 수 있는 때부터 진행한다(민법 제166조 제1항). 이때 권리를 행사할 수 있는 때라 함은 권리행사에 법률상의 장애사유가 없는 경우를 뜻한다.[1] 소멸시효의 기산일은 채무의 소멸이라고 하는 법률효과 발생의 요건에 해당하는 소멸시효 기간 계산의 시발점으로서 소멸시효 항변의 법률요건을 구성하는 구체적인 사실에 해당하고 이는 변론주의의 적용 대상이므로, 법원으로서는 피고가 주장하는 기산일을 기준으로 소멸시효를 계산하여야 한다.[2]

본법은 소멸시효의 기산일을 '공고기간이 끝난 날 또는 통보받은 날'로 규정하고 있는데, 양자가 불일치하는 경우가 일반적이다. 이러한 경우에는 권리를 행사할 수 있는 때를 소멸시효 기산일로 규정한 취지를 감안하면, '공고기간이 끝난 날'과 '통보받은 날' 중 먼저 도래한 날부터 소멸시효가 진행한다고 보아야 한다. 다만 법적 안정성과 통일적인 업무처리를 위해서는 공고기간이 끝난 날부터 일률적으로 기산된다고 규정하는 것이 바람직하다고 생각한다.[3]

---

1) 대법원 1998. 7. 10. 선고 98다7001 판결.
2) 대법원 1995. 8. 25. 선고 94다35886 판결.
3) 불특정 다수인에 대한 처분으로서 관보·신문에 고시하거나 게시판에 공고하는 방법으로 외부에 그 의사를 표시함으로써 그 효력이 발생하는 처분에 대하여는, 공고 등이 있음을 현실로 알았는지 여부를 불문하고 근거법규가 정한 처분의 효력발생일(「행정업무의 효율적 운영에 관한 규정」 제6조 제3항은 공고문서는 그 문서에서 효력발생 시기를 구체적으로 밝히고 있지 않으면 공고 후 5일이 경과됨으로써 효력이 발생하도록 되어 있다)에 처분이 있음을 알았다고 보아야 하고, 그때부터 제소기간이 기산된다(대법원 1995. 8. 22. 선고 94누5694 전원합의체 판결; 대법원 2000. 9. 8. 선고 99두11257 판결). 공고 등에 의하여 효력이 발생하도록 되어 있는 행정처분은 그 효력이 불특정 다수인에게 동시에 발생하고, 제소기간을 일률적으로 정함이 상당하기 때문이다(대법원 2006. 4. 14. 선고 2004두3847 판결; 대법원 2007. 6. 14. 선고 2004두619 판결).

제18조(다른 법률에 따른 배상 등과의 관계)

> **제18조(다른 법률에 따른 배상 등과의 관계)**
> ① 이 법에 따른 보상금을 받을 자가 같은 원인에 대하여 다른 법률에 따라 손해배상을 받은 경우에는 그 범위에서 보상금을 지급하지 아니한다.
> ② 이 법에 따른 보상금의 지급 결정에 보상금 신청인이 동의한 경우에는 군용비행장 및 군사격장과 관련하여 입은 소음피해에 대하여 「민사소송법」에 따른 재판상 화해가 성립된 것으로 본다.

I. 의 의

군용비행장과 군사격장 소음으로 인한 손해에 대하여는 군소음보상법에 의한 보상청구권과 국가배상법에 의한 손해배상청구권이 경합한다.[1] 따라서 보상금의 지급을 구하는 행정소송과 손해배상을 구하는 민사소송이 병존하게 된다.[2] 군용비행장과 군사격장 소음으로 인한 손해라는 하나의 원인에 대하여 군소음보상법에 따른 보상금을 수령하거나 국가배상법에 따른 손해배상금을 수령하는 경우에는 이중배상의 문제가 발생한다.

---

1) 공익사업을 위한 토지 등의 취득 및 보상에 관한 법률(이하 '토지보상법'이라 한다) 제79조 제2항(그 밖의 토지에 관한 비용보상 등)에 따른 손실보상과 환경정책기본법 제44조 제1항(환경오염의 피해에 대한 무과실책임)에 따른 손해배상은 근거 규정과 요건·효과를 달리하는 것으로서, 각 요건이 충족되면 성립하는 별개의 청구권이다. 다만 손실보상청구권에는 이미 '손해 전보'라는 요소가 포함되어 있어 실질적으로 같은 내용의 손해에 관하여 양자의 청구권을 동시에 행사할 수 있다고 본다면 이중배상의 문제가 발생하므로, 실질적으로 같은 내용의 손해에 관하여 양자의 청구권이 동시에 성립하더라도 영업자는 어느 하나만을 선택적으로 행사할 수 있을 뿐이고, 양자의 청구권을 동시에 행사할 수는 없다. 또한 '해당 사업의 공사완료일로부터 1년'이라는 손실보상 청구기간(토지보상법 제79조 제5항, 제73조 제2항)이 도과하여 손실보상청구권을 더 이상 행사할 수 없는 경우에도 손해배상의 요건이 충족되는 이상 여전히 손해배상청구는 가능하다. 대법원 2019. 11. 28. 선고 2018두227 판결.
2) 윤수진, "군용비행장 소음소송과 관련한 2010 대법원 판결에 대한 소고", 「환경법연구」 제33권 제1호, 한국환경법학회(2011), 160면.

이를 방지하기 위하여 상호조정제도를 두고 있다.

Ⅱ. 내 용

(1) 본법 제18조 제1항은 "이 법에 따른 보상금을 받을 자가 같은 원인에 대하여 다른 법률에 따라 손해배상을 받은 경우에는 그 범위에서 보상금을 지급하지 아니한다."고 규정하고 있다.

(2) 그러므로 신청인이 손해배상금을 먼저 수령한 경우에는 보상금에서 이를 공제하고, 보상금을 먼저 수령한 경우에는 손해배상금에서 이를 공제한다. 다만, 대법원은 손해의 종류를 적극적 손해, 소극적 손해, 위자료 등으로 3분하는 견해를 취하고 있고,[3] 본법상 보상금은 성질상 위자료에 해당하므로, 공제할 수 있는 범위는 위자료에 한정된다. 따라서 군용비행장과 군사격장 소음으로 인하여 재산상 손해를 입은 주민은 본법에 따른 보상금에 의하여 재산상 손해를 전보받을 수 없으므로, 대한민국을 상대로 민사상 손해배상을 청구할 수밖에 없다.[4]

(3) 본법은 2020. 11. 27. 시행되었으므로, 시행 이전에 발생한 소음피해에 대하여는 보상금을 지급받을 수 없다. 그러므로 주민은 2020. 11. 26.까지 발생한 소음피해에 대하여는 여전히 대한민국을 상대로 민사상 손해배상을 청구하여야 한다.

Ⅲ. 동의의 효력

이 법에 따른 보상금의 지급 결정에 보상금 신청인이 동의한 경우에는 군용비행장 및 군사격장과 관련하여 입은 소음피해에 대하여 「민사소송법」에 따른 재판상 화해가 성립된 것으로 본다(법 제18조 제2항). 보상

---

3) 대법원 2013. 10. 11. 선고 2013다42755 판결.
4) 다만 "취소소송에는 사실심의 변론종결시까지 관련청구소송을 병합하거나 피고외의 자를 상대로 한 관련청구소송을 취소소송이 계속된 법원에 병합하여 제기할 수 있다."고 규정하고 있는 행정소송법 제10조 제2항에 의하여 '당해 처분등과 관련되는 손해배상청구소송'을 병합하여 제기할 수 있다.

금 신청인의 동의는 보상금에 관한 분쟁의사가 더 이상 없다는 것을 의미하므로, 재판상 화해가 성립된 것으로 간주하여, 법률상 쟁송을 더 이상 할 수 없도록 한 것이다.

제19조(보상금의 환수)

> **제19조(보상금의 환수)**
> ① 국가는 이 법에 따른 보상금을 지급받은 사람이 다음 각 호의 어느 하나에 해당하는 경우에는 그 보상금의 전부 또는 일부를 환수하여야 한다.
> 1. 거짓 또는 그 밖의 부정한 방법으로 보상금의 지급을 받은 경우
> 2. 잘못 지급된 경우
> ② 제1항에 따라 보상금을 반환하여야 할 사람이 기한 이내에 해당 금액을 납부하지 아니한 때에는 국세 체납처분의 예에 따라 이를 징수한다.

I. 의 의

보상금을 수령한 사람이 거짓 또는 그 밖의 부정한 방법으로 보상금의 지급을 받은 경우에는 보상금지급처분에 하자가 있으므로 이를 취소하고, 보상금을 지급한 금액을 회수하여야 한다. 보상금이 잘못 지급된 경우에는 국가는 수령인을 상대로 부당이득반환을 청구하는 것이 원칙이다. 그런데 위와 같은 절차는 지나치게 번거롭고 비용과 시간이 많이 소요되므로, 신속한 처리가 곤란하다. 본조는 이러한 점을 고려하여 국가가 보상금을 환수할 수 있고, 반환의무자가 기한 내에 반환하지 아니한 경우에는 국세체납처분의 예에 따라 징수할 수 있도록 규정하고 있다. 이는 신속하고 경제적인 보상금 환수를 통해 본질적으로 국고부담 등을 통하여 형성되는 재정상 이익이라는 공익을 달성하려는 것이다.

II. 요 건

국가는 이 법에 따른 보상금을 지급받은 사람이 (i) 거짓 또는 그 밖

의 부정한 방법으로 보상금의 지급을 받은 경우, (ii) 잘못 지급된 경우의 어느 하나에 해당하는 경우에는 그 보상금의 전부 또는 일부를 환수하여야 한다(법 제19조 제1항). 행정처분 취소를 구하는 항고소송에서는 당해 처분이 적법하다고 주장하는 처분청인 피고에게 적법 여부에 대한 증명책임이 있으므로,[1) 보상금 지급을 받은 자가 거짓 또는 부정한 방법으로 보상금 등을 지급받았거나 보상금이 잘못 지급되었다는 이유로 하는 보상금환수처분의 취소를 구하는 소송에서 거짓 또는 부정한 방법으로 보상금 등이 지급되었거나 잘못 지급되었다는 사실은 처분청이 증명하여야 한다.[2)

1. 거짓 또는 그 밖의 부정한 방법으로 보상금의 지급을 받은 경우

'거짓 또는 그 밖의 부정한 방법'이라 함은 정상적인 절차에 의하여는 보상금을 지급받을 수 없음에도 위계 기타 사회통념상 부정이라고 인정되는 행위로서 보상금 교부에 관한 의사결정에 영향을 미칠 수 있는 적극적 및 소극적 행위를 뜻한다.[3) '부정한 방법으로 보상금의 지급을 받은 경우'라 함은 보상금의 지급대상이 되지 아니함에도 보상금을 받은 것을 가리킨다.[4)

---

1) 대법원 1984. 7. 24. 선고 84누124 판결.
2) 서울고등법원 2012. 7. 6. 선고 2011누12896 판결.
3) 대법원 2016. 11. 24. 선고 2016도8419 판결; '거짓이나 그 밖의 부정한 방법으로 급여를 지급받은 경우'에 해당한다고 보기 위해서는 허위, 기만, 은폐 등 사회통념상 부정이라고 인정되는 행위가 있어야 하고, 단순히 요건이 갖추어지지 아니하였음에도 급여를 수령한 경우까지 이에 해당한다고 볼 수는 없다(대법원 2017. 8. 23. 선고 2015두51651 판결).
4) 대법원 2007. 12. 27. 선고 2006도8870 판결; 피고인이 「보조금의 예산 및 관리에 관한 법률」에 규정된 보조금지급신청을 하면서 제출한 저온저장고시설 등에 대한 공사대금은 실제로는 금 4억 3,000만 원임에도 불구하고 금 5억 4,500만 원으로 허위기재된 공사도급계약서를 관할관청에 제출하였고, 위 허위기재된 공사도급계약서상의 공사대금을 기준으로 산정한 보조금을 지급받은 경우, 이는 피고인이 허위의 신청이나 기타 부정한 방법으로 보조금을 교부받은 경우에 해당한다(대법원 2005. 3. 25. 선고 2005도573 판결).

2. 잘못 지급된 경우

잘못 지급된 경우라 함은 정당하게 지급되어야 할 금액을 초과하여 보상금이 지급된 것을 말한다. 예를 들면, 제3종 구역에 거주하는 주민에게 제1종 구역에 거주하는 주민에게 지급하여야할 보상금이 지급되거나, 본법 제14조 제1항, 시행령 제11조 제3항, 제4항, 제5항에 의하여 보상금이 공제·감액되어야 함에도 불구하고 공제·감액되지 아니한 보상금이 지급된 경우를 들 수 있다.

Ⅲ. 보상금의 징수

보상금을 반환하여야 할 사람이 기한 이내에 해당 금액을 납부하지 아니한 때에는 국세 체납처분의 예에 따라 이를 징수한다(법 제19조 제2항). 국세체납처분에 관하여는 국세징수법에서 자세히 규정하고 있다.

Ⅳ. 형사책임

거짓이나 그 밖의 부정한 방법으로 보상금을 지급받은 사람은 3년 이하의 징역 또는 3천만 원 이하의 벌금에 처하고, 미수범은 처벌한다(법 제26조).

제20조(중앙소음대책심의위원회의 설치 및 기능)

① 다음 각 호의 사항을 심의하기 위하여 국방부장관 소속으로 중앙 소음대책심의위원회를 둔다.

1. 기본계획의 수립 및 변경에 관한 사항

2. 소음대책지역의 지정 및 변경에 관한 사항

3. 보상금 지급 정책 및 계획에 관한 사항

4. 보상금 재심의 결정에 관한 사항

5. 그 밖에 이 법의 목적을 달성하기 위하여 위원장이 필요하다고 인정하는 사항

② 중앙심의위원회는 위원장 1명을 포함한 9명 이내의 위원으로 구성 한다.

③ 중앙심의위원회의 위원장은 국방부차관이 되고, 위원은 국방부 및 관계 중앙행정기관 소속 공무원과 군용비행장 및 군사격장 운용에 따라 발생하는 소음에 관한 학식과 경험이 풍부한 사람 중에서 국 방부장관이 임명하거나 위촉한다.

④ 그 밖에 중앙심의위원회의 구성 및 운영 등에 필요한 사항은 대통 령령으로 정한다.

시행령 제20조(중앙심의위원회의 구성 및 운영)

① 중앙심의위원회의 위원은 다음 각 호의 사람으로 한다.

1. 기획재정부, 국방부 및 행정안전부의 고위공무원단에 속하는 일 반직공무원 중 해당 기관의 장이 지명하는 사람 각 1명

2. 다음 각 목의 사람 중에서 국방부장관이 위촉하는 5명 이내의 사람

가. 「고등교육법」 제2조제1호부터 제6호까지의 규정에 따른 학 교에서 소음 분야와 관련된 학과의 부교수 이상으로 재직 중인 사람

　　나. 소음 분야의 박사 학위를 취득한 후 해당 분야에서 5년 이
　　　　상 근무한 경력이 있는 사람

　　다. 판사, 검사, 군법무관 또는 변호사의 직에 5년 이상 재직한
　　　　사람

　　라. 그 밖에 소음 분야에 전문적인 지식과 경험이 풍부한 사람

② 제1항제2호에 따른 위원의 임기는 2년으로 하며, 한 차례만 연임할
　 수 있다.

③ 중앙심의위원회 위원장이 부득이한 사유로 직무를 수행할 수 없는
　 때에는 위원장이 미리 지명한 위원이 그 직무를 대행한다.

④ 중앙심의위원회는 재적위원 과반수의 출석으로 개의(開議)하고 출
　 석위원 과반수의 찬성으로 의결한다.

⑤ 중앙심의위원회에 간사 1명을 두되, 간사는 국방부의 군용비행장·
　 군사격장 소음 방지 및 피해 보상 업무를 담당하는 과장급 공무원
　 으로 한다.

⑥ 중앙심의위원회는 심의에 필요하다고 인정되는 경우 관계 공무원
　 또는 전문가를 회의에 참석하게 하거나 관계 기관·단체 등에 자
　 료·의견의 제출 등 필요한 협조를 요청할 수 있다.

⑦ 중앙심의위원회 회의에 출석한 위원, 관계 공무원 및 전문가에게는
　 예산의 범위에서 수당과 여비를 지급할 수 있다. 다만, 공무원인
　 위원이 그 소관 업무와 직접 관련되어 참석하는 경우에는 지급하
　 지 않는다.

⑧ 제1항부터 제7항까지에서 규정한 사항 외에 중앙심의위원회 운영
　 에 필요한 사항은 중앙심의위원회 의결을 거쳐 위원장이 정한다.

제22조(위원의 결격사유)

다음 각 호의 어느 하나에 해당하는 사람은 중앙심의위원회 및 지역심
의위원회 위원이 될 수 없다.

　1. 피성년후견인

　2. 금고 이상의 실형을 선고받고 그 집행이 끝나거나 집행을 받지
　　　않기로 확정된 후 5년이 지나지 않은 사람

　3. 금고 이상의 형의 집행유예를 받고 그 집행유예 기간이 끝난 날
　　　부터 2년이 지나지 않은 사람

　4. 금고 이상의 형의 선고유예를 받은 경우에 그 선고유예 기간 중

에 있는 사람

5. 법원의 판결 또는 다른 법률에 따라 자격이 상실되거나 정지된 사람

제23조(위원의 제척·기피·회피)

① 중앙심의위원회 및 지역심의위원회 위원이 다음 각 호의 어느 하나에 해당하는 경우에는 해당 안건의 심의·의결에서 제척된다.

1. 위원 또는 그 배우자나 배우자였던 사람이 해당 안건의 당사자 (당사자가 법인·단체 등인 경우에는 그 임원을 포함한다. 이하 이 호 및 제2호에서 같다)이거나 그 안건의 당사자와 공동권리자 또는 공동의무자인 경우

2. 위원이 해당 안건의 당사자와 친족이거나 친족이었던 경우

3. 위원이 해당 안건에 관하여 자문, 연구, 용역(하도급을 포함한다), 감정 또는 조사를 한 경우

4. 위원이나 위원이 속한 법인·단체 등이 해당 안건의 당사자의 대리인이거나 대리인이었던 경우

5. 위원이 임원 또는 직원으로 재직하고 있거나 최근 3년 이내에 재직했던 기업 등이 해당 안건에 관하여 자문, 연구, 용역(하도급을 포함한다), 감정 또는 조사를 한 경우

② 해당 안건의 당사자는 위원에게 공정한 심의·의결을 기대하기 어려운 사정이 있는 경우에는 중앙심의위원회 또는 지역심의위원회에 기피신청을 할 수 있고, 중앙심의위원회 또는 지역심의위원회는 의결로 기피 여부를 결정한다. 이 경우 기피신청의 대상인 위원은 그 의결에 참여하지 못한다.

③ 중앙심의위원회 및 지역심의위원회 위원은 제1항 각 호에 따른 제척 사유에 해당하는 경우에는 해당 위원회에 그 사실을 알리고, 스스로 해당 안건의 심의·의결을 회피(回避)해야 한다.

제24조(위촉위원의 해촉)

① 국방부장관은 제20조제1항제2호에 따른 중앙심의위원회 위원이 다음 각 호의 어느 하나에 해당하는 경우에는 해당 위원을 해촉할 수 있다.

1. 심신장애로 인하여 직무를 수행할 수 없게 된 경우

2. 직무와 관련된 비위사실이 있는 경우

3. 직무태만, 품위손상이나 그 밖의 사유로 위원으로 적합하지 않다고 인정되는 경우
4. 제23조제1항 각 호의 어느 하나에 해당함에도 불구하고 회피하지 않은 경우
5. 위원 스스로 직무를 수행하는 것이 곤란하다는 의사를 밝히는 경우
② 시장·군수·구청장은 제21조제2항제2호에 따른 지역심의위원회 위원이 제1항 각 호의 어느 하나에 해당하는 경우에는 해당 위원을 해촉할 수 있다.

Ⅰ. 의 의

국방부장관 소속으로 군용비행장 및 군사격장 운용에 따라 발생하는 소음에 관한 학식과 경험이 풍부한 사람 등이 참여하는 중앙소음대책심의위원회를 설치함으로써, 군소음의 특수성을 정확히 반영하여 기본계획의 수립 및 변경, 소음대책지역의 지정 및 변경, 보상금 지급 정책 및 계획, 보상금 재심의 결정 과정에서 객관성·전문성 있는 심의가 가능하도록 하는 것이 본조의 취지이다.

Ⅱ. 구 성

1. 중앙소음대책심의위원회의 구성원

중앙심의위원회는 위원장 1명을 포함한 9명 이내의 위원으로 구성한다(법 제20조 제2항).

2. 위원장

중앙소음대책심의위원회의 위원장은 국방부차관이 된다(법 제20조 제3항). 위원장이 부득이한 사유로 직무를 수행할 수 없는 때에는 위원장이 미리 지명한 위원이 그 직무를 대행한다(시행령 제20조 제3항).

3. 위 원

가. 임명과 위촉

위원은 국방부 및 관계 중앙행정기관 소속 공무원과 군용비행장 및 군사격장 운용에 따라 발생하는 소음에 관한 학식과 경험이 풍부한 사람 중에서 국방부장관이 임명하거나 위촉한다(법 제20조 제3항).

나. 위원의 자격

(1) 기획재정부, 국방부 및 행정안전부의 고위공무원단에 속하는 일반 직공무원 중 해당 기관의 장이 지명하는 사람 각 1명(시행령 제20조 제1항 제1호)

(2) 다음 각 목의 사람 중에서 국방부장관이 위촉하는 5명 이내의 사람(시행령 제20조 제1항 제2호)

(i) 「고등교육법」 제2조 제1호부터 제6호까지의 규정에 따른 학교에서 소음 분야와 관련된 학과의 부교수 이상으로 재직 중인 사람

(ii) 소음 분야의 박사 학위를 취득한 후 해당 분야에서 5년 이상 근무한 경력이 있는 사람

(iii) 판사, 검사, 군법무관 또는 변호사의 직에 5년 이상 재직한 사람

(iv) 그 밖에 소음 분야에 전문적인 지식과 경험이 풍부한 사람

다. 위원의 결격사유

(i) 피성년후견인, (ii) 금고 이상의 실형을 선고받고 그 집행이 끝나거나 집행을 받지 않기로 확정된 후 5년이 지나지 않은 사람, (iii) 금고 이상의 형의 집행유예를 받고 그 집행유예 기간이 끝난 날부터 2년이 지나지 않은 사람, (iv) 금고 이상의 형의 선고유예를 받은 경우에 그 선고유예 기간 중에 있는 사람, (v) 법원의 판결 또는 다른 법률에 따라 자격이 상실되거나 정지된 사람은 중앙심의위원회 및 지역심의위원회 위원이 될 수 없다(시행령 제22조).

라. 위원의 임기

시행령 제20조 제1항 제2호에 따른 위원의 임기는 2년으로 하며, 한 차례만 연임할 수 있다(시행령 제20조 제2항).

마. 위원의 해촉

국방부장관은 시행령 제20조 제1항 제2호에 따른 중앙심의위원회 위원이 다음 각 호의 어느 하나에 해당하는 경우에는 해당 위원을 해촉할 수 있다(시행령 제24조 제1항).

(i) 심신장애로 인하여 직무를 수행할 수 없게 된 경우

(ii) 직무와 관련된 비위사실이 있는 경우

(iii) 직무태만, 품위손상이나 그 밖의 사유로 위원으로 적합하지 않다고 인정되는 경우

(iv) 시행령 제23조 제1항 각 호의 어느 하나에 해당함에도 불구하고 회피하지 않은 경우

(v) 위원 스스로 직무를 수행하는 것이 곤란하다는 의사를 밝히는 경우

4. 간 사

중앙심의위원회에 간사 1명을 두되, 간사는 국방부의 군용비행장·군사격장 소음 방지 및 피해 보상 업무를 담당하는 과장급 공무원으로 한다(시행령 제20조 제5항).

Ⅲ. 심의사항

중앙소음대책위원회의 심의사항은 (i) 기본계획의 수립 및 변경에 관한 사항, (ii) 소음대책지역의 지정 및 변경에 관한 사항, (iii) 보상금 지급 정책 및 계획에 관한 사항, (iv) 보상금 재심의 결정에 관한 사항, (v) 그 밖에 이 법의 목적을 달성하기 위하여 위원장이 필요하다고 인정하는 사항 등이다(법 제20조 제1항).

Ⅳ. 운 영

1. 위원회의 운영방법

중앙심의위원회는 재적위원 과반수의 출석으로 개의(開議)하고 출석위원 과반수의 찬성으로 의결한다(시행령 제20조 제4항). 중앙심의위원회는 심의에 필요하다고 인정되는 경우 관계 공무원 또는 전문가를 회의에 참석하게 하거나 관계 기관·단체 등에 자료·의견의 제출 등 필요한 협조를 요청할 수 있다(동조 제6항). 중앙심의위원회 회의에 출석한 위원, 관계 공무원 및 전문가에게는 예산의 범위에서 수당과 여비를 지급할 수 있다. 다만, 공무원인 위원이 그 소관 업무와 직접 관련되어 참석하는 경우에는 지급하지 않는다(동조 제7항). 위 규정한 사항 외에 중앙심의위원회 운영에 필요한 사항은 중앙심의위원회 의결을 거쳐 위원장이 정한다(동조 제8항).

2. 위원의 제척·기피·회피

가. 제 척

중앙심의위원회 및 지역심의위원회 위원이 (i) 위원 또는 그 배우자나 배우자였던 사람이 해당 안건의 당사자(당사자가 법인·단체 등인 경우에는 ㄱ 임원을 포함한다. 이하 이 호 및 제2호에서 같다)이거나 그 안건의 당사자와 공동권리자 또는 공동의무자인 경우, (ii) 위원이 해당 안선의 덩사자와 친족이거나 친족이었던 경우, (iii) 위원이 해당 안건에 관하여 자문, 연구, 용역(하도급을 포함한다), 감정 또는 조사를 한 경우, (iv) 위원이나 위원이 속한 법인·단체 등이 해당 안건의 당사자의 대리인이거나 대리인이었던 경우, (v) 위원이 임원 또는 직원으로 재직하고 있거나 최근 3년 이내에 재직했던 기업 등이 해당 안건에 관하여 자문, 연구, 용역(하도급을 포함한다), 감정 또는 조사를 한 경우의 어느 하나에 해당하는 경우에는 해당 안건의 심의·의결에서 제척된다(시행령 제23조 제1항).

나. 기 피

해당 안건의 당사자는 위원에게 공정한 심의·의결을 기대하기 어려운 사정이 있는 경우에는 중앙심의위원회 또는 지역심의위원회에 기피신청을 할 수 있고, 중앙심의위원회 또는 지역심의위원회는 의결로 기피 여부를 결정한다. 이 경우 기피신청의 대상인 위원은 그 의결에 참여하지 못한다(시행령 제23조 제2항).

다. 회 피

중앙심의위원회 및 지역심의위원회 위원은 제1항 각 호에 따른 제척사유에 해당하는 경우에는 해당 위원회에 그 사실을 알리고, 스스로 해당안건의 심의·의결을 회피(回避)해야 한다(시행령 제23조 제3항).

제21조(지역소음대책심의위원회의 설치 및 기능)

제21조(지역소음대책심의위원회의 설치 및 기능)

① 다음 각 호의 사항을 심의하기 위하여 관할 시장·군수·구청장 소속으로 지역소음대책심의위원회를 둔다.

  1. 보상금 지급대상, 보상금액 등의 결정에 관한 사항

  2. 보상금 이의신청의 결정에 관한 사항

② 지역심의위원회의 구성 및 운영, 그 밖에 필요한 사항은 대통령령으로 정한다.

시행령 제21조(지역심의위원회의 구성 및 운영)

① 지역심의위원회는 위원장 1명을 포함한 9명 이내의 위원으로 구성한다.

② 지역심의위원회 위원장은 부시장·부군수·부구청장으로 하고, 위원은 다음 각 호의 사람으로 한다.

  1. 해당 특별자치시·시·군·구(자치구를 말한다)의 5급 이상 공무원으로서 시장·군수·구청장이 임명하는 3명 이내의 사람

  2. 제20조제1항제2호 각 목의 사람 중에서 시장·군수·구청장이 위촉하는 5명 이내의 사람

③ 지역심의위원회는 재적위원 과반수의 출석으로 개의하고 출석위원 과반수의 찬성으로 의결한다.

④ 지역심의위원회에 간사 1명을 두되, 간사는 시·군·구의 군 소음피해 보상 업무를 담당하는 과장급 공무원으로 한다.

⑤ 지역심의위원회는 심의에 필요하다고 인정되는 경우 관계 공무원 또는 전문가를 회의에 참석하게 하거나 관계 기관·단체 등에 자료·의견의 제출을 요구하는 등 필요한 협조를 요청할 수 있다.

⑥ 지역심의위원회 회의에 출석한 위원 및 전문가에게는 예산의 범위에서 수당과 여비를 지급할 수 있다. 다만, 공무원인 위원이 그 소관 업무와 직접 관련되어 참석하는 경우에는 지급하지 않는다.

⑦ 제1항부터 제6항까지에서 규정한 사항 외에 지역심의위원회 운영에 필요한 사항은 지역심의위원회 의결을 거쳐 위원장이 정한다.

Ⅰ. 의 의

시장·군수·구청장 소속으로 군용비행장 및 군사격장 운용에 따라 발생하는 소음에 관한 학식과 경험이 풍부한 사람 등이 참여하는 지역소음대책심의위원회를 설치함으로써, 군소음의 특수성을 정확히 반영하여 보상금 지급 대상과 보상금액의 결정, 보상금 이의 결정 과정에서 객관성·전문성 있는 심의가 가능하도록 하는 것이 본조의 취지이다.

Ⅱ. 구성과 운영

1. 구 성

지역심의위원회는 위원장 1명을 포함한 9명 이내의 위원으로 구성한다(시행령 제21조 제1항).

2. 위원장

지역심의위원회 위원장은 부시장·부군수·부구청장으로 한다(시행령 제21조 제2항 전단).

3. 위 원

위원은 (i) 해당 특별자치시·시·군·구(자치구를 말한다)의 5급 이상 공무원으로서 시장·군수·구청장이 임명하는 3명 이내의 사람, (ii) 시행령 제20조 제1항 제2호 각 목의 사람 중에서 시장·군수·구청장이 위촉하는 5명 이내의 사람으로 한다(시행령 제21조 제2항 후단).

4. 간 사

지역심의위원회에 간사 1명을 두되, 간사는 시·군·구의 군 소음피해 보상 업무를 담당하는 과장급 공무원으로 한다(시행령 제21조 제4항).

5. 위원회의 운영

지역심의위원회는 재적위원 과반수의 출석으로 개의하고 출석위원 과반수의 찬성으로 의결한다(시행령 제21조 제3항).

6. 위원의 해촉

시장·군수·구청장은 시행령 제21조 제2항 제2호에 따른 지역심의위원회 위원이 시행령 제24조 제1항 각 호의 어느 하나에 해당하는 경우에는 해당 위원을 해촉할 수 있다(시행령 제24조 제2항).

제22조(권한의 위임)

> **제22조(권한의 위임)**
> 이 법에 따른 국방부장관의 권한은 그 일부를 대통령령으로 정하는 바
> 에 따라 시장·군수·구청장에게 위임할 수 있다.

Ⅰ. 의 의

행정기관의 장은 그가 직접 시행하여야 할 사무를 제외하고는 그 권
한의 일부를 그 보조기관이나 하급행정기관의 장, 다른 행정기관의 장,
지방자치단체의 장 또는 공공단체나 사인에게 위임 또는 위탁하는 경우
가 있다. 본조는 국방부장관의 권한의 일부를 대통령이 정하는 바에 따
라 시장·군수·구청장에게 위임할 수 있다고 규정하고 있다. '위임'이란 법
률에 규정된 행정기관의 장의 권한 중 일부를 그 보조기관 또는 하급행
정기관의 장이나 지방자치단체의 장에게 맡겨 그의 권한과 책임 아래 행
사하도록 하는 것을 말한다(「행정권한의 위임 및 위탁에 관한 규정」 제2조
제1호).

Ⅱ. 수임인의 의무

(1) 위임을 받은 시장·군수·구청장(수임인)은 수임 사무를 처리할 때
법령을 준수하고, 수임 및 수탁사무를 성실히 수행하여야 한다(「행정권한
의 위임 및 위탁에 관한 규정」 제5조). 국방부장관은 수임인의 수임 사무
처리에 대하여 지휘·감독하고, 그 처리가 위법하거나 부당하다고 인정될
때에는 이를 취소하거나 정지시킬 수 있다(동규정 제6조). 위임을 받은 사
무의 처리에 관하여 국방부장관은 위임을 받은 수임인에 대하여 사전 승
인을 받거나 협의를 할 것을 요구할 수 없다(동규정 제7조). 위임을 받은

사무 처리에 관한 책임은 위임을 받은 수임인에게 있으며, 국방부장관은 그에 대한 감독책임을 진다. 위임을 받은 사무에 관한 권한을 행사할 때에는 위임을 받은 시장·군수·구청장 명의로 시행하여야 한다(동규정 제8조). 국방부장관은 위임한 사무 처리의 적정성을 확보하기 위하여 필요한 경우에는 위임을 받은 수임인의 수임 사무 처리 상황을 수시로 감사(監査)할 수 있다(동규정 제9조).

(2) 법률에서 위임받은 사항을 전혀 규정하지 않고 재위임하는 것은 이위임금지(履委任禁止)의 법리에 반할 뿐 아니라 수권법의 내용변경을 초래하는 것이 되므로 허용되지 않지만 위임받은 사항에 관하여 대강을 정하고 그 중의 특정사항을 범위를 정하여 하위법령에 다시 위임하는 경우에는 재위임이 허용된다.

제23조(결산보고)

> **제23조(결산보고)**
> 시장·군수·구청장은 매 회계연도의 보상금 등에 관한 결산보고서를 작성하여 다음 연도 2월 말까지 국방부장관에게 제출하여야 한다.

I. 의 의

국가사무인 보상금지급의무에 관한 업무를 수탁받은 시장·군수·구청장은 매 회계연도의 보상금에 관하여 국방부장관에게 결산보고를 할 의무가 있다. 이를 통하여 국방부장관은 보상금지급사무를 성실하게 수행하였는지 여부를 확인할 수 있기 때문이다.

II. 내 용

시장·군수·구청장은 매 회계연도의 보상금 등에 관한 결산보고서를 작성하여 다음 연도 2월 말까지 국방부장관에게 제출하여야 한다(법 제23조). 우리나라 정부는 2009회계연도부터 국가 재정의 전 부문에 발생주의·복식부기 회계제도를 도입하였다.[1]

---

1) 정도진·김종현·마성민, "국가결산보고시 활용성 증내 방안에 관한 연구", 「국제회계연구」 제60집(2015), 231면.

제24조(보고 및 검사 등)

제24조(보고 및 검사 등)

① 국방부장관은 필요한 때에는 시장·군수·구청장에게 보상금 등에 관하여 필요한 보고를 하게 하거나 자료 제출을 명할 수 있으며, 소속 공무원으로 하여금 검사하게 할 수 있다.

② 제1항에 따라 검사를 하는 공무원은 그 권한을 표시하는 증표를 지니고 이를 관계인에게 내보여야 한다.

I. 의 의

위임을 받은 사무 처리에 관한 책임은 위임을 받은 수임인에게 있다. 위임인인 국방부장관은 수임인에 대한 감독책임을 진다. 국방부장관은 위임한 사무 처리의 적정성을 확보하기 위하여 필요한 경우에는 위임을 받은 수임인의 수임 사무 처리 상황을 수시로 감사(監査)할 수 있다(「행정권한의 위임 및 위탁에 관한 규정」 제9조).[1] 본조에서는 국방부장관은 시장·군수·구청장이 국가사무인 보상금의 지급에 관한 업무를 제대로 수행하고 있는지를 지도·감독하기 위하여 필요한 경우에는 보고·자료제출을 명할 수 있고, 소속공무원으로 하여금 검사할 수 있는 권한을 부여하여, 본법의 실효성을 확보하고자 한다.

---

1) 관할 행정청의 사회복지사업 운영자에 대한 지도·감독 권한의 내용, 후원금의 관리에 관한 사항을 규정한 구 사회복지사업법과 구 재무회계규칙의 문언, 체계, 입법 취지 등을 종합하면, 사회복지시설의 장은 회계연도 종료 후 15일 이내에 후원금 수입 및 사용 결과보고서를 관할 시장·군수·구청장에게 제출할 의무를 부담하고 있었으므로, 시장·군수·구청장 등은 사회복지시설이 후원금의 관리에 관한 업무를 제대로 수행하고 있는지를 지도·감독하기 위하여 필요한 경우, 사회복지시설에 후원금의 수입 및 사용내역과 관련된 서류를 제출할 것을 명할 수 있다(대법원 2018. 7. 11. 선고 2018두36844 판결).

Ⅱ. 내 용

1. 보고·자료제출의 명령

국방부장관은 필요한 때에는 시장·군수·구청장에게 보상금 등에 관하여 필요한 보고를 하게 하거나 자료 제출을 명할 수 있다(법 제24조 제1항 전단).

2. 검 사

국방부장관은 필요한 때에는 소속 공무원으로 하여금 검사하게 할 수 있다(법 제24조 제1항 후단). 제1항에 따라 검사를 하는 공무원은 그 권한을 표시하는 증표를 지니고 이를 관계인에게 내보여야 한다(동조 제2항).

제25조(벌칙 적용에서 공무원 의제)

제25조(벌칙 적용에서 공무원 의제)
중앙심의위원회 및 지역심의위원회 위원 중에서 공무원이 아닌 위원은 「형법」 제129조부터 제132조까지의 규정을 적용할 때에는 공무원으로 본다.

Ⅰ. 의 의

시행령 제20조 제1항 제2호에 규정된 (i)「고등교육법」 제2조 제1호부터 제6호까지의 규정에 따른 학교에서 소음 분야와 관련된 학과의 부교수 이상으로 재직 중인 사람, (ii) 소음 분야의 박사 학위를 취득한 후 해당 분야에서 5년 이상 근무한 경력이 있는 사람, (iii) 판사, 검사, 군법무관 또는 변호사의 직에 5년 이상 재직한 사람, (iv) 그 밖에 소음 분야에 전문적인 지식과 경험이 풍부한 사람 중에서 공무원 아닌 위원으로 위촉된 사람은 심의위원회에서 공법에 관한 사항인 소음보상 업무 등을 수행한다. 그런데 비공무원인 위원이 형법 제129조부터 제132조까지에 규정된 범죄를 저지른 경우에는 구성요건적 신분인 공무원의 지위에 있지 아니하므로, 처벌할 수 없는 문제가 발생한다. 이에 본조는 비공무원인 위원이 형법 제129조부터 제132조까지의 규정을 적용할 때 공무원으로 간주하도록 규정하여 위와 같은 문제를 해결하고, 비공무원인 위원이 염결(廉潔)한 상태에서 위원회의 업무를 수행하도록 하고자 한다. 이는 위원회 운영의 공정성과 투명성을 높이기 위하여 공무원이 아닌 사람이 심의위원회의 위원으로서 직무를 처리하는 경우에 그 직무와 관련하여 부당한 금품을 수수하면 공무원으로 보아 형법 제129조부터 제132조까지의 뇌물죄로 처벌하려는 것이다.[1]

---

1) 대법원 2013. 11. 28. 선고 2013도10011 판결.

Ⅱ. 내 용

　형법 제129조(수뢰, 사전수뢰), 제130조(제3자뇌물제공), 제131조(수뢰후 부정처사, 사후수뢰)의 범죄주체는 공무원 또는 중재인이다. 본조에 의하여 형법 제129조(수뢰, 사전수뢰), 제130조(제3자뇌물제공), 제131조(수뢰후 부정처사, 사후수뢰)의 규정을 적용할 때 비공무원인 위원은 공무원으로 간주된다. 따라서 비공무원인 위원이 그 직무[2]에 관하여 뇌물을 수수하거나 부정한 청탁을 받고 제3자에게 뇌물을 공여하게 하거나 공여를 요구 또는 약속하는 등 형법 제129조~제131조에 규정된 범죄를 저지른 경우에는 진정신분범으로 인정되어 형사상 처벌을 받게 된다.

---

2) 뇌물죄에서 직무란 공무원이 그 지위에 수반하여 공무로서 처리하는 일체의 직무를 말하며, 과거에 담당하였거나 또는 장래 담당할 직무 및 사무분장에 따라 현실적으로 담당하지 않는 직무라고 하더라도 법령상 일반적인 직무권한에 속하는 직무 등 공무원이 그 직위에 따라 공무로 남낭할 일제의 직무를 말한다(대법원 2013. 11. 28. 선고 2013도10011 판결).

제26조(벌칙)

> **제26조(벌칙)**
> ① 거짓이나 그 밖의 부정한 방법으로 보상금을 지급받은 사람은 3년 이하의 징역 또는 3천만원 이하의 벌금에 처한다.
> ② 제1항의 미수범은 처벌한다.

Ⅰ. 의 의

거짓이나 그 밖의 부정한 방법으로 보상금을 지급받은 사람은 본법 제19조에 의하여 국가에 대하여 환수의무를 부담한다. 그러나 위와 같은 환수조항만으로는 거짓이나 그 밖의 부정한 방법으로 보상금을 지급받는 행위를 예방하기에 부족하기 때문에, 적극적으로 국가를 기망하여 보상금을 지급받은 사람에 대하여는 형벌의 제재를 가함으로써 범죄의 예방과 보상금지급제도의 운영에서 정의를 실현하고자 한다.

Ⅱ. 내 용

1. 구성요건

'거짓 또는 그 밖의 부정한 방법'이라 함은 정상적인 절차에 의하여는 보상금을 지급받을 수 없음에도 위계 기타 사회통념상 부정이라고 인정되는 행위로서 보상금 교부에 관한 의사결정에 영향을 미칠 수 있는 적극적 및 소극적 행위를 뜻한다.[1] 보상금을 지급받은 경우에 본죄가 성립

---

[1] 대법원 2016. 11. 24. 선고 2016도8419 판결; '거짓이나 그 밖의 부정한 방법으로 급여를 지급받은 경우'에 해당한다고 보기 위해서는 허위, 기만, 은폐 등 사회통념상 부정이라고 인정되는 행위가 있어야 하고, 단순히 요건이 갖추어지지 아니하였음에도 급여를 수령한 경우까지 이에 해당한다고 볼 수는 없다(대법원 2017. 8. 23. 선고 2015두51651 판결).

하므로 침해범에 해낭한다.

2. 처 벌

거짓이나 그 밖의 부정한 방법으로 보상금을 지급받은 사람은 3년 이하의 징역 또는 3천만 원 이하의 벌금에 처한다(법 제26조 제1항).

3. 미 수 범

본조의 미수범은 처벌한다(법 제26조 제2항). 미수범의 형은 기수범보다 감경할 수 있다(형법 제25조 제2항).

부칙 〈제16582호, 2019. 11. 26.〉

부칙 〈제16582호, 2019. 11. 26.〉
이 법은 공포 후 1년이 경과한 날부터 시행한다.

본법은 2019. 11. 26. 공포되었으므로, 1년이 경과한 후인 2020. 11. 27.부터 시행된다. 그러므로 2020. 11. 26.까지 발생한 소음피해는 본법이 아니라 국가배상법이 적용되므로, 주민은 민사소송제도에 의하여 손해배상을 받을 수 있다.

부 록

군용비행장·군사격장 소음 방지 및
피해 보상에 관한 법률
(약칭: 군소음보상법)

[시행 2020. 11. 27.] [법률 제16582호, 2019. 11. 26., 제정]

국방부(군소음보상TF) 02-748-5894

제1조(목적) 이 법은 군용비행장 및 군사격장의 운용으로 발생하는 소음을 방지하고, 그 피해에 대한 보상 등을 효율적으로 추진함으로써 주민의 쾌적한 생활환경을 보장하고, 군사 활동의 안정된 기반을 조성하는 데 기여함을 목적으로 한다.

제2조(정의) 이 법에서 사용하는 용어의 뜻은 다음과 같다.

1. "군용항공기"란 「군용항공기 운용 등에 관한 법률」 제2조제1호에 따른 군용항공기를 말한다.

2. "군용비행장"이란 「군사기지 및 군사시설 보호법」 제2조제4호가목부터 다목까지의 규정에 따른 전술항공작전기지(부산광역시 강서구에 위치한 전술항공작전기지는 제외한다), 지원항공작전기지 및 헬기전용작전기지를 말한다.

3. "군사격장"이란 군이 활용할 목적으로 사격을 할 수 있도록 시설을 갖춘 특정 장소를 말한다.

4. "소음대책지역"이란 군용비행장 및 군사격장의 운용으로 발생한 소음피해가 있는 지역으로서 소음피해 보상금 지급 등을 추진하기 위하여 국방부장관이 제5조제1항에 따라 지정·고시한 지역을 말한다.

5. "소음피해 보상"이란 소음대책지역 주민들 중 소음피해가 일정 수준을 넘어서는 주민들의 피해에 대하여 보상금을 지급하는 것을 말한다.

6. "소음영향도"란 군용항공기의 운항 및 군사격장에서의 사격 훈련 시 측정된 소음도에 소음 발생 횟수 및 시간대 등을 고려하여 국

방부령으로 정하는 방법에 따라 산정한 값을 말한다.

제3조(다른 **법률과의 관계**) 이 법은 군용비행장 및 군사격장의 소음 방지 및 소음피해 보상에 관하여 다른 법률에 우선하여 적용한다.

제4조(**국가와 지방자치단체의 책무**) ① 국가와 지방자치단체는 소음대책지역에 거주하는 주민의 쾌적하고 건강한 생활환경을 조성하기 위하여 필요한 대책을 수립·시행하여야 한다.

② 국가와 지방자치단체는 제1항에 따른 대책에 드는 재원을 우선적으로 확보하기 위하여 노력하여야 한다.

제5조(**소음대책지역의 지정·고시 등**) ① 국방부장관은 제20조에 따른 중앙소음대책심의위원회(이하 "중앙심의위원회"라 한다)의 심의를 거쳐 소음영향도를 기준으로 대통령령으로 정하는 바에 따라 제1종 구역, 제2종 구역 및 제3종 구역으로 소음대책지역을 지정·고시하여야 한다. 소음영향도에 중대한 변화가 있어 소음대책지역을 변경 지정할 때에도 또한 같다.

② 국방부장관은 제1항에 따라 소음대책지역을 지정·고시하기 위하여 군용비행장 및 군사격장 주변지역의 소음영향도를 조사하여야 한다.

③ 국방부장관은 제2항에 따라 소음영향도를 조사하는 경우 소음 측정·평가·분석 등에 관하여 공인된 기술능력이 있는 자에게 조사를 의뢰하여야 한다.

④ 제2항 및 제3항에 따른 소음영향도 조사의 주기·방법 및 기준 등에 관하여 필요한 사항은 대통령령으로 정한다.

제6조(**소음대책지역에서의 시설물의 설치 제한 등**) ① 특별시장·광역시장·도지사·특별자치도지사(이하 "시·도지사"라 한다) 또는 특별자치시장·시장·군수·구청장(자치구의 구청장을 말한다. 이하 "시장·군수·구청장"이라 한다)은 소음피해 확산을 방지하기 위하여 소음대책지역 지정·고시 이후 소음대책지역 내의 토지를 취득하게 된 자 등에게 소음대책지역에서의 시설물의 설치 및 용도를 제한하여야 한다. 다만, 방음시설 설치 등 일정한 조건을 붙여 시설물의 설치를 허용할 수 있다.

② 시·도지사 또는 시장·군수·구청장은 제1항에 따른 조건을 이행하지 아니한 자에게 다음 각 호의 사항을 명할 수 있다.

  1. 시설물의 용도변경

  2. 소음피해 방지시설의 보완

  ③ 제1항에 따른 설치 및 용도 제한 대상 시설물의 종류와 제한조건 등에 필요한 사항은 국방부령으로 정한다.

제7조(소음대책지역 소음 방지 및 소음피해 보상에 관한 기본계획의 수립)

  ① 국방부장관은 소음대책지역에 대하여 5년마다 소음 방지 및 소음피해 보상 등에 관한 기본계획(이하 "기본계획"이라 한다)을 수립하여야 한다.

  ② 기본계획에는 다음 각 호의 사항을 포함하여야 한다.

  1. 군용비행장 및 군사격장의 운용에 따라 발생하는 소음 대책의 기본방향

  2. 군용비행장 및 군사격장의 운용에 따라 발생하는 소음 저감 방안

  3. 소음피해 보상 방안

  4. 재원조달 방안

  5. 그 밖에 국방부장관이 필요하다고 인정하는 사항

  ③ 국방부장관은 기본계획을 수립할 때에는 미리 소음대책지역의 주민, 전문가 등의 의견을 수렴한 후 그 의견이 타당하다고 인정할 때에는 이를 반영하여야 한다.

  ④ 제3항에 따른 의견수렴의 절차·방법, 그 밖에 필요한 사항은 대통령령으로 정한다.

제8조(자동소음측정망의 설치) ① 국방부장관은 군용비행장 및 군사격장의 운용에 따라 발생하는 소음 실태를 파악하여 소음피해 보상금 지급 등에 활용하기 위하여 자동소음측정망을 설치하여야 한다. 다만, 「소음·진동관리법」 제3조제1항에 따라 설치된 측정망을 이용하여 소음 실태를 파악할 수 있는 경우에는 그러하지 아니하다.

  ② 제1항에 따라 자동소음측정망을 설치하고자 할 때에는 미리 환경부장관 및 관계 행정기관의 장과 협의하여야 한다.

  ③ 시장·군수·구청장은 관할 구역의 소음 실태를 조사하기 위하여 필요한 경우에는 자동소음측정망을 추가로 설치하거나 설치 위치를 변경할 것을 국방부장관에게 요청할 수 있다.

제9조(자동소음측정망 설치계획의 수립·고시 등) ① 국방부장관은 제8조제
1항에 따라 자동소음측정망을 설치할 때에는 자동소음측정망의 위치
및 범위 등을 구체적으로 밝힌 자동소음측정망 설치계획을 수립하여
야 한다.

② 제1항에 따라 자동소음측정망의 설치계획을 수립한 경우에는 국방
부령으로 정하는 바에 따라 이를 고시하고, 그 도면을 누구든지 열람
할 수 있게 하여야 한다. 이를 변경하는 경우에도 또한 같다.

③ 국방부장관이 제1항 또는 제2항에 따라 자동소음측정망 설치계획
을 수립·고시한 경우에는 다음 각 호의 허가를 받은 것으로 본다.

1. 「하천법」 제30조에 따른 하천공사의 시행허가 및 같은 법 제33조
   에 따른 하천의 점용허가

2. 「도로법」 제61조에 따른 도로의 점용허가

3. 「공유수면 관리 및 매립에 관한 법률」 제8조에 따른 공유수면의
   점용허가 또는 사용허가

④ 국방부장관은 제1항 및 제2항에 따라 자동소음측정망 설치계획을
수립하거나 변경하는 경우 제3항 각 호의 어느 하나에 해당하는 허가
사항이 포함되어 있으면 미리 관계 행정기관의 장과 협의하여야 한다.

제10조(타인의 토지에의 출입 등) ① 국방부장관은 자동소음측정망의 설치
나 이를 위한 현지조사, 측량 또는 자동소음측정망의 유지·보수를 위
하여 필요한 경우에는 다음 각 호의 행위를 할 수 있다.

1. 타인의 토지에 출입하는 행위

2. 타인의 토지 또는 이에 정착된 건물이나 그 밖의 인공구조물(이하
   "토지 등"이라 한다)을 사용하는 행위

3. 타인의 식물이나 그 밖의 장애물을 변경하거나 제거하는 행위

② 국방부장관은 제1항 각 호의 행위로 인하여 발생한 손실에 대하여
는 정당한 보상을 하여야 한다.

③ 국방부장관은 토지 등의 사용이 끝난 경우에는 토지 등을 원상회
복하거나 원상회복에 필요한 비용을 대통령령으로 정하는 바에 따라
토지 등의 소유자 또는 점유자에게 지급하여야 한다.

제11조(이륙·착륙 절차의 개선) 국방부장관은 소음대책지역에서 소음으로

인한 영향을 저감하기 위하여 필요한 경우 군사작전·훈련 및 안전운항에 지장을 주지 아니하는 범위에서 군용항공기의 이륙·착륙 절차의 개선을 위하여 노력하여야 한다.

제12조(야간비행 및 야간사격 등의 제한) ① 국방부장관은 군용항공기로부터 발생하는 소음이 소음대책지역에 미치는 영향을 방지하거나 저감하기 위하여 군사작전 및 훈련에 지장을 주지 아니하는 범위에서 지휘계통을 통하여 군용항공기의 야간비행을 제한할 수 있다. 민군공용비행장에서 민간항공기의 경우 국방부장관은 국토교통부장관에게 운항횟수나 야간비행의 제한을 요청할 수 있고, 이 경우 국토교통부장관은 특별한 사유가 없는 한 이에 따라야 한다.

② 국방부장관은 사격으로 인한 소음이 소음대책지역에 미치는 영향을 방지하거나 저감하기 위하여 군사작전 및 훈련에 지장을 주지 아니하는 범위에서 지휘계통을 통하여 야간사격을 제한할 수 있다.

제13조(소음피해 보상금 재원 마련 의무) 국방부장관은 소음대책지역에 거주하는 주민들에게 소음피해 보상금(이하 "보상금"이라 한다)을 지급할 수 있도록 재원을 마련하여야 한다.

제14조(보상금 지급기준 및 신청절차 등) ① 보상금은 소음영향도, 실제 거주기간 등에 따라 차등 지급하되, 전입 시기 등에 따라 보상금에서 필요한 금액을 공제하거나 감액하여 지급할 수 있다.

② 국방부장관은 보상금 지급 대상지역 및 기준 등을 관할 시장·군수·구청장에게 통보하여야 하며, 관할 시장·군수·구청장은 보상금을 지급받을 주민들에게 보상금에 관한 사항을 안내 또는 공지하여야 한다.

③ 제2항의 안내 또는 공지에 따라 보상금을 지급받고자 하는 자는 대통령령으로 정하는 관련 증빙서류를 첨부하여 서면으로 관할 시장·군수·구청장에게 보상금 지급을 신청하여야 한다.

④ 제3항에 따라 보상금 지급 신청을 접수한 시장·군수·구청장은 제21조에 따른 지역소음대책심의위원회(이하 "지역심의위원회"라 한다)의 심의를 거쳐 보상금 지급대상, 보상금액 등을 결정하고 그 결과를 인터넷 홈페이지에 공고하거나 보상금 지급신청자에게 통보하여야 한다.

⑤ 제4항에 따라 홈페이지에 공고되거나 통보받은 보상금 지급대상자가 제15조제1항에 따라 이의신청을 하지 아니한 경우에는 제4항에 따라 공고되거나 통보받은 결과에 동의한 것으로 본다.

⑥ 제1항부터 제5항까지에 따른 보상금의 지급대상, 지급기준, 보상금액, 구체적인 신청절차 및 시기 등은 대통령령으로 정한다.

제15조(이의신청 등) ① 보상금 지급대상에서 제외된 자 또는 보상금액을 다투는 자는 제14조제4항에 따라 홈페이지에 공고하거나 통보한 날부터 60일 이내에 관할 시장·군수·구청장에게 대통령령으로 정하는 방법에 따라 이의를 신청할 수 있다. 이 경우 보상금액이 부당하다는 사실은 이를 주장하는 자가 입증하여야 한다.

② 시장·군수·구청장은 제1항에 따른 이의신청이 있는 때에는 지역심의위원회의 심의를 거쳐 이의신청일부터 30일 이내에 이의신청에 대하여 결정하고, 그 결과를 이의신청인에게 통보하여야 한다.

③ 제2항에 따른 결정에 이의가 있는 자는 이의신청 결과를 통보받은 날부터 30일 이내에 국방부장관에게 재심의를 신청할 수 있다.

④ 제3항의 재심의에 관하여는 제1항 후단 및 제2항을 준용한다. 이 경우 제2항 중 "시장·군수·구청장"은 "국방부장관"으로, "지역심의위원회"는 "중앙심의위원회"로, "이의신청인"은 "재심의신청인 및 관할 시장·군수·구청장"으로 본다.

⑤ 제1항에 따른 이의신청인이나 제3항에 따른 재심의신청인이 제2항 또는 제4항에 따라 통보받은 이의신청 또는 재심의 결과에 따라 보상금을 지급받으려는 경우 지체 없이 그 결정에 대한 동의서를 관할 시장·군수·구청장에게 서면으로 제출하여야 한다.

제16조(보상금의 지급) ① 시장·군수·구청장은 제14조제5항에 따라 홈페이지에 공고되거나 통보받은 결과에 동의한 보상금 지급대상자와 제15조제2항에 따른 이의신청인 및 제15조제4항에 따른 재심의신청인에게 제14조제4항에 따라 공고되거나 통보받은 보상금액(이의신청인 또는 재심의신청인의 경우 이의신청 또는 재심의신청 결정결과에 따른 금액을 말한다)을 매년 대통령령으로 정하는 기간까지 지급하여야 한다.

② 제1항에 따른 보상금 지급절차에 필요한 사항은 대통령령으로 정

한다.

제17조(소멸시효) 보상금의 지급을 받을 권리는 제14조제4항에 따른 공고 기간이 끝난 날 또는 통보받은 날부터 5년간 행사하지 아니하면 시효의 완성으로 소멸한다.

제18조(다른 법률에 따른 배상 등과의 관계) ① 이 법에 따른 보상금을 받을 자가 같은 원인에 대하여 다른 법률에 따라 손해배상을 받은 경우에는 그 범위에서 보상금을 지급하지 아니한다.

② 이 법에 따른 보상금의 지급 결정에 보상금 신청인이 동의한 경우에는 군용비행장 및 군사격장과 관련하여 입은 소음피해에 대하여 「민사소송법」에 따른 재판상 화해가 성립된 것으로 본다.

제19조(보상금의 환수) ① 국가는 이 법에 따른 보상금을 지급받은 사람이 다음 각 호의 어느 하나에 해당하는 경우에는 그 보상금의 전부 또는 일부를 환수하여야 한다.

1. 거짓 또는 그 밖의 부정한 방법으로 보상금의 지급을 받은 경우

2. 잘못 지급된 경우

② 제1항에 따라 보상금을 반환하여야 할 사람이 기한 이내에 해당 금액을 납부하지 아니한 때에는 국세 체납처분의 예에 따라 이를 징수한다.

제20조(중앙소음대책심의위원회의 설치 및 기능) ① 다음 각 호의 사항을 심의하기 위하여 국방부장관 소속으로 중앙소음대책심의위원회를 둔다.

1. 기본계획의 수립 및 변경에 관한 사항

2. 소음대책지역의 지정 및 변경에 관한 사항

3. 보상금 지급 정책 및 계획에 관한 사항

4. 보상금 재심의 결정에 관한 사항

5. 그 밖에 이 법의 목적을 달성하기 위하여 위원장이 필요하다고 인정하는 사항

② 중앙심의위원회는 위원장 1명을 포함한 9명 이내의 위원으로 구성한다.

③ 중앙심의위원회의 위원장은 국방부차관이 되고, 위원은 국방부 및 관계 중앙행정기관 소속 공무원과 군용비행장 및 군사격장 운용에 따

라 발생하는 소음에 관한 학식과 경험이 풍부한 사람 중에서 국방부
장관이 임명하거나 위촉한다.

④ 그 밖에 중앙심의위원회의 구성 및 운영 등에 필요한 사항은 대통
령령으로 정한다.

제21조(지역소음대책심의위원회의 설치 및 기능) ① 다음 각 호의 사항을
심의하기 위하여 관할 시장·군수·구청장 소속으로 지역소음대책심의
위원회를 둔다.

1. 보상금 지급대상, 보상금액 등의 결정에 관한 사항

2. 보상금 이의신청의 결정에 관한 사항

② 지역심의위원회의 구성 및 운영, 그 밖에 필요한 사항은 대통령령
으로 정한다.

제22조(권한의 위임) 이 법에 따른 국방부장관의 권한은 그 일부를 대통
령령으로 정하는 바에 따라 시장·군수·구청장에게 위임할 수 있다.

제23조(결산보고) 시장·군수·구청장은 매 회계연도의 보상금 등에 관한
결산보고서를 작성하여 다음 연도 2월 말까지 국방부장관에게 제출하
여야 한다.

제24조(보고 및 검사 등) ① 국방부장관은 필요한 때에는 시장·군수·구청
장에게 보상금 등에 관하여 필요한 보고를 하게 하거나 자료 제출을
명할 수 있으며, 소속 공무원으로 하여금 검사하게 할 수 있다.

② 제1항에 따라 검사를 하는 공무원은 그 권한을 표시하는 증표를
지니고 이를 관계인에게 내보여야 한다.

제25조(벌칙 적용에서 공무원 의제) 중앙심의위원회 및 지역심의위원회 위
원 중에서 공무원이 아닌 위원은 「형법」 제129조부터 제132조까지의
규정을 적용할 때에는 공무원으로 본다.

제26조(벌칙) ① 거짓이나 그 밖의 부정한 방법으로 보상금을 지급받은
사람은 3년 이하의 징역 또는 3천만원 이하의 벌금에 처한다.

② 제1항의 미수범은 처벌한다.

부칙 〈제16582호, 2019. 11. 26.〉
이 법은 공포 후 1년이 경과한 날부터 시행한다.

[부록 2]
군용비행장·군사격장 소음 방지 및 피해 보상에 관한 법률 시행령

(약칭: 군소음보상법 시행령)

[시행 2020. 11. 27.] [대통령령 제31173호, 2020. 11. 24., 제정]

국방부(군소음보상TF) 02-748-5894

제1조(목적) 이 영은 「군용비행장·군사격장 소음 방지 및 피해 보상에 관한 법률」에서 위임된 사항과 그 시행에 필요한 사항을 규정함을 목적으로 한다.

제2조(소음대책지역의 지정·고시) ① 「군용비행장·군사격장 소음 방지 및 피해 보상에 관한 법률」(이하 "법"이라 한다) 제5조제1항에 따라 국방부장관이 지정·고시하는 소음대책지역의 구역별 소음영향도 기준은 별표와 같다.

② 국방부장관은 별표의 기준에 따라 소음대책지역을 구역별로 지정하거나 변경 지정하려는 경우에는 다음 각 호의 사항을 고시해야 한다.

1. 각 구역의 위치 및 면적

2. 각 구역의 지적(地積)이 표시된 지형도

③ 국방부장관은 제2항에 따른 지정·고시를 했을 때에는 해당 구역을 관할하는 특별자치시장·시장·군수·구청장(구청장은 자치구의 구청장을 말하며, 이하 "시장·군수·구청장"이라 한다)에게 해당 지역에 관한 도면 등을 송부하여 1개월 이상 일반인이 공람할 수 있게 해야 한다.

④ 특별시장·광역시장·특별자치도지사·특별자치시장·시장 또는 군수는 「국토의 계획 및 이용에 관한 법률」 제18조에 따른 도시·군기본계획을 수립하거나 같은 법 제24조에 따른 도시·군관리계획을 입안할 때에는 법 제5조제1항에 따라 지정·고시된 사항을 반영해야 한다.

제3조(소음영향도 조사의 방법 등) ① 법 제5조제2항에 따른 소음영향도 조사(이하 "소음영향도 조사"라 한다)는 군용비행장 및 군사격장의 소음 강도, 소음 발생 시간대 등을 고려하여 실시한다.

② 국방부장관은 소음영향도 조사를 위하여 필요한 자료를 해당 지역을 관할하는 각 군 참모총장(해병대의 경우에는 해병대사령관을 말하며, 이하 "각 군 참모총장"이라 한다)에게 요청할 수 있다.

③ 국방부장관은 소음영향도 조사를 하는 경우 조사 내용, 소음 측정 지점 또는 소음 측정 결과 등에 대하여 해당 지역의 주민대표 및 시장·군수·구청장의 의견을 들을 수 있다.

④ 국방부장관은 소음영향도 조사가 적합하게 수행되고 있는지를 검토하기 위하여 시장·군수·구청장이 추천하는 2명 이내의 외부전문가를 조사에 참여시킬 수 있다.

⑤ 시장·군수·구청장은 국방부장관이 제4항에 따른 외부전문가의 조사 참여를 위하여 추천을 요청한 경우 그 요청일부터 30일 이내에 외부전문가를 추천해야 한다.

⑥ 소음영향도 조사는 5년마다 실시한다.

⑦ 제2항부터 제6항까지에서 규정한 사항 외에 소음영향도 조사의 방법 등에 관하여 필요한 사항은 국방부령으로 정한다.

제4조(소음영향도 조사가 제외되는 군사격장) ① 제3조제1항에도 불구하고 국방부장관은 소형화기 군사격장(20㎜ 미만의 구경을 갖는 화기로 사격하는 군사격장을 말한다. 이하 같다)이 다음 각 호의 어느 하나에 해당하는 경우에는 해당 군사격장을 소음영향도 조사 대상에서 제외할 수 있다.

1. 방음시설이 설치되어 있거나 사격실이 실내에 있는 경우

2. 주둔지 또는 일반전초(GOP: 전방 배치부대) 내인 경우

3. 군용비행장 안에 위치한 경우

4. 민간인 통제선 이북에 위치하는 등 소음영향도 조사의 실효성이 없는 것으로 판단되는 경우

② 국방부장관은 소형화기 군사격장이 제1항 각 호의 어느 하나에 해당한다고 판단하여 소음영향도 조사에서 제외하려는 경우에는 미리 해당 지역의 주민대표 및 시장·군수·구청장의 의견을 듣고, 법 제20조에 따른 중앙소음대책심의위원회(이하 "중앙심의위원회"라 한다)의 심의를 거쳐야 한다.

제5조(소음대책지역 소음 방지 및 소음피해 보상에 관한 기본계획의 수립 및 시행) ① 국방부장관은 법 제7조제1항에 따른 소음 방지 및 소음피해 보상 등에 관한 기본계획(이하 "기본계획"이라 한다)을 수립할 때 필요한 자료를 각 군 참모총장에게 요청할 수 있다.

② 각 군 참모총장은 기본계획에 반영된 각종 소음 저감 방안의 이행을 위한 연도별 시행계획을 수립하여 매년 1월 31일까지 국방부장관에게 제출해야 한다.

③ 각 군 참모총장은 제2항에 따른 연도별 시행계획의 추진 실적을 다음 연도 1월 31일까지 국방부장관에게 보고해야 한다.

제6조(기본계획 수립 시 의견수렴의 절차·방법 등) ① 국방부장관은 법 제7조제3항에 따라 소음대책지역의 주민, 전문가 등의 의견을 수렴할 때에는 해당 기본계획안을 관보에 공고하고 인터넷 홈페이지에 게시해야 한다. 이 경우 소음대책지역의 주민 및 전문가 등이 14일 이상 열람할 수 있도록 공고·게시해야 한다.

② 소음대책지역의 주민, 전문가 등은 기본계획안이 관보에 공고된 날부터 그 공고가 끝나는 날까지 해당 기본계획안에 대한 의견을 제출할 수 있다.

제7조(자동소음측정망의 설치 등) ① 국방부장관은 법 제8조제1항 본문에 따른 자동소음측정망의 설치를 위하여 군용비행장 및 군사격장의 특성, 지형 및 환경 등 필요한 자료를 각 군 참모총장에게 요청할 수 있다.

② 자동소음측정망의 설치 기준, 방법 등에 관하여 필요한 사항은 국방부령으로 정한다.

제8조(자동소음측정망 설치계획의 수립) 국방부장관은 법 제9조제1항에 따른 자동소음측정망 설치계획의 수립에 필요한 자료를 각 군 참모총장에게 요청할 수 있다.

제9조(손실보상 산정 방법 및 절차) ① 법 제10조제2항에 따른 손실보상을 받으려는 자(국가 및 지방자치단체는 제외한다)는 국방부령으로 정하는 손실보상 신청서에 다음 각 호의 서류를 첨부하여 국방부장관에게 제출해야 한다.

1. 손실 산출서

2. 재산 손실을 증명할 수 있는 자료

② 국방부장관은 제1항에 따른 신청을 받은 경우 신청인과 보상금액에 관하여 협의해야 하며, 협의에 필요한 자료를 각 군 참모총장 또는 「국방시설본부령」 제3조에 따른 국방시설본부장에게 요청할 수 있다.

③ 국방부장관은 보상금액을 결정하기 위하여 필요한 경우에는 감정인, 참고인 또는 이해관계인의 의견을 들을 수 있다.

제10조(원상회복 비용의 지급 등) ① 국방부장관이 법 제10조제3항에 따라 원상회복에 필요한 비용을 지급하기 위해서는 토지 등의 원상회복 전에 해당 토지 등의 소유자 또는 점유자와 협의해야 한다.

② 제1항에 따른 협의 결과 원상회복 비용을 지급받기로 한 토지 등의 소유자 또는 점유자는 원상회복에 드는 비용을 증명할 수 있는 자료 등을 첨부하여 국방부장관에게 그 비용을 청구할 수 있다. 이 경우 원상회복 비용의 청구절차는 제9조에 따른다.

제11조(소음피해 보상금 지급대상 및 산정기준) ① 법 제14조에 따라 소음피해 보상금(이하 "보상금"이라 한다)을 지급받을 수 있는 주민은 보상금을 지급하려는 해의 전년도 1월 1일부터 12월 31일까지의 기간 중 소음대책지역에 주민등록지를 두고 실제 거주한 사실이 있는 사람으로 한다.

② 소음대책지역의 구역별로 지급하는 보상금의 기준 금액은 다음 각 호와 같다.

1. 제1종 구역: 월 6만원

2. 제2종 구역: 월 4만 5천원

3. 제3종 구역: 월 3만원

③ 제2항에도 불구하고 군사격장의 운용에 따른 소음대책지역의 경우에는 월별 실제 사격 일수를 고려하여 다음 각 호의 구분에 따라 해당 월의 보상금의 기준 금액을 산정한다.

1. 사격이 없는 경우: 보상금 미지급

2. 사격 일수가 1일 이상 8일 미만인 경우: 제2항에 따른 보상금의 3분의 1 지급

3. 사격 일수가 8일 이상 15일 미만인 경우: 제2항에 따른 보상금의 3분의 2 지급

4. 사격 일수가 15일 이상인 경우: 제2항에 따른 보상금 전액 지급

④ 제2항 및 제3항에 따른 보상금의 기준 금액은 법 제14조제1항에 따라 다음 각 호의 사항을 적용하여 공제하거나 감액한다.

1. 소음대책지역으로 전입한 시기

　가. 1989년 1월 1일부터 2010년 12월 31일까지의 기간 중에 전입한 경우(1989년 1월 1일 전에 소음대책지역에 거주하다가 소음대책지역 외의 지역으로 전출한 뒤 1년 이내에 종전 거주지에 다시 전입한 경우는 제외한다): 30퍼센트 감액

　나. 2011년 1월 1일 이후에 전입한 경우(2010년 1월 1일부터 2010년 12월 31일까지의 기간 중에 소음대책지역에 거주하다가 소음대책지역 외의 지역으로 전출한 뒤 1년 이내에 종전 거주지에 다시 전입한 경우는 가목에 해당하는 것으로 본다): 50퍼센트 감액

　다. 가목 및 나목에도 불구하고 군용비행장이나 군사격장을 설치하기 전에 소음대책지역으로 전입하였거나, 소음대책지역에 전입한 당시 미성년자(전입일이 2013년 7월 1일 전인 경우에는 20세 미만을 말한다)였던 경우 또는 혼인으로 배우자의 기존 거주지인 소음대책지역에 전입한 경우는 감액하지 않는다.

2. 보상금을 지급받을 수 있는 주민의 근무지나 사업장(사업자등록을 한 경우로 한정한다. 이하 같다)의 위치

　가. 근무지나 사업장이 해당 소음대책지역 밖에 위치하고 군용비행장 또는 군사격장 정문으로부터의 최단거리가 100킬로미터 이내인 경우: 30퍼센트 감액

　나. 근무지나 사업장이 해당 소음대책지역 밖에 위치하고 군용비행장 또는 군사격장 정문으로부터의 최단거리가 100킬로미터를 초과하는 경우: 100퍼센트 감액

⑤ 제2항부터 제4항까지의 규정에 따라 산정한 보상금은 보상금을 지급받을 수 있는 주민이 실세 거주한 날수에 비례하여 지급한다. 이 경

우 다음 각 호의 기간은 실제 거주한 날수에서 제외한다.

1. 현역병(의무경찰대원, 의무소방원 및 대체복무요원을 포함한다)으로 복무한 기간
2. 이민 등 국외체류 기간
3. 교도소 등에 수용된 기간
4. 그 밖의 사유로 소음대책지역 내에 실제 거주하지 않은 기간

⑥ 제1항에 따른 보상금을 받을 수 있는 주민을 결정할 때에는 해당 주민이 주민등록지를 두고 있는 건축물을 기준으로 판단하며, 해당 건축물이 소음대책지역의 구역 간 경계에 걸쳐 있는 경우에는 보상금 기준이 더 큰 구역에 속하는 것으로 본다.

⑦ 제5항제4호에 해당되는지 및 제6항에 따라 해당 건축물이 소음대책지역의 구역 간 경계에 걸쳐 있는지에 관하여는 법 제21조에 따른 지역소음대책심의위원회(이하 "지역심의위원회"라 한다)가 심의하여 결정한다.

제12조(보상금 지급 대상지역 등의 통보) ① 법 제14조제2항에 따라 국방부장관이 보상금 지급 대상지역 및 기준 등을 관할 시장·군수·구청장에게 통보하는 경우 「토지이용규제 기본법」 제8조제2항에 따라 지적이 표시된 지형도에 소음대책지역을 구역별로 명시한 도면을 작성하여 통보해야 한다.

② 제1항에 따라 통보를 받은 시장·군수·구청장은 그 내용을 「토지이용규제 기본법」 제8조제9항에 따라 같은 법 제12조에 따른 국토이용정보체계에 등재하여 소음대책지역의 지정 효력이 발생한 날부터 일반 국민이 볼 수 있도록 해야 한다.

③ 각 군 참모총장은 제11조제3항의 기준에 따라 산정한 각 군사격장의 해당 연도 월별 보상금 기준을 매년 12월 31일까지 국방부장관에게 보고해야 하며, 국방부장관은 그 내용을 관할 시장·군수·구청장에게 통보해야 한다.

제13조(보상금 신청 안내 등) ① 시장·군수·구청장은 법 제14조제2항에 따라 보상금에 관한 사항을 안내하기 위하여 보상금 지급 대상지역, 산정기준 및 지급절차 등에 관한 안내 자료를 작성하여 매년 1월 31

일까시 관할하는 소음대책지역에 배포해야 한다.

② 시장·군수·구청장은 보상금에 관한 사항을 주민들에게 효과적으로 안내하기 위하여 소음대책지역 각 구역에 속하는 지번의 주소 등을 인터넷 홈페이지에 게시할 수 있다.

제14조(보상금의 지급 신청) ① 법 제14조제3항에 따라 보상금 지급을 신청하려는 사람(세대원 또는 세대원의 법정대리인 간에 합의하여 세대원 중 성년자를 세대 대표자로 선정한 경우에는 세대 대표자를 말하고, 신청인이 이민·입원·수감 또는 그 밖의 부득이한 사유로 보상금을 직접 신청할 수 없어 대리인을 선임한 경우에는 대리인을 말한다)은 국방부령으로 정하는 보상금 지급 신청서에 다음 각 호의 서류를 첨부하여 매년 2월 말일까지 관할 시장·군수·구청장에게 제출해야 한다.

1. 보상금을 지급받을 수 있는 신청인 명의의 금융회사 거래통장 사본 1부

2. 국방부령으로 정하는 세대 대표자 선정서 1부(세대 대표자를 선정해 신청하는 경우만 해당한다)

3. 다음 각 목의 구분에 따른 사람이 확인한 국방부령으로 정하는 보상금 신청 위임장 1부(대리인을 선임해 신청하는 경우만 해당한다)

   가. 이민 등 국외체류의 경우: 재외공관의 장

   나. 입원한 경우: 의료기관의 장

   다. 교도소 등에 수용된 경우: 수용기관의 장

   라. 그 밖의 부득이한 사유가 있는 경우: 읍·면·동장

4. 직장 소재지, 재직기간을 증명할 수 있는 재직증명서 등의 서류 1부(보상금을 받으려는 사람이 근로자 또는 공무원인 경우만 해당한다)

5. 피상속인의 제적 등본(가족관계증명서로 부양의무자를 확인할 수 없는 경우만 해당한다), 주민등록말소자 초본, 상속인의 주민등록 초본, 상속인이 여럿인 경우 청구 대표자를 제외한 다른 상속인의 위임장 및 인감증명서 각 1부(보상금 지급대상 주민이 사망하거나 실종된 경우만 해당한다)

② 제1항에 따라 보상금의 지급 신청을 받은 시장·군수·구청장은 제1

항 각 호의 서류가 첨부되어 있지 않은 경우에는 신청인에게 보완하게 해야 한다.

③ 제1항에 따라 보상금의 지급 신청을 받은 시장·군수·구청장은 「전자정부법」 제36조제1항에 따른 행정정보의 공동이용을 통하여 신청인의 주민등록표 등본 및 초본, 건강보험자격득실확인서, 사업자등록증명, 출입국에 대한 사실증명의 내용을 확인해야 한다. 다만, 신청인이 확인에 동의하지 않는 경우에는 해당 서류를 첨부하게 해야 한다.

④ 제1항에 따라 보상금의 지급 신청을 받은 시장·군수·구청장은 제11조제5항제1호 및 제3호의 내용을 확인하기 위하여 다음 각 호의 구분에 따라 관계 기관의 장에게 관련 자료 제출을 요청해야 한다. 이 경우 해당 기관은 특별한 사유가 없으면 그 요청에 따라야 한다.

1. 현역병의 복무기간: 각 군 참모총장

2. 의무경찰대원의 복무기간: 경찰청장 또는 해양경찰청장

3. 의무소방원의 복무기간: 소방청장

4. 대체복무요원의 복무기간: 소관 중앙행정기관장의 장

5. 교도소 등에 수용된 기간: 법무부장관

⑤ 제1항에도 불구하고 같은 항에 따른 기한까지 보상금을 신청하지 않은 사람은 다음 연도의 같은 기간에 보상금을 신청할 수 있다. 이 경우 보상금 지급이 지연된 기간에 대한 이자는 지급하지 않는다.

제15조(보상금의 지급 결정 공고 또는 통보) ① 시장·군수·구청장은 법 제14조제4항에 따라 보상금 지급을 결정하고 매년 5월 31일까지 그 결과를 보상금 신청인에게 통보해야 하고, 인터넷 홈페이지에도 이를 게시할 수 있다.

② 제1항에 따라 보상금 지급 결정을 보상금 신청인에게 통보할 때에는 국방부령으로 정하는 보상금 결정 통지서에 다음 각 호의 사항을 포함해야 한다.

1. 성명, 주소 및 생년월일

2. 대리인의 성명, 주소 및 생년월일(대리인이 신청한 경우만 해당한다)

3. 보상금 지급 여부 및 이유

4. 보상금 및 그 산출방법

5. 보상금 지급 결정 연월일

6. 지급절차

7. 이의신청 절차

제16조(이의신청 및 보상금 결정 동의 등) ① 법 제15조제1항에 따라 이의신청을 하려는 사람(세대 대표자 및 대리인을 포함한다)은 국방부령으로 정하는 이의신청서를 관할 시장·군수·구청장에게 제출해야 한다.

② 법 제15조제2항에 따라 이의신청에 대하여 결정한 시장·군수·구청장은 국방부령으로 정하는 이의신청 결정 통지서를 그 결정을 한 날부터 7일 이내에 그 이의신청을 한 사람에게 송달하여 통보해야 한다.

③ 제2항에 따라 결정된 보상금을 지급받으려는 사람(세대 대표자 및 대리인을 포함한다)은 국방부령으로 정하는 보상금 결정 동의서를 매년 10월 15일까지 관할 시장·군수·구청장에게 제출해야 한다.

④ 법 제15조제3항에 따라 재심의를 신청하려는 사람(세대 대표자 및 대리인을 포함한다)은 국방부령으로 정하는 재심의신청서를 관할 시장·군수·구청장을 거쳐 국방부장관에게 제출해야 한다. 이 경우 관할 시장·군수·구청장은 재심의에 필요한 서류가 갖춰졌는지를 확인해야 하며, 이의신청에 대한 결정을 했을 때 검토했던 서류를 함께 제출해야 한다.

⑤ 국방부장관은 법 제15조제4항에 따라 재심의신청에 대하여 결정을 했을 때에는 국방부령으로 정하는 재심의 결정 통지서를 그 결정을 한 날부터 7일 이내에 그 재심의신청을 한 사람 및 관할 시장·군수·구청장에게 송달하여 통보해야 한다.

⑥ 제5항에 따라 결정된 보상금을 지급받으려는 사람(세대 대표자 및 대리인을 포함한다)은 국방부령으로 정하는 보상금 결정 동의서를 매년 12월 15일까지 관할 시장·군수·구청장에게 제출해야 한다.

제17조(보상금 지급 예산의 요구 및 배정) ① 시장·군수·구청장은 보상금을 지급하려는 경우에는 제15조제2항제1호부터 제5호까지의 사항이 포함된 지급 결정 내용을 첨부하여 국방부장관에게 보상금 지급 예산을 요구해야 한다.

② 시장·군수·구청장은 제16조제2항에 따른 이의신청에 대한 결정에

따라 보상금 예산이 부족하게 된 경우 이의신청에 대한 결정 내용을 첨부하여 국방부장관에게 예산을 요구해야 한다.

③ 국방부장관은 제16조제5항에 따른 재심의에 대한 결정에 따라 보상금 예산이 부족하게 된 경우 관할 시장·군수·구청장에게 그 부족액을 배정해야 한다.

④ 국방부장관은 국방부에 책임이 있는 사유로 제19조제1항 각 호에 따른 기한까지 보상금을 지급하지 못하는 경우에는 지연되는 기간에 대한 이자를 더한 보상금 예산을 관할 시장·군수·구청장에게 배정해야 한다. 이 경우 이자는 「민법」 제379조에 따른 법정이율을 적용하여 계산한다.

제18조(보상금의 지급방법) 시장·군수·구청장은 법 제14조제5항 또는 제15조제5항에 따라 보상금 지급 결정에 동의한 사람에게 제14조제1항제1호의 거래통장에 입금하는 방법으로 보상금을 지급한다. 다만, 보상금을 지급받을 사람이 금융회사가 없는 지역에 거주하는 등 부득이한 사유가 있는 경우에는 그 보상금을 받을 사람의 신청에 따라 현금으로 지급할 수 있다.

제19조(보상금의 지급기한) ① 법 제16조에 따라 시장·군수·구청장은 다음 각 호의 사람에게 해당 구분에 따른 기간까지 보상금을 지급해야 한다.

1. 법 제14조제5항에 따라 보상금액이 확정된 사람: 보상금 지급을 신청한 해의 8월 31일까시

2. 제16조제3항에 따라 보상금 결정 동의서를 제출한 사람: 보상금 지급을 신청한 해의 10월 31일까지

3. 제16조제6항에 따라 보상금 결정 동의서를 제출한 사람: 보상금 지급을 신청한 해의 12월 31일(그 날이 공휴일 또는 토요일인 경우에는 그 해의 마지막 근무일)까지

② 시장·군수·구청장은 제1항에도 불구하고 보상금을 지급받으려는 사람이 제16조제3항 또는 제6항에 따른 기한까지 보상금 결정 동의서를 제출하지 않은 경우에는 제1항제2호 또는 제3호의 기한을 넘겨 보상금을 지급할 수 있다. 이 경우 지급이 지연된 기간에 대한 이자는

지급하시 않는다.

제20조(중앙심의위원회의 구성 및 운영) ① 중앙심의위원회의 위원은 다음
각 호의 사람으로 한다.

1. 기획재정부, 국방부 및 행정안전부의 고위공무원단에 속하는 일반
직공무원 중 해당 기관의 장이 지명하는 사람 각 1명

2. 다음 각 목의 사람 중에서 국방부장관이 위촉하는 5명 이내의 사람
   가. 「고등교육법」 제2조제1호부터 제6호까지의 규정에 따른 학교
   에서 소음 분야와 관련된 학과의 부교수 이상으로 재직 중인
   사람
   나. 소음 분야의 박사 학위를 취득한 후 해당 분야에서 5년 이상
   근무한 경력이 있는 사람
   다. 판사, 검사, 군법무관 또는 변호사의 직에 5년 이상 재직한 사람
   라. 그 밖에 소음 분야에 전문적인 지식과 경험이 풍부한 사람

② 제1항제2호에 따른 위원의 임기는 2년으로 하며, 한 차례만 연임
할 수 있다.

③ 중앙심의위원회 위원장이 부득이한 사유로 직무를 수행할 수 없는
때에는 위원장이 미리 지명한 위원이 그 직무를 대행한다.

④ 중앙심의위원회는 재적위원 과반수의 출석으로 개의(開議)하고 출
석위원 과반수의 찬성으로 의결한다.

⑤ 중앙심의위원회에 간사 1명을 두되, 간사는 국방부의 군용비행장·
군사격장 소음 방지 및 피해 보상 업무를 담당하는 과장급 공무원으
로 한다.

⑥ 중앙심의위원회는 심의에 필요하다고 인정되는 경우 관계 공무원
또는 전문가를 회의에 참석하게 하거나 관계 기관·단체 등에 자료·의
견의 제출 등 필요한 협조를 요청할 수 있다.

⑦ 중앙심의위원회 회의에 출석한 위원, 관계 공무원 및 전문가에게
는 예산의 범위에서 수당과 여비를 지급할 수 있다. 다만, 공무원인
위원이 그 소관 업무와 직접 관련되어 참석하는 경우에는 지급하지
않는다.

⑧ 제1항부터 제7항까지에서 규정한 사항 외에 중앙심의위원회 운영

에 필요한 사항은 중앙심의위원회 의결을 거쳐 위원장이 정한다.

제21조(지역심의위원회의 구성 및 운영) ① 지역심의위원회는 위원장 1명을 포함한 9명 이내의 위원으로 구성한다.

② 지역심의위원회 위원장은 부시장·부군수·부구청장으로 하고, 위원은 다음 각 호의 사람으로 한다.

1. 해당 특별자치시·시·군·구(자치구를 말한다)의 5급 이상 공무원으로서 시장·군수·구청장이 임명하는 3명 이내의 사람

2. 제20조제1항제2호 각 목의 사람 중에서 시장·군수·구청장이 위촉하는 5명 이내의 사람

③ 지역심의위원회는 재적위원 과반수의 출석으로 개의하고 출석위원 과반수의 찬성으로 의결한다.

④ 지역심의위원회에 간사 1명을 두되, 간사는 시·군·구의 군 소음피해 보상 업무를 담당하는 과장급 공무원으로 한다.

⑤ 지역심의위원회는 심의에 필요하다고 인정되는 경우 관계 공무원 또는 전문가를 회의에 참석하게 하거나 관계 기관·단체 등에 자료·의견의 제출을 요구하는 등 필요한 협조를 요청할 수 있다.

⑥ 지역심의위원회 회의에 출석한 위원 및 전문가에게는 예산의 범위에서 수당과 여비를 지급할 수 있다. 다만, 공무원인 위원이 그 소관 업무와 직접 관련되어 참석하는 경우에는 지급하지 않는다.

⑦ 제1항부터 제6항까지에서 규정한 사항 외에 지역심의위원회 운영에 필요한 사항은 지역심의위원회 의결을 거쳐 위원장이 정한다.

제22조(위원의 결격사유) 다음 각 호의 어느 하나에 해당하는 사람은 중앙심의위원회 및 지역심의위원회 위원이 될 수 없다.

1. 피성년후견인

2. 금고 이상의 실형을 선고받고 그 집행이 끝나거나 집행을 받지 않기로 확정된 후 5년이 지나지 않은 사람

3. 금고 이상의 형의 집행유예를 받고 그 집행유예 기간이 끝난 날부터 2년이 지나지 않은 사람

4. 금고 이상의 형의 선고유예를 받은 경우에 그 선고유예 기간 중에 있는 사람

5. 법원의 판결 또는 다른 법률에 따라 자격이 상실되거나 정지된 사람

제23조(위원의 제척·기피·회피) ① 중앙심의위원회 및 지역심의위원회 위원이 다음 각 호의 어느 하나에 해당하는 경우에는 해당 안건의 심의·의결에서 제척된다.

1. 위원 또는 그 배우자나 배우자였던 사람이 해당 안건의 당사자(당사자가 법인·단체 등인 경우에는 그 임원을 포함한다. 이하 이 호 및 제2호에서 같다)이거나 그 안건의 당사자와 공동권리자 또는 공동의무자인 경우

2. 위원이 해당 안건의 당사자와 친족이거나 친족이었던 경우

3. 위원이 해당 안건에 관하여 자문, 연구, 용역(하도급을 포함한다), 감정 또는 조사를 한 경우

4. 위원이나 위원이 속한 법인·단체 등이 해당 안건의 당사자의 대리인이거나 대리인이었던 경우

5. 위원이 임원 또는 직원으로 재직하고 있거나 최근 3년 이내에 재직했던 기업 등이 해당 안건에 관하여 자문, 연구, 용역(하도급을 포함한다), 감정 또는 조사를 한 경우

② 해당 안건의 당사자는 위원에게 공정한 심의·의결을 기대하기 어려운 사정이 있는 경우에는 중앙심의위원회 또는 지역심의위원회에 기피신청을 할 수 있고, 중앙심의위원회 또는 지역심의위원회는 의결로 기피 여부를 결정한다. 이 경우 기피신청의 대상인 위원은 그 의결에 참여하지 못한다.

③ 중앙심의위원회 및 지역심의위원회 위원은 제1항 각 호에 따른 제척 사유에 해당하는 경우에는 해당 위원회에 그 사실을 알리고, 스스로 해당 안건의 심의·의결을 회피(回避)해야 한다.

제24조(위촉위원의 해촉) ① 국방부장관은 제20조제1항제2호에 따른 중앙심의위원회 위원이 다음 각 호의 어느 하나에 해당하는 경우에는 해당 위원을 해촉할 수 있다.

1. 심신장애로 인하여 직무를 수행할 수 없게 된 경우

2. 직무와 관련된 비위사실이 있는 경우

3. 직무태만, 품위손상이나 그 밖의 사유로 위원으로 적합하지 않다고

인정되는 경우

4. 제23조제1항 각 호의 어느 하나에 해당함에도 불구하고 회피하지 않은 경우

5. 위원 스스로 직무를 수행하는 것이 곤란하다는 의사를 밝히는 경우

② 시장·군수·구청장은 제21조제2항제2호에 따른 지역심의위원회 위원이 제1항 각 호의 어느 하나에 해당하는 경우에는 해당 위원을 해촉할 수 있다.

제25조(보상금 지급 관련 예산 확보) 국방부장관은 필요한 경우 법 제16조 제1항에 따른 보상금 지급 업무 수행에 드는 예산을 확보해야 하며, 관계 중앙행정기관의 장은 예산 확보에 적극 협조해야 한다.

제26조(보상금 지급 자료 관리) ① 시장·군수·구청장은 법 제16조에 따라 보상금을 지급한 경우 지급 관련 자료를 전산화하여 별도 관리해야 하며, 지급 결과를 법 제23조에 따른 결산보고서에 포함하여 국방부 장관에게 제출해야 한다.

② 국방부장관은 시장·군수·구청장이 보상금 지급 업무를 효율적으로 수행할 수 있도록 관계 중앙행정기관의 장과 협의하여 보상금 관리시 스템을 구축할 수 있다.

③ 국방부장관은 필요한 경우 제2항에 따른 보상금 관리시스템의 구축 및 유지·관리를 「전자정부법」 제72조제1항에 따른 한국지역정보개 발원에 위탁할 수 있다.

제27조(고유식별정보의 저리) 국방부장관, 특별시장·광역시장·도지사·특별 자치도지사, 시장·군수·구청장, 중앙심의위원회 및 지역심의위원회는 다음 각 호의 사무를 수행하기 위하여 불가피한 경우 「개인정보 보호 법 시행령」 제19조에 따른 주민등록번호 또는 외국인등록번호가 포함 된 자료를 처리할 수 있다.

1. 법 제6조제1항 및 제2항에 따른 소음대책지역의 시설물 설치 제한 등에 관한 사무

2. 법 제10조제2항 및 제3항에 따른 손실보상 및 원상회복에 관한 사무

3. 법 제14조제4항에 따른 보상금 신청 접수 및 지급 심의에 관한 사무

4. 법 제15조제2항 및 제4항에 따른 보상금 이의신청·재심의신청 접

　수 및 지급 심의에 관한 사무

5. 법 제16조제1항에 따른 보상금 지급에 관한 사무

6. 법 제19조제1항에 따른 보상금 환수에 관한 사무

7. 법 제20조제1항제4호에 따른 보상금 재심의 결정에 관한 사무

8. 법 제21조제1항 각 호에 따른 보상금 결정 및 이의신청에 대한 결정에 관한 사무

부칙 〈제31173호, 2020. 11. 24.〉

제1조(시행일) 이 영은 2020년 11월 27일부터 시행한다.

제2조(최초로 지급하는 보상금에 관한 특례) ① 제11조제1항에도 불구하고 최초 보상대상 기간은 2020년 11월 27일부터 2021년 12월 31일까지로 하고, 해당 기간에 대한 보상금은 제11조부터 제19조까지의 규정에 따라 2022년에 지급한다.

② 제1항에 따라 지급하는 보상금 중 2020년 11월 27일부터 2020년 12월 31일까지의 기간에 대한 부분은 「민법」 제379조의 법정이율에 따른 1년분 이자를 더하여 지급한다.

■ 군용비행장·군사격장 소음 방지 및 피해 보상에 관한 법률 시행령 [별표]

소음대책지역의 구역별 소음영향도 기준(제2조제1항 관련)

1. 군용비행장

가. 제1종 구역: 소음영향도(WECPNL) 95 이상

나. 제2종 구역: 소음영향도(WECPNL) 90 이상 95 미만

다. 제3종 구역

1) 대구광역시, 광주광역시, 수원시에 소재한 군용비행장: 소음영향도 (WECPNL) 85 이상 90 미만

2) 세종특별자치시, 강릉시, 군산시, 서산시, 오산시, 원주시, 청주시, 충주시, 평택시, 예천군에 소재한 군용비행장: 소음영향도(WECPNL) 80 이상 90 미만

3) 1)과 2) 외의 군용비행장 중 대구광역시, 광주광역시, 수원시에 소재한 군용비행장 각각의 평균 배경소음도의 최솟값보다 평균 배경 소음도가 큰 군용비행장: 소음영향도(WECPNL) 85 이상 90 미만

4) 1)과 2) 외의 군용비행장 중 세종특별자치시, 강릉시, 군산시, 서산시, 오산시, 원주시, 청주시, 충주시, 평택시, 예천군에 소재한 군용비행장 각각의 평균 배경소음도의 최댓값보다 평균 배경소음도가 작은 군용비행장: 소음영향도(WECPNL) 80 이상 90 미만

5) 3)과 4)에도 불구하고 3)과 4) 모두에 해당하는 군용비행장과 3)과 4) 모두에 해당하지 않는 군용비행장: 소음영향도(WECPNL) 80 이상 90 미만

2. 소형화기 군사격장

가. 제1종 구역: 소음영향도[dB(A)] 82 이상

나. 제2종 구역: 소음영향도[dB(A)] 77 이상 82 미만

다. 제3종 구역: 소음영향도[dB(A)] 69 이상 77 미만

3. 대형화기 군사격장(제2호의 군사격장 외의 군사격장을 말한다)

가. 제1종 구역: 소음영향도[dB(C)] 94 이상

나. 제2종 구역: 소음영향도[dB(C)] 90 이상 94 미만

다. 제3종 구역: 소음영향도[dB(C)] 84 이상 90 미만

4. 제1호 및 제3호에도 불구하고 대형화기 군사격장 중 군용항공기를 이용하여 사격하는 군사격장의 소음대책지역의 구역별 소음영향도 기준은 WECPNL과 dB(C)를 조합한 방안에 따르며, 구체적인 조합 방법은 국방부령으로 정한다.

비고

1. "WECPNL(웨클, Weighted Equivalent Continuous Perceived Noise Level)"이란 항공기 소음이 발생할 때마다 측정된 최고 소음도를 에너지 평균한 값에 일일평균 운항횟수를 시간대별로 가중하여 산출한 소음도를 말한다.

2. "배경소음(Background Noise)"이란 한 장소에 있어서의 특정의 음에 대한 소음이 없을 때 그 장소의 소음을 말한다.

3. "평균 배경소음도"란 국방부장관이 정하는 방법에 따라 소음 측정기간 동안 측정지점별로 측정한 배경소음도를 산술평균하여 산출한 소음도를 말한다.

4. "dB(A)"란 하루 동안의 사격 소음 전체를 에너지 평균한 값에 소형화기 사격 소음의 특성과 사격 시간대를 고려한 보정값을 부여하여 산출한 소음도를 말한다.

5. "dB(C)"란 하루 동안의 사격 소음 전체를 에너지 평균한 값에 대형화기 사격 소음의 특성과 사격 시간대를 고려한 보정값을 부여하여 산출한 소음도를 말한다.

[부록 3]

군용비행장·군사격장 소음 방지 및
피해 보상에 관한 법률 시행규칙

(약칭: 군소음보상법 시행규칙)

[시행 2020. 11. 27.] [국방부령 제1035호, 2020. 11. 24., 제정]

국방부(군소음보상TF) 02-748-5894

제1조(목적) 이 규칙은 「군용비행장·군사격장 소음 방지 및 피해 보상에 관한 법률」 및 같은 법 시행령에서 위임된 사항과 그 시행에 필요한 사항을 규정함을 목적으로 한다.

제2조(소음영향도의 산정방법) 「군용비행장·군사격장 소음 방지 및 피해 보상에 관한 법률」(이하 "법"이라 한다) 제2조제6호에 따른 소음영향도의 산정방법은 별표 1과 같다.

제3조(군용항공기를 이용하여 사격하는 군사격장의 소음대책지역 지정 기준) 「군용비행장·군사격장 소음 방지 및 피해 보상에 관한 법률 시행령」(이하 "영"이라 한다) 제2조제1항 및 별표 제4호에 따른 군용항공기를 이용하여 사격하는 군사격장의 구역별 소음대책지역은 영 별표 제1호 및 제3호를 각각 적용함에 따라 나눠진 구역별 소음대책지역들을 구역별로 합하여 정한다.

제4조(소음영향도 조사의 방법 등) ① 국방부장관은 법 제5조제2항에 따른 소음영향도 조사(이하 "소음영향도 조사"라 한다)를 하는 경우 다음 각 호의 사항을 고려하여 소음 측정지점을 정해야 한다.

1. 군용비행장 또는 군사격장의 소음 분포를 확인하기가 쉬울 것

2. 배경소음과 지형지물에 의한 영향이 작을 것

② 소음영향도 조사에 사용하는 소음계는 「환경분야 시험·검사 등에 관한 법률」 제9조제1항에 따른 형식승인 및 같은 법 제11조제1항에 따른 정도검사(精度檢査)를 받은 것이어야 한다.

③ 제1항 및 제2항에서 규정한 사항 외에 소음영향도 조사 및 소음 측정 등에 필요한 사항은 국방부장관이 정한다.

제5조(소음대책지역에서의 시설물의 설치 제한) 법 제6조제1항에 따라 소음대책지역에서 설치가 제한되는 시설물의 종류 및 제한조건은 별표 2와 같다.

제6조(자동소음측정망의 설치기준 등) ① 국방부장관은 법 제8조제1항 본문에 따른 자동소음측정망(이하 "자동소음측정망"이라 한다)을 설치하는 경우 소음을 측정하는 기기는 특별한 사유가 없으면 소음대책지역 내에 설치해야 하고, 다음 각 호의 사항을 고려하여 그 위치를 정해야 한다.

1. 군용비행장 또는 군사격장의 소음을 적절히 측정할 수 있고 소음 분포를 확인하기가 쉬울 것
2. 배경소음과 지형지물에 의한 영향이 작을 것
3. 유지·보수가 쉽고 장기간 사용이 가능할 것

② 제1항에 따른 소음을 측정하는 기기는 「환경분야 시험·검사 등에 관한 법률」 제9조제1항에 따른 형식승인 및 같은 법 제11조제1항에 따른 정도검사를 받은 것이어야 한다.

③ 제1항 및 제2항에서 규정한 사항 외에 자동소음측정망 설치에 필요한 사항은 국방부장관이 정한다.

제7조(자동소음측정망 설치계획의 고시) 국방부장관이 법 제9조제2항에 따라 고시하는 자동소음측정망 설치계획에는 다음 각 호의 사항이 포함돼야 한다.

1. 자동소음측정망의 설치 시기
2. 자동소음측정망을 설치할 토지나 건축물의 위치 및 면적
3. 자동소음측정망의 배치도

제8조(손실보상 신청의 서식) 영 제9조제1항에 따른 손실보상 신청서는 별지 제1호서식과 같다.

제9조(보상금의 지급 신청) ① 영 제14조제1항에 따른 보상금 지급 신청서는 별지 제2호서식과 같다.

② 영 제14조제1항제2호에 따라 세대 대표자가 세대 대표자 선정서를 제출할 때에는 별지 제3호서식에 위임자(위임자의 법정대리인을 포함한다)의 주민등록증 등 공공기관이 발행한 본인 및 주소 확인이 가능

한 신분증의 사본을 첨부해야 한다.

③ 영 제14조제1항제3호에 따른 보상금 신청 위임장은 별지 제4호서식과 같다.

제10조(보상금의 지급 결정 통보의 서식) 영 제15조제2항에 따른 보상금 결정 통지서는 별지 제5호서식과 같다.

제11조(이의신청 및 보상금 결정 동의 등) ① 법 제15조제1항 및 영 제16조제1항에 따라 이의신청을 하려는 사람은 별지 제6호서식의 이의신청서에 다음 각 호의 서류를 첨부하여 관할 특별자치시장·시장·군수·구청장(구청장은 자치구의 구청장을 말하며, 이하 "시장·군수·구청장"이라 한다)에게 제출해야 한다.

1. 이의신청 취지 및 사유를 증명할 수 있는 자료 1부

2. 세대 대표자가 신청하는 경우에는 별지 제3호서식의 세대 대표자 선정서 1부

3. 대리인이 신청하는 경우에는 별지 제4호서식의 보상금 신청 위임장 1부

② 영 제16조제2항에 따른 이의신청 결정 통지서는 별지 제7호서식과 같다.

③ 법 제15조제3항 및 영 제16조제4항에 따라 재심의를 신청하려는 사람은 별지 제8호서식의 재심의신청서에 다음 각 호의 서류를 첨부하여 관할 시장·군수·구청장을 거쳐 국방부장관에게 제출해야 한다.

1. 이의신청 결정 통지서 정본 1부

2. 재심의신청 취지 및 사유를 증명할 수 있는 자료 1부

3. 세대 대표자가 신청하는 경우에는 별지 제3호서식의 세대 대표자 선정서 1부

4. 대리인이 신청하는 경우에는 별지 제4호서식의 보상금 신청 위임장 1부

④ 영 제16조제5항에 따른 재심의 결정 통지서는 별지 제9호서식과 같다.

⑤ 법 제15조제5항 및 영 제16조제3항·제6항에 따라 보상금을 지급받으려는 사람은 별지 제10호서식의 보상금 결정 동의서에 다음 각

호의 시류를 첨부하여 관할 시장·군수·구청장에게 제출해야 한다.

1. 이의신청 결정 통지서 또는 재심의 결정 통지서 정본 1부
2. 세대 대표자가 신청하는 경우에는 별지 제3호서식의 세대 대표자 선정서 1부
3. 대리인이 제출하는 경우에는 별지 제4호서식의 보상금 신청 위임장 1부

부칙 〈제1035호, 2020. 11. 24.〉

이 규칙은 2020년 11월 27일부터 시행한다.

■ 군용비행장·군사격장 소음 방지 및 피해 보상에 관한 법률 시행규칙 [별표 1]

<u>소음영향도 산정방법(제2조 관련)</u>

1. 군용비행장

소음영향도($WECPNL$) $= \overline{L}_{\max} + 10\log N - 27$

2. 소형화기 군사격장

소음영향도$[L_{Rdn}, dB(A)] = 10\log\left(\sum_{i=1}^{n} 10^{\frac{L_{RAE,di}}{10}} + \sum_{j=1}^{m} 10^{\frac{L_{RAE,nj}+10}{10}}\right) - 10\log T$

3. 대형화기 군사격장

소음영향도$[L_{Rdn}, dB(C)] = 10\log\left(\sum_{i=1}^{n} 10^{\frac{L_{RCE,di}}{10}} + \sum_{j=1}^{m} 10^{\frac{L_{RCE,nj}+10}{10}}\right) - 10\log T$

비고

1. 제1호의 계산식에서 $\overline{L}_{\max}$는 항공기 소음에 대하여 하루 단위로 계산한 평균최고소음도로서 다음의 산정방법에 따라 계산한 값을 말한다. 이 경우 n은 하루 동안의 항공기 소음 측정 횟수를, L_i는 i번째 발생한 항공기 소음의 최고소음도를 말한다.

$$\overline{L}_{\max} = 10\log\left[\frac{1}{n}\sum_{i=1}^{n} 10^{0.1L_i}\right] dB(A)$$

2. 제1호의 계산식에서 N은 하루 동안 발생한 항공기 소음의 횟수로서 다음의 산정방법에 따라 계산한 값을 말한다. 이 경우 N_1은 오전 0시부터 오전 7시 전까지의 횟수를, N_2는 오전 7시부터 오후 7시 전까지의 횟수를, N_3은 오후 7시부터 오후 10시 전까지의 횟수를, N_4는 오후 10시부터 오후 12시 전까지의 횟수를 말한다.

$$N = N_2 + 3N_3 + 10(N_1 + N_4)$$

3. 제2호 및 제3호의 계산식에서 T는 초 단위의 측정시간으로서 다음
   의 산정방법에 따라 계산한 값을 말한다. 이 경우 T_d는 오전 7시부
   터 오후 10시 전까지의 측정시간을, T_n은 오후 10시부터 다음 날
   오전 7시 전까지의 측정시간을 말한다.

$$T = T_d + T_n$$

4. 제2호의 계산식에서 $L_{RAE,di}$와 $L_{RAE,nj}$는 군사격장에서 각각 주간과 야
   간 시간대에 발생하는 소형화기의 소음노출레벨에 소형화기 충격소
   음 보정값($K_S = 12dB$)을 더한 A-가중 평가소음노출레벨로서, d_i는
   주간 시간대에 발생한 i번째 사격 이벤트를, n_j는 야간 시간대에 발
   생한 j번째 사격 소음 이벤트를 말하고, 다음의 산정방법에 따라
   계산한다.

$$L_{RAE} = L_{AE} + K_S$$
$$L_{AE} = 10\log\left[\sum_{i=1}^{n} 10^{0.1 L_{Aeq,1s,i}}\right]$$

이 경우 $L_{Aeq,1s,i}$는 i번째 사격 이벤트에서 발생한 소음이 배경소음보다
10dB 이상 큰 1초 단위의 A-가중 등가소음도를 말한다.

5. 제3호의 계산식에서 $L_{RCE,di}$와 $L_{RCE,nj}$는 군사격장에서 각각 주간과 야
   간 시간대에 발생하는 대형화기의 소음노출레벨에 대형화기 충격소
   음 보정값($K_L = 18dB$)을 더한 C-가중 평가소음노출레벨로서, d_i는
   주간 시간대에 발생한 i번째 사격 이벤트를, n_j는 야간 시간대에 발
   생한 j번째 사격 소음 이벤트를 말하고, 다음의 산정방법에 따라
   계산한다.

$$L_{RCE} = L_{CE} + K_L$$

$$L_{CE} = 10 \log \left[\sum_{i=1}^{n} 10^{0.1 L_{Ceq,1s,i}} \right]$$

이 경우 $L_{Ceq,1s,i}$는 i번째 사격 이벤트에서 발생한 소음이 배경소음보다 10dB 이상 큰 1초 단위의 C-가중 등가소음도를 말한다.

6. 그 밖에 소음영향도 산정에 필요한 사항은 국방부장관이 정한다.

■ 군용비행장·군사격장 소음 방지 및 피해 보상에 관한 법률 시행규칙 [별표 2]

<u>소음대책지역에서의 시설물 설치 제한(제5조 관련)</u>

구분 / 대상 시설	소음대책지역		
	제1종	제2종	제3종
주거용 시설	방음시설 설치조건으로 신축 허가	제한 없음	제한 없음
교육 및 의료시설	방음시설 설치조건으로 신축 허가	제한 없음	제한 없음
공공시설	방음시설 설치조건으로 신축 허가	제한 없음	제한 없음

비고

1. 위 표에서 "주거용 시설"이란 다음 각 목의 어느 하나에 해당하는 시설을 말한다.

　가.「건축법 시행령」별표 1 제1호 및 제2호에 해당하는 건축물

　나. 다음의 건축물 중 주거용도로 사용하는 공간

　　1)「건축법 시행령」별표 1 제3호에 따른 제1종 근린생활시설 중 다음의 어느 하나에 해당하는 것

　　　가) 일용품(식품·잡화·의류·완구·서적·건축자재·의약품·의료기기 등)을 판매하는 소매점, 휴게음식점, 제과점으로서 같은 건축물 안에서 해당 용도로 쓰이는 바닥면적의 합계가 300㎡ 미만인 것

　　　나) 이용원, 미용원, 일반목욕장 및 세탁소(공장에 부설된 것은 제외한다)

　　2)「건축법 시행령」별표 1 제4호에 따른 제2종 근린생활시설 중 일반음식점, 기원, 휴게음식점, 제과점으로서 제1종 근린생활시설에 해당하지 않는 것

　　3)「건축법 시행령」별표 1 제21호에 따른 동물 및 식물 관련 시

설 중 축사(양잠·양봉·양어 시설 및 부화장 등을 포함한다), 가축시설[가축용 운동시설, 인공수정센터, 관리사(管理舍), 가축용 창고, 가축시장, 동물검역소, 실험동물 사육시설, 그 밖에 이와 비슷한 것을 말한다]

2. 위 표에서 "교육 및 의료시설"이란 「건축법 시행령」 별표 1 제9호 및 제10호에 따른 의료시설 및 교육연구시설을 말한다.

3. 위 표에서 "공공시설"이란 「건축법 시행령」 별표 1 제11호 및 제12호에 따른 노유자시설 및 수련시설(제1종 근린생활시설에 해당하지 않는 것을 말한다)을 말한다.

4. 위 표에서 방음시설은 창의 경우 복층창 16㎜＋복층창 16㎜, 출입문의 경우 강철제 문 60㎜와 같은 수준 이상의 소리 차단 성능을 갖춘 것을 의미하며, 창은 외부 공기에 직접 접하는 경우에 한정한다.

■ 군용비행장·군사격장 소음 방지 및 피해 보상에 관한 법률 시행규칙 [별지 제1호서식]

손실보상 신청서

※ 바탕색이 어두운 난은 신청인이 적지 않습니다.

접수 번호		접수 일시		처리 기간	3년
신청인	성명(법인명)		주민등록번호(사업자번호)		
	주소 (휴대전화번호 또는 전화번호 :　　　　　　　　　)				

손실 발생 연월일	
손실 발생 장소	(면적 :　　　　㎡)
손실의 내용	
보상 요구액 및 산출방법	
그 밖의 손실 증명자료	

「군용비행장·군사격장 소음 방지 및 피해 보상에 관한 법률」 제10조제2항, 같은 법 시행령 제9조제1항 및 같은 법 시행규칙 제8조에 따라 위와 같이 보상을 신청합니다.

년　　　　월　　　　일

신청인　　　　　　　　　　　(서명 또는 인)

국방부장관　귀하

처 리 절 차

신청서 작성	→	접　수	→	서류검토	→	협　의	→	결　재	→	통　지

신청인

처 리 기 관 : 국방부

210mm×297mm[백상지(80g/㎡) 또는 중질지(80g/㎡)]

■ 군용비행장·군사격장 소음 방지 및 피해 보상에 관한 법률 시행규칙 [별지 제2호서식]

보상금 지급 신청서

※ 뒤쪽의 작성방법을 읽고 작성하시기 바라며, 바탕색이 어두운 난은 신청인이 적지 않습니다.　　(앞쪽)

접수번호	접수 일시		보상대상 기간	년　　월　　일 ~ 년　　월　　일

<table>
<tr>
<td rowspan="9">신청인</td>
<td colspan="2">성명</td>
<td colspan="2">주민등록번호</td>
</tr>
<tr>
<td colspan="4">실거주지 주소</td>
</tr>
<tr>
<td colspan="4">(휴대전화번호 또는 전화번호:　　　　　　　　　　)
※ 주민등록지와 불일치하는 경우 보상금 지급대상에서 제외될 수 있습니다.</td>
</tr>
<tr>
<td colspan="2">① [　] 취업 여부</td>
<td colspan="2">② [　] 사업자등록 여부</td>
</tr>
<tr>
<td>직장명</td>
<td></td>
<td>사업장명</td>
<td></td>
</tr>
<tr>
<td>직장
위치</td>
<td></td>
<td>사업장
위치</td>
<td></td>
</tr>
<tr>
<td>재직
기간</td>
<td>년　월　일
~ 년　월　일</td>
<td>사업
기간</td>
<td>년　월　일
~ 년　월　일</td>
</tr>
</table>

<table>
<tr>
<td rowspan="4">거주
제외
기간</td>
<td>③ [　] 현역병으로 군 복무
([　]육군, [　]해군, [　]공군, [　]해병,
[　]의무경찰, [　]의무소방, [　]대체복무)</td>
<td>~ 년　월　일
년　월　일</td>
</tr>
<tr>
<td>④ [　] 이민 등 국외체류</td>
<td>~ 년　월　일
년　월　일</td>
</tr>
<tr>
<td>⑤ [　] 교도소 등에 수용</td>
<td>~ 년　월　일
년　월　일</td>
</tr>
<tr>
<td>⑥ [　] 그 밖의 사유
(사유:　　　　　　　　)</td>
<td>~ 년　월　일
년　월　일</td>
</tr>
</table>

⑦ 보상금 지급통장	은행	계좌번호	

「군용비행장·군사격장 소음 방지 및 피해 보상에 관한 법률」 제14조제3항, 같은 법 시행령 제14조제1항 및 같은 법 시행규칙 제9조제1항에 따라 보상금의 지급을 신청합니다.

　　　　　　　　　　　　　　　　　　　　　　년　　　　　　일　　　　　인

　　　　　　　　　　　　　신청인　　　　　　　(서명 또는 인)
　　　　　　　　세대 대표자 또는 대리인　　　(서명 또는 인)

시장·군수·구청장　　　　　　　　　　　　　　　　　　　　　　귀하

신청인 제출서류	1. 보상금을 지급받을 수 있는 신청인 명의의 금융회사 거래통장 사본 1부 2. 세대 대표자 선정서 1부(세대 대표자가 신청하는 경우에만 제출합니다) 3. 보상금 신청 위임장 1부(이민·입원이나 그 밖의 부득이한 사유 등으로 대리 신청을 하는 경우에만 제출합니다) 4. 직장 소재지, 재직기간을 증명할 수 있는 재직증명서 등의 서류 1부(근로자 또는 공무원의 경우에만 제출합니다) 5. 피상속인의 제적 등본(가족관계증명서로 부양의무자를 확인할 수 없는 경우만 제출합니다), 주민등록말소자 초본, 상속인의 주민등록 초본, 상속인이 여럿인 경우 청구 대표자를 제외한 다른 상속인의 위임장 및 인감증명서 각 1부(보상금 지급대상 주민이 사망하거나 실종된 경우만 제출합니다)	수수료 없음
담당 공무원 확인사항	1. 신청인의 주민등록표 등본 및 초본 2. 건강보험자격득실확인서 3. 사업자등록증명 4. 출입국에 관한 사실증명 5. 현역병(의무경찰대원, 의무소방원 및 대체복무요원을 포함합니다)의 복무기간 6. 교도소 등에 수용된 기간	

210mm×297mm[백상지(80g/㎡) 또는 중질지(80g/㎡)]

(뒤쪽)

행정정보 공동이용 동의서

본인은 이 건 업무처리와 관련하여 담당 공무원이 「전자정부법」 제36조제1항에 따른 행정정보의 공동이용을 통하여 위의 담당 공무원 확인사항을 확인하는 것에 동의합니다.

※동의하지 않는 경우에는 신청인이 직접 관련 서류를 제출해야 합니다.

신청인　　　　　　　　　　　　　　　　　(서명 또는 인)

개인정보 수집 및 활용 동의

1. 개인정보 활용 목적

　이 신청서를 접수한 시장·군수·구청장이 「군용비행장·군사격장 소음 방지 및 피해 보상에 관한 법률」 제14조부터 제16조까지의 규정과 같은 법 시행령 제11조, 제14조 및 제15조에 따라 보상금 지급 심의 및 결정 등을 위하여 개인정보를 활용하고자 합니다.

2. 활용할 개인정보와 동의 요청 범위

　인적사항 및 가족관계 확인에 관한 정보, 취업 및 재학 상태에 관한 정보, 그 밖에 보상금 지급 결정을 위하여 필요한 정보로서 주민등록전산정보·건강보험자격득실확인·출입국·병무·교정 등 자료 또는 정보에 대하여 정기적으로 관계 기관에 요청하거나 관련 정보통신망(행정정보공동이용)을 통해 조회 또는 적용하는 것에 동의합니다.

3. 개인정보 보유 및 파기

　「개인정보 보호법」 제21조제1항에 따라 활용한 개인정보를 5년간 보유하고 그 기간이 지나면 파기함을 고지합니다. ※신청인이 담당 공무원의 확인에 동의하지 않는 경우에는 해당 서류를 직접 제출해야 합니다.

신청인　　　　　　　　　　　　　　　　　(서명 또는 인)

안내사항

1. 거짓 또는 그 밖의 부정한 방법으로 보상금을 지급받은 경우에는 「군용비행장·군사격장 소음 방지 및 피해 보상에 관한 법률」 제19조제1항제1호에 따라 그 보상금이 환수될 수 있으며, 같은 법 제26조에 따라 3년 이하의 징역 또는 3천만원 이하의 벌금을 처분받을 수 있습니다.
2. 보상금 신청을 위해 작성·제출하신 서류는 반환되지 않습니다.
3. 같은 법에 따른 보상금을 받을 사람이 같은 원인에 대하여 다른 법률에 따라 손해배상을 받은 경우에는 그 범위만큼 보상금을 지급하지 않습니다.
4. 보상금 지급 결정 결과는 5월 31일까지 특별자치시·시·군·구 인터넷 홈페이지에 공고하거나 신청인에게 통보하며, 인터넷 홈페이지에 공고하거나 통보한 날부터 60일 이내에 이의를 신청하실 수 있습니다. 기한 내에 이의신청을 하지 않은 경우에는 보상금 지급 결정 결과에 동의한 것으로 처리됩니다.

신청인　　　　　　　　　　　　　　　　　(서명 또는 인)

작성방법

1. ①란에는 취업하여 재직 중인 경우 직장명, 직장위치, 보상대상 기간 중 재직기간을 적습니다.
2. ②란에는 사업자의 경우 사업장명, 사업장위치, 보상대상 기간 중 사업기간을 적습니다.
3. ③란에는 현역병으로 복무한 경우 구체적으로 육군·해군·공군, 해병대, 의무경찰, 의무소방원, 대체복무요원 중 어디에 해당하는지와 보상대상 기간 중 복무기간을 적습니다.
4. ④란에는 이민 등 국외체류한 경우 보상대상 기간 중 국외체류기간을 모두 적습니다.
5. ⑤란에는 교도소 등에 수용된 경우 보상대상 기간 중 수용기간을 적습니다.
6. ⑥란에는 그 밖의 사유로 실제 거주하지 않은 경우 구체적인 사유를 적고 보상대상 기간 중 실제 거주하지 않은 기간을 적습니다.
7. ⑦란에는 신청인 명의의 금융회사 거래통장의 계좌번호를 적습니다.

처리절차

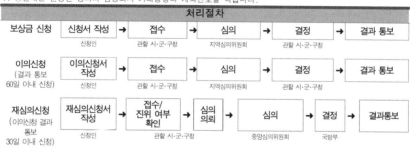

■ 군용비행장·군사격장 소음 방지 및 피해 보상에 관한 법률 시행규칙 [별지 제3호서식]

세대 대표자 선정서

세대 대표자	성명		주민등록 번호	
	주소	(휴대전화번호 또는 전화번호:　　　　　　)		

　　본인들은 위 세대 대표자에게 「군용비행장·군사격장 소음 방지 및 피해
보상에 관한 법률 시행령」 제14조제1항 및 같은 법 시행규칙 제9조제2항
에 따라 본인들의 보상금 신청에 관한 모든 권한을 위임합니다.

년　　　　월　　　　일

	위 임 자					
1	대표자와의 관계	의	성명	(서명 또는 인)	주민 등록 번호	-
2	대표자와의 관계	의	성명	(서명 또는 인)	주민 등록 번호	-
3	대표자와의 관계	의	성명	(서명 또는 인)	주민 등록 번호	-
4	대표자와의 관계	의	성명	(서명 또는 인)	주민 등록 번호	-
5	대표자와의 관계	의	성명	(서명 또는 인)	주민 등록 번호	-
6	대표자와의 관계	의	성명	(서명 또는 인)	주민 등록 번호	-
7	대표자와의 관계	의	성명	(서명 또는 인)	주민 등록 번호	-
첨부서류	위임자(위임자의 법정대리인을 포함한다)의 주민등록증 등 공공기관이 발행한 본인 및 주소 확인이 가능한 신분증의 사본				수수료 없 음	

세대 대표자 선정방법

1. 세대원 또는 세대원의 법정대리인 간에 합의하여 세대원 중 성년자를 세대 대표자로 선정합니다.
2. 위임자가 성년인 경우에는 위임자 본인의 주민등록증 등 공공기관이 발행한 본인 및 주소 확인
　이 가능한 신분증 사본을 첨부해야 하고, 위임자가 미성년자 등인 경우에는 그 법정대리인의 주
　민등록증 등 공공기관이 발행한 본인 및 주소 확인이 가능한 신분증 사본을 첨부해야 합니다.

210mm×297mm[백상지(80g/㎡) 또는 중질지(80g/㎡)]

■ 군용비행장·군사격장 소음 방지 및 피해 보상에 관한 법률 시행규칙 [별지 제4호서식]

보상금 신청 위임장

위임받은 사람	성명	
	생년월일	
	주소	
	휴대전화번호 또는 전화번호	

「군용비행장·군사격장 소음 방지 및 피해 보상에 관한 법률 시행령」제 14조제1항 및 같은 법 시행규칙 제9조제3항에 따라 보상금 신청에 관한 모든 권한을 위임합니다.

년   월   일

위임자	성명	㉑
	주민등록번호	
	주소	
	휴대전화번호 또는 전화번호	

확 인 서

위 위임자는
[　]이민 등 국외체류
[　]입원
[　]교도소 등에 수용   중임을 「군용비행장·군사격장
[　]그 밖의 경우

소음 방지 및 피해 보상에 관한 법률 시행령」제14조제1항제3호에 따라 확인합니다.

년   월   일

확인기관의 장 직인

210mm×297mm[백상지(80g/㎡) 또는 중질지(80g/㎡)]

■ 군용비행장·군사격장 소음 방지 및 피해 보상에 관한 법률 시행규칙 [별지 제5호서식]

보상금 결정 통지서

※ 바탕색이 어두운 난은 신청인이 적지 않습니다.

(앞쪽)

접수번호	보상 제 호

신청인	성명	
	생년월일	
	주소	

세대 대표자 또는 대리인	성명	
	생년월일	
	주소	

| 결정
주문 | 「군용비행장·군사격장 소음 방지 및 피해 보상에 관한 법률」 제14조제4항에 따라 보상금 지급 [ ] 대상 / [ ] 제외대상으로 결정합니다. |

| 지급액 | |

※ 보상금 결정 이유는 뒤쪽에 적습니다.

년 월 일

시장·군수·구청장 직인

210mm×297mm[백상지(80g/㎡) 또는 중질지(80g/㎡)]

(뒤쪽)

결정 이유

보상금 지급대상 인정 여부

지급액 산출 결과

안내사항

1. 보상금 지급 결정 결과가 특별자치시·시·군·구 인터넷 홈페이지에 공고되거나 신청인에게 통보된 날부터 60일 이내에 관할 특별자치시·시·군·구에 이의를 신청하실 수 있습니다. 기한 내에 이의신청을 하지 않은 경우에는 보상금 지급 결정 결과에 동의한 것으로 처리됩니다.

2. 보상금 지급대상으로 결정된 신청인이 보상금 지급액에 대하여 이의신청을 하지 않은 경우에는 8월 31일까지 보상금 지급 신청서에 적힌 지급통장으로 해당 보상금 지급액이 입금됩니다.

3. 「군용비행장·군사격장 소음 방지 및 피해 보상에 관한 법률」에 따른 보상금을 받을 사람이 소음피해에 대하여 다른 법률에 따라 손해배상을 받은 경우에는 그 범위만큼 보상금을 지급하지 않습니다.

4. 보상금의 지급 결정에 신청인이 동의한 경우에는 군용비행장 및 군사격장과 관련하여 입은 소음피해에 대하여 「민사소송법」에 따른 재판상 화해가 성립되어 손해배상 청구 등을 할 수 없습니다.

■ 군용비행장·군사격장 소음 방지 및 피해 보상에 관한 법률 시행규칙 [별지 제6호서식]

이의신청서

※ 바탕색이 어두운 난은 신청인이 적지 않습니다.

접수 번호		접수 일시		처리 기간	37일
신청인	성명		주민등록번호		
	실거주지 주소				
	(휴대전화번호 또는 전화번호:　　　　　　　　)				

보상금 결정 결과를 알게 되었거나 통 보받은 날짜	년　　　월　　　일		
보상금 결정 결과	결정 주문	보상금 지급 [　] 대상 / [　] 제외대상	
	지급액		
이의신청 취지 및 사유			

「군용비행장·군사격장 소음 방지 및 피해 보상에 관한 법률」 제15조제1
항, 같은 법 시행령 제16조제1항 및 같은 법 시행규칙 제11조제1항에 따라
위와 같이 이의를 신청합니다.

년　　　　월　　　　일

신청인　　　　　　　　(서명 또는 인)

세대 대표자 또는 대리인　　　(서명 또는 인)

시장·군수·구청장 귀하

첨부서류	1. 이의신청 취지 및 사유를 증명할 수 있는 자료 1부 2. 세대 대표자가 신청하는 경우에는 별지 제3호서식의 세대 대표자 선정서 1부 3. 대리인이 신청하는 경우에는 별지 제4호서식의 보상금 신청 위임장 1부	수수료 없음

안내사항

　시장·군수·구청장은 「군용비행장·군사격장 소음 방지 및 피해 보상에 관한 법률」 제21조에 따
른 지역소음대책심의위원회의 심의를 거쳐 이의신청일부터 30일 이내에 이의신청에 대하여 결정
하고, 그 결정을 한 날부터 7일 이내에 이의신청 결정 통지서를 신청인에게 송달합니다.

210mm×297mm[백상지(80g/㎡) 또는 중질지(80g/㎡)]

■ 군용비행장·군사격장 소음 방지 및 피해 보상에 관한 법률 시행규칙 [별지 제7호서식]

이의신청 결정 통지서

※ 바탕색이 어두운 난은 신청인이 적지 않습니다.(앞쪽)

접수번호		이의신청 보상	제	호

신청인	성명	
	생년월일	
	주소	

세대대표자 또는 대리인	성명	
	생년월일	
	주소	

결정주문	「군용비행장·군사격장 소음 방지 및 피해 보상에 관한 법률」제15조제2항에 따라 보상금 지급 [　] 대상 / [　] 제외대상으로 결정합니다.

지급액	

※ 이의신청에 대한 결정 이유는 뒤쪽에 적습니다.

년　　　　월　　　　일

시장·군수·구청장 직인

210mm×297mm[백상지(80g/㎡) 또는 중질지(80g/㎡)]

(뒤쪽)

결정 이유

보상금 지급대상 인정 여부

지급액 산출 결과

안내사항

1. 이의신청 결정 결과에 따라 보상금을 지급받으려는 사람은 보상금 결정 동의서를 10월 15일까지 시장·군수·구청장에게 제출해야 하며, 보상금 결정 동의서를 제출한 경우 10월 31일까지 보상금 지급 신청서에 적힌 지급통장으로 해당 보상금 지급액이 입금됩니다.

2. 이의신청 결정 결과에 이의가 있어 재심의를 신청하려는 사람은 이의신청 결과를 통보받은 날부터 30일 이내에 재심의신청서를 시장·군수·구청장을 거쳐 국방부장관에게 제출해야 합니다.

3. 「군용비행장·군사격장 소음 방지 및 피해 보상에 관한 법률」에 따른 보상금을 받을 사람이 군용비행장·군사격장 소음피해에 대하여 다른 법률에 따라 손해배상을 받은 경우에는 그 범위만큼 보상금을 지급하지 않습니다.

4. 보상금의 지급 결정에 신청인이 동의한 경우에는 군용비행장 및 군사격장과 관련하여 입은 소음피해에 대하여 「민사소송법」에 따른 재판상 화해가 성립되어 손해배상 청구 등을 할 수 없습니다.

■ 군용비행장·군사격장 소음 방지 및 피해 보상에 관한 법률 시행규칙

[별지 제8호서식]

재심의신청서

※ 바탕색이 어두운 난은 신청인이 적지 않습니다.

접수번호	접수일시	처리기간 37일

신청인	성명		주민등록번호
	실거주지 주소		
	(휴대전화번호 또는 전화번호:)		

이의신청 결정 결과를 알게 되었거나 통보 받은 날짜	년 월 일

이의신청 결정 결과	결정주문	보상금 지급 [ ] 대상 / [ ] 제외대상
	지급액	

재심의신청 취지 및 사유	

「군용비행장·군사격장 소음 방지 및 피해 보상에 관한 법률」제15조제3항, 같은 법 시행령 제16조제4항 및 같은 법 시행규칙 제11조제3항에 따라 위와 같이 재심의를 신청합니다.

년 월 일

신청인　　　　　(서명 또는 인)

세대 대표자 또는 대리인　　　　　(서명 또는 인)

국방부장관 귀하

첨부 서류	1. 이의신청 결정 통지서 정본 1부 2. 재심의신청 취지 및 사유를 증명할 수 있는 자료 1부 3. 세대 대표자가 신청하는 경우에는 별지 제3호서식의 세대 대표자 선정서 1부 4. 대리인이 신청하는 경우에는 별지 제4호서식의 보상금 신청 위임장 1부	수수료 없음

안내사항
국방부장관은 「군용비행장·군사격장 소음 방지 및 피해 보상에 관한 법률」제20조에 따른 중앙소음대책심의위원회 심의를 거쳐 재심의신청일부터 30일 이내에 재심의에 대하여 결정하고, 그 결정을 한 날부터 7일 이내에 이의신청 결정 통지서를 신청인 및 관할 시장·군수·구청장에게 송달합니다.

210mm×297mm[백상지(80g/㎡) 또는 중질지(80g/㎡)]

■ 군용비행장·군사격장 소음 방지 및 피해 보상에 관한 법률 시행규칙 [별지 제9호서식]

재심의 결정 통지서

※ 바탕색이 어두운 난은 신청인이 적지 않습니다. (앞쪽)

접수번호		재심의 보상 제 호

신청인	성명	
	생년월일	
	주소	

세대 대표자 또는 대리인	성명	
	생년월일	
	주소	

| 결정
주문 | 「군용비행장·군사격장 소음 방지 및 피해 보상에 관한 법률」 제15조제2항·제4항에 따라 보상금 지급 [ ] 대상 / [ ] 제외대상으로 결정합니다. |

| 지급액 | |

※ 이의신청에 대한 결정 이유는 뒤쪽에 적습니다.

년   월   일

국 방 부 장 관 직인

210mm×297mm[백상지(80g/㎡) 또는 중질지(80g/㎡)]

(뒤쪽)

결정 이유

보상금 지급대상 인정 여부

지급액 산출 결과

안내사항

1. 재심의 결정 결과에 따라 보상금을 지급받으려는 경우에는 보상금 결정 동의서를 12월 15일까지 시장·군수·구청장에게 제출해야 하며, 보상금 결정 동의서를 제출한 경우 12월 31일까지 보상금 지급 신청서에 적힌 지급통장으로 해당 보상금 지급액이 입금됩니다.

2. 「군용비행장·군사격장 소음 방지 및 피해 보상에 관한 법률」에 따른 보상금을 받을 사람이 군용비행장·군사격장 소음피해에 대하여 다른 법률에 따라 손해배상을 받은 경우에는 그 범위만큼 보상금을 지급하지 않습니다.

3. 보상금의 지급 결정에 신청인이 동의한 경우에는 군용비행장 및 군사격장과 관련하여 입은 소음피해에 대하여 「민사소송법」에 따른 재판상 화해가 성립되어 손해배상 청구 등을 할 수 없습니다.

■ 군용비행장·군사격장 소음 방지 및 피해 보상에 관한 법률 시행규칙　　[별지 제10호서식]

보상금 ([ ] 이의신청, [ ] 재심의) 결정 동의서

※ 바탕색이 어두운 난은 신청인이 적지 않습니다.

접수번호		처리기한	이의신청	10월 31일
			재심의	12월 31일

신청인	성명		생년월일
	실거주지 주소		
	(휴대전화번호 또는 전화번호: 　　　　　　　　　　)		

① 이의신청 또는 재심의 결정일		년　　　　월　　　　일
이의신청 또는 재심의 결정 결과	② 결정주문	보상금 지급 [ ] 대상 / [ ] 제외대상
	③ 지급액	

「군용비행장·군사격장 소음 방지 및 피해 보상에 관한 법률」 제15조제5항, 같은 법 시행령 제16조제3항·제6항 및 같은 법 시행규칙 제11조제5항에 따라 이의신청 또는 재심의 결정 통지서에 적힌 보상금 결정 결과에 동의합니다.

년　　　　월　　　　일

신청인　　　　　　(서명 또는 인)

세대 대표자 또는 대리인　　　　　　(서명 또는 인)

시장·군수·구청장 귀하

첨부 서류	1. 이의신청 결정 통지서 또는 재심의 결정 통지서 정본 1부 2. 세대 대표자가 신청하는 경우에는 별지 제3호서식의 세대 대표자 선정서 1부 3. 대리인이 제출하는 경우에는 별지 제4호서식의 보상금 신청 위임장 1부	수수료 없음

안내사항

1. 이의신청 결과에 통지하는 경우에는 보상금(이의신청) 결정 동의서를 10일 10일까지 제출해야 하며, 보상금 결정 동의서를 제출한 경우에는 10월 31일까지 보상금 지급 신청서에 적힌 지급 통장으로 해당 보상금 지급액이 입금됩니다.
2. 재심의 결과에 동의하는 경우에는 보상금(재심의) 결정 동의서를 12월 15일까지 제출해야 하며, 보상금 결정 동의서를 제출한 경우에는 12월 31일까지 보상금 지급 신청서에 적힌 지급통장으로 해당 보상금 지급액이 입금됩니다.
3. 보상금 결정 동의서를 제출한 경우에는 군용비행장 및 군사격장과 관련하여 입은 소음피해에 대하여 「민사소송법」에 따른 재판상 화해가 성립되어 손해배상 청구 등을 할 수 없습니다.

신청인　　　　　　(서명 또는 인)

작성방법

1. ①란에는 이의신청 또는 재심의 결정 통지서에 적힌 결정일을 적습니다.
2. 이의신청 결과에 동의하는 경우에는 이의신청 결정 통지서에 적힌 결정 주문과 지급액을 ②란과 ③란에 적습니다.
3. 재심의 결과에 동의하는 경우에는 재심의 결정 통지서에 적힌 결정 주문과 지급액을 ②란과 ③란에 적습니다.

210mm×297mm[백상지(80g/㎡) 또는 중질지(80g/㎡)]

판례색인

사항색인

■ 권창영 權昌榮 (松齋)

>>> 학력
서울대 물리학과 졸업(1992), 서울대 법학박사(2008), The University of Texas at Austin, School of Law Visiting Researcher(2006-2007)

>>> 경력
[前] 제38회 사법시험 합격(1996), 사법연수원 수료(제28기, 1999), 춘천지법 판사(1999-2002), 의정부지법 판사(2002-2005), 서울서부지법 판사(2005-2007, 2012-2014), 서울행정법원 판사(2007-2009), 서울남부지법 판사(2009-2010), 서울고등법원 판사(2010-2012), 창원지법 부장판사(2014-2016), 의정부지법 부장판사(2016-2017), 한국항공대 항공우주법학과 겸임교수(2016-2021)
[現] 법무법인(유한) 지평 변호사, 대한상사중재원 중재인, 법제처 법령해석심의위원회 위원, (사) 항공소음정책포럼 부회장, 항공판례연구회 회장, 서울대 법학전문대학원 겸임교수, 대검찰청 중대재해자문위원장

>>> 저서
노동재판실무편람(共著, 2005), 민사보전법(2010, 초판; 2012, 제2판), 근로기준법 주해 Ⅲ(共著, 2010, 초판; 2020, 제2판), 주석 민사집행법 Ⅶ(제3판, 2012), 법원실무제요 민사집행 Ⅳ-보전처분-(共著, 2014), 노동조합 및 노동관계조정법 주해 Ⅱ·Ⅲ(共著, 2015), 선원법해설(2016, 초판; 2018, 제2판, 2022, 제3판), 온주 산업재해보상보험법(집필대표, 2017), 민사보전(2018), 항공법판례해설 Ⅰ-항공민사법-(2019), 항공법판례해설 Ⅱ-항공노동법-(2019), 항공법판례해설 Ⅲ-항공운송법-(2020), 항공법판례해설 Ⅳ-항공행정법-(2020), 온주 산업안전보건법(집필대표, 2020), 온주 중대재해처벌 등에 관한 법률(집필대표, 2022)

>>> 논문
"군용비행장과 군사격장 소음피해 보상제도의 개관" 등 120여 편

[항공우주법 강좌 5]

군소음보상법 해설

2022년 10월 17일 초판 인쇄
2022년 10월 28일 초판 1쇄 발행

저 자 권   창   영

발행인 배   효   선

발행처 도서
출판 法 文 社

주 소 10881 경기도 파주시 회동길 37-29
등 록 1957년 12월 12일/제2-76호(윤)
전 화 (031)955-6500~6 FAX (031)955-6525
E-mail (영업) bms@bobmunsa.co.kr
       (편집) edit66@bobmunsa.co.kr
홈페이지 http://www.bobmunsa.co.kr
조 판 광   진   사

정가 40,000원   ISBN 978-89-18-91347-6